医療法務ハンドブック

医療機関・介護施設のための予防法務と臨床法務

G&S法律事務所

弁護士
小里佳嵩［編著］

弁護士
野崎智己［著］

日本評論社

はしがき

　本書は、医療機関及び介護施設の役員や事務部門の担当者を読者として想定し、医療機関等が直面し得る法務課題について、最低限押さえておくべき法律実務上の留意点及び対応策をコンパクトに概説することを目的としたものである。

　本書には、主に以下の3点の特徴があり、網羅性を確保した上で、臨床法務と予防法務の観点を重視し、かつ信頼性の高い書籍とすることに主眼を置いている。

　第1に、「医療法務」というと医療事故・介護事故への対応を連想される方が多いが、医療機関が直面し得る法的課題はそれらに限られないため、実務上問題となる幅広い法務課題を扱っている。

　例えば、医療機関等においては、株式会社等の営利企業と比べて法務機能が整備されていないケースが多く見受けられるが、公益性等の観点から、透明性の確保やガバナンス強化が求められているところであり、医療法人の運営や日常業務においてもコンプライアンスを意識する必要がある。患者との関係においても、医療事故・介護事故のみならず、いわゆるペイシェントハラスメントを中心としたハラスメントトラブルが増加しており、適切な対応体制の整備が求められる。

　また、医療機関を取り巻く経営環境の変化から、医療法人の組織変更、再編・統合の動きも活発になってきているほか、後継者不足を背景として相続・医業承継への関心も強くなっている。

　さらに、医療機関においては、その労働環境の特殊性から労働問題を多く抱える傾向にあったところ、2024年4月から、医師についても時間外労働の上限規制が適用され、医師の追加的健康確保措置の実施が義務化されるなど「医師の働き方改革」が開始されたことで、厚生労働者の通達やQ&A等を通じた制度の理解が必要不可欠となっている。

このように、一言に医療法務といっても、その分野は多岐にわたり、その内容も複雑化しているため、本書では、医療機関・介護施設において想定される法務課題（医療法人の設立・運営・組織変更、診療行為や情報管理の留意点、医療事故・介護事故への対応、患者トラブル・クレーム対応、医療機関特有の労働問題への対応、個別指導・監査への対応、相続・医業承継等）を幅広く扱い、法務課題ごとに項目立てを行って、目次を詳細に設定した上で、端的に実務上の留意点・対応策を解説することで、網羅性を確保しつつ、読者が知りたい情報にアクセスしやすいように実用性を確保することを心がけている。

第2に、本書では、現実に生じた法的紛争・トラブルに対応する「臨床法務」のみならず、法的紛争やトラブルを未然に防ぐための「予防法務」の観点を重視しており、医療訴訟に至らないための診療行為上の留意点、有害事象発生時の初動対応、医療訴訟に備えた診療録等の作成・保存方法、労務管理上の留意点等を解説している。

解説にあたっては、各項目の冒頭に必要に応じて「Case」として事例を挿入することで、当該項目の問題意識や具体的なリスク内容をイメージしやすくしている。

第3に、本書は、弁護士法人G&S法律事務所の所属弁護士が執筆を担当しているところ、G&S法律事務所は設立時よりコア・コンピタンスの一つに医療法務を掲げ、主に医療機関側の顧問弁護士として、多くの医療機関や介護施設から、前述の法務課題を含む相談を継続的に受けており、それらの経験を踏まえたノウハウや知見を本書には盛り込んでいる。

執筆にあたっては、関連する法令、通達、Q&A、及びガイドラインはもちろん、代表的な専門書や逐条解説書も再確認した上で、必要に応じて脚注に明示することで、信頼性を確保し、より専門的な内容についてはこれらの専門書を参照することのできるレファレンスブックとしても活用できるように構成した。

最後に、本書の執筆にあたっては、株式会社日本評論社の上村真勝氏及び田島一樹氏に、企画段階から様々な助言・提案をいただき、編著者都合の大幅な頁数増加及びリスケジュールについても、無理を言ってご対応いただい

た。これらの方々の助力がなければ、本書の書籍化は実現できなかったものであり、心よりの感謝を申し上げる次第である。

2024 年 12 月

執筆者を代表して

弁護士　　小里　佳嵩

iv

目　次

はしがき　i

凡　例　xii

序　章　医療機関の分類　1

1　医療機関とは　1
2　医療法における医療提供施設等の類型　1
　（1）病院・診療所　1／　（2）介護老人保健施設・介護医療院　6／
　（3）助産所　10
3　その他の介護サービス事業　10

第1章　医療法人　13

第1　医療法人制度の概要　13
1　医療法人の意義・類型　13
　（1）医療法人　13／　（2）医療法人の類型　13
2　医療法人の性格　17
　（1）剰余金の配当の禁止　17／　（2）営利目的の医療機関の開設　18／
　（3）配当類似行為の制限　18
3　医療法人のメリット・デメリット　19
　（1）医療法人のメリット　19／　（2）医療法人のデメリット　22／
　（3）医療法人化の検討のポイント　23
4　医療法人の業務　24
　（1）本来業務　24／　（2）附随業務　24／　（3）附帯業務　25／
　（4）収益業務　26

第2　医療法人の設立　27
1　設立要件　27
　（1）人的要件　27／　（2）資産要件　30
2　設立の流れ　30
　（1）設立準備・必要書類の作成　30／　（2）設立総会の開催　32／

（3）医療法人の設立認可申請　33／　（4）設立登記　33／　（5）診療所・病院の開設許可申請及び開設届　34／　（6）保険医療機関の指定申請　34

第3　医療法人の運営　36

1　医療法人の機関　36

　　（1）社団医療法人のガバナンス　36／　（2）財団医療法人のガバナンス　40／　（3）役員　42

2　社員総会の運営のポイント　48

　　（1）社員総会の権限　48／　（2）社員総会のスケジュール　49／　（3）社員総会の手続の概略　50／　（4）社員総会手続を簡略化する方法　52

3　評議員会の運営のポイント　52

　　（1）評議員会の権限　53／　（2）評議員会の手続の概略　53／　（3）評議員会手続を簡略化する方法　55

4　理事会の運営のポイント　55

　　（1）理事会の権限　55／　（2）理事会の手続の概略　56／　（3）理事会手続を簡略化する方法　57

第4　医療法人の組織変更　59

1　移行の概要　59

　　（1）社団医療法人　60／　（2）財団医療法人　61

2　持分のない医療法人への移行　61

　　（1）持分のない医療法人への移行のメリットとデメリット　61／　（2）持分のない医療法人への移行手続　61／　（3）移行計画の認定制度及び税制措置　62

3　社会医療法人・特定医療法人への移行　65

　　（1）社会医療法人・特定医療法人への移行のメリットとデメリット　65／　（2）社会医療法人　66／　（3）特定医療法人　68

第5　医療法人の再編・統合　72

1　再編・統合の概要　72

　　（1）概要　72／　（2）再編・統合に伴う情報管理　73

2　合併　73

　　（1）概要　73／　（2）手続　74

3　事業譲渡　76

　　（1）概要　76／　（2）手続　77

4　分割　79

　　（1）概要　79／　（2）手続　80／　（3）労働者保護手続　82

5　解散　83

　　（1）概要　83／　（2）手続　83

vi

第6 医療法人の倒産・再生　85

　1　倒産の概要　85
　　（1）倒産手続の種類　85／　（2）手続選択のポイント　86
　2　私的整理　86
　　（1）私的整理の特徴　86／　（2）私的整理の種類　87
　3　法的整理　90
　　（1）破産　90／　（2）民事再生　91

第2章　日常業務における法律問題　95

第1 医療行為　95

　1　医業独占　95
　　（1）「医業」の意義　95／　（2）医師以外の医療従事者の業務　100
　2　医師の義務　102
　　（1）応招義務　102／　（2）診断書等の交付義務　104／　（3）無診察治療の禁止等・遠隔診療　105／　（4）異状死体等の届出義務　109／　（5）処方せんの交付義務　111／　（6）療養指導　112／　（7）診療録の作成・保存　113
　3　説明と同意　113
　　（1）インフォームド・コンセントとは　113／　（2）医師の説明義務　115／　（3）同意書の法的意義　116／　（4）説明義務の程度　118／　（5）インフォームド・コンセントの例外　122／　（6）がん告知　124

第2 情報管理　126

　1　医療機関における守秘義務　126
　　（1）刑事法に基づく守秘義務　126／　（2）民事法に基づく守秘義務　127
　2　個人情報保護法の遵守　127
　　（1）個人情報保護法の適用　128／　（2）情報管理体制の構築　130／　（3）同意の取得方法　131／　（4）情報漏洩時の対応　132
　3　医療記録・介護記録の取扱い　133
　　（1）患者に関する記録の種類　133／　（2）作成・保存方法　134／　（3）電子カルテ　134／　（4）患者からの開示請求に対する対応　135／　（5）第三者からの開示依頼への対応　139／　（6）研究目的での利用　140

第3 医療事故・介護事故への対応　142

　1　医療事故・介護事故とは　142
　　（1）医療事故とは　142／　（2）介護事故とは　144／　（3）医療訴訟に

おける主要な争点　144

2　医療機関と患者との関係　146
　　（1）医療契約（診療契約）の成立　146／　（2）診療契約の効力　148

3　医療過誤による法的責任　151
　　（1）概説　152／　（2）注意義務・過失　156／　（3）因果関係　161／
　　（4）損害・被侵害法益　163

4　注意義務違反の類型　165
　　（1）診療行為　165／　（2）療養・施設管理　174

5　医療事故の予防と事故発生時の対応　176
　　（1）医療事故の予防　176／　（2）有害事象発生時の初動対応　178／
　　（3）開示請求への対応　180／　（4）院内調査・説明　180／　（5）訴訟
　　前の交渉（示談交渉）　181／　（6）医療 ADR　182／　（7）訴訟　182

6　医療事故調査制度　183
　　（1）概要　183／　（2）医療事故の報告・説明　184／　（3）調査方法　184／
　　（4）調査結果の報告・説明　185／　（5）センターによる調査　185

第4　患者トラブル・クレーム対応　187

1　ペイシェントハラスメントへの対応　187
　　（1）モンスターペイシェントとは　187／　（2）ペイシェントハラスメン
　　トへの事前対策　188／　（3）問題行動発生時の対応　200／　（4）警告
　　後も問題行動が繰り返される場合の対応　209

2　患者らの身体拘束の可否　211
　　（1）身体拘束の必要性　211／　（2）身体拘束の基準　212／　（3）身体
　　拘束の手続　213

3　強制退院の可否　215
　　（1）入院を伴う診療契約　215／　（2）解決方法　216

4　誹謗中傷への対応　217
　　（1）名誉毀損該当性　217／　（2）削除依頼・削除請求　217／　（3）発
　　信者情報開示・損害賠償請求　218／　（4）刑事告訴等　218

5　診療報酬の回収　219
　　（1）診療費の回収　219／　（2）診療費の保全（連帯（根）保証契約の設定）
　　219／　（3）診療拒否の可否　220

第5　広告規制　221

1　医業、歯科医業又は助産師の業務等の広告　221
　　（1）医療広告規制　221／　（2）医療広告規制の対象範囲　223／　（3）広
　　告禁止事項　225／　（4）広告可能事項　230／　（5）広告可能事項の限
　　定解除　232／　（6）美容医療に関する広告　234

viii

    2　介護老人保健施設・介護医療院の広告　236
　　　(1) 介護老人保健施設に関して広告できる事項　236／　(2) 介護医療院
　　　に関して広告できる事項　237

第3章　労働問題　239

第1　医療従事者の労働者性　239
    1　労働者とは　240
    2　労働者性の判断基準　240
    3　医師・医療従事者の労働者性　241
　　　(1) 医師の労働者性　243／　(2) 医療従事者の労働者性　245

第2　労働時間の管理　247
    1　労働時間・休憩・休日　247
　　　(1) 労働時間・休憩・休日の原則　247／　(2) 労基法上の労働時間への
　　　該当性　249／　(3) 労働時間の適正な把握　260／　(4) 副業・兼業の
　　　場合における労働時間管理（労働時間の通算）　261
    2　36協定による時間外・休日労働と上限規制　267
　　　(1) 36協定の意義　267／　(2) 時間外・休日労働の上限規制　268／
　　　(3) 医師の適用猶予と特別基準設定　269／　(4) 36協定の協定事項・締
　　　結・届出　276
    3　医療法上の追加的健康確保措置　280
　　　(1) 勤務間インターバル・代償休息　281／　(2) 長時間労働医師への面
　　　接指導　288
    4　例外的な労働時間制　295
　　　(1) 適用除外　296／　(2) 法定労働時間の柔軟化　303／　(3) 労働時
　　　間のみなし制　307

第3　賃金　310
    1　賃金の原則　310
　　　(1) 賃金とは　310／　(2) 賃金の支払に関する原則　311／　(3) 賃金
　　　の分類・形態　312／　(4) 賃金の変更方法　313
    2　年俸制　318
　　　(1) 年俸制とは　318／　(2) 年俸の支払方法　318／　(3) 年俸の減額　319
    3　割増賃金　320
　　　(1) 割増賃金とは　320／　(2) 割増賃金の支払対象　320／　(3) 割増
　　　賃金の計算方法　321

目 次 ix

> 4 固定残業代（定額残業代・みなし割増賃金）　323
> （1）固定残業代とは　323／　（2）固定残業代の有効要件　324／　（3）固定残業代が無効となった場合のリスク　324／　（4）固定残業代の有効性を担保するための対応策　325

第4 安全配慮義務とハラスメント　326

> 1 使用者の安全配慮義務　327
> （1）使用者の安全配慮義務と民事上の責任　327／　（2）労災補償制度　328／　（3）労災認定・給付がなされた場合の使用者側への影響　330
> 2 メンタルヘルス　331
> （1）メンタルヘルスに対する使用者の配慮義務　331／　（2）精神障害の労災認定　334
> 3 ハラスメント　336
> （1）ハラスメントとは　336／　（2）ハラスメントに対して事業主が講ずべき措置（措置義務）　340
> 4 カスタマーハラスメント　342

第5 配転・降格　343

> 1 配転　343
> （1）配転の意義・根拠　344／　（2）配転命令の限界1（労働契約による制限：職種・勤務場所の限定合意）　345／　（3）配転命令の限界2（配転命令権の濫用）　346／　（4）違法な配転に対する損害賠償請求　349
> 2 降格　350
> （1）降格の意義　350／　（2）降格の有効性　351

第6 解雇・雇止め・退職勧奨　354

> 1 解雇　354
> （1）解雇とは　355／　（2）手続的な解雇規制　356／　（3）実体的な解雇規制　357／　（4）解雇権濫用規制　359／　（5）解雇が無効とされた場合のリスク　364
> 2 有期労働契約の更新拒否（雇止め）・期間途中の解雇　364
> （1）有期労働契約の更新拒否（雇止め）　365／　（2）有期労働契約の期間途中の解雇　368／　（3）有期労働契約の締結、更新及び雇止めに関する手続的規制　368／　（4）有期労働契約の無期労働契約への転換（無期転換ルール）　370
> 3 退職勧奨　371
> （1）退職勧奨の意義　371／　（2）退職勧奨の限界　372／　（3）退職勧奨の進め方　373／　（4）退職勧奨の解決金等　374

第4章　個別指導・監査対応　375

第1　基礎知識　375

1　行政処分の種類　375
(1) 行政処分の全体像　375／　(2) 医師（歯科医師）に対する行政処分 376／　(3) 医療機関に対する行政処分　377／　(4) 医療法人に対する 行政処分　377／　(5) 保険医及び保険医療機関に対する行政処分　378

2　指導の概要　378
(1) 指導・監査の全体像　378／　(2) 指導の種類　379／　(3) 立入検 査（医療監視）や適時調査　383

3　監査の概要　383
(1) 監査の対象　383／　(2) 監査の流れ　384

第2　個別指導対策　386

1　保険診療と療養担当規則　386

2　個別指導の流れと対応策　386
(1) 実施通知　386／　(2) 指導日当日　387／　(3) 診療録の謄写　387／ (4) 弁護士による帯同　388

3　個別指導対策として注意するべきポイント　388
(1) 診療録　388／　(2) 診療報酬明細書　392／　(3) 診療料　393／ (4) 一部負担金等　395／　(5) 電子カルテ　395

4　情報漏洩対策　396
(1) 秘密保持に関する誓約書や規程等の整備　396／　(2) 職員研修等の 実施　397／　(3) 内部通報制度の整備　397

第3　監査後の流れ　398

1　監査後の処分・措置　398
(1) 行政上の措置　398／　(2) 経済上の措置　399／　(3) 通知・公表　399

2　聴聞手続　400

3　取消処分に対する不服申立て　401
(1) 取消訴訟の提起　401／　(2) 執行停止の申立て　401

第5章　相続・医業承継　403

第1　親族内承継と第三者承継　403

1　親族内承継　404

2　従業員承継　404

3　第三者承継（外部への引き継ぎ）　405

第2　承継の流れ　407

　　　1　アドバイザーの選任　407
　　　　　（1）アドバイザー候補　407／　（2）アドバイザー契約の締結　408
　　　2　承継条件・承継方法の検討～譲受候補者の探索・選定　409
　　　　　（1）匿名情報提供書（ノンネームシート）　409／　（2）案件概要書（イ
　　　　　ンフォメーション・メモランダム（IM））　409
　　　3　基本合意書（MOU）の締結　410
　　　4　デューデリジェンス（Due Diligence（DD））の実施　410
　　　5　最終契約書の締結　411
　　　　　（1）取引実行（クロージング）の前提条件　411／　（2）表明保証　412／
　　　　　（3）誓約事項（コベナンツ）　412

第3　承継の方法　413

　　　1　個人診療所の承継　413
　　　　　（1）事業譲渡　413／　（2）相続　415
　　　2　医療法人の承継　416
　　　　　（1）出資持分譲渡（社員等の交代）　416／　（2）合併　417／　（3）分割
　　　　　419／　（4）事業譲渡　420

第4　実務上の留意点　422

　　　1　譲渡人側の留意点　422
　　　　　（1）従業員対応　422／　（2）債権者対応　422
　　　2　譲受人側の留意点　423
　　　　　（1）資金調達　423／　（2）デューデリジェンス（DD）　424

索　引　426

著書等プロフィール　432

xii

【凡例】

・法令、判例、告示・通達・ガイドライン及び文献については、以下の略語を用いる。

(1) 法令

医療	医療法
医療令	医療法施行令
医療則	医療法施行規則
読替省令	医療法第 128 条の規定により読み替えて適用する労働基準法第 141 条第 2 項の厚生労働省令で定める時間等を定める省令（令和 4 年厚生労働省令第 6 号）
医師	医師法
医師則	医師法施行規則
介護保険	介護保険法
介護保険令	介護保険法施行令
介護保険則	介護保険法施行規則
老人福祉	老人福祉法
薬剤師	薬剤師法
保助看	保健師助産師看護師法
健康保険	健康保険法
療養担当規則	保険医療機関及び保険医療養担当規則
薬機	医薬品、医療機器等の品質、有効性及び安全性の確保等に関する法律
薬機則	医薬品、医療機器等の品質、有効性及び安全性の確保等に関する法律施行規則
健康増進	健康増進法
特定商取引	特定商取引に関する法律
特定商取引令	特定商取引に関する法律施行令
特定商取引則	特定商取引に関する法律施行規則
民法	民法
会社	会社法
一般法人	一般社団法人及び一般財団法人に関する法律
一般法人則	一般社団法人及び一般財団法人に関する法律施行規則
労基	労働基準法
労基則	労働基準法施行規則
労組	労働組合法
労契	労働契約法

労働契約承継法	会社分割に伴う労働契約承継等に関する法律
労災	労働者災害補償保険法
労災則	労働者災害補償保険法施行規則
育介	育児休業、介護休業等育児又は家族介護を行う労働者の福祉に関する法律（育児介護休業法）
健保	健康保険法
厚保	厚生年金保険法
所税	所得税法
地税	地方税法
労徴	労働保険の保険料の徴収等に関する法律
安衛	労働安全衛生法
安衛規	労働安全衛生規則
均等	雇用の分野における男女の均等な機会及び待遇の確保等に関する法律
均等則	雇用の分野における男女の均等な機会及び待遇の確保等に関する法律施行規則
労働施策推進	労働施策の総合的な推進並びに労働者の雇用の安定及び職業生活の充実等に関する法律
景表	不当景品類及び不当表示防止法
不競	不正競争防止法
個情	個人情報の保護に関する法律
個情令	個人情報の保護に関する法律施行令
個情則	個人情報の保護に関する法律施行規則
プロバイダ責任制限法	特定電気通信役務提供者の損害賠償責任の制限及び発信者情報の開示に関する法律
破産	破産法
民再	民事再生法

(2) 判例

最判（決）	最高裁判所判決（決定）
高判（決）	高等裁判所判決（決定）
地判（決）	地方裁判所判決（決定）
民集	最高裁判所民事判例集
簡判	簡易裁判所判決
刑集	最高裁判所刑事判例集
集民	最高裁判所裁判集民事

xiv

下民集	下級裁判所民事判例集
労民集	労働関係民事裁判例集
判タ	判例タイムズ
判時	判例時報
労判	労働判例
労経速	労働経済判例速報

(3) 告示・通達

厚告	厚生省告示
厚労告	厚生労働省告示
労告	労働省告示
医政発	厚生労働省医政局長通知
基発	労働基準局長通達
発基	厚生労働事務次官通達
基収	労働基準局長が疑義に答えて発する通達
医療・介護関係個人情報ガイダンス	個人情報保護委員会・厚生労働省「医療・介護関係事業者における個人情報の適切な取扱いのためのガイダンス」(平成29年4月14日(令和6年3月一部改正))
医療・介護関係個人情報ガイダンスQ&A	個人情報保護委員会・厚生労働省「「医療・介護関係事業者における個人情報の適切な取扱いのためのガイダンス」に関するQ&A(事例集)」(平成29年5月30日(令和6年3月一部改正))
広告告示	「医業、歯科医業若しくは助産師の業務又は病院、診療所若しくは助産所に関して広告することができる事項」(平成19年3月30日厚生労働省告示第108号)
医療広告ガイドライン	「医業若しくは歯科医業又は病院若しくは診療所に関する広告等に関する指針等の一部改正について」(令和6年9月13日医政発0913第4号)別紙3「医業若しくは歯科医業又は病院若しくは診療所に関する広告等に関する指針(医療広告ガイドライン)」
医療広告ガイドラインQ&A	「医業若しくは歯科医業又は病院若しくは診療所に関する広告等に関する指針等の一部改正について」(令和6年3月22日医政発0322第10号)別添2「医療広告ガイドラインに関するQ&A」(平成30年8月(令和6年3月改定))
オンライン診療ガイドライン	厚生労働省「オンライン診療の適切な実施に関する指針」(平成30年3月(令和5年3月一部改訂)

労働時間ガイドライン	厚生労働省「労働時間の適正な把握のために使用者が講ずべき措置に関するガイドライン」（平成 29 年 1 月 20 日基発 0120 第 3 号別添）
副業兼業ガイドライン	厚生労働省「副業・兼業の促進に関するガイドライン」（平成 30 年 1 月策定、令和 4 年 7 月改定）
副業兼業通達	「副業・兼業の場合における労働時間管理に係る労働基準法第 38 条第 1 項の解釈等について」（令和 2 年 9 月 1 日基発 0901 第 3 号）
医師の時間外労働 Q&A	厚生労働省労働基準局「医師の時間外労働の上限規制に関する Q&A」（令和 5 年 6 月 30 日）
医師の時間外労働 Q&A（追補分）	厚生労働省労働基準局「医師の時間外労働の上限規制に関する Q&A」（令和 5 年 9 月 29 日追補分、令和 6 年 2 月 26 日再追補分）
医師の働き方改革 FAQ	厚生労働省医政局「医師の働き方改革に関する FAQ」（2023 年（令和 5 年）6 月 7 日 ver.）

(4) 文献

大谷・医師法	大谷實著『医師法講義』（成文堂、2023）
浦川ほか・医療訴訟	浦川道太郎＝金井康雄＝安原幸彦＝宮澤潤編『専門訴訟講座 4 医療訴訟（第 2 版）』（民事法研究会、2023）
山口ほか・医療事故	山口斉昭＝峯川浩子＝越後純子＝石井麦生編著『医療事故の法律相談』（青林書院、2019 年）
益原・医師の働き方	益原大亮著『医師の働き方改革 完全解説』（日経メディカル、2023）
菅野＝山川・労働法	菅野和夫＝山川隆一著『労働法（第 13 版）』（弘文堂、2024 年）
類型別・労働関係訴訟 I	佐々木宗啓ほか編著『類型別 労働関係訴訟の実務（改訂版）』I（青林書院、2023 年）
類型別・労働関係訴訟 II	佐々木宗啓ほか編著『類型別 労働関係訴訟の実務（改訂版）』II（青林書院、2023 年）
水町・労働法	水町勇一郎『詳解 労働法（第 3 版）』（東京大学出版会、2023 年）

序章　医療機関の分類　　1

序　章	医療機関の分類

1　医療機関とは

　一般に、医療機関とは、医療法で定められた医療提供施設のことを意味し、医療法上、①病院、②診療所、③介護老人保健施設、④介護医療院、⑤調剤を実施する薬局、⑥その他の医療を提供する施設が、「医療提供施設」として規定されている（医療1条の2第2項）。

2　医療法における医療提供施設等の類型

（1）病院・診療所
　ア　病院
　病院とは、医師又は歯科医師が、公衆又は特定多数人のため医業又は歯科医業を行う場所であって、20人以上の患者を入院させるための施設を有するものをいう（医療1条の5第1項前段）。
　病院は、傷病者が、科学的でかつ適正な診療を受けることができる便宜を与えることを主たる目的として組織され、かつ、運営されるものでなければならない（同項後段）。
　イ　診療所
　診療所とは、医師又は歯科医師が、公衆又は特定多数人のため医業又は歯科医業を行う場所であって、患者を入院させるための施設を有しないもの又は19人以下の患者を入院させるための施設を有するものをいう（医療1条の5第2項）。
　なお、診療所は、これに病院、病院分院、産院その他病院に紛らわしい名

称を附けてはならない（医療3条2項）。もっとも、例えば、医院、クリニックという名称のほか、「○○内科」「○○外科」など、診療科目を診療所の名称として使うことは許される。

　ウ　病院の類型

（ア）地域医療支援病院

　地域医療支援病院とは、紹介患者に対する医療提供、医療機器の共同利用等の実施を通じて、第一線の地域医療を担うかかりつけ医、かかりつけ歯科医等を支援し、地域医療の確保を図ることを目的とする病院をいう（医療4条）。

　国、都道府県、市町村、医療法42条の2第1項に規定する社会医療法人その他厚生労働大臣の定める者の開設する病院であって、地域における医療の確保のために必要な支援に関する以下に掲げる要件に該当するものは、その所在地の都道府県知事の承認を得て地域医療支援病院と称することができる（医療4条1項）。

　令和5年9月1日現在、700の病院が承認を受けている。

地域医療支援病院の認定要件
①　他の病院又は診療所から紹介された患者に対し医療を提供し、かつ、当該病院の建物の全部若しくは一部、設備、器械又は器具を、当該病院に勤務しない医師、歯科医師、薬剤師、看護師その他の医療従事者の診療、研究又は研修のために利用させるための体制が整備されていること。 ②　救急医療を提供する能力を有すること。 ③　地域の医療従事者の資質の向上を図るための研修を行わせる能力を有すること。 ④　200以上の患者を入院させるための施設を有すること。 ⑤　その他、法令の規定する人員及び施設を有すること。

（イ）特定機能病院

　特定機能病院とは、高度医療の提供、高度医療技術の開発・評価、高度医療に関する研修を担うことを目的とする病院をいう（医療4条の2）。

　病院であって、次に掲げる要件に該当するものは、厚生労働大臣の承認を得て特定機能病院と称することができる（医療4条の2第1項）。

　令和4年12月1日現在、88の病院が承認を受けている。

序 章 医療機関の分類 3

特定機能病院の認定要件
① 高度の医療を提供する能力を有すること。
② 高度の医療技術の開発及び評価を行う能力を有すること。
③ 高度の医療に関する研修を行わせる能力を有すること。
④ 医療の高度の安全を確保する能力を有すること。
⑤ 原則として、内科、外科、精神科、小児科、皮膚科、泌尿器科、産婦人科又は産科及び婦人科、眼科、耳鼻咽喉科、放射線科及び救急科、脳神経外科及び整形外科、歯科等の 16 の診療科を標榜していること（医療則 6 条の 4）。
⑥ 400 以上の患者を入院させるための施設を有すること（医療則 6 条の 5）。
⑦ その他、法令の規定する人員及び施設を有すること。

（ウ）臨床研究中核病院

　臨床研究中核病院とは、革新的な医薬品や医療機器の開発に必要となる質の高い臨床研究や治験を推進するため国際水準の臨床研究や医師主導治験の中心的役割を担うことを目的とする病院をいう（医療 4 条の 3）。

　特定臨床研究（医療則 6 条の 5 の 3）に関する計画を立案し、及び実施する能力を有すること等の厳しい要件を満たすことが必要で、令和 6 年 4 月 1 日現在、15 の病院が承認を受けている。

臨床研究中核病院の認定要件
① 特定臨床研究に関する計画を立案し、及び実施する能力を有すること。
② 他の病院又は診療所と共同して特定臨床研究を実施する場合にあっては、特定臨床研究の実施の主導的な役割を果たす能力を有すること。
③ 他の病院又は診療所に対し、特定臨床研究の実施に関する相談に応じ、必要な情報の提供、助言その他の援助を行う能力を有すること。
④ 特定臨床研究に関する研修を行う能力を有すること。
⑤ 原則として、内科、外科、精神科、小児科、皮膚科、泌尿器科、産婦人科又は産科及び婦人科、眼科、耳鼻咽喉科、放射線科及び救急科、脳神経外科及び整形外科、歯科等のうち 10 以上の診療科を標榜していること（医療則 6 条の 5 の 4）。
⑥ 400 以上の患者を入院させるための施設を有すること（医療則 6 条の 5 の 5）。
⑦ その他、法令の規定する人員及び施設を有すること。

　エ　開設主体による分類

　医療施設の開設主体として、国、公的医療機関（医療 31 条）、社会保険関係団体、医療法人、個人、及びその他[1] の各形態がありうる。本書では、代表的な開設主体として、個人及び医療法人を取り上げる。

分類	開設主体	具体例
国	厚生労働省	国立ハンセン病療養所
	独立行政法人国立病院機構	国立病院
	国立大学法人	国立大学医学部附属病院
	独立行政法人労働者健康安全機構	労災病院
	国立高度専門医療研究センター　等	国立がん研究センター中央病院
公的医療機関	都道府県・市町村	都道府県・市町村立病院
	日本赤十字社	赤十字病院
	済生会　等	済生会病院
社会保険関係団体	社会保険組合及びその連合会	社会保険病院、厚生年金病院
	共済組合及びその連合会	共済病院
	国民健康保険組合	総合病院厚生中央病院
医療法人	―	多数
個人	―	多数
その他	公益法人	多数
	私立学校法人　等	私立大学医学部付属病院

（※厚生労働省「令和4（2022）年医療施設（動態）調査」の「調査の概要」4「用語の説明」をもとに著者作成）

　（ア）個人

　医師法による登録を受けた臨床研修等修了医師[2]及び歯科医師法による登録を受けた臨床研修等修了歯科医師が医療施設を開設できる（医療7条1項、同8条）。

　なお、条文上、臨床研修等修了医師及び臨床研修等修了歯科医師でない者についても都道府県[3]から開設の許可を受ければ病院・診療所の開設ができると規定されるが、営利を目的として、病院、診療所又は助産所を開設しようとする者に対しては、許可を与えないことができることから（医療7条7

---

[1] 私立大学付属病院を運営する学校法人や、病院を運営する会社として、1948年の医療法施行以前に存立していたもの、医療法施行後の数年間に開設された例外的なもの、及び旧三公社五現業が特殊会社化された際に誕生したものがある。

[2] 臨床研修を修了して登録を受けた者（医師16条の6）及び再教育研修修了者（同7条の2）をいう。

[3] 診療所又は助産所にあって、その開設地が保健所を設置する市又は特別区の区域にある場合においては、都道府県知事に代わり、当該保健所を設置する市の市長又は特別区の区長（医療7条1項かっこ書）が許可を行う。

項）、実際上、臨床研修等終了医師及び臨床研修終了等歯科医師でない者が病院等を開設することは大きく制限される。

（イ）医療法人

病院、医師若しくは歯科医師が常時勤務する診療所、介護老人保健施設又は介護医療院を開設しようとする社団又は財団は、法人とすることができる（医療 39 条 1 項）。なお、病院は、医療法人が開設する例がほとんどである[4]。

オ　許可と届出

（ア）許可

病院を開設しようとするとき、医師法による登録を受けた臨床研修等修了医師及び歯科医師法による登録を受けた臨床研修等修了歯科医師でない者が診療所を開設しようとするとき、又は助産師でない者が助産所を開設しようとするときは、開設地の都道府県知事等の許可を受けなければならない（医療 7 条 1 項）。

なお、医療法人は、臨床研修等終了医師及び臨床研修等終了歯科医師に当たらないことから、開設の許可が必要となる。

（イ）届出

臨床研修等修了医師、臨床研修等修了歯科医師又は助産師が診療所又は助産所を開設したときは、開設後 10 日以内に、診療所又は助産所の所在地の都道府県知事に届け出なければならない。

	個人	医療法人
開設時	届出のみ	許可が必要
開設できる数	1 か所のみ	分院の開設が可能
業務の範囲	病院・診療所のみ	・診療所・病院 ・介護老人施設 ・看護師学校 ・医学研究所 ・精神障碍者社会復帰施設　等
登記	不要	必要
決算日	12 月 31 日	1 年以内で自由に決定できる

4　令和 6 年 1 月末現在、個人が運営する病院の施設数は 105、一般診療所の施設数は 39,133 である。他方、医療法人が運営する病院の施設数は 5,655、一般診療所の施設数は 47,045 である。

決算書の提出	不要	必要
収入形態	事業所得	役員報酬

(2) 介護老人保健施設・介護医療院

　介護保険法上の介護サービス（後述3「その他の介護サービス事業」を参照）のうち、施設サービスを行う介護保険施設の中で、介護老人保健施設及び介護医療院は、サービスに医療の提供が含まれるため、医療法上の医療提供施設とされる（医療1条の2第2項）。医療法上、病院又は診療所のほか、介護老人保健施設又は介護医療院を開設しようとする社団又は財団は、医療法人とすることができる（医療39条1項）。

　ア　介護老人保健施設

　（ア）意義

　介護老人保健施設とは、要介護者であって、主としてその心身の機能の維持回復を図り、居宅における生活を営むことができるようにするための支援が必要である者に対し、施設サービス計画に基づいて、看護、医学的管理の下における介護及び機能訓練その他必要な医療並びに日常生活上の世話を行うことを目的とする施設をいう（医療1条の6第1項、介護保険8条28項）。すなわち、在宅復帰、在宅療養支援のための地域拠点となり、リハビリテーションを提供する機能維持・改善の役割を担う目的で施設された施設である。

　（イ）要件

　介護老人保健施設は、医師及び看護師等の人員配置義務があるほか、法令上の施設・設備等の設置義務がある（介護保険97条、平成11年3月31日厚生省令第40号）。

　（ウ）開設主体

　介護老人保健施設を開設できるのは、行政団体のほかは医療法人、社会福祉法人その他厚生労働大臣が定める者に限られる（介護保険94条3項1号）。

　イ　介護医療院

　（ア）意義

　介護医療院とは、長期療養を必要とする要介護者に対し、長期の療養生活を送るのにふさわしいように、プライバシーが確保され、家族や地域住民と

の交流が可能となる環境を整備した上で、医学的管理の下における介護、必要な医療等を提供するという医療と介護の複合的ニーズに対応するために、平成30年4月より創設された施設である（医療1条の6第2項、介護保険8条29項）。なお、それに伴い、従来の介護療養型医療施設は令和6年3月末までに転換・廃止された。

　介護医療院は、重篤な身体疾患を有する者及び身体合併症を有する認知症高齢者等を対象とするⅠ型と、Ⅰ型と比べて容体は比較的安定した者を対象とするⅡ型に分かれる。

（イ）要件

　介護医療院は、Ⅰ型とⅡ型に応じてそれぞれ医師及び看護師等の人員配置義務があるほか、法令上の施設・設備等の設置義務がある（介護保険111条、平成30年1月18日厚労省令第5号）。

（ウ）開設主体

　介護医療院を開設できるのは、行政団体のほかは医療法人、社会福祉法人その他厚生労働大臣が定める者に限られる（介護保険107条3項1号）。

ウ　介護老人福祉施設（特別養護老人ホーム）との違い

（ア）意義

　介護老人福祉施設とは、老人福祉法に規定する特別養護老人ホーム（入所定員が30人以上であるものに限る。）であって、入所する要介護者に対し、施設サービス計画に基づいて、入浴、排せつ、食事等の介護その他の日常生活上の世話、機能訓練、健康管理及び療養上の世話を行うことを目的とする施設である。

　介護老人福祉施設は、医療の提供を行わないので、医療法上の医療提供施設にあたらない。

（イ）開設主体

　介護保険法上の介護老人福祉施設は、特別養護老人ホームである必要があるところ（介護保険86条）、特別養護老人ホームを設置できるのは、行政団体のほかは社会福祉法人に限られる（老人福祉15条）。

　そのような施設の性質上、介護老人福祉施設の運営主体は、令和4年10月1日現在、社会福祉法人が95.4％を占めている。

8

	介護老人福祉施設	介護老人保健施設	介護医療院
基本的性格	要介護高齢者のための生活施設	要介護高齢者にリハビリ等を提供し、在宅復帰・在宅支援を目指す施設	要介護高齢者の長期療養・生活のための施設
定義	65歳以上の者であって、身体上又は精神上著しい障害があるために常時の介護を必要とし、かつ、居宅においてこれを受けることが困難なものを入所させ、養護することを目的とする施設（介護保険8条27項、老人福祉20条の5）	要介護者であって、主としてその心身の機能の維持回復を図り、居宅における生活を営むことができるようにするための支援が必要である者に対し、施設サービス計画に基づいて、看護、医学的管理の下における介護及び機能訓練その他必要な医療並びに日常生活上の世話を行うことを目的とする施設（介護保険8条28項）	要介護者であって、主として長期にわたり療養が必要である者に対し、施設サービス計画に基づいて、療養上の管理、看護、医学的管理の下における介護及び機能訓練その他必要な医療並びに日常生活上の世話を行うことを目的とする施設（介護保険8条29項）
主な設置主体	地方公共団体 社会福祉法人	地方公共団体 医療法人	地方公共団体 医療法人
1人あたりの面積	10.65㎡以上	8㎡以上	

施設基準			Ⅱ型	Ⅰ型
	医師：必要数（非常勤可） 看護＋介護：3対1（※看護師について特に定め有り5）	医師：100対1（1人以上） 看護＋介護：3対1（※うち看護2/7程度）		医師：48対1（3人以上） 看護：6対1 介護：6対1

エ　開設主体

（ア）医療法人・社会福祉法人の場合

　前述のとおり、介護保険法上の介護保険施設[6] の開設主体の制限があることから、介護保険法上の施設サービス[7] を提供することができるのは、医療

---

5 ①　入所者の数が30を超えない介護老人福祉施設にあっては、常勤換算方法で、1以上
　②　入所者の数が30を超えて50を超えない介護老人福祉施設にあっては、常勤換算方法で、2以上
　③　入所者の数が50を超えて130を超えない介護老人福祉施設にあっては、常勤換算方法で、3以上
　④　入所者の数が130を超える介護老人福祉施設にあっては、常勤換算方法で、③に、入所者の数が130を超えて50又はその端数を増すごとに1を加えて得た数以上

6 指定介護老人福祉施設、介護老人保健施設及び介護医療院をいう（介護保険8条25項）。

法人及び社会福祉法人等に限られることはもとより、通所サービスや地域密着型サービスで介護老人保健施設を前提とするものについても同様となる。したがって、これらのサービスを提供する場合には、必然的に、医療法人又は社会福祉法人を設立する必要がある。

　他方で、医療法人及び社会福祉法人は、法人税法上の公益法人等に該当するため、税制上の優遇措置が受けられる。もっとも、公益性が求められることから、活動範囲が制限されるほかに、非営利法人という性質から、必然的に剰余金の配当は禁止される（医療54条）。

　医療法人の場合は、①定款又は寄附行為の定めるところにより、②医療法42条各号に掲げられた業務に限って行うことができる。なお、その業務が本来の業務の運営上、支障がある場合には、その全部又は一部の停止命令が下されることがありうる（医療64条）。

　（イ）民間事業者の場合

　株式会社等の民間事業者の場合には、前述のとおり、介護保険法上の施設サービスを提供できないほか、事業所の設備や体制などは法律の縛りを受けるが、法人の設立や目的などは制限を受けないため、その他の介護サービスに関して比較的自由な事業展開が可能となる。現に、株式会社が運営するサービス（施設）には、有料老人ホームやサービス付き高齢者向け住宅、デイサービスやグループホームなど多様なものがある。

	医療法人	社会福祉法人	株式会社
介護老人福祉施設	開設できる	開設できない	開設できない
介護老人保健施設 介護医療院	開設できる	開設できる	開設できない
業務の範囲	制限あり（医療42条）	社会福祉事業・公益事業・収益事業	制限なし
配当	禁止	禁止	可能
資金使途制限		社会副事業・公益事業の剰余金を収益事業に充てることはできない	制限なし

---

7 介護保険法上、介護福祉施設、介護保健施設及び介護医療院の各施設でのサービスを総称して、「施設サービス」という（介護保険8条26項）。介護保険法上の各種サービスについて、後述3「その他の介護サービス事業」を参照。

指導監査	あり	あり	なし
法人税	優遇あり	優遇あり（収益事業から発生した収益を除く）	優遇なし

(3) 助産所

　助産師が公衆又は特定多数人のためその業務（病院又は診療所において行うものを除く。）を行う場所をいう（医療2条1項）。助産所は、妊婦、産婦又はじよく婦10人以上の入所施設を有してはならない（同条2項）。

3　その他の介護サービス事業

　介護保険サービスは、前述の介護老人福祉施設、介護老人保健施設及び介護医療院でのサービスを総称した施設サービス（介護保険8条26項）のほか、居宅サービス（同条1項）、地域密着型サービス（同条14項）及び居宅介護支援（同条24項）に大きく分けられ、さらにそれぞれについて具体的なサービスが設けられている（全26種類54サービス）。

　なお、地域密着型サービスとは、住み慣れた地域で、多様かつ柔軟なサービスを提供するための枠組みのもと、事業所や施設がある市区町村の居住者が利用するものである。

　また、生活機能を維持・向上させ、要介護状態にあることを予防するという介護予防に適した、軽度者向けの内容・期間・方法で提供されるサービスとして、介護予防サービス（介護保険8条の2）が、要介護者向けの各介護サービスに一部対応する形で設けられている。

　他方で、介護サービスの提供主体について、介護保険法上、介護サービス事業者は、指定居宅サービス事業者、指定地域密着型サービス事業者、指定居宅介護支援事業者、介護保険施設、指定介護予防サービス事業者、指定地域密着型介護予防サービス事業者、及び指定介護予防支援事業者に大きく分かれ、それぞれについて、指定の要件が規定されている（介護保険70条以下）。

		介護給付	予防給付
居宅サービス	訪問サービス	訪問介護（ホームヘルプ）	
		訪問入浴介護	○
		訪問看護	○
		訪問リハビリテーション	○
		居宅療養管理指導	○
	通所サービス	通所介護（デイサービス）	
		通所リハビリテーション（デイケア）	○
	短期入所サービス	短期入所生活介護（ショートステイ）	○
		短期入所療養介護	○
	特定施設におけるサービス	特定施設入居者生活介護	○
	福祉用具サービス	福祉用具貸与	○
		特定福祉用具販売	○
地域密着型サービス		定期巡回・随時対応型訪問介護・看護	○
		夜間対応型訪問介護	○
		地域密着型通所介護	
		認知症対応型通所介護	○
		小規模多機能型居宅介護	
		認知症対応型共同生活介護	
		小規模多機能型居宅介護	
		認知症対応型共同生活介護	
		地域密着型特定施設入居者生活介護	
		地域密着型介護老人福祉施設入居者生活介護	
		複合型サービス（看護小規模多機能型居宅介護）	
居宅介護支援		居宅介護支援	○
施設サービス		指定介護老人福祉施設 介護老人保健施設 介護医療院	

第1章 | 医療法人

第1 医療法人制度の概要

> **Case**
>
> 個人で開設した診療所について事業が安定してきたこともあり、医療法人の設立を考えるようになったが、医療法人化するかどうかについてはどのように判断すればよいのか。また、医療法人には複数の種類が存在するが、具体的にどの種類の医療法人を設立するのがよいのか。

1 医療法人の意義・類型

(1) 医療法人

医療法人とは医療法により設立が認められた法人であり、「病院、医師若しくは歯科医師が常時勤務する診療所、介護老人保健施設又は介護医療院を開設しようとする法人」とされる（医療39条）。

かつては民法に基づき設立された法人により病院等を開設することが認められていたが、広く社会一般の利益を図ることを目的にしていること、より柔軟に資金調達のニーズに応じられるようすること等の理由から昭和25年の医療法の改正により創設された。

医療法人の設立のための要件や手続の詳細は後述の第1章・第2で説明する。

(2) 医療法人の類型

医療法人は大きく「社団医療法人」と「財団医療法人」の2種類に分ける

ことができ、そのうち社団医療法人については「出資持分がある場合」と「出資持分がない場合」に分類することができる。

　このような医療法人制度の全体像を簡単に整理すると次の表のとおりである。

社団医療法人		財団医療法人
持分あり医療法人 （経過措置型医療法人）	持分なし医療法人 ・拠出型医療法人 ・基金拠出型医療法人	財団医療法人
	社会医療法人	
	特定医療法人	

　また、令和5年時点の各類型の医療法人の法人数を整理すると次のとおりとなる[1]。

医療法人全体	総数			58,005
	社団法人	総数		57,643
		持分有		36,844
		持分無		20,799
	財団法人			362
社会医療法人	総数			352
	社団法人			315
	財団法人			37
特定医療法人	総数			328
	社団法人			279
	財団法人			49

　ア　社団医療法人と財団医療法人

（ア）社団医療法人

　社団医療法人とは、一定の目的のもとに結合した社員によって組織される団体（社団）からなる医療法人をいう。なお、社員といえば一般的には従業員や職員・スタッフをいうことが多いが、法律上の「社員」はそれとは異な

---

[1] 厚生労働省「種類別医療法人数の年次推移（https://www.mhlw.go.jp/content/10800000/001113934.pdf）」

る。

　前述の表のように、令和5年時点での医療法人全体の総数は58,005となっているが、そのうちの多くがこの社団医療法人であり、その割合は57,643と約99％を占めている。

（イ）財団医療法人

　財団医療法人とは、一定の目的のもとで拠出された財産（財団）からなる医療法人をいう。財団法人は金銭その他の資産の寄付行為によって設立されるため、社団医療法人と異なり出資持分というものは存在しない。

　なお、以前は解散時の残余財産について理事会等で処分方法を決定することができたが、2007年4月1日の医療法の改正により社団医療法人について出資持分のある社団医療法人の設立が認められなくなったのと同様にこれ以降に設立された財団医療法人についても解散時の残余財産は国又は地方公共団体に帰属するものと定められた。

　イ　出資持分の定めの有無による分類

（ア）出資持分のある医療法人

　2007年4月1日の医療法の改正より前には、出資割合に応じて退社時の持分払戻や解散時の残余財産の分配を受けることが認められる「出資持分のある医療法人」を設立することが認められていた。なお、出資持分のある医療法人のうち退社時の持分払戻や解散時の残余財産の分配について、払込出資額に制限することを定款で定めた医療法人を特に「出資額限度法人」という。

　しかし、2007年の4月1日の医療法の改正によりこのような出資持分のある医療法人の設立は認められなくなり、以前より存在した「出資持分のある医療法人」については「経過措置型医療法人」として存続している。ただし、前述のとおり令和5年時点に存在する57,643の社団医療法人のうち「出資持分のある医療法人」である経過措置型医療法人は36,844と今なお全体の3分の2と多数を占めている。

（イ）出資持分のない医療法人

　a　拠出型医療法人

　2007年4月1日の医療法の改正により、現在では「出資持分のある医療

法人」を設立することは認められていない。

現在の医療法人では設立の際に株式会社のように「出資」するのではなく「拠出」するものとされ、「出資」ではなく「拠出」であるため出資持分という概念はなくなり、出資持分の払戻請求は認められず、解散時の残余財産は国や地方公共団体に帰属するものとされている。このような医療法人を「拠出型医療法人」という。

　　b　基金拠出型医療法人

2007年の医療法の改正により出資持分のある医療法人は設立ができなくなったが、拠出型医療法人について基金制度を利用することができるようになり、このような基金制度を利用して設立された医療法人を「基金拠出型医療法人」という。

基金とは医療法人に拠出された財産について医療法人が拠出者に返還義務を負うものをいう。そのため、基金制度を採用することで拠出財産について解散時等に拠出者に返還を行うことができるようになった。

ただ、医療法人の非営利性の観点から、株式と異なり配当などはできない。

　ウ　その他の分類

医療法人のうち特に公益性の高い医療法人として社会医療法人、特定医療法人という枠組みが用意されており、それぞれ税制面等で優遇措置が講じられている。

（ア）社会医療法人

社会医療法人とは、救急医療やへき地医療等（救急医療等確保事業）に係る公益性の高い業務を行っていること、役員における同族関係者の割合など特定の要件を満たす場合に、医療法42条の2において定める都道府県知事の認定を受けることで認められる医療法人をいう。

社会医療法人については、収益事業以外の医療保健業から生じる所得については法人税が非課税とされ、後述の収益事業に対する法人税の税率も軽減税率（22％）の適用が受けられる等の税制上の優遇措置が認められている。

また、社会医療法人については、社会医療法人債の発行が認められており（医療54条の2）、本来業務に支障のない限り定款等の定めるところにより、開設する病院、診療所及び介護老人保健施設等の経営に収益を充てることを

目的として本来医療法人が行うことができない収益業務を行うことが認められている等の特徴が挙げられる。

（イ）特定医療法人

特定医療法人とは、租税特別措置法67条の2において定める医療の普及及び向上、社会福祉への貢献その他の公益の増進に著しく寄与する等の要件を満たす場合に、国税庁長官の承認を受けることで認められる医療法人をいう。

特定医療法人については、社会医療法人と同様に法人税の軽減税率（19％）が適用される等の税制上の優遇措置が認められている。

他方で、社会医療法人とは異なり医療法上の法人類型ではなく税制上の制度に過ぎないため、収益業務を行うことは認められていない。

2 医療法人の性格

医療法人の性格として、大きく医療法人は非営利性を挙げることができる。以下、詳しく解説することとしたい。

(1) 剰余金の配当の禁止

株式会社等の場合、企業活動による剰余金を株主などに配当することが認められているが、医療法人については医療法54条において「医療法人は、剰余金の配当をしてはならない。」と定められており、法律で剰余金の配当が禁止されている。

しかし、2007年3月までは出資持分のある医療法人の設立が認められていたところ、出資者に対する出資持分の払戻しを通じて事実上の剰余金の配当が行われていた。そのため、前述のとおり現在では出資持分のある医療法人の設立は禁止され、医療法人の非営利性がより徹底されている。

なお、本条に違反して剰余金の配当をした者については20万円以下の過料に処されると定められている（医療93条8号）。

18 第1章 医療法人

(2) 営利目的の医療機関の開設

　医療法7条7項は「営利を目的として、病院、診療所又は助産所を開設し
ようとする者」に病院の開設許可を与えないことができるとされている。

　この点、株式会社による病院や診療所などの医療機関の開設が認められる
かについて、株式会社は剰余金の配当及び残余財産の分配の両方を制限する
ことが禁止された営利法人であり（会社105条2項）、原則として医療機関
の開設は認められないものとされている。

　また、同様の理由から、通達[2]や弁護士会からの照会[3]において株式会社
が医療法人の「社員」や「役員」になることも認められない旨の見解が示さ
れている。ただし、株式会社と異なり、医療法人においては「出資者」と「社
員」の地位は必ずしも同一ではなく、出資者となっても医療法人の経営権を
持てるわけではないため、株式会社が医療法人に出資を行うこと自体は必ず
しも禁止されていない。

(3) 配当類似行為の制限

　前述のように、医療法人では直接の剰余金の配当については法律で明確に
禁止されているところ（医療54条）、次のような実質的に剰余金の配当とみ
なされる行為（配当類似行為）についても禁止の対象となり得ると考えられ
ている。

① 　正当な理由のない役員等に対する貸付

　　役員等への貸付が福利厚生などの一環を超えて、特定の役員等のみを対
　象として貸付を行われているような場合

② 　役員等に対する不当に高額な不動産の賃借料の支払い

　　医療法人の役員や親族が所有する不動産について近隣相場より著しく高
　額な賃料等を支払っている場合

③ 　役員等に対する過大な報酬又は退職金の支払い

　　役員等への報酬や退職金がその稼働や貢献に対する対価として著しく過

---

[2]「医療法人の機関について」（平成28年3月25日医政発0325第3号）第1・2 (5) ③
[3]「東京弁護士会会長あて厚生労働省健康政策局指導課長回答」（平成3年1月17日）

大な場合

④　役員等の債務の引受及び保証

　　正当な理由がないにもかかわらず対価なく役員等の債務の引受や保証を行うような場合

⑤　不利益な条件での MS 法人との取引行為

　　医療法人の役員や親族が株主となる MS 法人との取引で、取引条件や契約内容が著しく高額又は不利益な場合

　以上のような配当類似行為を制限する趣旨で、2018 年 4 月以降に開始する事業年度から、関係事業者との取引状況に関する報告書の提出が求められることとなった（医療 51 条 1 項）。

3　医療法人のメリット・デメリット

　医療法人のメリットとデメリットを整理すると次の表のとおりであるが、以下では各メリットとデメリットについて詳しくみていくことにする。

メリット	①　法人化による節税効果 ②　分院開設や附帯業務の実施等による事業展開 ③　社会的信用性の向上 ④　役員退職金制度が利用可能 ⑤　事業承継・相続税対策
デメリット	①　資金を自由に利用できなくなる ②　法人化後の組織運営・事務負担の増加 ③　社会保険料負担の増加 ④　解散時の残余財産の帰属

（1）医療法人のメリット

　ア　法人化による節税効果

　（ア）所得税等と法人税等の税率

　個人事業の所得に対する所得税率は 4000 万円以上の場合には最大で 45％にも及ぶことになる[4]。

4　国税庁「所得税の税率（https://www.nta.go.jp/taxes/shiraberu/taxanswer/shotoku/2260.htm）」

20　第1章　医療法人

　これに対して、医療法人の場合の法人税は次の表のとおり最大で23.2％となるため、所得が高額の場合には法人化した方が全体の税金額を抑えることが可能となる[5]。

区分		税率
資本金1億円以下の法人	年800万円以下の部分	15％
	年800万円超の部分	23.2％ （令和7年3月31日まで）

（イ）給与所得控除等による節税効果

　医療法人からは役員報酬として収入を得ることになるところ、役員報酬は給与所得して計算されるため、個人開業の場合には利用ができなかった給与所得控除（最大で年195万円）を適用した上で課税所得が計算されるため税額を抑えることが可能である。

　また、個人開業の場合、全て院長の所得として計上されることになるが、医療法人の場合には家族などを理事などの役員とすることで報酬を分散して、トータルの課税額を抑えることが可能な場合もある。

（ウ）消費税納税義務の免除の特例

　個人開業から医療法人を設立した場合、設立第1期と第2期は基準期間における課税売上高がないため、原則、消費税の納税義務が免除される[6]。そのため、個人開業してから個人の売上について消費税の課税義務が発生する前に医療法人を設立することで、消費税が課税されない期間を延長することが可能である。

　なお、令和5年10月より導入されたインボイス制度に基づき消費税課税事業者を選択した場合、設立第1期目から消費税の課税義務が発生する点には注意が必要である。

　イ　分院開設や附帯業務の実施等による事業展開

　個人開業の診療所等の場合、原則として分院の開設や附帯業務を行うこと

---

[5] 国税庁「法人税の税率（https://www.nta.go.jp/taxes/shiraberu/taxanswer/hojin/5759.htm）」
[6] なお、設立第1期の期間が7か月超の場合、事業年度開始日から6か月間の課税売上高が1,000万円を超えると設立第2期から課税対象となるため法人化のタイミング及び事業期間の設定はよく検討する必要がある。

ができないが、医療法人の場合、同じ法人の下で分院の開設や訪問看護ステーション、介護事業施設の開設等の附帯業務を行うことができる点は医療法人のメリットの一つである。分院開設や介護事業開設による事業規模の拡大により、医薬品や消耗品などの価格を抑えることが可能になる。

　ウ　社会的信用性の向上

　医療法人化によるメリットの一つとして、一般的に個人開業の診療所等と比較して社会的信用性の向上を見込める点が挙げられる。これにより金融機関からの融資を受けやすくなること、また、優秀な人材の採用・確保が容易となることが考えられる。

　エ　役員退職金制度が利用可能

　個人開業の場合には院長への退職金というものを考えることができないが、医療法人の場合には理事長として役員退職金を支給することが可能となる。役員退職金は退職後の生活面への配慮から通常の給与所得などと比較して税負担が軽くなるように設計されている。また、次の計算式で計算される金額については医療法人の損金として損入することができるため、節税効果を期待することも可能である。

項目	金額
退職慰労金 （死亡退職慰労金）	最終報酬月額×役員在任年数×功績倍率（3倍程度）
特別功労金	特別功労者には退職金の30％を超えない範囲で特別功労金を加算
弔慰金	業務上の死亡の場合：最終報酬月額×36か月 業務外の死亡の場合：最終報酬月額×6か月

　オ　事業承継・相続税対策

　個人開業の診療所等を子や第三者に承継させる場合、形態としては事業譲渡に該当するため事業規模や収益状況に応じて事業譲渡のための多額の譲渡代金や相続税・贈与税を負担する必要が生じる。他方で、医療法人のうち「出資持分のない医療法人」であれば、医療法人の承継を社員や理事の変更のみで行うことができるため前述のような多額の譲渡代金や相続税・贈与税の負担の問題が生じないため、診療所や病院等の事業承継や相続税対策を考えた場合に法人化は有効な手段となる。

22　第1章　医療法人

　なお、具体的な事業承継の方法や手続については、後述の第5章において詳細に解説を行う。

(2) 医療法人のデメリット

　ア　資金を自由に利用できなくなる

　医療法人化すると、診療所等の収益は医療法人に帰属し、そこから院長は役員報酬を得る形に変わる。

　役員報酬については「定期同額給与の原則」というルールがあり、年間を通じて毎月同額の役員報酬としなければ損金として算入することができないため、特定の月だけ役員報酬を増額等することはできない。また、不相当に役員報酬の金額を高額に設定した場合、前述のとおり剰余金配当の禁止に抵触する可能性もある。

　また、理由なく医療法人の経費として支出できるわけでもなく、特に交際費の算入については個人開業の場合には上限額が定められていないが、医療法人の場合には損金算入できる金額の上限が次のとおり定められている。

【出資持分のある医療法人】

期末出資金の額	損金算入額
1億円以下	①定額控除限度額（年800万円）又は ②接待飲食費の50%
1億円超	接待飲食費の50%

【出資持分のない医療法人】

次の計算式により期末出資金の金額を計算する 　期末総資産額 − 期末総負債額（− 当期利益 or ＋ 当期損失）× 60%

　以上のとおり、医療法人化すると個人開業の場合と比較して資金を自由に利用できなくなる点には注意が必要である。

　イ　法人化後の組織運営・事務負担の増加

　医療法人となる場合、最低でも社員3名、理事3名、監事1名を選任し、定期的に社員総会や理事会、監事による監査を実施する必要が生じるため組織運営による事務負担が発生することになる。なお、医療法人の組織運営については後述の第1章・第3で詳述する。

　また、医療法人となると、毎会計年度終了後3か月以内に事業報告書・財

産目録・貸借対照表・損益計算書及び監事の監査報告書等を都道府県知事に対して提出しなければならなくなるため（医療51条）、これらの書類作成の事務負担が発生する点も医療法人化のデメリットといえる。

ウ　社会保険料負担の増加

医療法人化すると、院長自身も社会保険料に加入しなければならなくなるため、社会保険料負担の増加が発生することになる。なお、社会保険料のうち健康保険・介護保険については「適用除外承認申請」を行うことで保険料が一定の医師国保を継続して利用することが認められているが、申請手続の期限が設けられているため留意が必要である。

また、医療法人の場合、個人開業の診療所等の場合には常時職員が5人未満であれば社会保険の加入義務がなかったが、医療法人の場合には人数にかかわらず社会保険の加入義務が発生するため、場合によっては職員の社会保険料の負担が新たに発生することになる。

エ　解散時の残余財産の帰属

前述のとおり、「出資持分のない医療法人」について事業を承継させる場合にはメリットがあるが、他方で出資持分の払戻しが認められないことはもちろん、医療法人の解散時の残余財産は国若しくは地方公共団体等に帰属するため（医療44条5項等）、医療法人の権利や財産そのものが子などに相続されなれない点はデメリットと考えられる。

(3) 医療法人化の検討のポイント

以上の医療法人化のメリット、デメリットを勘案して、個人開業から医療法人への移行を検討することになる。

まずは、順調に事業が拡大し、課税所得金額が高額となった場合に節税効果を期待した医療法人化が考えられる。具体的な節税効果については税理士などと検討することになるが、課税所得が2000万円近くに及ぶ場合には節税効果を期待できるものと思われる。

また、個人開業の医師の場合、社会保険診療報酬の一定割合を経費として計上することが可能な「概算経費」の制度が利用可能だが、社会保険診療報酬が5000万円を超過すると同制度を利用できなくなるため、このタイミン

24　第1章　医療法人

グでの医療法人化の検討も考えられる。

　その他、医療法人化による分院や介護老人保健施設等の設置による事業拡大や事業承継に備えての医療法人への移行も考えられるところ、自身が経営する診療所等の状況に応じた適切なタイミングでの医療法人への移行を検討する必要がある。

4　医療法人の業務

　前述のとおり、医療法人は非営利性が要求されるところ、その業務の範囲についても法律による制限が設けられている。

　具体的には、医療法人が行える業務として、①本来業務、②附随業務、③附帯業務が挙げられる。なお、④収益業務については医療法人がこれを行うことは原則的に許されていないが、前述のとおり社会医療法人に限り収益業務を行うことが認められている。以下では各業務の内容について細かく見ていくこととする。

(1) 本来業務

　医療法人の本来的な業務内容であり、具体的には病院、医師等が常時勤務する診療所又は介護老人保健施設（病院等）を開設、運営することをいう（医療39条1項）。これを医療法人が行うことができることは当然の帰結である。

(2) 附随業務

　付随業務とは、本来業務に付随して実施する業務をいう。本来業務である病院等の開設、運営に附随して行われる附随業務については、後述する附帯業務と異なり定款に定めることなく行うことが認められている。具体的には次のような業務が附随業務に該当する。

①　病院等の施設内で当該病院等に入院若しくは通院する患者及びその家族を対象として行われる業務又は病院等の職員の福利厚生のために行われる業務であって、医療提供又は療養の向上の一環として行われるもの。

②　病院等の施設外で当該病院等に通院する患者を対象として行われる業務であって、当該病院

第1　医療法人制度の概要　25

等において提供される医療又は療養に連続して行われるもの。
③　①及び②に該当する附随業務を、当該医療法人が自らの事業として行わず、当該医療法人以外の者に委託して行う場合における、当該医療法人以外の者への委託
（具体例）
・病院等の施設内で行われる売店の営業や自販機の設置、敷地内で行われる駐車場の運営等
・病院等に診療に来た患者等に対してコンタクトレンズやサプリメントの販売業務[7]
・運営する病院等に通院する患者の搬送業務等

(3) 附帯業務

　医療法人は、前述の本来業務及び附随業務に加えて、定款又は寄付行為に定めることにより一定の業務を行うことができると定められており（医療42条）、このような業務を附帯業務という。なお、附帯業務はあくまで本来業務に付帯するものであり、本来業務を行わずに附帯業務のみを行うことは認められていない。

　附帯業務として認められる業務としては次のような業務が挙げられている。

①　医療関係者の養成又は再教育
②　医学又は歯学に関する研究所の設置
③　医療法39条1項に規定する診療所以外の診療所の開設
　・巡回診療所、医師又は歯科医師が常時勤務していない診療所（例えば、へき地診療所）等の開設・運営
④　診療所が附置された、疾病予防のために有酸素運動（継続的に酸素を摂取して全身持久力に関する生理機能の維持又は回復のために行う身体の運動）を行わせる施設（疾病予防運動施設）の設置
⑤　疾病予防のために温泉を利用させる施設であって、有酸素運動を行う場所を有する施設（疾病予防温泉施設）の設置
⑥　保健衛生に関する業務
　・薬局
　・施術所（あん摩マツサージ指圧師、はり師、きゆう師等に関する法律、柔道整復師法に規定するもの。）
⑦　社会福祉法2条2項（第1種社会福祉事業[8]）及び第3項（第2種社会福祉事業）に掲げる事業のうち厚生労働大臣が定めるものの実施[9]
　・児童厚生施設、保育所等の設置

---

[7]「医療機関におけるコンタクトレンズ等の医療機器やサプリメント等の食品の販売について」（平成26年8月28日厚生労働省医政局総務課事務連絡）

26 第1章 医療法人

| ・老人居宅介護等事業や老人デイサービス事業等 |
| ⑧ 老人福祉法29条1項に規定する有料老人ホームの設置 |

(4) 収益業務

　前述のとおり、社会医療法人は救急医療やへき地医療等の公益性の高い医療を提供することから、経営の安定化を図る必要があるため、収益業務により得られた収益を開設する病院等の経営に充てることを目的として収益業務を行うことが認められている（医療42条の2第1項）。

　具体的な業務内容としては、鉱業、建設業、電気・ガス・熱供給・水道行、金融・保険業を除く業種の収益業務を行うことが認められている。

　また、収益業務を行う場合には次に掲げる要件を満たす必要があるとされており[10]、収益業務が本来業務に資するものか判断するために収益業務に関する会計は区別して行うものとされている（医療42条の2第3項）。

| ① 一定の計画の下に収益を得ることを目的として反復継続して行われる行為であって、社会通念上業務と認められる程度のものであること。 |
| ② 社会医療法人の社会的信用を傷つけるおそれがあるものでないこと。 |
| ③ 経営が投機的に行われるものでないこと。 |
| ④ 当該業務を行うことにより、当該医療法人の開設する病院等の業務の円滑な遂行を妨げるおそれがないこと。 |
| ⑤ 当該医療法人以外の者に対する名義の貸与その他不当な方法で経営されるものでないこと。 |

---

8 第1種福祉事業についてはケアハウスの運営を除き社会福祉法人のみ実施可能

9 「厚生労働大臣の定める医療法人が行うことができる社会福祉事業」（平成10年2月9日厚告第15号）

10 「厚生労働大臣の定める社会医療法人が行うことができる収益業務」（平成19年3月30日厚労告第92号）

第2　医療法人の設立

> **Case**
>
> 　医療法人化をすることを意思決定した場合、具体的に医療法人を設立するためには具体的にどのようなスケジュールで、どのような準備をすればよいのか。仮に、医療法人を設立した場合、現在、開設している診療所の開設主体を医療法人に変更することになるが、何か注意するべきことはあるのか。

1　設立要件

　医療法人を設立するためには、「主たる事務所の所在地の都道府県知事の認可を受けなければ、これを設立することができない」と定められている（医療44条1項）。

　具体的な医療法人の設立審査は各都道府県において行われることになるが、その前提となる指針として厚生労働省により医療法人運営管理指導要綱[1]が定められており、医療法人の設立に際しては当該要綱の内容やこれを踏まえた各都道府県の指導に従う必要がある。

　以下では、医療法人の設立の認可の際に求められる人的要件、資産要件について整理する。

(1) 人的要件
　ア　社団医療法人

　（ア）社員

　医療法に明確な定めはないが、社員は社員総会という合議体の一員のため原則として3名以上必要であると指導されている[2]。

1　厚生労働省「医療法人運営管理指導要綱（https://www.mhlw.go.jp/content/10800000/000548754.pdf）」

28　第1章　医療法人

　社員の資格について医療法に明確な定めはないが、かつては社員は自然人に限られるとの指導がなされていた。しかし、現在では厚生労働省により法人（営利を目的とする法人を除く。）も医療法人の社員となることが可能との見解が示されるに至っている[3]。ただし、医療法人運営管理指導要綱において、法人社員が出資持分を保有することは法人運営の安定性の観点から適切ではないとされている。

　また、前述のとおり株式会社は営利を目的とする法人のため社員となることは認められていないが、医療法人の出資持分を取得することは否定されていない。

　（イ）役員

　　a　理事

　社団医療法人については、原則として3人以上の理事を置かなければならないとされている（医療46条の5第1項）。なお、社員が理事を兼任することも可能である。

　ただし、医師等が常時1人又は2人勤務する診療所を一か所のみ開設する医療法人（一人医師社団法人）に限り、都道府県知事の認可を得た場合には3人未満の理事でも良いとされているが、その場合でも可能な限り理事を2人置くことが望ましいとされている（医療法人運営管理指導要綱Ⅰ、2、(1)）。なお、この場合も社員は3人以上おくことが望ましいとされている[4]。

　理事については自然人に限られるものとされており（医療法人運営管理指導要綱Ⅰ・2 (3)）、非営利法人を含む法人が理事となることは認められていない。また、都道府県知事の認可を受けた場合を除き、原則として医療法人が開設する病院、診療所又は介護老人保健施設の管理者を理事に加えなければならない（医療46条の5第6項）。

　さらに、理事のうちから1名を理事長に選出しなければならず、都道府県

---

[2] 東京都保健医療局「医療法人設立の手引（令和元年6月）（https://www.hokeniryo.metro.tokyo.lg.jp/iryo/hojin/tebiki.files/5dainisyou-iryouhoujin-no-setsuritsu.pdf）」12頁
[3] 「医療法人の機関について」（平成28年3月25日医政発0325第3号）第1・2 (5) ③
[4] 厚生労働省「社団医療法人定款例（最終改正平成30年3月30日）（https://www.mhlw.go.jp/file/06-Seisakujouhou-10800000-Iseikyoku/0000205243.pdf）」

第 2　医療法人の設立　29

知事の認可を受けた場合を除き、原則として理事長は医師又は歯科医師である必要がある（医療 46 条の 6 第 1 項）。

　　b　監事

　社団医療法人については、原則として 1 人以上の監事を置かなければならないとされている（医療 46 条の 5 第 1 項）。

　また、監事は医療法人の業務執行を監査する立場にあることから理事や職員との兼職が禁止されており（医療 46 条の 5 第 8 項）、他の役員と親族[5] 等の特殊な関係がある者ではない必要がある（医療人運営管理指導要綱Ⅰ・2 (6)）。さらに、都道府県によっては、①医療法人に拠出している者、②医療法人と取引関係などにある顧問税理士や顧問弁護士等が監事になることを禁止しているケース等もあるので確認が必要である[6]。

　なお、監事についても理事と同様に自然人に限られるものとされている（医療人運営管理指導要綱Ⅰ・2 (3)）。

　イ　財団医療法人

（ア）評議員

　財団医療法人には、原則として理事の定数を超える評議員を置かなければならないとされている（医療 46 条の 4 の 2 第 1 項）。

　評議員についても自然人に限られるものとされており（医療人運営管理指導要綱Ⅰ、3)、①医師、歯科医師、薬剤師、看護師その他の医療従事者、②病院、診療所、介護老人保健施設又は介護医療院の経営に関して識見を有する者、③医療を受ける者、④それ以外の者から寄附行為の定めるところにより選任された者が選任される（医療 46 条の 4 第 1 項）。

　なお、評議員については役員や職員との兼職が禁止されている（医療 46 条の 4 第 3 項）。

（イ）役員

　財団医療法人の役員についても理事と監事が存在するが、その要件については社団医療法人の場合と同様である（医療 46 条の 5 第 1 項）。

―――――――――――――――

5　親族とは、配偶者、6 親等内の血族及び三親等内の姻族をいう（民法 725 条）。

6　東京都保健医療局「医療法人設立の手引（https://www.hokeniryo.metro.tokyo.lg.jp/iryo/hojin/tebiki.files/5dainisyou-iryouhoujin-no-setsuritsu.pdf)」第 2 章 3 (1) エ④

30 第1章 医療法人

(2) 資産要件

医療法人は、その開設する病院、診療所、介護老人保健施設又は介護医療院の業務を行うために必要な施設、設備又は資金を有しなければならないされている（医療41条1項、医療則30条の34）。

具体的には、医療法人の設立のためには設立後2か月分の運転資金を確保しておく必要があるとされている[7]。これは医療法人設立後、保険診療収入が入金されるのが約2か月後のため、その間の運転資金を確保しておく必要があるという配慮に基づくものである。

また、その他にも医療法人の運営に必要な施設又は設備は、当該医療法人が所有することが望ましいとされているが、賃貸借契約による場合でもその契約期間が長期にわたるもので、かつ、確実なものであることが望ましいとされている[8]。

2 設立の流れ

医療法人を設立する場合、まず各都道府県において医療法人の設立認可申請を行い、医療法人の設立後に保健所に診療所又は病院の開設許可申請書及び開設届を提出し、厚生局にて保険医療機関の指定申請を行うのが一般的な流れとなる。各手続の全体の流れは次頁の図のとおりである。

以下では各手続の詳細について解説する。

(1) 設立準備・必要書類の作成

まずは医療法人の設立に向けた設立準備・必要書類の作成を進める必要がある。準備内容や手続は都道府県ごとに多少異なるため、都道府県が用意する「医療法人設立の手引[9]」を入手して、その内容を確認することが考えら

---

[7] 「医療法人制度について」（医政発0330049号平成19年3月30日厚生労働省医政局長通知）第1・6

[8] 「医療法人制度について」（医政発0330049号平成19年3月30日厚生労働省医政局長通知）第1・6

[9] 東京都保健医療局「医療法人設立の手引（https://www.hokeniryo.metro.tokyo.lg.jp/iryo/hojin/tebiki.html）」

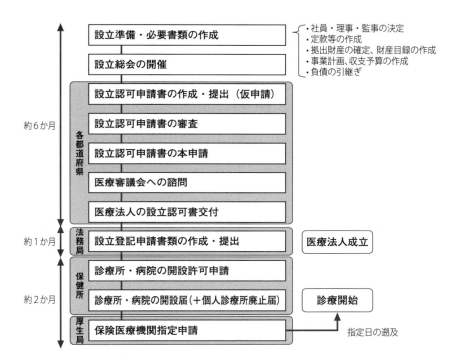

れる。また、都道府県によっては医療法人設立説明会を開催しており設立手続の流れを理解するには有用であるが、都道府県によっては設立認可申請のために出席を義務付けている場合もあるため注意が必要である（例えば、千葉県では出席が義務付けられている）。

都道府県ごとに多少異なる部分もあるが、社員・理事・監事の決定、定款等の作成、拠出財産の検討・財産目録の作成、事業計画・収支予算の作成といった必要書類の作成を行う必要がある。

ア 社員・理事・監事の決定

第1章・第2・1 (1) の人的要件で前述したとおり、例えば、社団医療法人設立のためには少なくとも社員3名、理事3名、監事1名を決定・選任する必要がある。

各役員等は医療法人設立後に医療法人の運営に関与する必要があるため名目的に選任することは不適切とされており（医療人運営管理指導要綱）、また、

医療法人の意思決定等に関与するため信頼できる人物に就任を依頼する必要がある。

イ　定款等の作成

医療法人を設立する場合、医療法人の組織や運営等に関する基本事項を定めた定款（社団医療法人）又は寄付行為（財団医療法人）を定める必要がある（医療44条2項）。

医療法では、定款等に次の記載事項（絶対的記載事項）を定めるものとされており、基本的にはこの内容を前提とした厚生労働省等が定めたモデル定款[10]に従うことが求められる。

---

① 目的
② 名称
③ 開設しようとする病院、診療所等の名称及び開設場所
④ 事務所の所在地
⑤ 資産及び会計に関する規定
⑥ 役員に関する規定
⑦ 理事会に関する規定
⑧ 社員総会及び社員たる資格の得喪に関する規定（社団医療法人の場合）
⑨ 評議員会及び評議員に関する規定（財団法人の場合）
⑩ 解散に関する規定
⑪ 定款又は寄附行為の変更に関する規定
⑫ 公告の方法

（2）設立総会の開催

設立準備・必要書類の作成が完了したら設立総会を開催し、必要な意思決定・決議を行うことになる。設立総会の決議内容について設立総会議事録を作成し、設立認可申請書の提出に添付することが求められる。

設立総会における決議事項としては、医療法人設立趣旨の承認、社員の確認、定款又は寄附行為の承認、拠出又は寄附の申込み及び設立時財産目録の承認、初年度及び次年度分の事業計画及び収支予算の承認、役員及び管理者

10　厚生労働省「社団医療法人定款例（最終改正平成30年3月30日）」（https://www.mhlw.go.jp/file/06-Seisakujouhou-10800000-Iseikyoku/0000205243.pdf）

第2　医療法人の設立　33

の選任、設立代表者の選任、診療所や病院等の土地・建物等を賃借する場合の賃貸借契約やリース契約引継の承認等が挙げられる。

(3) 医療法人の設立認可申請

ア　設立認可申請書の提出と仮申請

設立準備・必要書類の作成、設立総会を経て、各都道府県の書式に基づき作成した医療法人設立認可申請書とあわせて、定款、財産目録、事業計画・収支予算書や設立総会議事録などの添付書類を各都道府県に提出する。申請書の提出については各都道府県において期限が設けられているので事前に確認の上で、期限内に提出する必要がある。

この時点では仮申請としての受付であり、申請書や添付書類には押印をせずに提出する。正式な本申請として受理する前に設立申請書の内容や添付書類の内容などに不備や漏れがないかの審査であり、追加や補正の指示に対応することになる。また、管轄の都道府県により、この期間に代表者に対する面接・面談、保健所などの関係機関への照会や実地調査などが行われる。

仮申請において本審査に進むことの許可が出たら本申請に進むことになるが、仮申請で提出した医療法人設立認可申請書や添付書類に正式に押印したものを提出することになる。

イ　医療審議会への答申

都道府県知事が医療法人の設立認可を行う場合には医療審議会の意見を聴かなければならないとされており（医療45条2項）、本申請にて提出された設立認可申請書に基づき各都道府県の医療審議会にて審査が行われる。

ウ　医療法人設立認可書の交付

医療審議会の審査を経て、医療法人の設立を認可することで問題ないと判断されれば都道府県県知事により設立認可書が交付される。

(4) 設立登記

設立認可を受けたとしても直ちに医療法人の成立が認められるわけではなく、登記することによって医療法人は成立するものとされている（医療46条1項）。設立認可を受けた場合、設立認可から2週間以内に設立登記申請

34　第1章　医療法人

を行わなければならないとされており[11]、主たる事務所の所在地を管轄する
法務局において設立認可書をもって設立登記申請を行うことになる。

　なお、設立登記の完了後、速やかに登記事項証明書を添付した登記完了届
を都道府県知事に提出するものとされている。

(5) 診療所・病院の開設許可申請及び開設届

　ア　診療所・病院の開設許可申請

　医師個人による診療所の開設の場合には開設届の提出のみで足りたが（医
療8条）、医療法人による診療所・病院の開設の場合には保健所に対して開
設許可申請を行う必要がある（医療7条1項）。また、病床がある場合には
開設許可申請の許可を得た後に病床等使用許可申請を行わなければならない
（医療27条）。

　なお、上記の申請の際に保健所により実地検査が行われることもあるため、
日程調整などが必要となる。

　イ　診療所・病院の開設届

　診療所・病院の開設許可が得られて医療法人として診療所・病院を開設し
た場合、開設から10日以内に病院等の開設届を提出する必要がある（医療
令4条の2）。なお、すでに個人で診療所を開設しており、医療法人へと移
行するケースでは合わせて個人の診療所の廃止届を提出する必要がある。

(6) 保険医療機関の指定申請

　医療法人により診療所・病院の開設がなされても、保険診療を行うために
は厚生局に対して保険医療機関の指定申請を行い、指定を受ける必要がある。
なお、個人の診療所において保険医療機関の指定を受けている場合、個人に
ついて保険医療機関廃止届を提出する必要がある。

　保険医療機関の指定申請のためには病院等の開設許可申請書・許可書又は
開設届に保健所の受付印が押印された写しを添付する必要があるため、病院

---

[11] 組合等登記令第2条1項において、「組合等の設立の登記は、その主たる事務所の所在地において、
設立の認可、出資の払込みその他設立に必要な手続が終了した日から二週間以内にしなければなら
ない。」とされており、組合等には医療法人が含まれる（同第1条、別表）。

等の開設後の申請となる。この点、保険医療機関の指定申請については各地方厚生局により多少異なるものの、毎月、申請期限が定められており当該申請期限までに申請がなされた場合には翌月1日に指定がなされる運用となっている。そのため、病院等の開設日から保険医療機関の指定までは約1か月の空白期間が生じることになる。

しかし、個人の診療所として保険診療を継続してきたにもかかわらず、医療法人に移行する際に診療業務の実態に変化がないにもかかわらず、このような空白期間が生じることは適切ではないため、開設者が個人から医療法人に変更になる場合には遡及申請が認められている[12]。具体的なケースで説明すると、4月1日に病院等を開設して同日付け保健所に対して開設届を提出、申請期限内の4月10日に開設届等の写しを添付して厚生局に対して保険医療機関の指定申請を行った場合、本来であれば翌月の5月1日に保険医療機関の指定がなされるが、遡及申請の場合には4月1日に病院等の開設日に遡って保険医療機関の指定がなされたものと扱われる。

---

12 関東信越厚生局「期日指定の遡及の取扱いについて（https://kouseikyoku.mhlw.go.jp/kantoshinetsu/shinsei/shido_kansa/hoken_shitei/shiteibi_sokyu.html）」

第3 医療法人の運営

　医療法人の運営に重大な問題があった場合には、当該法人の安定的な経営を損なうのみならず、地域医療への悪影響が懸念されるほか、当該法人で働く医療従事者の労働環境も脅かされない。

　そこで、以下では、医療法人の適切な運営のため、医療法人の機関の権限・役割、及び各機関の運営方法について解説する。

　なお、医療法人には、社団医療法人と財団医療法人があるが、以下では、単に医療法人と記載する場合には、社団医療法人と財団医療法人両方を意味するものとする。

1　医療法人の機関

(1) 社団医療法人のガバナンス
　ア　社団医療法人の機関について

　社団医療法人は、機関として、社員総会、理事、理事会及び監事を置かなければならない（医療46条の2第1項）。

　社団医療法人における、各機関の役割及び関係性は以下のとおりである。

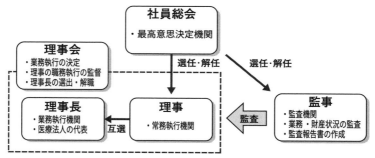

　イ　社員

　社員とは、社団医療法人の構成員をいう。出資者でなくとも社員になるこ

とは可能で、社員は、社団医療法人に対する出資の有無や金額等に関わりなく、1人1個の議決権を有する（医療46条の3の3第1項）。

社員の資格の得喪については、定款で規定される（医療44条2項7号）。社員は、自然人に限らず法人もなることができるが、医療法人の運営では非営利性が求められることから、株式会社などの営利法人は医療法人の社員になることはできないとされる[1]。

ウ　社員総会

（ア）意義

社員総会は、社員によって構成される合議体で、社団医療法人における最高意思決定機関であり（医療46条の3第2項参照）、医療法に規定する事項及び定款で定めた事項（後述2(1)「社員総会の権限」参照）について決議をすることができる（同条1項）。

社員総会においては、株式会社等で採用される資本多数決原理はとられておらず、社員は、1人1個の議決権を有する（医療46条の3の3第1項）。

（イ）社員総会の招集・開催

社団たる医療法人の理事長は、少なくとも毎年一回、定時社員総会を開かなければならない（医療46条の3の2第2項）。また、理事長は、必要があると認めるときは、いつでも臨時社員総会を招集することができる（同条3項）。

また、理事長は、総社員の5分の1以上の社員から社員総会の目的である事項を示して臨時社員総会の招集を請求された場合には、請求のあった日から20日以内に、これを招集しなければならない（同条4項）[2]。

社員総会の招集・開催の手続及び決議要件等については、後述2(3)のとおりである。

エ　理事、理事会及び監事

医療法人は、役員として、理事3人以上及び監事1人以上を置かなけれ

---

[1] 「医療法人の機関について」（最終改正令和3年2月26日医政発0226第10号、以下「医療法人機関通知」という。）第1・2(5)

[2] ただし、総社員の5分の1の割合については、定款でこれを下回る割合を定めることができる（医療46条の3の2第4項但書）。

ならない（医療 46 条の 5 第 1 項本文）。

　社団医療法人の場合、役員は社員総会の決議によって選任されるが（同条 2 項）、それ以外の点は財団医療法人と同様であるため、詳細はまとめて後述 1 （3）「役員」において解説する。

　オ　出資持分

　出資持分とは、社団医療法人に出資した者が、当該医療法人の資産に対し、出資額に応じて有する財産権をいう。医療法上、「定款の定めるところにより、出資額に応じて払戻し又は残余財産の分配を受ける権利」（平成 18 年 6 月 21 日法律第 84 号附則 10 条の 3 第 3 項第 2 号かっこ書）をいうと定義される。

　出資持分は、株式会社における株式等とは異なり、社員の地位と結合しない。換言すれば、社員になるにあたり必ずしも出資する必要はない。

　出資持分は、経済的価値を有する財産権であり、定款に反するなどの事情がない限り譲渡性が認められる。そのため、贈与税や相続税の課税対象ともなる。

　社団医療法人は、出資持分の有無という観点から、以下のとおり区分される。

　（ア）出資持分のある医療法人

　社団医療法人であって、その定款に出資持分に関する定め（通常は、①社員の退社に伴う出資持分の払戻し、及び②医療法人の解散に伴う残余財産の分配に関する定め）を設けているものをいう。

　単に、「社員資格を喪失した者は、その出資額に応じて払戻しを請求することができる」（旧厚生省の改正前社団医療法人モデル定款第 9 条）との定めがある場合、出資の払戻しは、医療法人の財産の評価額に、退社時における総出資額に占める出資割合に応じて行われる[3]。

　医療法人が設立されて、長い間経過した場合、医療法人は配当が許されないことから、一般には、剰余金が内部留保として蓄積され、資産が多額になっている場合が多く、出資持分の時価評価額もそれに応じて高額になる。医療法人側から見れば、出資持分の払戻し時に多額のキャッシュアウトが生じ、

---

[3] 最判平成 22 年 4 月 8 日民集 64 巻 3 号 609 頁

医療法人経営の財務基盤に深刻な影響が生じてしまう。このような点が問題視され、平成19年施行の第5次医療法改正により、出資持分のある医療法人の新規設立はできなくなった。もっとも、既存の出資持分のある医療法人については、当分の間、存続する旨の経過措置がとられており（平成18年6月21日法律第84号附則10条）、出資持分のある医療法人は、「経過措置型医療法人」とも呼ばれる。

　（イ）出資額限度法人

　出資持分のある医療法人において、社員の退社に伴う出資持分の払戻しや医療法人の解散に伴う残余財産分配の範囲につき、払込出資額を限度とする旨を定款で定めることも認められており、この定款の定めを置く法人を、出資額限度法人という[4]。

　出資額限度法人は、出資持分のある医療法人の一類型だが、出資持分の返還請求権の範囲について、医療法人の財産の評価額や出資割合にかかわらず、実際の出資額そのものに限定される点に特徴がある。

　なお、出資持分のある医療法人のうち、脱退及び解散時の出資持分の払戻請求権が及ぶ範囲に制限を設けないものは、定款を変更して出資額限度法人に移行できるが、出資額限度法人が、そのような出資持分のある医療法人に移行（後戻り）することは認められない[5]。また、出資持分のない医療法人から出資額限度法人に移行することはできない（医療則30条の39の趣旨）。

　（ウ）出資持分のない医療法人

　出資持分のない医療法人とは、社団医療法人であって、その定款に出資持分に関する定めを設けていないものをいう。

　出資持分のある医療法人（出資額限度法人を含む）は出資持分のない医療法人に移行できるが、出資持分のない医療法人は、出資持分のある医療法人へ移行できない（医療則30条の39第2項）。

　平成19年施行の第5次医療法改正により、社団医療法人を新規設立する場合は、出資持分のない医療法人しか認められないことになった（医療44

---

4 「いわゆる「出資額限度法人」について」（最終改正平成24年3月30日医政発0330第26号、以下「出資額限度法人通知」という。）第2

5 出資額限度法人通知第4

条5項、医療則31条の2参照)。

(2) 財団医療法人のガバナンス
　ア　財団医療法人の機関について

　財団医療法人は、機関として、評議員、評議員会、理事、理事会及び監事を置かなければならない（医療46条の2第2項）。

　財団医療法人は、設立者が一定の目的のために拠出した財産に法人格を付与する制度であることから、その性質上、社団医療法人の社員総会に相当する機関が存在しない。

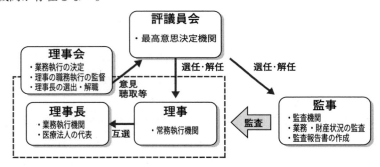

　イ　評議員

　評議員は、以下のいずれかに該当しなければならないという資格制限があり（医療46条の4第1項）、財団医療法人の役員又は職員を兼ねてはならないとされる（同条3項）。

評議員の資格
①　医療従事者のうちから、寄附行為の定めるところにより選任された者
②　病院、診療所、介護老人保健施設又は介護医療院の経営に関して識見を有する者のうちから、寄附行為の定めるところにより選任された者
③　医療を受ける者のうちから、寄附行為の定めるところにより選任された者
④　前3号に掲げる者のほか、寄附行為の定めるところにより選任された者

　財団医療法人と評議員との関係は、委任関係にある（医療46条の4第4項）。なお、評議員は、医療法人における役員には含まれない（医療46条の5第1項参照）。

また、法律上、評議員の任期の定めはないが、定款で定めることが一般的である。

評議員の数は、理事の定数を超える数としなければならない。（医療46条の4の2第1項）。例えば、寄付行為における理事の定数を3名以上5名以内とした場合において、実際には理事が3人しか選任されていなかったとしても、6人の評議員を設置しなければならない。

評議員は、後述（3）カ（イ）「第三者に対する損害賠償責任」のとおり、第三者に対する損害賠償責任を負う（医療48条1項）。

ウ　評議員会

（ア）意義

財団医療法人では、評議員をもって組織する評議員会を設置することが義務付けられる（医療46条の4の2第1項）。

評議員会は、財団医療法人における最高意思決定機関であるとともに（同条第2項）、医療法人の業務、財産の状況及び役員の業務執行を直接監督することをその職務とする。そのために、評議員会は、医療法人の業務若しくは財産の状況又は役員の業務執行の状況について、役員に対して意見を述べ、若しくはその諮問に答え、又は役員から報告を徴することができる（医療46条の4の6）。

後述3（1）「評議員会の権限」のとおり、理事長は、医療法人が一定の行為をするには、あらかじめ、評議員会の意見を聴かなければならず（医療46条の4の5第1項）、さらに評議員会の決議を要する旨をあらかじめ寄附行為[6]で定めることができる（同条2項）。

（イ）評議員会の招集・開催

財団医療法人の理事長は、少なくとも毎年一回、定時評議員会を開かなければならず（医療46条の4の3第1項）、理事長は、必要があると認めるときは、いつでも臨時評議員会を招集することができる（同条2項）。

また、理事長は、総評議員の5分の1以上の評議員から評議員会の目的である事項を示して評議員会の招集を請求された場合には、その請求のあつた

---

[6] 社団医療法人における定款に相当するもの

42 第1章 医療法人

日から20日以内に、これを招集しなければならない（同条4項）[7]。

評議員会の招集・開催の手続及び決議要件等については、後述3（2）「評議員会の手続の概略」のとおりである。

エ　理事、理事会及び監事

財団医療法人の場合、役員は評議員会の決議によって選任されるが（医療46条の5第3項）、それ以外の点は基本的に社団医療法人と同様であるため、詳細は後述（3）「役員」において解説する。

（3）役員

ア　役員の選任と解任

医療法人の役員（理事及び監事）は、社団医療法人の場合は社員総会の決議によって、財団医療法人の場合は評議員会の決議によって選任される（医療46条の5第2項、同条3項）。

社団医療法人の役員については、社員総会の決議[8]によって、いつでも役員を解任することができるが（医療46条の5の2第1項）、解任に正当な理由がない場合には、当該役員に対して損害賠償請求義務を負う（同条2項）。

これに対し、財団医療法人の役員については、次のいずれかに該当するときに、評議員会の決議[9]によって、その役員を解任することができる（医療46条の5の2第4項）。

財団医療法人の役員の解任事由
イ　職務上の義務に違反し、又は職務を怠ったとき。
ロ　心身の故障のため、職務の執行に支障があり、又はこれに堪えないとき。

なお、役員の任期は、2年を超えることはできないが、再任されることに制限はない（医療46条の5第9項）。

---

[7] ただし、総評議員の5分の1の割合については、寄附行為でこれを下回る割合を定めることができる（医療46条の4の3第4項但書）。

[8] ただし、監事を解任する場合は、出席者の3分の2（これを上回る割合を定款で定めた場合にあっては、その割合）以上の賛成がなければ、決議することができない（医療46条の5の2第3項）。

[9] ただし、監事を解任する場合は、出席者の3分の2（これを上回る割合を寄附行為で定めた場合にあっては、その割合）以上の賛成がなければ、決議することができない（医療46条の5の2第5項）

イ　理事

（ア）意義

　医療法人は、原則3名以上の理事を置く必要がある（医療46条の5第1項）。医療法人で開設するすべての病院、診療所、介護老人保健施設又は介護医療院の管理者は、医療法人の理事に加える必要がある（同条6項）。

　医療法人と役員との関係は、委任関係にある（同条4項）。理事は、医療法人との間の委任契約に基づき、忠実義務[10]を負い（医療46条の6の4、一般法人83条）、その任務を怠ったとき（忠実義務に違反したとき）は、当該医療法人に対し、これによって生じた損害を賠償する責任を負う（医療47条1項）。

　また、理事は理事会を構成する（医療46条の7第1項）。

（イ）職務の内容

　理事は、重要な業務執行に至らない医療法人の常務[11]を行う（医療46条の7第3項参照）。理事は、法令及び定款又は寄附行為並びに社員総会又は評議員会の決議を遵守し、医療法人のため忠実にその職務を行わなければならない。理事は、医療法人に著しい損害を及ぼすおそれのある事実があることを発見したときは、直ちに、当該事実を監事に報告しなければならない（医療46条の6の3）。

（ウ）競業及び利益相反取引の制限

　理事は、次に掲げる競業取引及び利益相反取引を行う場合[12]には、理事会において、当該取引につき重要な事実を開示し、その承認を受けなければならない（医療46条の6の4、一般法人84条1項）。

競業取引及び利益相反取引
①　理事が自己又は第三者のために医療法人の事業の部類に属する取引をしようとするとき（競

10　米国では、会社と役員の利益が衝突する場面で取締役が自己の利益を図ってはならないという義務を忠実義務というが、日本では、忠実義務は、注意義務を一層敷衍して一層明確にしたにとどまり、注意義務と別個の高度な義務ではないとの考え方が主流である（最判昭和45年6月24日民集24巻6号625頁）。

11　一般に、法人運営の通常の経過に伴う業務をいう。

12　いかなる場合に、これらの取引に該当するかは議論があるところであるが、その議論は、一般社団法人法等の専門書を参照。

業取引）
② 理事が自己又は第三者のために医療法人と取引をしようとするとき（直接取引）
③ 医療法人が理事の債務を保証することその他理事以外の者との間において医療法人と当該理事との利益が相反する取引をしようとするとき（間接取引）

なお、当該取引が利益相反取引に該当する場合、理事会の承認を得ないで行われた当該取引の効力は、医療法人との関係で無効となる（医療46条の6の4、一般法人84条2項参照）。

（エ）行為の差止め

社員は、理事が医療法人の目的の範囲外の行為その他法令若しくは定款に違反する行為をし、又はこれらの行為をするおそれがある場合において、当該行為によって医療法人に著しい損害が生ずるおそれがあるときは、当該理事に対し、当該行為をやめることを請求することができる（医療46条の6の4、一般社団法人88条1項）。

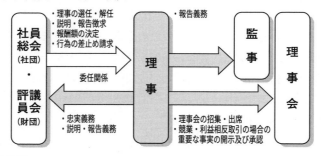

ウ　理事長

理事会は、理事の中から理事長を1名選出する（医療46条の6第1項、46条の7第2項3号）。理事長は、原則として、医師又は歯科医師である必要がある（医療46条の6第1項但書）。

理事長は、医療法人を代表し、医療法人の業務に関する一切の裁判上又は裁判外の行為をする権限を有する（医療46条の6の2第1項）。

医療法人は、理事長がその職務を行うについて第三者に加えた損害を賠償する責任を負う（医療46条の6の4、一般法人78条）。

エ　理事会

理事会は、全ての理事で組織される、医療法人における業務執行の意思決

定機関である。かつては、医療法上に定められた機関ではなく、設置義務はなかったが、平成28年9月以降、設置が義務付けられた。

後述4（1）「理事会の権限」のとおり、理事会の職務は、医療法人の業務執行の決定、理事の職務の執行の監督、理事長の選出及び解職を職務とし（医療46条の7第2項）、一定の重要な業務執行の決定は、理事に委任することができないものとされる（同条3項）。

オ　監事
（ア）意義

理事会による職務執行の監督に加えて、医療法人は、監事を設置しなければならない（医療46条の2）。医療法人では、理事会によって理事の職務執行の規律が行われることから、別途、理事から独立した立場で、社員に代わり理事の職務執行を監督する機関として、監事の設置が必須とされた。監事の独立性を確保する必要があることから、監事は、当該医療法人の理事又は職員を兼ねてはならない（医療46条の5第8項）。

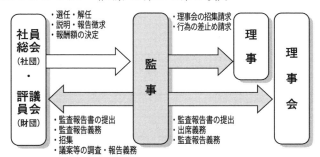

（イ）職務の内容

監事は、医療法人の業務・財産の状況の監査をすることなどを職務とし（医療46条の8第1号、同条2号）、毎会計年度、監査報告書を作成すること（同条3号）が主な職務の内容である。

また、その他にも、監事は、医療法人の業務・財産の適切性を確保するために、理事会に出席し、必要があると認めるときは意見を述べなければならないほか（医療46条の8の2第1項）、医療法人の業務又は財産に関し不正の行為又は法令若しくは定款若しくは寄附行為に違反する重大な事実がある

ことを発見したときは、これを都道府県知事、社員総会若しくは評議員会又は理事会に報告する義務がある（医療46条の8第4号）。

　そのために、監事は必要があると認めるときは、理事（定款又は理事会で招集権者の定めがあるときはその者）に対し、理事会の招集を請求することができるほか、請求をしてから5日以内に、その請求があった日から2週間以内の日を理事会の日とする理事会の招集の通知が発せられない場合は、理事会を招集することができる（医療46条の8の2第2項、同条3項）。

　カ　役員等の損害賠償責任

（ア）医療法人に対する責任

　医療法人の評議員又は理事若しくは監事は、その任務を怠ったときは、当該医療法人に対し、これによって生じた損害を賠償する責任を負う（医療47条1項、4項）。

　また、医療法人の評議員又は理事若しくは監事が、競業取引の規定（医療46条の6の4、一般法人84条1項1号）に違反して取引をしたときは、当該取引によって理事又は第三者が得た利益の額は、損害の額と推定され（医療47条2項、同条4項）、利益相反取引（医療46条の6の4、一般法人84条1項2号、3号）によって、医療法人に損害が生じたときは、次に掲げる理事は、その任務を怠ったものと推定される（医療47条3項、同条4項）。

①　当該利益相反を行った理事
②　医療法人が当該取引をすることを決定した理事
③　当該取引に関する理事会の承認の決議に賛成した理事

（イ）第三者に対する損害賠償責任

　医療法人の評議員又は理事若しくは監事が、その職務を行うについて、悪意又は重大な過失があったときは、当該評議員又は理事若しくは監事は、これによって第三者に生じた損害を賠償する責任を負う（医療48条1項）。

　理事及び監事については、以下に掲げる行為をしたときも、第三者に対する損害賠償責任を負う（同条2項本文）。ただし、その者が当該行為をすることについて注意を怠らなかったことを証明したときは、その責めを免れる（同条2項但書）。

理事
① 事業報告書等[13] に記載すべき重要な事項についての虚偽の記載
② 虚偽の登記
③ 虚偽の公告

監事
監査報告に記載すべき重要な事項についての虚偽の記載

キ　役員等に対する責任追及

（ア）責任追及の訴え

役員の責任を追及する際に社団医療法人を代表するのは役員であるところ、その同僚意識などから、本来追及されるべき責任の追及が行われない可能性がある。

そこで、個々の社員は、社団医療法人に対し、被告となるべき者、請求の趣旨及び請求を特定するのに必要な事実を記載した書面の提出又は電磁的方法による提供により、理事又は監事の責任を追及する訴え（責任追及の訴え）の提起を請求することができ、社団医療法人が請求の日から60日以内に責任追及の訴えを提起しないときは、当該請求をした社員は、社団医療法人のために、責任追及の訴えを提起することができる（医療49条の2、一般法人278条以下）。

（イ）役員等の解任の訴え

理事、監事又は評議員の職務の執行に関し不正の行為又は法令若しくは定款若しくは寄附行為に違反する重大な事実があったにもかかわらず、当該理事、監事又は評議員を解任する旨の議案が社員総会又は評議員会において否決されたときは、社員（総社員の10分の1以上）又は評議員は、当該社員総会又は評議員会の日から30日以内に、訴えをもって当該理事、監事又は評議員の解任を請求することができる（医療49条の3、一般法人284条）。

---

13 事業報告書、財産目録、貸借対照表、損益計算書、関係事業者（理事長の配偶者がその代表者であることその他の当該医療法人又はその役員と厚生労働省令で定める特殊の関係がある者をいう。）との取引の状況に関する報告書その他厚生労働省令で定める書類（医療51条）

48　第1章　医療法人

2　社員総会の運営のポイント

Check List
□　社員名簿が整備され、全社員の氏名・住所等が正確に記載されているか
□　社員総会が実際に開催されているか、議事録の作成だけで済ませていないか
□　定款に規定された定時社員総会の開催の時期が遵守されているか
□　招集通知が、定款の規定どおりの方法で実行されているか
□　招集通知は、社員総会の開催日より少なくとも5日前に行われているか
□　招集通知には、社員総会の目的である事項が示されているか
□　招集通知は、全社員に対して漏れなく行われているか
□　開会に際して、定足数が充足されているか
□　定款における定足数の特則の有無・内容が把握されているか
□　開会に際して、議長の選任手続が行われているか
□　代理人による議決権の行使について、定款所定のルールが遵守されているか
□　書面による議決権の行使について、定款所定のルールが遵守されているか

（1）社員総会の権限

　社員総会は、この法律に規定する事項及び定款で定めた事項について決議をすることができる（医療46条の3第1項）[14]。

社員総会の法定決議事項	
決議事項	法令上の根拠
役員の選任・解任	医療46条の5第2項、46条の5の2第1項
役員報酬	医療46条の6の4、一般法人89条
責任の免除	医療47条の2第2項、一般法人112条乃至115条
事業報告書の承認	医療51条の2第3項
社会医療法人債の発行	医療54条の2第1項
定款変更	医療54条の9第1項
解散	医療55条1項3号
組織再編	医療60条の3第1項等

---

[14] 株式会社の場合、株主総会は、原則として会社に関する一切の事項について決議することができるが（会社295条1項）、特に、取締役会設置会社においては、会社法及び定款に規定する事項についてのみ決議することができるとされている（同条2項）。

| 認定医療法人への移行 | 平成18年改正法附則10条の3第4項1号 |

定款で定める事項として考えうるもの[15]
・基本財産の設定及び処分（担保提供を含む。）
・毎事業年度の事業計画の決定又は変更
・収支予算及び決算の決定又は変更（貸借対照表及び損益計算書を除く）
・重要な資産の処分
・借入金額の最高限度の決定
・社員の入社及び除名

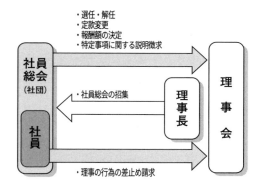

（2）社員総会のスケジュール

社員総会については、一般に以下のようなスケジュール例が想定される。

議決事項	開催月
・翌年度の事業計画の決定又は変更 ・翌年度の収支予算の決定	3月
・前年度決算の決定 ・前年度の剰余金又は損失金の処理 ・役員の選任（原則2年毎）	5月
・基本財産の処分（担保提供を含む。） ・借入 ・医療機関債の発行 ・定款変更	臨時

---

[15] 厚生労働省が、モデル定款・寄付行為例を作成しており参考になる。（https://www.mhlw.go.jp/file/06-Seisakujouhou-10800000-Iseikyoku/0000205243.pdf）

50　第1章　医療法人

| ・社員の入社、除名の決定 | |
| ・その他重要な事項　等 | |

(3) 社員総会の手続の概略

　ア　社員の確認

　社団医療法人は、社員名簿を備え置き、社員の変更があるごとに必要な変更を加えなければならない（医療46条の3の2第1項）[16]。

　イ　招集手続

　社員総会の招集の通知は、その社員総会の日より少なくとも5日前に、その社員総会の目的である事項を示し、定款で定めた方法に従ってしなければならない（医療46条の3の2第5項）。

　なお、理事会の場合と異なり、招集の通知を省略することはできない。

　ウ　社員総会の運営・決議

　社員総会においては、招集通知の際にあらかじめ通知をした事項についてのみ、決議をすることができる。ただし、定款に別段の定めがあるときは、この限りでない（医療46条の3の2第6項）。

　社員は、各一個の議決権を有する（医療46条の3の3第1項）。

　社員総会は、定款に別段の定めがある場合を除き、総社員の過半数の出席がなければ、その議事を開き、決議をすることができない（同条2項）。

　社員総会の議事は、この法律又は定款に別段の定めがある場合を除き、出席者の議決権の過半数で決し、可否同数のときは、議長の決するところによる（同条3項）。この場合において、議長は、社員として議決に加わることができない（同条4項）。また、社員総会の決議について特別の利害関係を有する社員は、議決に加わることができない（同条6項）。

---

[16] 社員名簿の記載事項は次のとおり（「病院又は老人保健施設等を開設する医療法人の運営管理指導要綱の制定について」（平成28年3月25日医政発0325第3号）の別添「医療法人運営管理指導要綱」（以下「運営管理指導要綱」という。）I.4(1)1)。

　①氏名、②生年月日（年齢）、③性別、④住所、⑤職業、⑥入社年月日（退社年月日）、⑦出資持分の定めがある医療法人の場合は出資額及び持分割合、⑧法人社員の場合は、法人名、住所、業種、入社年月日（退社年月日）（なお、法人社員が持分を持つことは、法人運営の安定性の観点から適当でない。

第3　医療法人の運営　51

　理事及び監事は、社員総会において、社員から特定の事項について説明を求められた場合には、当該事項について必要な説明をしなければならない。ただし、当該事項が社員総会の目的である事項に関しないものである場合その他正当な理由がある場合として厚生労働省令で定める場合[17]は、この限りでない（医療46条の3の4）。

　エ　社員総会議事録の作成等

　社員総会の議事については、議事録を作成しなければならず、次に掲げる事項を内容とするものでなければならない（医療46条の3の6、一般法人47条の2、医療令31条の3の3、医療法人機関通知第1・2 (4)）。

社員総会議事録の記載事項
① 開催された日時及び場所（当該場所に存在しない理事、監事又は社員が社員総会に出席した場合における当該出席の方法を含む。）
② 議事の経過の要領及びその結果
③ 決議を要する事項について特別の利害関係を有する社員があるときは、当該社員の氏名
④ 次に掲げる規定により社員総会において述べられた意見又は発言があるときは、その意見又は発言の内容の概要
イ　監事が、監事の選任若しくは解任について意見を述べたとき
ロ　監事を辞任した者が、辞任後最初に召集される社員総会に出席して辞任した旨及びその理由を発言したとき
ハ　監事が、医療法人の業務又は財産に関し不正の行為又は法令若しくは定款若しくは寄附行為に違反する重大な事実があることを発見した場合であって、これを株主総会に報告したとき
ニ　監事が、理事が社員総会に提出しようとする議案、書類その他厚生労働省令で定めるものを調査したところ、法令若しくは定款に違反し、又は著しく不当な事項があると認める場

---

[17] 厚生労働省令で定める場合とは、以下の場合である（医療則31条の3）。
① 社員が説明を求めた事項について説明をすることにより社員の共同の利益を著しく害する場合
② 員が説明を求めた事項について説明をするために調査をすることが必要である場合（次に掲げる場合を除く。）
　イ　当該社員が社員総会の日より相当の期間前に当該事項を医療法人に対して通知した場合
　ロ　当該事項について説明をするために必要な調査が著しく容易である場合
③ 社員が説明を求めた事項について説明をすることにより医療法人その他の者（当該社員を除く。）の権利を侵害することとなる場合
④ 社員が当該社員総会において実質的に同一の事項について繰り返して説明を求める場合
⑤ 前各号に掲げる場合のほか、社員が説明を求めた事項について説明をしないことにつき正当な理由がある場合

52 第1章 医療法人

　　　合であって、その調査の結果を社員総会に報告したとき
　ホ　監事が、社員総会において、監事の報酬等について意見を述べたとき
⑤　出席した理事又は監事の氏名
⑥　議長の氏名
⑦　議事録の作成に係る職務を行った者の氏名

（4）社員総会手続を簡略化する方法

　ア　招集手続の簡略化
　前述（3）イ「招集手続」のとおり、理事会の場合と異なり、招集の通知を省略することはできない。
　イ　委任による議決権の行使
　社員総会に出席しない社員は、代理人によって議決をすることができる。ただし、定款に別段の定めがある場合は、この限りでない（医療46条の3の3第5項）。
　なお、モデル定款にも記載があるように「代理人は社員でなければならない。」との記載がよく見られるが、これは、社員総会の運営の混乱を防ぐための合理的制限として許されるものであるため、無制限に議決権行使の方法が制限できるわけではない。
　ウ　書面による議決権の行使
　社員総会に出席しない社員は、書面で議決をすることができる。ただし、定款に別段の定めがある場合は、この限りでない（医療46条の3の3第5項）。

3　評議員会の運営のポイント

Check List
- □　評議員会は理事の定数を超える数の評議員をもって組織しているか
- □　招集通知は、評議員会の開催日より少なくとも5日前に行われているか
- □　招集通知が、寄附行為の規定どおりの方法で実行されているか
- □　開会に際して、定足数が充足されているか
- □　決議について特別の利害関係を有する等、法令又は寄附行為の規定によって議決権を制限される評議員が議決に加わっていないか
- □　評議員会の議事は、寄附行為に別段の定めがある場合を除いて、出席者の過半数で決し、可

第3　医療法人の運営　53

　　　否同数のときは、議長が決しているか
☐　寄附行為における議決要件の特則の有無・内容が把握されているか
☐　代理人による議決権の行使について、寄附行為所定のルールが遵守されているか
☐　書面による議決権の行使について、寄附行為所定のルールが遵守されているか

(1) 評議員会の権限

　評議員会は、この法律に規定する事項及び寄附行為で定めた事項について決議をすることができる（医療46条の4の2第2項）。

　基本的には、社団医療法人における社員総会と同様の権限であるが、理事長は、財団医療法人が次に掲げる行為を行う場合には、あらかじめ、評議員会の意見を聴くことが必要とされる（医療46条の4の5第1項各号）。これらの事項については、評議員会の決議を要する旨を寄附行為で定めることもできる（同条2項）。

評議員会への意見聴取事項
①　予算の決定又は変更
②　借入金（当該会計年度内の収入をもつて償還する一時の借入金を除く。）の借入れ
③　重要な資産の処分
④　事業計画の決定又は変更
⑤　合併及び分割
⑥　目的たる業務の成功の不能を理由とする解散
⑦　その他医療法人の業務に関する重要事項として寄附行為で定めるもの

(2) 評議員会の手続の概略

　ア　招集手続

　評議員会の招集の通知は、その評議員会の日より少なくとも5日前に、その評議員会の目的である事項を示し、寄附行為で定めた方法に従ってしなければならない（医療46条の4の3第5項）。

　イ　評議員会の運営・決議・意見聴取等

　評議員会においては、招集通知の際にあらかじめ通知をした事項についてのみ、決議をすることができる。ただし、寄附行為に別段の定めがあるときは、この限りでない（医療46条の4の3第6項）。

　評議員会は、総評議員の過半数の出席がなければ、その議事を開き、決議

54　第 1 章　医療法人

をすることができない（医療 46 条の 4 の 4 第 1 項）。

　評議員会の議事は、別段の定めがある場合を除き、出席者の議決権の過半数で決し、可否同数のときは、議長の決するところによる（同条 2 項）。この場合において、議長は、評議員として議決に加わることができない（同条 3 項）。また、評議員会の決議について特別の利害関係を有する評議員は、議決に加わることができない（同条 4 項）。

　なお、評議員会において代理人を出席させ、議決権を代理行使させることは、理事の場合と同様の理由により認められない。

　ウ　評議員会議事録の作成等

　評議員会の議事については、議事録を作成しなければならず、次に掲げるものを内容としなければならない（医療 46 条の 4 の 7、一般法人 193 条、医療施行規則 31 条の 4 第 3 項、医療法人機関通知第 1・3 (6)）。

評議員会議事録の記載事項
①　開催された日時及び場所（当該場所に存在しない理事、監事又は評議員が評議員会に出席した場合における当該出席の方法を含む。）
②　議事の経過の要領及びその結果
③　決議を要する事項について特別の利害関係を有する評議員があるときは、当該評議員の氏名
④　次に掲げる規定により評議員会において述べられた意見又は発言があるときは、その意見又は発言の内容の概要
イ　監事が、監事の選任若しくは解任について意見を述べたとき
ロ　監事を辞任した者が、辞任後最初に召集される評議員会に出席して辞任した旨及びその理由を発言したとき
ハ　監事が、医療法人の業務又は財産に関し不正の行為又は法令若しくは定款若しくは寄附行為に違反する重大な事実があることを発見した場合であって、これを評議員会に報告したとき
ニ　監事が、理事が社員総会に提出しようとする議案、書類その他厚生労働省令で定めるものを調査したところ、法令若しくは定款に違反し、又は著しく不当な事項があると認める場合であって、その調査の結果を評議員会に報告したとき
ホ　監事が、評議員会において、監事の報酬等について意見を述べたとき
⑤　評議員会に出席した評議員、理事又は監事の氏名
⑥　評議員会の議長の氏名
⑦　議事録の作成に係る職務を行った者の氏名

第 3　医療法人の運営　55

（3）評議員会手続を簡略化する方法

　理事会の場合と異なり、招集の通知を省略することはできない。

　また、社団医療法人と異なり、財団医療法人においては、評議員会について委任による議決権行使及び書面による議決権行使は認められていない[18]。

4　理事会の運営のポイント

Check List
□　理事会が実際に開催されているか、議事録の作成だけで済ませていないか
□　定款所定の招集権者が招集手続を行っているか
□　招集通知は、理事会の開催日より1週間（これを下回る期間を定款又は寄附行為で定めた場合にあっては、その期間）前までに、各理事及び各監事に対して行われているか
□　監事が理事会に出席しているか
□　定款所定の者が議長を務めているか[19]。
□　決議について特別の利害関係を有する等、法令又は定款の規定によって議決権を制限される理事が議決に加わっていないか
□　議事録の記載内容は、法令の記載事項を満たしているか。

（1）理事会の権限

　理事会は、次に掲げる職務を行う（医療46条の7第2項）。

理事会の職務
①　医療法人の業務執行の決定
②　理事の職務の執行の監督
③　理事長の選出及び解職

　理事会は、次に掲げる事項その他重要な業務執行の決定を理事に委任することができない。換言すれば、以下の事項は、理事会決議事項である（同条3項）。他方、医療法及び定款により理事会決議事項とされているもの以外に関する決定については、理事会は、各理事に委任することが可能である。

---

[18] 一般財団法人において、評議員全員の同意がある場合に招集の手続を省略できることを規定した一般法人法183条、及び評議員会の書面による決議を認める一般法人法194条1項が、医療法人の評議員会においては、準用されていない。

[19] 理事会の場合は、議長は必ずしも設置する必要がない。

理事会の決議事項
① 重要な資産の処分及び譲受け
② 多額の借財
③ 重要な役割を担う職員の選任及び解任
④ 従たる事務所その他の重要な組織の設置、変更及び廃止
⑤ 定款の定めに基づく役員等の責任の免除

　また、理事による競業取引や利益相反取引の承認権限は理事会に帰属するため（医療46条の6の4、一般法人84条）、当該承認に関する審議（競業取引及び利益相反取引の承認に当たっては、当該取引についての重要な事実を取締役会に開示することが必要である。）を通じて、各理事の職務執行を監督することになる。

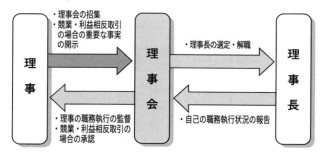

(2) 理事会の手続の概略

　ア　招集手続

　理事会は、各理事が招集する。ただし、理事会を招集する理事を定款又は理事会で定めたときは、その理事が招集する（医療46条の7の2第1項、一般法人93条1項）。例えば、理事長又は一定割合の理事の請求があった場合に限定することが考えられる。

　理事会の招集時期について、原則として、理事会の1週間前までに、各理事及び監事に対してその通知を発しなければならない（医療46条の7の2、一般法人94条）。

　イ　理事会の運営・決議

　理事会の決議は、議決に加わることができる理事の過半数（これを上回る

割合を定款で定めた場合にあっては、その割合以上）が出席し、その過半数
（これを上回る割合を定款で定めた場合にあっては、その割合以上）をもっ
て行う（医療46条の7の2第1項、一般法人95条1項。なお、特別の利害
関係を有する理事は、議決に加わることができない（同条2項）。

　ウ　理事会の議事録の作成等

　理事会の議事については、議事録を作成しなければならず、次に掲げるも
のを内容としなければならない（医療46条の7の2第1項、一般法人97条
1項、95条3項、一般法人則15条3項、医療法人機関通知第1・6（5））。

理事会議事録の記載事項

① 　開催された日時及び場所（当該場所に存しない理事又は監事が理事会に出席した場合におけ
　　る当該出席の方法を含む。）

② 　理事会が監事の請求を受けて招集されたなど通常とは異なる招集手続を経た場合は、その旨

③ 　議事の経過の要領及びその結果

④ 　決議を要する事項について特別の利害関係を有する理事があるときは、当該理事の氏名

⑤ 　次に掲げる規定により理事会において述べられた意見又は発言があるときは、その意見又は
　　発言の内容の概要

　イ　競業及び利益相反

　ロ　監事が、医療法人の業務又は財産に関し不正の行為又は法令若しくは定款若しくは寄附行
　　　為に違反する重大な事実があることを発見した場合であって、これを報告したとき

　ハ　監事が、必要があると認めるとき

　ニ　補償契約に基づく補償をしたとき

⑥ 　定款で議事録に署名し、又は記名押印しなければならない者を当該理事会に出席した代表理
　　事とする旨の定めがある場合にあっては、理事長以外の理事であって、理事会に出席した者
　　の氏名

⑦ 　理事会の議長が存するときは、議長の氏名

---

(3) 理事会手続を簡略化する方法

　ア　招集手続の簡略化

　理事及び監事の全員の同意があるときは、招集の手続きを経ることなく開
催することができ、招集通知を省略することが可能である（医療46条の7
の2、一般法人94条）。

　イ　委任による議決権の行使

　前述のとおり、医療法人と理事との法律関係は委任関係であると解され、

58　第1章　医療法人

受任者である理事本人が事務処理を行うことが基本となるから、委任による議決権の行使は認められないと解されている[20]。

　ウ　書面決議

　理事会での提案事項について、理事の全員が書面又は電磁的記録により同意の意思表示をしたときは、当該提案を可決する旨の理事会の決議があったものとみなす旨を定款で定めることにより、理事会の開催を省略することができる（医療46条の7の2、一般法人96条）。

---

[20] 代理人による議決権行使を規定した一般法人法50条が準用されていない。

第4　医療法人の組織変更

Case

① A医療法人は将来、子に医療法人を事業承継させることを見据えて出資持分のある医療法人から出資持分のない医療法人への移行を検討しているが、具体的にどのように手続を進めればよいか。

② B医療法人は税制上の優遇措置などを期待して、社会医療法人又は特定医療法人への移行を検討しているが、具体的にどのような要件を満たす必要があり、どのように準備を進める必要があるのか。

1　移行の概要

　第1章・第1で前述したように、医療法人には「社団医療法人」や「財団医療法人」、社団医療法人については「出資持分のある場合」と「出資持分のない場合」のように複数の類型が存在するが、異なる類型の医療法人に移行することが認められている。

　医療法人の移行については、類型ごとに移行の可能な場合と不可能な場合に分かれており、移行の概要を整理すると次のとおりである。

① 社団医療法人から財団医療法人、財団医療法人から社団医療法人に移行することはできない

② 出資持分がある医療法人から出資持分がない医療法人に移行することはできるが、出資持分がない医療法人から出資持分がある医療法人に移行することはできない

③ 出資持分がない医療法人のうち社団医療法人には拠出型医療法人と基金拠出型医療法人が存在するが、両類型間の移行は可能

④ いずれの医療法人についても、要件を満たすことでより公益性の高い社会医療法人・特定医療法人に移行することができる（ただし、出資持分がある医療法人については出資持分のない医療法人に移行、基金拠出型医療法人は基金を廃止する必要がある）

(1) 社団医療法人

社団医療法人には、「出資持分のある医療法人」と「出資持分のない医療法人」、そのうち出資持分のない医療法人については「拠出型医療法人」と「基金供出型医療法人」の類型が存在するが、各類型間の移行関係を整理すると次のとおりである。

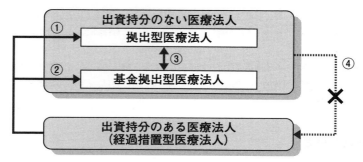

① 出資持分のある医療法人から拠出型医療法人への移行

出資持分を放棄又は出資持分を払い戻すことにより出資持分のある医療法人から拠出型医療法人に移行することが認められている。これにより出資者は出資払戻請求権の行使、解散時の残余財産の分配請求ができなくなる。

なお、原則として出資持分の放棄により医療法人に贈与税の課税が発生することになるが、移行計画の認定制度を利用することで医療法人に課される贈与税を猶予・免除できる。この点については第1章・第4・2（3）で後述する。

② 出資持分のある医療法人から基金拠出型医療法人への移行

同様に出資持分を放棄又は出資持分の払戻しを受けて、基金として拠出することで、出資持分のある医療法人から基金供出型医療法人に移行することも認められている。この場合、払戻額のうちどの程度を基金として供出するかは任意に決定することが可能だが、当初出資額を超える金額についてはみなし配当課税が発生する。

③ 拠出型医療法人と基金拠出型医療法人間の移行

出資持分のない医療法人については、拠出型医療法人と基金拠出型医療法人の2種類が存在するが、各類型間の移行は認められている。このうち基金

拠出型医療法人から拠出型医療法人への移行は基金を返還・廃止する形で行われるが、医療法人に対する贈与税等の課税は生じない。

④　出資持分のない医療法人から出資持分のある医療法人への移行

現在、出資持分のある医療法人の設立が認められていないのと同様に、出資持分のない医療法人から出資持分のある医療法人への移行も認められていない。

(2) 財団医療法人

財団医療法人には社団医療法人のように複数の類型は存在していないため、財団医療法人間の移行というものは存在しない。

なお、社団医療法人と同様に財団医療法人についても公益性の高い類型の医療法人への移行は認められているところ、この点は第1章・第4・3で後述する。

2　持分のない医療法人への移行

(1) 持分のない医療法人への移行のメリットとデメリット

医療法人の出資持分を失うことになるので、出資持分のある医療法人の場合によく問題となった多額の相続税の課税の問題を解消することができることは大きなメリットである。また、医療法人は出資者から払戻請求権を行使されると、多額の払戻請求に応じる必要があったが、このような負担がなくなるため経営の安定性を確保することができる。

逆に、出資持分を失うことになるので、出資者は医療法人に対して払戻請求や残余財産の分配請求をすることができなくなるため、出資者は医療法人から経済的な利益を得られなくなる点はデメリットといえる。

(2) 持分のない医療法人への移行手続

持分のない医療法人に移行するためには、出資持分を前提とする①払戻請求権、②残余財産分配請求権の規定を定款から削除することで移行を行うことが可能である。定款を変更するためには、法令及び定款の規定に基づいて

62　第1章　医療法人

定款変更について社内総会の決議を行い、都道府県知事に対して定款変更認可申請を行って、認可を受ける必要がある。

モデル定款を前提とすると、変更箇所は次のとおりである。

変更前	変更後
社員資格を喪失した者は、その出資額に応じて払戻しを請求することができる。	削除
本社団が解散した場合の残余財産は、払込済出資額に応じて分配するものとする。	本社団が解散した場合の残余財産は、合併及び破産手続開始の決定による解散の場合を除き、次の者から選定して帰属させるものとする。 (1)　国 (2)　地方公共団体 (3)　医療法第31条に定める公的医療機関の開設者 (4)　都道府県医師会又は郡市区医師会（一般社団法人又は一般財団法人に限る。） (5)　財団たる医療法人又は社団たる医療法人であって持分の定めのないもの

なお、基金拠出型医療法人に移行する場合には、上記の定款変更に加えて基金制度に関する定款変更を行う必要がある。

(3) 移行計画の認定制度及び税制措置

ア　概要

後述の社会医療法人や特定医療法人を除き、出資持分ありの医療法人については出資持分を相続で取得した場合に多額の相続税が、出資者が持分を放棄した場合には他の出資者や医療法人に多額の贈与税が課税される。この点、持分なしの医療法人への移行計画を定めて認定を受けることによりこのような納税を猶予・免除する特例が定められている。なお、当該特例は令和5年9月30日までに認定を受ける必要があるとされていたが、令和8年12月31日までに期限が延長されている。

イ　移行計画認定の要件

納税猶予・免除を受けるための持分なし医療法人への移行計画について認定を受けるためには次の認定要件及び運用に関する要件を満たす必要がある。

第4 医療法人の組織変更　63

【認定要件】

認定要件	①	移行計画について社員総会の議決があること
	②	移行計画が有効かつ適正であること
	③	移行計画期間が5年以内であること
	④	法人の運営が適正であること

【運用に関する要件】

運営方法	①	法人関係者に対し、特別の利益を与えないこと
	②	役員に対する報酬等が不当に高額にならないよう支給基準を定めていること
	③	株式会社等に対し、特別の利益を与えないこと
	④	遊休財産額は事業にかかる費用の額を超えないこと【決算数値】
	⑤	法令に違反する事実、帳簿書類の隠蔽等の事実その他公益に反する事実がないこと
事業状況	⑥	社会保険診療等（介護、助産、予防接種等を含む）に係る収入金額が全収入金額の80％を超えること【決算数値】
	⑦	自費患者に対し請求する金額が、社会保険診療報酬と同一の基準によること
	⑧	医業収入が医業費用の150％以内であること【決算数値】

　ウ　移行計画認定制度の手続の流れ

　移行計画の認定制度の手続の流れは次頁の図のとおり、①厚生労働省に対して5年以内の移行期限を定めた移行計画の申請・認定を受けて、②移行期限内に持分なし医療法人への移行（都道府県知事に対する残余財産に関する定款変更の申請）を完了し、③移行完了後に6年間運営状況について報告を行うという流れとなる。

　エ　移行完了前の相続税・贈与税の納税猶予・免除等

　移行計画に基づく持分の定めのない医療法人への移行完了前に相続や贈与が発生した場合、医療法人の出資持分について相続や贈与が行われるため本来であれば相続税や贈与税が課税される。

　しかし、相続税や贈与税の申告の際に税務署において納税猶予の手続を行うことで、出資持分の相続・贈与に対応する相続税・贈与税の納税を猶予することが可能である。手続に際しては移行計画の認定通知書、移行計画、出資者名簿の提出に加えて担保を提供する必要があるが、医療法人の出資持分を担保として提供することが認められている。なお、相続に関しては、相続税の申告期限（10か月）までに事後的に移行計画の申請・認定を行うこと

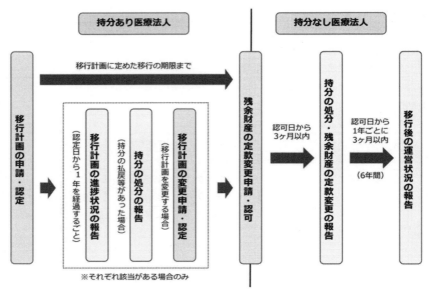

（出典：厚生労働省「持分の定めのない医療法人への移行計画認定制度（認定医療法人制度の概要）」）

でも納税猶予を受けることが可能である。

　その後、移行期限までに持分の定めのない医療法人への移行（出資持分の放棄）を完了することで、納税を猶予されていた相続税・贈与税が免除される。

　オ　認定の取消し

　次の場合には移行計画の認定を取り消される可能性があるため注意が必要である。

① 認定医療法人が移行計画に記載された移行期限までに持分の定めのない医療法人に移行しなかった場合
② 認定医療法人が、認定を受けた日から持分の定めのない医療法人への移行完了後6年を経過する日までの間に、運営に関する要件を満たさなくなったとき
③ 認定医療法人が厚生労働大臣へ必要な報告を行わないとき、又は虚偽の報告をしたとき
④ 認定医療法人が不正の手段により移行計画の認定を受けたことが判明し

たとき

⑤　認定医療法人が移行計画の変更（移行計画の趣旨の変更を伴わない軽微
な変更を除く）について、厚生労働大臣の認定を受けなかったとき

3　社会医療法人・特定医療法人への移行

（1）社会医療法人・特定医療法人への移行のメリットとデメリット

　ア　メリット

　社会医療法人・特定医療法人に移行した際のメリットについては、次のよ
うな税制上の優遇措置などを挙げることができる。

種類	社会医療法人	特定医療法人
税制上の優遇措置	原則として非課税 附帯業務や収益業務には軽減税率（22%）が適用	軽減税率（19%）が適用
	特定の目的のために供する不動産等の固定資産税等について申告により非課税	
移行時の非課税	持分の定めのない医療法人の移行に際して、医療法人に対する贈与税の課税が発生しない	
その他の優遇措置	収益業務の実施 社会医療法人債の発行 みなし寄附金制度	—

　イ　デメリット

　社会医療法人・特定医療法人については公益性の高さから前述のとおり税
制上の優遇措置などが認められている反面、後述のとおり社会医療法人の認
定や特定医療法人の承認を受けるために、同族経営が認められない、役員等
への特別の利益供与が認められない等の要件が設けられていることが大きな
デメリットの一つである。

　また、認定や承認の要件を維持できなくなった場合には要件を満たさなく
なった時点まで遡って認定や承認が取り消されることになるが、この場合に
は非課税扱いや軽減税率の適用を受けていた法人税等についても遡って課税
されることになるため多額の納税を一括で求められるリスクがある。

（2）社会医療法人

　ア　認定要件

　社会医療法人については次の認定要件を満たした上で、都道府県知事による認定を受ける必要がある。概要は次のとおりであるが、詳細は厚生労働省が定める通達等[1]を参照されたい。

　（ア）役員等の同一親族等の制限

　役員、社員又は評議員（役員等）に占める同一親族等[2]の割合が、それぞれの総数の３分の１を超えないようにする必要がある。

　（イ）公的な組織運営

　　a　医療法人の運営

① 　理事６名以上、監事２名以上で、それぞれの理事及び監事は、社員総会もしくは評議員会の議決により選任されること。

② 　理事、監事については、他の同一の団体（医師会等を除く）の理事、使用人、理事以外の役員又は業務執行社員が３分の１以下であること。

③ 　理事、監事あるいは評議員に対する報酬等が民間事業者の役員の報酬等や従業員の給与あるいは当該医療法人の経理状況等を考慮して、不当に高額にならないような支給の基準を定めていること。

④ 　社員、評議員、理事、監事、使用人その他の当該医療法人の関係者に対し、特別の利益を与えないこと。

⑤ 　株式会社その他営利事業を営む者又は特定の個人もしくは団体の利益を図る活動を行う者に対し、寄付その他の特別な利益を与えないこと。

⑥ 　毎会計年度末日における遊休財産額が、本来業務事業損益に係る事業費用を超えないこと。

⑦ 　他の団体の意思決定に関与することが出来る株式や出資金等を保有していないこと。ただし、議決権の過半数を有していないものを除く。

---

[1] 厚生労働省「社会医療法人の認定について（https://www.mhlw.go.jp/content/10800000/001239990.pdf）」

[2] ①各役員等の配偶者及び三親等以内の親族、②各役員等と婚姻の届出をしていないが事実上婚姻関係と同様の事情にある者、③各役員等の使用人及び使用人以外の者で当該役員等から受ける金銭その他の財産によって生計を維持しているもの、④②又は③に掲げる者の親族でこれらの者と生計を一にしているものをいう。

⑧　直近の３会計年度及び社会医療法人の認定日の前日までにおいて、法令に違反する事実、帳簿書類に仮装隠蔽の事実その他公益に反する事実のないこと。

　　b　医療法人の事業

①　社会保険診療報酬の額及び社会保険診療報酬と同一の基準により計算される労災保険診療報酬あるいは健康増進事業の収入及び助産に関わる収入（１回につき50万円を超える場合には50万円まで）の合計額が、医療法人の本来業務事業収益、附帯業務収益及び収益業務収益の合計額の80％を超えること。

②　自費患者に対し請求する金額が、社会保険診療報酬と同一の基準により計算されること。

③　医療診療により収入する金額が、医師・看護師等の給与、医療の提供に要する費用等患者のために直接必要な経費の100分の150以内の額であること。

　（ウ）救急医療等確保事業に係る業務の実施

　都道府県が作成する医療計画に記載された救急医療等確保事業を実施していること。

　（エ）解散時の残余財産の帰属

　定款又は寄附行為において、解散時の残余財産を国、地方公共団体又は他の社会医療法人に帰属させる旨を定めていること。

　イ　移行手続

　（ア）手続の流れ

　社会医療法人への移行手続の流れは概要以下のとおりである。

①　事前準備

　前述のように社会医療法人については厳格な要件が定められているところ、前提として認定要件をクリアするための体制や事業運営の整備等が必要となる。

　また、社会医療法人については出資持分の保有は認められていないため、事前に出資持分を有する者について出資持分を放棄することについて同意を得た上で、社員総会決議などを行う必要がある。

② 社会医療法人認定申請

　都道府県知事に対して社会医療法人認定申請及びこれに伴う定款変更認可申請を行う必要がある。なお、提出書類は多岐にわたるところ、提出に際しては事前相談・事前審査を行うことが一般的である。

③ 実地検査

　申請を受けた都道府県の担当者は、社会医療法人として認定するにあたって体制や事業状況並びに救急医療等確保事業の実施状況等について提出書類を審査し、あわせて実地検査を行うものとされている。

④ 医療審議会

　都道府県知事は、社会医療法人に認定をするにあたって医療審議会の意見を聴かなければならないとされており（医療第42条の2第2項）、医療審議会において調査及び審議が行われる。

⑤ 認定通知書の交付

　以上の審査を経た結果、都道府県知事から認定通知書が交付されることになる。なお、認定の日から2週間以内に社会医療法人という文言を用いた名称変更の登記を行う必要がある。

　（イ）事業報告書等

　　a　事業報告書

　社会医療法人は毎会計年度終了後3月以内に、事業報告書等（事業報告書、財産目録、貸借対照表、損益計算書等）、社会医療法人の認定要件に該当する旨を説明する書類とあわせて監事による監査報告書を作成・提出するものとされている。

　　b　確定申告書

　社会医療法人は収益業務を行っていない限り法人税の納税義務がないため確定申告書の提出は不要とされているが、各事業年度終了の日の翌日から3月以内に損益計算書又は収支計算書を税務署に提出するものとされている。

（3）特定医療法人

　ア　承認要件

　特定医療法人については承認要件を満たした上で、国税庁長官による承認

を受ける必要がある。概要は次のとおりであるが、詳細は国税庁のFAQ等[3] を参照されたい。

（ア）役員等の同一親族等の制限

役員、社員又は評議員その他これらの者に準ずる者（役員等）に占める親族等の割合が、それぞれの総数の3分の1を超えないようにする必要がある。

（イ）公的な組織運営

　a　医療法人の運営

① 理事6名以上、監事2名以上で、それぞれの理事及び監事は、社員総会もしくは評議員会の議決にて選任されること。

② 設立者、役員等、社員又はこれらの親族等に対し、特別の利益を与えないこと。

③ 法令に違反する事実、その帳簿書類に取引の全部又は一部を隠ぺいし、又は仮装して記録又は記載している事実その他公益に反する事実がないこと。

④ 財務省令で定めるところにより帳簿書類を備え付けてこれにその取引を記録し、かつ、当該帳簿書類を保存していること。

　b　医療法人の事業

①次の事項を満たすことについて都道府県知事の証明を受けること

・病院を開設する医療法人にあってはⅰ又はⅱの医療施設、診療所のみを開設する医療法人はⅲの医療施設を有すること。

　　ⅰ．40床以上（専ら皮膚泌尿器、眼科、整形外科、耳鼻いんこう科又は歯科の診療を行う病院にあっては、30床以上）

　　ⅱ．救急告示病院

　　ⅲ．救急診療所である旨を告示された診療所であって15床以上を有すること。

・医療法人の各医療施設ごとに、特別の療養環境に係る病床数が当該医療施設の有する病床数の100分の30以下であること。

---

3 国税庁「特定医療法人制度FAQ（令和3年改訂版）（https://www.nta.go.jp/taxes/tetsuzuki/shinsei/annai/iryo/annai/pdf/seido_faq.pdf)」（令和3年10月）

②次の事項を満たすことについて厚生労働大臣の証明書の交付を受けること
・社会保険診療等に係る収入金額（公的な健康診査、予防接種、助産、介護
　保険法の規定に係る収入を含む）の合計額が全収入の8割を超えること。
・自費患者に対し請求する金額は、社会保険診療報酬と同一の基準により計
　算されること。
・医療診療収入は、医師、看護師等の給与、医療提供に要する費用等患者の
　ために直接必要な経費の額に100分の150を乗じた額の範囲内であること。
・役職員一人につき年間の給与総額が、3600万円を超えないこと。
　イ　特定医療法人
　（ア）手続の流れ
　特定医療法人への移行手続の流れは概要以下のとおりとなる。
① 　事前準備
　前述のように特定医療法人についても厳格な要件が定められているところ、
前提として承認要件をクリアするための体制や事業運営の整備等が必要とな
る。
　また、特定医療法人についても出資持分の保有は認められていないため、
事前に出資持分を有する者について出資持分を放棄することについて同意を
得た上で、特定医療法人に移行することについて社員総会決議などを行う必
要がある。
② 　都道府県知事に対する証明申請
　都道府県知事に対して、特定医療法人としての施設要件を満たすことの証
明申請を行う必要がある。その際、定款変更の事前審査の申し出を行うこと
になる。
③ 　厚生労働大臣による証明申請
　都道府県知事から②の証明書の交付を受けたら、次は厚生労働大臣等が定
める基準を満たすことについて厚生労働大臣に対して証明申請を行う必要が
ある。
④ 　国税局による事前審査
　厚生労働大臣から③の証明書の交付を受けたら、次は国税局に対して事前
審査の申し出を行う必要がある。事前審査は特定医療法人の軽減税率を受け

ようとする事業年度の終了日から6か月前までに申し出を行う必要があり、申出後に国税庁による実地審査が行われる。

⑤　都道府県知事に対する定款変更認可申請

　国税庁による実地審査の結果、特定医療法人への移行承認の内定認可を受けた場合、特定医療法人移行のために都道府県知事に対して定款変更の申請を行う。

⑥　税務署に対する承認申請

　定款変更認可がなされた後、税務署に対して特定医療法人として承認を受けるための申請を行う。

⑦　国税庁による承認通知書の交付

　以上の手続を経て、最終的に国税庁から承認通知書が交付されることになる。

　（イ）定期提出書類

　特定医療法人は各事業年度終了の日の翌日から3か月以内に、その事業年度において特定医療法人の要件を満たすことを説明する書類を提出しなければならず、また、承認を受けるときと同様に厚生労働大臣から証明書の交付を受ける必要がある。

72 第1章 医療法人

第5 医療法人の再編・統合

> Case
> 　A医療法人では事業拡大のために、今まで開設・運営する病院がなかったB県への進出を検討している。しかし、B県での病院運営の実績はなく、何もない状態からB県に病院を開設・運営することにはリスクを感じている。他方で、古くからB県で病院を開設・運営するC医療法人は年々業績が悪化していたところ、A医療法人のノウハウやシステムによる効率化を期待し、その傘下に入ることを希望しているとの話が持ち上がった。このような事案において、A医療法人はC医療法人との再編・統合を進めるためにいかなる手法があり得るか。

1 再編・統合の概要

(1) 概要

　株式会社では組織の効率化や不採算部門の整理などのために合併や分割などの組織再編やグループ再編、他社とのシナジー効果等を期待してM&Aが行われることが一般的であるが、医療法人でも同様に再編や統合のために組織再編やM&Aが行われる。

　医療法人の再編・統合の手法として医療法では合併のみが認められていたが、平成27年の医療法改正により分割制度が新設された。また、会社法と異なり医療法に明文の規定はないが、実務的に事業譲渡の手法もよく利用されている。

　経営権の移転について株式会社の場合の株式譲渡に相当するものとして出資持分のある医療法人の出資持分の譲渡を挙げることができるが、医療法人の場合、株式と異なり出資持分は医療法人の管理・運営に関与できる権利ではないため、医療法人の経営権の移転は社員や理事の交代という形で行われる。以下では医療法人の再編・統合の方法である合併、分割、事業譲渡の概要と手続について解説する。

（2）再編・統合に伴う情報管理

　医療法人の再編・統合に伴い、カルテ等の診療記録が第三者の医療法人に開示・提供されることが想定される。

　通常、医療法人は個人情報を保有する個人情報保護法上の個人情報取扱事業者に該当するため、このような医療法人の再編・統合に伴う診療記録の提供が「個人情報取扱事業者は、次に掲げる場合を除くほか、あらかじめ本人の同意を得ないで、個人データを第三者に提供してはならない。」とする個人情報保護法 27 条 1 項に違反しないかが問題となる。

　この点、個人情報保護法 27 条 5 項 2 号は「合併その他の事由による事業の承継に伴って個人データが提供される場合」には、第三者に該当しないと定めており、後述の合併や分割等に伴い診療記録を提供することは個人情報保護法との関係で問題となるものではない。ただし、個人情報は当初の利用目的の範囲内でのみ利用することが許されるものであるため、この点については留意が必要である。

2　合併

（1）概要

　合併は 2 つ以上の医療法人が結合して 1 つの医療法人となることを目的とした組織再編行為であり、医療法の定めに従って行われる。

　　ア　合併の形式

　合併の形式としては、吸収合併と新設合併の 2 種類が存在する。

　吸収合併とは、合併当事者のうち 1 つの医療法人が存続し、その他の医療法人の法人格を消滅させ、存続する医療法人に消滅する医療法人のすべての権利義務を包括的に承継させる合併の形式をいう。

　新設合併とは、すべての合併当事者の医療法人の法人格を消滅させ、新たに一つの医療法人を設立し、新設する医療法人に消滅する医療法人のすべての権利義務を包括的に承継させる合併の形式をいう。

　　イ　医療法人ごとの合併の形態

　第 1 章・第 1 で前述したように、医療法人は大きく社団医療法人と財団医

療法人に分けることができ、そのうち社団医療法人については出資持分のある医療法人と出資持分のない医療法人に分けることができる。

医療法では、社団医療法人と財団医療法人間の合併が認められており、合併後は社団医療法人又は財団医療法人のいずれかを選択可能である。また、出資持分のある医療法人と出資持分のない医療法人間の合併も認められているが、存続又は新設する医療法人については出資持分のある医療法人を選択することは出来ないという制約がある。

なお、社会医療法人や特定医療法人についても同様に他の医療法人と合併することが認められているが、合併後についても社会医療法人や特定医療法人として認定又は承認要件を満たしている必要がある点には留意が必要である。

(2) 手続

医療法人の合併については、医療法でその手続が定められている。具体的な合併までの流れは、次の図のとおりである。

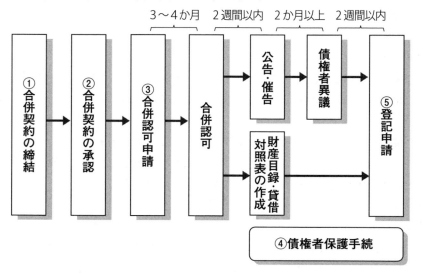

① 合併契約書の締結

合併を行う場合、まずは合併契約書を締結することになる。合併契約書に

は医療法で定められた事項、具体的には合併後の医療法人の名称及び主たる事務所の所在地、合併後2年間の事業計画またはその要旨、合併の効力発生日等を記載する必要がある（医療58条、59条、医療則35条、35条の4）。

なお、この前段階として合併契約の当否について両法人間で財務や事業内容に関する情報・資料を開示して検討が行われるところ、秘密保持契約などを締結して情報管理を行うことが必要となる。

② 合併契約書の承認

合併契約を締結した後、各医療法人において合併契約を承認する決議を行う必要がある（医療58条の2、59条の2）。

具体的には、社団医療法人の場合には総社員の同意が必要とされている。財団医療法人の場合には寄付行為に合併できる旨の定めがある場合に限って合併ができるとされており、その上で理事の3分の2以上の同意（寄付行為に別段の定めがある場合にはそれに従う）を得る必要があるとされている。

③ 合併認可申請

合併は、合併後の医療法人の主たる事務所の所在地における都道府県知事の認可を受けなければその効力を生じないとされている（医療58条の2第4項、59条の2）。認可申請に際しては次の書類を添付するものとされている（医療則35条の2）。

1．理由書
2．議事録（社員総会議事録等）
3．合併契約書の写し
4．新設合併においては、定款又は寄付行為の作成その他医療法人の設立に関する事務を行うものが各医療法人により選任されたものであることを証する書面
5．合併後の医療法人の定款又は寄附行為
6．合併前の各医療法人の定款又は寄附行為
7．合併前の各医療法人の財産目録及び貸借対照表
8．新設合併医療法人又は存続合併医療法人の次の書類
　(a) 合併後2年間の事業計画及びこれに伴う予算書
　(b) 新たに就任する役員の就任承諾書及び履歴書
　(c) 開設しようとする病院、診療所等の管理者となるべき者の氏名を記載した書面
　(d) 資産要件に適合していることを証する書面

認可申請を受けた都道府県知事は、都道府県医療審議会の意見を聴き、認

76　第1章　医療法人

可の可否を判断するものとされており、申請から認可までには3〜4か月程度かかるものとされている。

④　債権者保護手続

都道府県知事から合併の認可がなされた場合、その通知があった日から2週間以内に、その時点の財産目録及び貸借対象表を作成し、合併登記までの期間、主たる事務所に備え置かなければならない（医療58条の3、59条の2）。

また、同様に通知から2週間以内に、2か月以上の期間を定めた異議申立期間について公告を行うとともに、判明している債権者に対しては個別催告を行う必要がある（医療58条の4、59条の2）。同期間内に異議を述べた債権者がいなければ合併について承認したものとみなされる。

⑤　登記申請

債権者保護手続の完了から2週間以内に主たる事務所の所在地において登記申請を行わなければならない。なお、消滅法人については合わせて解散登記を行う必要がある。

最終的な合併の効力は存続法人又は新設法人について、その主たる事務所の所在地において登記されることによって効力を生じるものとされる（医療58条の6、59条の4）。

3　事業譲渡

(1) 概要

事業譲渡とは、一定の営業目的のため組織化され、有期的一体として機能する財産（事業）の全部又は一部を譲渡することをいう。

株式会社については、会社法で事業譲渡の内容及び手続について定められているが（会社467条〜470条）、医療法人については医療法に具体的な定めはないが実務上はよく利用されている。基本的には病院や診療所単位の譲渡を行うケースで利用される。

また、合併や分割は医療法人ではないと行えないが、事業譲渡は医療法人のみならず病院や診療所を開設する個人でも利用が可能な点で合併や分割と大きく異なる。例えば、医療法人が開設する複数の病院のうち一部の病院を

他の医療法人や個人で病院の開設を検討している個人に対して事業譲渡する
ケースや個人で開設する診療所を医療法人に対して事業譲渡するケース等を
挙げることができる。

(2) 手続
　事業譲渡については、医療法でその手続が具体的に定められているわけで
はないが、一般的な事業譲渡の流れは次の図のとおりである。

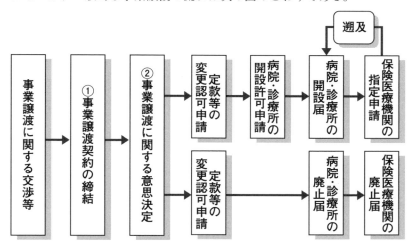

① 事業譲渡契約の締結
　病院や診療所の事業譲渡を行う場合、まずは譲受人と譲渡人間で交渉を行
って、譲渡の対象となる病院や診療所とこれに関係する具体的な資産・負債
の内容や範囲、また、譲渡に関する条件（譲渡価格、譲渡の前提条件や誓約
事項、表明保証の内容など）を決定し、その内容を反映した事業譲渡契約書
を作成・締結することになる。
　また、事業譲渡に際しては、病院や診療所の取引先との契約や従業員との
雇用契約を引き継ぐことも想定されるため、このような場合には契約関係の
引継ぎについて個別に同意を得る必要もある。
② 事業譲渡に関する意思決定
　事業譲渡そのものについて医療法で必要な手続が法定されているわけでは

78　第1章　医療法人

ないが、事業譲渡には医療法人の重要な資産の処分や役員の変更等を伴うため医療法人の類型や定款の内容などに応じて必要な意思決定を行う必要がある。各類型に整理すると次のとおりである（定款、寄付行為はいわゆるモデル定款の内容を想定）。

	手続		法的根拠
社団医療法人	社員総会決議	定款	・重要な資産の処分（譲渡人のみ）
			・その他重要な事項
	理事会決議	医療法46条の7第3項	・重要な資産の処分及び譲受（1号）
			・従たる事務所その他の重要な組織の設置、変更及び廃止（3号）
			・従たる事務所その他の重要な組織の設置、変更及び廃止（4号）
財団医療法人	評議員会の意見聴取	寄付行為	・その他重要な事項
		医療法46条の5第1項	・重要な資産の処分（3号）（譲受人のみ）
	理事会決議	医療法46条の7第3項	同上

③　行政上の手続

　医療法人において病院や診療所の事業譲渡を行う場合、譲受人においては新しい病院・診療所の開設、譲渡人においては病院・診療所の廃止となるため、以下の行政上の手続が必要となる。

窓口	譲受人	譲渡人
都道府県	定款（寄付行為）変更認可申請	定款（寄付行為）変更認可申請
保健所	病院・診療所の開設・使用許可申請 病院・診療所の開設届	病院・診療所の廃止届
厚生局	保険医療機関の指定申請（遡及）	保険医療機関の廃止届

　このうち保険医療機関の指定申請について、事業譲渡の場合には遡及申請が認められている。具体的には前述の第2・2（6）「保険医療機関の指定申請」のとおりであるが、遡及申請を怠ると保険医療機関の指定がなされるまで譲受人のもとで保険診療が行えなくなるため注意が必要である。

　また、病床を有する病院や診療所の場合、病床を当然に引き継ぐことはできず、譲受人において病院・診療所の開設許可申請とあわせて病床の使用許

第5　医療法人の再編・統合　79

可申請を行い、譲渡人において病床に関する権利を返還することになる。しかし、既存病床数が基準病床数を上回っている地域などでは病床の新規取得が認められない可能性もあるため、事業譲渡を行う場合には事前に確認する必要がある。

4　分割

(1) 概要

　平成27年度の医療法改正までは、医療法人の一部の病院や診療所を譲渡する場合には前述の事業譲渡の方法によらざるを得なかったが、事業譲渡を行う場合には病院や診療所の開設・廃止、取引先や従業員の個別承諾が必要となるなど煩雑な手続きが必要であった。そこで、医療法人の事業の一部（病院や診療所）の承継を認める分割の手続が新設されるに至った。

　ア　分割の形式

　分割の形式としては、合併と同様に吸収分割と新設分割の2種類が存在する。

　吸収分割とは、医療法人がその事業に関して有する権利義務の全部又は一部を分割して他の医療法人に承継させるものをいう。

　新設分割とは、1又は2以上の医療法人がする分割であって、その事業に関して有する権利義務の全部又は一部を分割に伴い新設する医療法人に承継させるものをいう。

　イ　医療法人ごとの分割の形態

　分割については、社団医療法人と財団医療法人それぞれで認められており、異なる種類の医療法人間の分割も認められている。他方で、出資持分のある医療法人や社会医療法人及び特定医療法人については吸収分割承継医療法人となる場合に限り分割が認められているが、それ以外の吸収分割医療法人となる場合や新設分割医療法人となる場合には分割を行うことは認められていない。

　ウ　事業譲渡との違い

　分割と事業譲渡は、いずれも一部の診療所や病院を対象とした移転が可能

な承継方法であるが、両者の違いを整理すると次のとおりである。

	分割	事業譲渡
権利義務の承継	包括的な承継	個別的な承継
手続	債権者保護や労働者保護手続等が必要	債権者保護や労働者保護手続等は不要
債権者の同意	個別の同意は不要	個別の同意が必要
病院等の開設・廃止届	不要	必要

(2) 手続

医療法人の分割については、医療法でその手続が定められている。具体的な分割までの流れとしては、次の図のとおりである。

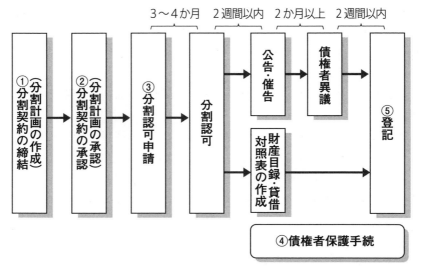

基本的には第1章・第5・2で前述したように、分割の手続も合併の手続と概ね同様の手続となっている。

① 分割契約書の締結（分割計画書の作成）

分割のうち吸収分割を行う場合、分割契約書を締結することになる。分割契約書には各医療法人の名称及び主たる事務所の所在地、吸収分割の対象となる資産、債務、雇用契約その他の権利義務、分割後2年間の事業計画またはその要旨、分割の効力発生日等を記載する必要がある（医療60条、60条

の2、医療則35条の7)。

　また、2以上の医療法人が新設分割を行う場合には分割計画を作成する必要があり、当該計画でも同様の事項を記載する必要がある（医療61条、61条の2、医療則35条の10）。

② 分割契約書・分割計画の承認

　分割契約を締結または分割計画を作成した後、各医療法人においてこれを承認する決議を行う必要がある（医療60条の3、61条の3）。

　社団医療法人の場合には総社員の同意が必要とされている。財団医療法人の場合には寄付行為に分割できる旨の定めがある場合に限って分割ができるとされており、その上で理事の3分の2以上の同意（寄付行為に別段の定めがある場合にはそれに従う）を得る必要があるとされている。

③ 分割認可申請

　分割は、分割後の医療法人の主たる事務所の所在地における都道府県知事の認可を受けなければその効力を生じないとされている（医療60条の3第4項、61条の3）。なお、分割認可申請に際しては基本的に合併認可申請の際と同様の書類を添付するものとされている（医療則35条の8、35条の11）。

　認可申請を受けた都道府県知事は、都道府県医療審議会の意見を聴き、認可の可否を判断するものとされており、申請から認可までには3～4か月程度かかるものとされている。

④ 債権者保護手続

　都道府県知事から分割の認可がなされた場合、その通知があった日から2週間以内に、その時点の財産目録及び貸借対象表を作成し、分割登記までの期間、主たる事務所に備え置かなければならない（医療60条の4、61条の3）。

　また、同様に通知から2週間以内に、2か月以上の期間を定めた異議申立期間について公告を行うとともに、判明している債権者に対しては個別催告を行う必要がある（医療60条の5、61条の3）。同期間内に異議を述べた債権者がいなければ分割について承認したものとみなされる。

⑤ 登記申請

　債権者保護手続の完了から2週間以内に主たる事務所の所在地において登

82 第1章 医療法人

記申請を行わなければならない。

　最終的な分割の効力は分割承継医療法人または新設分割医療法人について、その主たる事務所の所在地において登記されることによって効力を生じるものとされる（医療60条の7、61条の5）。

（3）労働者保護手続

　分割では分割契約等により定められた者について雇用契約が他の医療法人に承継されることになるため、合併と異なり会社分割に伴う労働者保護の手続を準用するものとされている（医療62条）。

　　ア　労働者の理解と協力を得るための措置

　分割医療法人においては、労働者の理解と協力を得るための措置を講じるように努めるものとされている（労働契約承継法7条）。これは分割対象とされた診療所や病院のみならず、全労働者が対象とされている。

　　イ　労働者との協議

　分割医療法人においては、事前に労働者と労働契約の承継について協議することが義務付けられている（商法等改正法附則5条）。

　協議では、当該労働者が分割承継医療法人に承継されるか否か、今後の業務内容や分割後の債務履行の見込みについて説明・協議するものとされており、この協議は後述の労働者への通知すべき日までに実施する必要があるとされている。

　　ウ　労働者への通知

　分割される事業に主として従事していた者及び当該事業に主として従事していないが承継対象とされた労働者に対して事前に通知するものとされている（労働契約承継法2条）。

　通知の内容は、承継される医療法人の名称、住所等の基本情報、分割後の債務履行の見込み、異議申立期間等がその対象となる。また、通知期限については債権者保護手続と同様に分割認可の通知があった日から2週間以内とされている。

　異議申立期間については当該通知日から13日間を置かなければならないとされており、当該通知期間内に異議の申し出があった場合、①承継されな

いことに異議を述べた労働者は承継されることになり、②承継されることに異議を述べた労働者については承継されないこととなる（労働契約承継法4条、5条）。

5 解散

(1) 概要

　医療法人の解散とは、医療法人の法人格を消滅させる原因となる事由をいう。医療法人が解散すると、原則として清算手続を経て最終的には医療法人の法人格は消滅する。

　医療法人が解散を行う場合には都道府県知事の認可を要する場合と、要しない場合があり（医療55条）、整理すると次のとおりである。

	解散事由	認可の要否
内部的解散事由	定款・寄付行為に定めた解散事由の発生	・清算人による都道府県知事への解散届の提出で足りるため、許可は不要（医療55条8項）
	目的たる業務の成功の不能	・都道府県知事による認可が必要（医療55条3項2号）
	社員総会の決議 （総社員の3/4以上）	・都道府県知事による認可が必要（医療55条3項2号）
	他の医療法人との合併	・合併により当然に解散となるが合併の認可が必要（医療58条の2等）
外部的解散事由	社員の欠乏 ※社団医療法人のみ	・清算人による都道府県知事への解散届の提出で足りるため、許可は不要（医療55条8項）
	破産手続開始の決定	・裁判所が破産手続開始の決定を行うため、認可は不要
	設立認可の取消し	・都道府県知事により設立認可の取消しが行われるため、認可は不要

(2) 手続

　医療法人が解散する場合の手続は、解散事由により異なっている。各解散事由に応じた手続を整理すると次頁のとおりである。なお、前述のように破産手続開始決定も医療法人の解散事由と定められているが、その詳細の手続については後述の第1章・第6・3（1）にて解説する。

84　第1章　医療法人

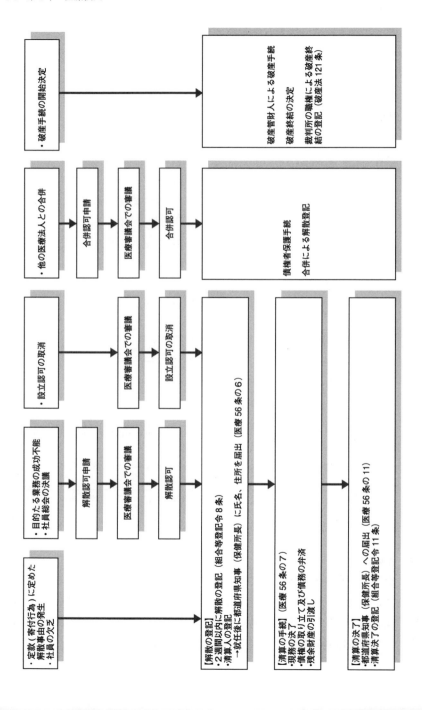

第6　医療法人の倒産・再生

> **Case**
>
> 　A医療法人は診療報酬の改定等が原因となり業績悪化が著しく、このままでは数か月以内に融資の返済や取引先への支払に窮する状況にある。しかし、患者が入院中の状況で、このまま事業を廃止することも難しい。このような場合にA医療法人が採り得る手段としてどのような方法があるのか。

1　倒産の概要

(1) 倒産手続の種類

　倒産という法律用語は厳密には存在しないが、一般的に債務者が自ら負っている買掛金や借入金などの債務の返済を継続的に行えなくなり、事業継続が不可能となった状態を意味する。医療法人も事業活動を行う主体であるところ、事業状況によっては倒産に至る場合も存在する。このような場合に実施される倒産手続については大きく「私的整理」と「法的整理」、「清算型」と「再建型」の2種類の分類が存在する。

　　ア　私的整理と法的整理

　私的整理とは、裁判所が関与せずに、主に債務者と債権者の協議・合意により進行される倒産手続をいうのに対して、法的整理とは、裁判所の関与の下で法的に定められた手続により進行する倒産手続をいう。

　法的整理としては、①破産、②民事再生、③特別清算、④会社更生の手続が挙げられるが、このうち③特別清算と④会社更生は株式会社を対象とする手続のため、医療機関が利用できる法的整理は①破産と②民事再生の2種類である。

　　イ　清算型と再建型

　清算型とは、債務者の事業の廃止を前提にすべての資産を換価処分して債権者に公平に分配する手続をいうのに対し、再建型とは、債務者の事業再建

86　第1章　医療法人

を目的に債務者の債務について免除・猶予や条件変更等を実施して事業を存続させる手続をいう。前述の法的整理のうち、①破産が清算型、②民事再生が再建型手続に該当する。

（2）手続選択のポイント

　企業も同様であるが清算型手続により事業主体が消滅すると、そこで就労する労働者や取引先に多大な影響を与えることになるため、再建が可能な場合には再建型の手続を選択することになる。特に医療機関は地域医療の担い手であるところ、倒産により病院や診療所が廃止となれば地域医療や入院患者などへの影響は非常に大きく、より慎重な対応が求められる。

　また、法的整理については倒産という事実が広く社会に公開されることになるところ、倒産というネガティブな情報が広く伝わることで信用性が毀損されてしまい、再建を困難にする場合もあるため、可能であれば関係者のみで手続を進めることが可能な私的整理の手続が選択されることになる。

2　私的整理

　私的整理とは、前述のように裁判所が関与せずに債務者と債権者の協議・合意により進行される倒産手続をいう。以下では、私的整理の特徴及び種類について解説する。

（1）私的整理の特徴

　前述のように法的整理は裁判所の関与の下で、倒産手続の利用が社会に広く公開されることになるが、私的整理は裁判所が関与せずに非公開で手続を進めることができるため、社会的信用を毀損することなく倒産手続を進められることが大きなメリットである。そのため、私的整理の多くは再建型の手続を念頭に利用される。

　その他、裁判所の関与がなく、手続も債権者と債務者の協議・合意により進めることができるため、債権者のうち負債額の大きな債権者のみを対象に手続を行う等の柔軟な対応が可能で、かつ、費用面でも法的整理よりコスト

を抑えることが可能である。

　他方で、あくまで債務者と債権者の協議・合意による手続のため、債権者の反対を押して債務の免除・猶予や条件変更を行ったり、各債権者の請求や担保権の実行等の権利行使を防ぐことはできないというデメリットがある。そのため、基本的に私的整理では手続に参加した債権者すべてから同意を得なければならないところ、債権者が多数存在する場合には利用が難しい場合が多い。

(2) 私的整理の種類

　以上のとおり私的整理は法的な手続ではなく、債権者と債務者の協議・合意により進められる手続であるところ、その種類は多岐にわたる。以下では私的整理のうち代表的な方法について整理する。

　ア　任意交渉（債務整理）

　債務者と債権者の個別の任意交渉により進める私的整理である。あくまで任意の手続のため特に手続やルールはなく、一般的には債務者から各債権者に対して、倒産に至った経緯や現在の財務状況、今後の事業計画・収支予測及びこれを前提とした返済計画案を提示しながら、各債権者の合意を得ることを目指すことになる。どの債権者を対象とするか、どのような提案を行うかについても任意であるため債務者の自由である。

　しかし、このような任意交渉による債務整理は少数の債権者を対象とする場合には有効な場合もあるが、債権者が比較的多数となる場合には一定のルールの下で、公平・公正に手続を進めなければ、債権者からの合意を得られない可能性が高い。

　イ　準則型私的整理

　以上のような任意交渉による私的整理の問題点に対応するため、一定の定型化されたルールに基づき私的整理を進める枠組みが用意されており、準則型私的整理といわれている。以下では準則型私的整理について整理する。

　（ア）私的整理ガイドライン

　私的整理ガイドラインとは、平成13年に策定されたガイドラインで、破産や民事再生などの法的整理の手続によらず、債権者による債権放棄などを

目指す手続・ルールが定められている。

　ただ、私的整理ガイドラインでは、金融機関を対象に3年以内の債務超過の解消及び黒字化が目標とされているが達成困難な場合が多く、また、金融債務に関する免除や猶予を含む後述の事業再生ADRが整備されたこともあり、あまり利用されていないのが実情である。

　（イ）事業再生ADR

　正式名称は特定認証紛争解決手続といい、「裁判外紛争解決手続の利用の促進に関する法律」（ADR法）に基づき認証を受けた特定認証紛争解決事業者[1]が主宰して進められる私的整理手続である。認証を受けた公平中立な特定認証紛争解決事業者が主宰し、選任された専門家が手続実施者として事業再生計画及び金融支援の内容を検証し、計画の相当性や金融支援の相当性の有無を判断することになるため、債権者からの債権放棄や猶予の同意を得られやすい。

　しかし、利用に際してはデューデリジェンス（DD）の実施や事業再生計画案の策定などが必要とされており、これらに必要な専門家報酬や手続利用のための特定認証紛争解決事業者への手数料の負担も非常に大きく、その利用はこのようなコストの負担が可能な大規模な医療法人に限られる。

　（ウ）中小企業活性化協議会

　中小企業活性化協議会[2]とは、各都道府県に設置されている公正中立な公的機関であり、中小企業の再生に向けた取り組みを支援するために再生支援にあたる組織である。中小企業活性化協議会は、比較的コストも低廉のため中小企業が私的整理を行う場合にはもっとも利用しやすい私的整理であり、常時使用する従業員数が300人以下の医療法人も利用可能とされている。

　従来は「中小企業再生支援協議会」として中小企業の再生支援を行ってきたが、主に財政面の再生を対象としており、事業そのものの再生ではないため事業の見直しが必要なケースには十分な対応ができないという面があった。現在は、民間プレイヤーを活用した支援と中小企業活性化協議会による支援

1　現在、経済産業省から認証を受けている機関は「事業再生実務家協会」のみである。
2　2022年3月に前身である中小企業再生支援協議会と経営改善支援センターが統合され、現在は中小企業活性化協議会となった。

について、次のフェーズに分けた5種類の支援を提供している[3]。

フェーズ	民間プレイヤー	中小企業活性化協議会
収益力改善	早期経営改善計画策定支援 （ポストコロナ持続的発展計画事業）	収益力改善支援
再生	経営改善計画策定支援	プレ再生支援・再生支援
再チャレンジ	（405事業）通常枠・中小版GL枠	再チャレンジ支援

（エ）地域経済活性化支援機構

　地域経済活性化支援機構（一般に「REVIC」とされる）は、株式会社企業再生支援機構法に基づき2009年に設立された認可法人で、その後、2013年に株式会社地域経済活性化支援機構法に改正され、現在の商号に変更されるに至っている。期間限定で設立が認められた組織だったが都度延長がなされ、現在では新型コロナによる経済への影響が深刻化する状況下に対応するため2025年までに期間が延長されている。

　REVICに対して支援の申込みがなされた場合、REVICが支援可能と判断すれば支援決定が行われ、事業再生計画を前提にREVICによる金融機関からの適正な金額での債権の買取、債務者に対する出資などを通じて、債務者の事業再生を支援する。ただ、事業再生ADRと同様にデューデリジェンス（DD）の実施や事業再生計画案などの策定が必要であるため、専門家報酬やREVICに対する手数料の負担もあり、利用可能な医療機関は大規模な医療機関に限られる。

（オ）特定調停

　特定調停とは、債務の弁済ができなくなるおそれのある債務者（特定債務者）の経済的再生を図るため、債務者が負っている金銭債権の利害関係を調制することを目的とした、特定調停法に定められた裁判所の民事調停手続の一種である。裁判所の関与の下で進められるが、最終的な解決については債権者と債務者の協議・合意に基づく手続のため私的整理に分類される。

　特定調停では、強制執行や担保権実行の中止命令を申し立てることも可能

3　中小企業庁「中小企業活性化協議会（収益力改善・再生支援・再チャレンジ支援）〔https://www.chusho.meti.go.jp/keiei/saisei/index.html〕」

90 第1章 医療法人

とされており（特定調停法7条1項）、反対する債権者への対抗手段が用意されている。また、当事者間の合意のみならず、当事者の共同の申立てにより裁判所が決定により調停条項案を定める手続が用意され（特定調停法17条）、また、特定調停が成立した場合には事業再生計画が記載された調停調書に確定判決と同様の効力が生じるものとされている。

　なお、日弁連により、主に中小企業向けに特定調停スキームという特定調停を利用した再建型の私的整理の手続が整理され、利用されている。

3　法的整理

　法的整理とは、裁判所の関与の下で法的に定められた手続により進行する倒産手続をいうところ、前述のように医療法人が利用な法的整理には破産、民事再生の2種類がある。

(1) 破産
　破産とは、破産法に基づき、裁判所が選任した破産管財人により債務者の財産を換価処分し、これを配当原資として破産手続による調査を通じて確定した債権者に対して平等にこれを配当する清算型の法的整理である。同じ清算型の特別清算と異なり、破産については医療法人も利用可能である。
　ア　破産の特徴
　（ア）清算型の手続
　破産は清算型の手続であり、医療法人については破産手続開始決定により解散となり（医療55条1項6号）、破産手続の終了により法人格が消滅することになる。
　また、破産は医療法人の理事長や医療機関を経営する院長などの個人も利用することが可能であり、その場合、破産手続を通じて免責決定がなされ、経済的な回復を図ることが可能である。
　（イ）管財型手続
　破産は後述の民事再生のようなDIP型の手続と異なり、裁判所に選任された破産管財人に破産財団の財産管理処分権が移転し、破産者は事業や財産

に対する管理処分権を失う。そのため、破産手続開始後については破産管財人が主導して破産財団の財産の換価処分を進めることになる。

なお、医療法人については入院患者がいる場合には特別な対応が必要となる。申立ての際に事前に患者の受け入れ先を確保しておくことが望ましいが、申立後の場合であっても医療法人の理事長や院長は破産管財人、関係行政機関、医師会などと協力体制を築きながら、患者の受け入れ先の確保を優先して行う必要がある。

イ　手続の流れ

破産は、裁判所に対して債務者または債権者が破産手続開始の申立てを行うことで開始する（破産18条1項）。

個人による申立ての場合には同時廃止（破産216条1項）として破産管財人を選任せずに、直ちに破産手続が終了する場合もあるが、医療法人等の法人については原則として破産管財人が選任される運用となっている。

破産管財人が選任されると、配当を行うべき債権者についての債権調査と並行して、債権者に対する配当原資とするために破産財団の換価処分が進められることになる。破産財団の規模や状況に応じて異なるが、2～3か月ごとに債権者集会が開催され、債権調査及び破産財団の換価処分が完了した時点で配当又は異時廃止として破産手続が終了する。

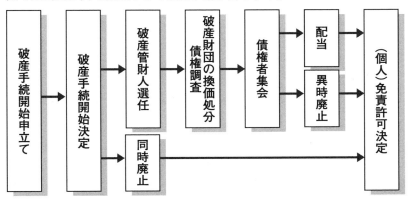

(2) 民事再生

民事再生とは、民事再生法に基づき、裁判所の関与のもとで再生計画案を

92 第1章 医療法人

策定、再生計画について債権者の多数の同意及び裁判所による認可を得ることにより、債務者が当該再生計画に沿って債務の一部免除・猶予を受けた上で、計画弁済を行うことを内容とする再建型の法的整理である。同じ再建型の法的整理である会社更生と異なり、民事再生は医療法人も利用可能である。

　ア　民事再生の特徴

　（ア）再建型の手続

　民事再生は再建型の手続のため、破産とは異なり手続終了後も医療法人の法人格が消滅することはない。任意整理の場合、債権者の同意がなければ債務の免除や猶予は認められないが、民事再生については債務者による再生計画案について債権者の多数の同意と裁判所の認可を得ることで、一部債権者の反対にもかかわらず債務の一律免除や猶予を実現することが可能とされており、これにより債務者の再建を図ることになる。

　（イ）DIP 型の手続

　民事再生は、破産のように破産者から破産管財人に破産財団の管理処分権が帰属する管財型の手続とは異なり、民事再生手続の開始決定後も基本的には再生債務者に財産の管理処分権が認められている DIP 型手続（Debtor in Possession）である。しかし、再生債務者に自由な財産管理処分権の行使が認められるわけではなく、債権者に対して公平かつ誠実に、管理処分権を行使し、再生手続を追行する義務を負う旨が定められており（民再 38 条 2 項）、再生債務者による業務遂行等を監督する監督委員が裁判所により選任されるものとされている（民再 54 条）。

　イ　手続の流れ

　民事再生についても債務者又は債権者による申立てにより手続が開始されるものとされ（民再 21 条）、前述のように裁判所に選任された監督委員の監督の下で、再生債務者自身が民事再生手続を進めることになる。具体的には、再生債務者である医療法人の理事らは退任することなく、民事再生手続開始後も病院・診療所の運営を継続しながら、債権調査、財産評定及び再生計画案の策定を進めることになる。

　財産評定とは再生手続開始時点の再生債務者の一切の財産について価格を評定するもので（民再 124 条 1 項）、民事再生では破産の場合より上回る配

当がなされることを前提としているところ（清算価値保証原則）、財産評定の結果を踏まえて再生計画案について各債権者は同意するのか、裁判所は認可できるのか判断が行われる。

　再生計画案については、債権者集会で債権者の多数の同意を得て可決される必要があるところ、具体的には債権届出を行った議決権者の頭数の過半数の同意、かつ、議決権の総額の2分の1以上の議決権者の同意があれば、再生計画案は可決される（民再172条の3第1項）。

　その後、可決された再生計画案は裁判所の認可を受け（民再174条）、再生計画として成立すると、再生債務者は再生計画に従って債務の一部免除・猶予を受け、再生計画の履行がなされる。

　また、民事再生では以上のような自力再建の方法以外にも、自力再建が難しい場合にはスポンサー型の方法が採用される場合もある。その場合、スポンサーによるM&Aや追加出資を受け、債権者の配当原資に充てられる。

第 1　医療行為　95

第 2 章　日常業務における法律問題

第 1　医療行為

1　医業独占

> **Case**
> 　医師でなければ行えないとされる「医療行為」とは具体的にどのような行為のことか。また、医師以外の医療従事者はどのような行為であれば実施が可能か。

　一般的に医師でなければ「医療行為」を行うことはできないとされるが、その範囲は必ずしも明確ではない。近年では、医療分野におけるタスク・シフト／シェアが進む中で、その線引きはより問題となる。

　以下では、医師でなければ行えない医療行為の内容を明らかにした上で、看護師等その他の医療従事者に行わせることが認められる業務内容について解説する。

（1）「医業」の意義

ア　法的根拠

　医師や歯科医師でなければいわゆる医療行為を行えないとする法的根拠は以下のとおり医師法 17 条及び歯科医師法 17 条に求められる。

> 医師法 17 条
> 医師でなければ、医業をなしてはならない。

96 第2章 日常業務における法律問題

> 歯科医師法17条
> 歯科医師でなければ、歯科医業をなしてはならない。

　当該条文に違反した場合には、3年以上の懲役若しくは100万円以下の罰金と厳しい刑罰を科されており（医師31条1項1号）、「医師でなければ、『医業』をなしてはならない」という形式で、医師以外がいわゆる医療行為を行うことを禁止している。

　（ア）医業について

　医業の内容について、判例において「医業」とは、反復継続する意思をもって（＝業として）、医行為をなすことと判示されている[1]。

　そして、「医行為」とは、「医師が行うのでなければ人体に危害を生じさせ、又は危害を生じさせるおそれのある行為」との判例の判断が示されたが[2]、さらに近年の判例において、「医行為」とは「医療及び保健指導に属する行為のうち、医師が行うのでなければ保健衛生上危害を生ずるおそれのある行為」との基準が示されている[3]。この基準は大きく、①医療及び保健指導に属する行為（医療関連性）、②医師が行うのでなければ保健衛生上危害を生ずるおそれのある行為、の2つの要素に分けることができる。

　この判例は、医師ではない者がタトゥー施術を行ったことを理由に医師法違反で起訴された事案であるが、タトゥー施術は「社会通念に照らして、医療及び保健指導に属する行為であるとは認め難く、医行為には当たらない」と①の要素を満たさないので医行為ではないと結論付けている。

　この点、かつては厚生労働省の行政解釈[4]において、医行為とは「医師の医学的判断及び技術をもってするのでなければ人体に危害を及ぼし、又は危害を及ぼすおそれのある行為」とされており、①の要素は挙げられていなかった。

1　最判昭和28年11月20日刑集7巻11号2249頁

2　最判昭和30年5月24日刑集9巻7号1093頁

3　最判令和2年9月16日刑集74巻6号581頁

4　「医師法第17条、歯科医師法第17条及び保健師助産師看護師法第31条の解釈について（通知）」（平成17年7月26日医政発第0726005号）

（イ）具体的なケース

「医行為」について、「①医療及び保健指導に属する行為（医療関連性）、②医師が行うのでなければ保健衛生上危害を生ずるおそれのある行為」との基準が判例により示されたものの、あくまで抽象的な基準に留まるため個別具体的な検討が必要となる。この点については、厚生労働省の行政解釈が各行為について医行為への該当性に関する見解を示しているため参考となる。

　　a　平成17年7月26日付け行政解釈

　前述の行政解釈では次のように医療行為に該当する行為、該当しない行為の分類・整理がなされている。

医行為に該当するとされているもの
①　用いる機器が医療用であるか否かを問わず、レーザー光線又はその他の強力なエネルギーを有する光線を毛根部分に照射し、毛乳頭、皮脂腺開口部等を破壊する行為（レーザー脱毛）
②　針先に色素を付けながら、皮膚の表面に墨等の色素を入れる行為（アートメイクなど）
③　酸等の化学薬品を皮膚に塗布して、しわ、しみ等に対して表皮剥離を行う行為（ケミカルピーリング）

医行為に該当しないとされているもの
①　体温計を用いた体温測定
②　自動血圧測定器により血圧測定
③　新生児以外の者であって入院治療の必要がないものに対して、動脈血酸素飽和度を測定するため、パルスオキシメータを装着すること
④　軽微な切り傷や擦り傷、やけど等の処置で専門的な判断・技術を必要としないもの（ガーゼ交換を含む）
⑤　一定の条件のもとで行う軟膏の塗布、湿布の貼付、点眼薬の点眼、内用薬の内服、座薬挿入、点鼻薬の噴霧介助
⑥　通常の範囲内の爪切り、歯磨きなどの口腔内の清掃、耳掃除、ストマ装具のパウチにたまった排泄物の廃棄、自己導尿の補助、市販薬による浣腸

　なお、このうち医療行為に該当するとされている、②アートメイクについては、前述の判例が示した①医療及び保健指導に属する行為（医療関連性）の要素を満たさずに医行為の該当性が否定されないか疑問となるが、前述の判例の原審に当たる高裁判決[5]において、美容整形外科手術等が、医師によ

5　大阪高判平成30年11月14日刑集74巻6号637頁

98　第2章　日常業務における法律問題

って発展、形成外科分野の一分野と専門分化してきた経緯、診療標榜科目にも追加されていること等を理由に①の要素を満たすとし、アートメイクもこの美容整形外科手術等に含まれるとの判断が示されている点が参考となる。

　　b　令和4年12月1日付け行政解釈

　かかる行政解釈[6]において、特に介護現場で実施されることが多い行為のうち医療行為ではないと考えられる行為について整理を行っており、特に介護施設などで介護職員が業務を行う際の参考となる。

医行為に該当しないとされているもの
(在宅介護等の介護現場におけるインスリンの投与の準備・片付け関係)
1　在宅介護等の介護現場におけるインスリン注射の実施に当たって、あらかじめ医師から指示されたタイミングでの実施の声かけ、見守り、未使用の注射器等の患者への手渡し、使い終わった注射器の片付け（注射器の針を抜き、処分する行為を除く。）及び記録を行うこと。
2　在宅介護等の介護現場におけるインスリン注射の実施に当たって、患者が血糖測定及び血糖値の確認を行った後に、介護職員が、当該血糖値があらかじめ医師から指示されたインスリン注射を実施する血糖値の範囲と合致しているかを確認すること。
3　在宅介護等の介護現場におけるインスリン注射の実施に当たって、患者が準備したインスリン注射器の目盛りが、あらかじめ医師から指示されたインスリンの単位数と合っているかを読み取ること。
(血糖測定関係)
4　患者への持続血糖測定器のセンサーの貼付や当該測定器の測定値の読み取りといった、血糖値の確認を行うこと。
(経管栄養関係)
5　皮膚に発赤等がなく、身体へのテープの貼付に当たって専門的な管理を必要としない患者について、既に患者の身体に留置されている経鼻胃管栄養チューブを留めているテープが外れた場合や、汚染した場合に、あらかじめ明示された貼付位置に再度貼付を行うこと。
6　経管栄養の準備（栄養等を注入する行為を除く。）及び片付け（栄養等の注入を停止する行為を除く。）を行うこと。なお、以下の3点については医師又は看護職員が行うこと。 　①　鼻からの経管栄養の場合に、既に留置されている栄養チューブが胃に挿入されているかを確認すること。 　②　胃ろう・腸ろうによる経管栄養の場合に、び爛や肉芽など胃ろう・腸ろうの状態に問題がないことを確認すること。 　③　胃・腸の内容物をチューブから注射器でひいて、性状と量から胃や腸の状態を確認し、

[6]「医師法第17条、歯科医師法第17条及び保健師助産師看護師法第31条の解釈について（その2）」（令和4年12月1日医政発1201第4号）

第1 医療行為　99

注入内容と量を予定通りとするかどうかを判断すること。

（喀痰吸引関係）

7　吸引器に溜まった汚水の廃棄や吸引器に入れる水の補充、吸引チューブ内を洗浄する目的で使用する水の補充を行うこと。

（在宅酸素療法関係）

8　在宅酸素療法を実施しており、患者が援助を必要としている場合であって、患者が酸素マスクや経鼻カニューレを装着していない状況下における、あらかじめ医師から指示された酸素流量の設定、酸素を流入していない状況下における、酸素マスクや経鼻カニューレの装着等の準備や、酸素離脱後の片付けを行うこと。ただし、酸素吸入の開始（流入が開始している酸素マスクや経鼻カニューレの装着を含む。）や停止（吸入中の酸素マスクや経鼻カニューレの除去を含む。）は医師、看護職員又は患者本人が行うこと。

9　在宅酸素療法を実施するに当たって、酸素供給装置の加湿瓶の蒸留水を交換する、機器の拭き取りを行う等の機械の使用に係る環境の整備を行うこと。

10　在宅人工呼吸器を使用している患者の体位変換を行う場合に、医師又は看護職員の立会いの下で、人工呼吸器の位置の変更を行うこと。

（膀胱留置カテーテル関係）

11　膀胱留置カテーテルの蓄尿バックからの尿廃棄（DIB キャップの開閉を含む。）を行うこと。

12　膀胱留置カテーテルの蓄尿バックの尿量及び尿の色の確認を行うこと。

13　膀胱留置カテーテル等に接続されているチューブを留めているテープが外れた場合に、あらかじめ明示された貼付位置に再度貼付を行うこと。

14　専門的管理が必要無いことを医師又は看護職員が確認した場合のみ、膀胱留置カテーテルを挿入している患者の陰部洗浄を行うこと。

（服薬等介助関係）

15　患者の状態が以下の3条件を満たしていることを医師、歯科医師又は看護職員が確認し、これらの免許を有しない者による医薬品の使用の介助ができることを本人又は家族等に伝えている場合に、事前の本人又は家族等の具体的な依頼に基づき、医師の処方を受け、あらかじめ薬袋等により患者ごとに区分し授与された医薬品について、医師又は歯科医師の処方及び薬剤師の服薬指導の上、看護職員の保健指導・助言を遵守した医薬品の使用を介助すること。具体的には、水虫や爪白癬にり患した爪への軟膏又は外用液の塗布（褥瘡の処置を除く。）、吸入薬の吸入及び分包された液剤の内服を介助すること。

① 患者が入院・入所して治療する必要がなく容態が安定していること

② 副作用の危険性や投薬量の調整等のため、医師又は看護職員による連続的な容態の経過観察が必要である場合ではないこと

③ 内用薬については誤嚥の可能性など、当該医薬品の使用の方法そのものについて専門的な配慮が必要な場合ではないこと

（血圧等測定関係）

16　新生児以外の者であって入院治療の必要ないものに対して、動脈血酸素飽和度を測定するた

100 第2章 日常業務における法律問題

め、パルスオキシメーターを装着し、動脈血酸素飽和度を確認すること。

17 半自動血圧測定器（ポンプ式を含む。）を用いて血圧を測定すること。（食事介助関係）

18 食事（とろみ食を含む。）の介助を行うこと。

（その他関係）

19 有床義歯（入れ歯）の着脱及び洗浄を行うこと。

　なお、この行政解釈では、「病状が不安定であること等により専門的な管理が必要な場合には、医行為であるとされる場合もあり得る。」としており、必要に応じて、医師や看護師等に対して、専門的な管理が必要な状態であるかどうか確認することが考えられると述べている点には注意が必要である。

(2) 医師以外の医療従事者の業務

　外科手術等の医師でなければ行えない高度に危険な行為は絶対的医療行為とされるが、比較的危険性が小さく医師の指示のもとで看護師等の他の医療従事者が行い得る医療行為については相対的医療行為とされている。

　ア　看護師による医療行為

　看護師は、「診療の補助」と「療養上の世話」を行うものとされている（保助看5条）。

　（ア）療養上の世話

　「療養上の世話」とは、看護師の判断により行うことができる看護師の本来的な業務であり、具体的には症状観察、食事介助、清拭や排せつ介助、体位変換や移動介助、転倒予防のための付き添いなどがこれにあたる。

　以上の行為については、医師が行わなくても保健衛生上の危害を生じるおそれがないため医行為には該当しないとされ、医師の指示を受けることなく看護師が単独で行うことが認められている。

　（イ）診療の補助

　「診療の補助」とは、医師の医行為の一部をなす行為として、保助看法37条において「保健師、助産師、看護師又は准看護師は、主治の医師又は歯科医師の指示があつた場合を除くほか、診療機械を使用し、医薬品を授与し、医薬品について指示をしその他医師又は歯科医師が行うのでなければ衛生上危害を生ずるおそれのある行為をしてはならない」と定められているように

医師の指示がなければ行うことができないとされている。なお、以上の整理については、「准看護師」についても異なるところはない。

医師と看護師等の役割分担は、厚生労働省による「医師及び医療関係職と事務職員等との間等での役割分担の推進について」[7]で整理されており、以下のような行為については看護師等が行うことができるものとされている。

① 薬剤の投与量の調節
② 静脈注射（動脈注射については医師でなければ行えない）
③ 救急医療等における診療の優先順位の決定
④ 入院中の療養生活の対応
⑤ 患者・家族への説明
⑥ 採血、検査の説明

　イ　特定看護師について

2015 年 10 月からは特定看護師の研修制度の運用が開始され、「診療の補助」のうち特定行為とされた 21 区分 38 行為について指定された研修機関での研修を受けた特定看護師であれば、医師の具体的な指示がなくても事前に作成された手順書に従って診療補助業務として行うことができるようになった。特定行為の内容については厚生労働省により整理されている[8]。

なお、手順書とは医師が作成する指示書のようなもので、以下の 6 つの内容が記載されている必要がある。

① 対象となる患者で、看護師が特定行為をおこなえる病状の範囲
② 特定看護師がおこなえる特定行為の内容
③ 特定行為をおこなう対象の患者（名）
④ 特定行為をおこなうときに確認する必要のある事項
⑤ 医師に連絡が必要になったときの連絡体制
⑥ 特定行為後の医師への報告方法

---

7 「医師及び医療関係職と事務職員等との間等での役割分担の推進について」（平成 19 年 12 月 28 日医政発第 1228001 号）
8 厚生労働省「特定行為とは」（https://www.mhlw.go.jp/stf/seisakunitsuite/bunya/0000050325.html）

102　第2章　日常業務における法律問題

ウ　その他の医療従事者による医療行為

　その他にも、助産又は妊婦・新生児などの保険指導を行うとされる「助産師」（なお、助産師については看護師の業務を行うこともできる）や、医師の指示の下、血液学的検査、病理学的検査、生化学的検査などの検体検査や心電図・心音図検査、脳波検査などの生理学的検査を行うとされる「臨床検査技師」などの医療従事者が存在する。

2　医師の義務

> Case
>
> 　医師には応招義務があるとされるが、次のような場合でも、必ず診療に応じなければならないのか。
> ①　診療時間外に急を要する急患が来院した場合
> ②　診療科として眼科を掲げているが、腹痛を訴える急患が来院した場合
> ③　支払能力があることが明らかにもかかわらず医療費不払いがある場合

（1）応招義務

　ア　概要

　医師法19条1項において、「診療に従事する医師は、診察治療の求があつた場合には、正当な事由がなければ、これを拒んではならない。」と、いわゆる応召義務が定められている。

　そのため、「診療に従事する医師」は「正当な事由」がない限り、患者からの診療治療の求めを拒否することができない。この点、「診療に従事する医師」とは、自宅開業の医師、病院勤務の医師等公衆又は特定多数人に対して診療に従事することを明示している医師をいうとされている。

　イ　正当な事由

　かつてより「正当な事由」の有無について基準や事例ごとの判断に関する行政解釈が示されてきたが[9]、近年の医療を取り巻く状況の変化等を踏まえて、

---

[9]「病院診療所の診療に関する件」（昭和24年9月10日医発第752号）、「所謂医師の応招義務について」（昭和30年8月12日医収第755号）

新たな行政解釈[10] が示されている。

　新たな行政解釈も踏まえて、「正当な事由」が認められる場合を整理すると次のとおりである。

・診療を求められたのが診療時間外・勤務時間外である場合
　→ただし、緊急対応が必要な場合（病状の深刻な救急患者等）には応急的に必要な処置をとることが望ましいとされ、緊急対応が不要な場合でも時間内の受診依頼、他の診察可能な医療機関の紹介等の対応をとることが望ましいとされている。
・専門外等の理由で診療が難しい場合
　→ただし、緊急対応が必要な場合、医療機関・医師・歯科医師の専門性・診察能力、当該状況下での医療提供の可能性・設備状況、他の医療機関等による医療提供の可能性（医療の代替可能性）を総合的に勘案しつつ、事実上診療が不可能といえる場合にのみ、診療しないことが正当化される。
・患者による迷惑行為がある場合
　→診療・療養等において生じた又は生じている迷惑行為の態様に照らし、診療の基礎となる信頼関係が喪失している場合（診療内容そのものと関係ないクレーム等を繰り返し続ける等）には、新たな診療を行わないことが正当化される。
・医療費の不払いがある場合
　→医療費の不払いがあったとしても、そのことのみをもって診療しないことは正当化されないが、支払能力があるにもかかわらず悪意を持ってあえて支払わない場合等には、診療しないことが正当化される。

　ウ　違反の効果
　（ア）公法上の責任
　応召義務は医師法に定められた公法上の義務であるが、応召義務に違反した場合の罰則規定は設けられていない。
　しかし、応召義務への違反は、医師法7条1項の「医師としての品位を損するような行為のあつたとき」に該当するとされ、応召義務違反は医師に対する戒告、医業停止処分又は医師免許取消処分に至る可能性もあるため、罰則規定がないからと看過することはできない。

---

10 「応招義務をはじめとした診察治療の求めに対する適切な対応の在り方等について」（令和元年12月25日医政発1225号第4号）

104　第2章　日常業務における法律問題

（イ）民事上の責任

前述のとおり、応召義務は医師法の公法上の義務であるため、本来的には応召義務違反の事実が患者に対する債務不履行責任又は不法行為責任を直ちに基礎づけるものとはならない。

しかし、裁判例[11]において、「文言内容からすれば、右応招義務は患者保護の側面をも有すると解されるから、医師が診療を拒否して患者に損害を与えた場合には、当該医師に過失があるという一応の推定がなされ、同医師において同診療拒否を正当ならしめる事由の存在、すなわち、この正当事由に該当する具体的事実を主張・立証しないかぎり、同医師は患者の被った損害を賠償すべき責任を負うと解するのが相当」と判示されている。仮に、この裁判例を前提とすると、医師が診療を拒否したことにより患者に損害が発生した場合、医師は自ら「正当な事由」の存在を立証できなければ、患者に対する損害賠償責任を負うことになる。

（2）診断書等の交付義務

ア　概要

医師法19条2項において、「診察若しくは検案をし、又は出産に立ち会つた医師は、診断書若しくは検案書又は出生証明書若しくは死産証書の交付の求があつた場合には、正当の事由がなければ、これを拒んではならない。」と、診断書等の交付義務が定められている。

交付対象となる書面がいくつか挙げられているが、「診断書」には、狭義の診断書及び死亡診断書、「検案書」には、死体検案書及び死胎検案書がそれぞれ含まれる。

記載事項について、狭義の診断書については包括的な記載事項の定めはないため、交付を求められた状況や理由に応じて適切な記載事項や書式・様式を使用することになる。他方で、死亡診断書や死体検案書（医師法規則20条）、死産証書（死産届書、死産証書及び死胎検案書に関する省令1条）、死胎検案書（同省令2条）、出生証明書（出生証明書の様式等を定める省令1条）

---

[11] 神戸地判平成4年6月30日判タ802号196頁

のように記載事項や書式・様式が定められている場合もある。

イ　正当の事由

この点、いかなる場合が「正当の事由」がある場合として診断書等の交付拒否が認められるかについて、一般的には次のような場合が考えられる。

① 　診断書等が恐喝や詐欺等の不正目的で使用されるおそれが濃厚である場合

② 　虚偽の内容の記載を求められた場合

③ 　患者に病名や症状を知られると、診療上重大な支障を生じるおそれがある場合

④ 　患者以外の者から請求された場合で、交付することにより患者のプライバシーが侵害されるおそれがある場合

ウ　違反の効果

前述の応召義務と同様に罰則は設けられていない。

しかし、最終的に損害賠償は認められなかったものの、診断書の不交付を理由に慰謝料の損害賠償請求を求めた裁判例が存在する[12]。同裁判例では、診断書の交付義務違反等が認められるものの、当該事案について慰謝料の支払いをもって償わなければならないほどの精神的苦痛を生じさせた違法性があるとまでは認められないと判断されているところ、交付義務違反を理由に損害賠償請求が認められる可能性も否定できない点は注意が必要である。

(3) 無診察治療の禁止等・遠隔診療

ア　無診察治療の禁止

（ア）概要

医師法20条において、「医師は、自ら診察しないで治療をし、若しくは診断書若しくは処方せんを交付し、自ら出産に立ち会わないで出生証明書若しくは死産証書を交付し、又は自ら検案をしないで検案書を交付してはならない。」として、いわゆる無診察治療の禁止を定めている。

医師が患者本人を直接診察しなければ、患者がいかなる状態にあるのかを

---

12 東京簡判平成16年2月16日

106　第2章　日常業務における法律問題

正確に把握し、適切な治療を行うことができないことからこのような無診察治療の禁止が定められている。

　本条は治療や診断書等の交付の前に診察を行うことを求めるものだが、「診察」とは、問診、視診、聴診、触診、打診、検査などいかなる方法によるとを問わないが、現代医学の立場から一応診断を下しうる程度の行為でなければならないとされており[13]、後述の遠隔医療による場合を除き原則として直接の対面診療によるべきとされている。

　（イ）違反の効果

　無診察治療の禁止に違反した場合には、50万円以下の罰金に処すると刑事罰が科されている（医師法33条の3第1項）。

　また、無診察治療は医師法7条1項の「医師としての品位を損するような行為のあつたとき」に該当するとされ、戒告、医業停止処分又は医師免許取消処分に至る可能性もある。

　イ　遠隔医療

　医師法20条の無診察治療の禁止に照らして、原則として直接の対面診療によるべきとされてきたが、近年の情報通信技術の発展や医療ニーズの変化に伴っていわゆる遠隔医療の需要が高まりつつある。そこで、厚生労働省は「オンライン診療の適切な実施に関する指針」（オンライン診療ガイドライン）や「オンライン診療その他の遠隔医療の推進に向けた基本方針[14]」を示しながら、その射程を広げつつある。以下では遠隔医療の概要について解説する。

　（ア）遠隔医療の分類

　オンライン診療ガイドラインの分類では、遠隔医療は大きく次の分類に分けられている。

種類	内容
オンライン診療	遠隔医療のうち、医師―患者間において、情報通信機器を通して、患者の診察及び診断を行い診断結果の伝達や処方等の診療行為を、リアルタイムにより行う行為

---

[13]「情報通信機器を用いた診療（いわゆる「遠隔診療」）について」（平成9年12月24日健政発第1075号）

[14]「オンライン診療その他の遠隔医療の推進に向けた基本方針について」（令和5年6月30日付け医政発0630号）

第1 医療行為　107

オンライン受診勧奨	遠隔医療のうち、医師―患者間において、情報通信機器を通して患者の診察を行い、医療機関への受診勧奨をリアルタイムにより行う行為であり、患者からの症状の訴えや、問診などの心身の状態の情報収集に基づき、疑われる疾患等を判断して、疾患名を列挙し受診すべき適切な診療科を選択するなど、患者個人の心身の状態に応じた必要な最低限の医学的判断を伴う受診勧奨
遠隔健康医療相談（医師）	遠隔医療のうち、医師―相談者間において、情報通信機器を活用して得られた情報のやりとりを行い、患者個人の心身の状態に応じた必要な医学的助言を行う行為。相談者の個別的な状態を踏まえた診断など具体的判断は伴わないもの。
遠隔健康医療相談（医師以外）	遠隔医療のうち、医師又は医師以外の者―相談者間において、情報通信機器を活用して得られた情報のやりとりを行うが、一般的な医学的な情報の提供や、一般的な受診勧奨に留まり、相談者の個別的な状態を踏まえた疾患のり患可能性の提示・診断等の医学的判断を伴わない行為

　オンライン診療ガイドラインでは、原則として「オンライン診療」を対象に医師がオンライン診療を行う上で、①最低限遵守する事項、②推奨される事項を定めている。なお、オンライン受診勧奨についても、一定の医学的判断の伝達を伴うものであり、誤った情報を患者に伝達した場合にはリスクが発生するものであるとして、オンライン診療ガイドラインの一部をその適用対象に含めている。

（イ）オンライン診療の留意事項

　前述のとおり、オンライン診療ガイドラインにおいて、オンライン診療の最低限遵守するべき事項を定めているが、主なポイントは次のとおりである。

　　a　患者との合意に基づき実施されること

　医師は、原則として、患者に対して以下の事項について説明を行った上で、患者がオンライン診療を希望する旨を明示的に確認してから、当該合意に基づいて実施する必要がある。

・触診等を行うことができない等の理由により、オンライン診療で得られる情報は限られていることから、対面診療を組み合わせる必要があること
・オンライン診療を実施する都度、医師がオンライン診療の実施の可否を判断すること
・診療計画に含まれる事項

　　b　原則として初診は「かかりつけの医師[15]」が行うこと

　オンライン診療は得られる情報が視覚及び聴覚に限られる中で、可能な限

り、疾病の見落としや誤診を防ぐ必要があるため、初診は「かかりつけの医師」が行うことが原則とされている。

「かかりつけの医師」以外の医師が初診からのオンライン診療を行うのは、患者に「かかりつけの医師」がいない場合や「かかりつけの医師」がオンライン診療を実施していない場合に限られ、その場合も診療前相談を実施した上で適切に行う必要がある。なお、禁煙外来と緊急避妊に関する診療については、一定の条件の下で初診からオンライン診療を行うことも許容されている。

    c 診療計画

オンライン診療を行う前に、患者の心身の状態について、直接の対面診療により十分な医学的評価（診断等）を行い、その評価に基づいて、オンライン診療で行う具体的な診療内容（疾病名、治療内容等）、診療時間、オンライン診療の方法やオンライン診療と直接の対面診療の組み合わせ、対面診療に切り替える際の条件などの事項を含む「診療計画」を定め、患者に対して説明するものとされている。

診療計画については、オンライン診療が完結した日から2年間は保存するものとされている。

    d 薬剤処方・管理

初診からのオンライン診療の場合及び新たな疾患に対して医薬品の処方を行う場合は、一般社団法人日本医学会連合が作成した「オンライン診療の初診での投与について十分な検討が必要な薬剤」等の関係学会が定める診療ガイドラインを参考に行うものとされている。

なお、麻薬及び向精神薬、基礎疾患等の情報が把握できていない患者に対する、特に安全管理が必要な薬品の処方については初診の場合には処方は行わないものとされている。

    e 実施方法

オンライン診療では、可能な限り多くの診療情報を得るために、リアルタイムの視覚及び聴覚の情報を含む情報通信手段を採用するものとされている。

---

15 日頃より直接の対面診療を重ねている等、患者と直接的な関係が既に存在する医師

補助的な手段として、画像や文字等による情報のやりとりを活用することは妨げないが、文字、写真及び録画動画のみのやりとりで完結してはならないとされている。すなわち、テレビ電話の方法を原則とし、メールやチャット等の方法のみで行うことは認められていない。なお、テレビ電話のシステムについては、オンライン診療での利用を念頭に作成された専用のオンライン診療システムに限らず、汎用サービス（Teams、Zoom等）を利用することも許容されているが、いずれも各システムに応じたセキュリティリスク対策等を講じることは必要である。

また、オンライン診療により医師が同時に複数の患者の診療を行ってはならいないとされている。

　　　f　医師の所在

医師は静かでネットワーク環境が整っている場所で、診療録や患者の過去の状態を把握しながら診療等が可能な状況であれば、オンライン診療を行う際に必ずしも医療機関に所在する必要はないとされている。ただし、医療機関に所属し、その所属及び当該医療機関の問い合わせ先を明らかにしていること、患者の急病急変時に適切に対応するため、患者が速やかにアクセスできる医療機関において直接の対面診療を行える体制を整えておくことが必要とされる。

(4) 異状死体等の届出義務

　　ア　概要

医師法21条において、「医師は、死体又は妊娠4月以上の死産児を検案して異状があると認めたときは、24時間以内に所轄警察署に届け出なければならない。」と、異状死体等の届出義務が定められており、本義務に違反した場合には50万円以下の罰金が課される（医師33条の3第1項）。

その趣旨は、死体又は妊娠4月以上の死産児については、殺人や傷害致死等の犯罪に関連する証跡が存在する可能性があるため、犯罪の発見・証拠保全の観点から医師に対して協力義務を定めることにある。

この点、医師自らが業務上過失致死等の罪責に問われるおそれのある届出義務を課すことが、憲法38条1項の定める自己負罪拒否特権に違反しない

110　第2章　日常業務における法律問題

かが問題となり得るが、判例は届出義務の性質、内容や程度及び医師資格の特質と、届出義務の公益上の高度の必要性を理由に挙げ、憲法38条1項に反するものではないと判示している[16]。

　イ　届出義務を負う場合

　（ア）検案

　前述の最判平成16年4月13日において、医師が死因等を判定するために死体の外表を検査することをいい、当該死体が自己の診療していた患者のものであるか否かを問わないと解するのが相当であるとの判断が示されている。

　この定義に照らすと医師は、自ら診療に関与した患者であっても、その外表を検査した際に異状を認めた場合は、異状死体等の届出義務を負うことになる。

　（イ）異状

　医師が届出義務を負う「異状があると認めたとき」とは、具体的にどのような場合かについては議論がある。

　　a　日本医学会による異状死ガイドライン

　日本法医学会による「異状死ガイドライン[17]」では、「基本的には、病気になり診療をうけつつ、診断されているその病気で死亡することが「ふつうの死」であり、これ以外は異状死と考えられる。」との前提を示した上で、その具体的な事例として、①外因による死亡（不慮の事故（交通事故、転倒・転落、溺水、火災、窒息、中毒、異常環境、感電・落雷、その他災害）、自殺、他殺、そのいずれであるか死亡に至った原因が不詳の外因死）、②外因による障害の続発症、あるいは後遺障害による死亡、③前述の①または②の疑いがあるもの、④診療行為に関連した予期しない死亡およびその疑いがあるもの（注射・麻酔・手術・検査・分娩などあらゆる診療行為中または診療行為の比較的直後における予期しない死亡等。診療行為の過誤や過失の有無を問わない。）、⑤死因が明らかでない死亡を挙げる。

　しかし、このガイドラインについては④診療行為に関連した死亡について

――――――――――

16　最判平成16年4月13日刑集58巻4号247頁

17　日本法医学学会「異状死ガイドライン」（平成6年5月）及び「日本法医学学会『異状死ガイドライン』についての見解」（平成14年9月）

第1　医療行為　111

幅広く異状死としている点について批判がなされ、日本外科学会等13学会声明「診療に関連した『異状死』について」（平成13年4月）では「「異状死」とは、あくまでも診療行為の合併症としては合理的な説明ができない「予期しない死亡、およびその疑いがあるもの」をいうのであり、診療行為の合併症として予期される死亡は「異状死」には含まれない」との見解が示されている。

　　b　裁判例

　判例において具体的な基準を示すものはないが、「法医学的にみて、普通と異なる状態で死亡していると認められられる状態であることを意味すると解されるから、診療中の患者が、診療を受けている当該疾病によって死亡したような場合は、そもそも同条にいう異状の要件を欠くと言うべきである。」として、前置胎盤患者に対する癒着胎盤に対する診療行為として、過失のない措置を講じたものの、結果として失血死してしまった事案で届出義務がないとされたことは参考となる[18]。

(5)　処方せんの交付義務

　ア　概要

　医師法22条1項本文において、「医師は、患者に対し治療上薬剤を調剤して投与する必要があると認めた場合には、患者又は現にその看護に当たっている者に対して処方箋を交付しなければならない。」と、医師による処方せんの交付義務が定められており、本義務に違反した場合には50万円以下の罰金が科される（医師33条の3第1項）。

　前述の診断書等の交付義務は患者等から交付の求めがあった場合に限られていたところ、本義務は後述の「治療上薬剤を調剤して投与する必要があると認めた場合」には、患者等から交付の求めがなくても交付義務が生じる点で異なっている。

　イ　例外事由

　「治療上薬剤を調剤して投与する必要があると認めた場合」に医師に処方

---

[18] 福島地判平成20年8月20日判時2295号3頁

112 第2章 日常業務における法律問題

せんの交付義務が生じることになるが、次の場合には交付義務を負わないとされている（医師22条1項ただし書き）。

① 患者又は現にその看護に当たっている者が処方箋の交付を必要としない旨を申し出た場合
② 暗示的効果を期待する場合において、処方箋を交付することがその目的の達成を妨げるおそれがある場合
③ 処方箋を交付することが診療又は疾病の予後について患者に不安を与え、その疾病の治療を困難にするおそれがある場合
④ 病状の短時間ごとの変化に即応して薬剤を投与する場合
⑤ 診断又は治療方法の決定していない場合
⑥ 治療上必要な応急の措置として薬剤を投与する場合
⑦ 安静を要する患者以外に薬剤の交付を受けることができる者がいない場合
⑧ 覚醒剤を投与する場合
⑨ 薬剤師が乗り組んでいない船舶内において薬剤を投与する場合

(6) 療養指導

　ア　概要

　医師法23条において、「医師は、診療をしたときは、本人又はその保護者に対し、療養の方法その他保健の向上に必要な事項の指導をしなければならない。」と、医師による療養指導義務が定められている。

　イ　違反の効果

　本義務は訓示規定と解されており、具体的な罰則などは定められていない。そのため、療養指導義務に違反してもそれだけで処罰されることはないが、療養指導義務は、そもそも診療契約上の当然の義務と考えられるところ、その義務を怠って患者に損害を与えた場合には、債務不履行又は不法行為として損害賠償責任を負うことが考えられる。

　裁判例でも、患者の下痢症状の存在を認識していたにもかかわらず、食餌について単に塩分を取りすぎないように注意したに留まった事案において、療養指導する義務を怠ったとして、不法行為責任を認めた裁判例がある[19]。

第 1 　医療行為　　113

ただ、同裁判例においては明確に医師法 23 条の療養指導義務への違反の有無については判断を示してない。

(7) 診療録の作成・保存

　医師法 24 条において「医師は、診療をしたときは、遅滞なく診療に関する事項を診療録に記載しなければならない。」として、医師に診療録の作成義務を定めている。いわゆる診療録（カルテ）の作成・保存に関する義務であるが、具体的な義務の内容や留意事項の詳細については第 2 章・第 2・3 を参照されたい。

3　説明と同意

Case
①　インフォームド・コンセントの重要性が説かれているが、同意書を取得していれば問題ないのではないか。
②　複数の治療法がある場合や、未確立の治療法の場合、医師としてどこまでの説明が求められるのか。

(1) インフォームド・コンセントとは

　ア　インフォームド・コンセントの定義

　インフォームド・コンセント（Informed Consent）とは、一般に「説明と同意」と訳されるが、医療行為に伴う医療従事者と患者との間でなされるインフォームド・コンセントとは、医療行為に際しては十分な説明に基づく患者の同意を得なければならないという原則を意味するものとされている。

　インフォームド・コンセントは、患者が自らの意思で医療行為を受けるか否かを決定することができる権利、すなわち自己決定権を最大限尊重する理念に基づくものとされている。

　イ　インフォームド・コンセントの位置付け

　医療行為のうち特に患者の身体に対する侵襲を伴うものについて、それ自

---

[19] 横浜地判昭和 39 年 2 月 25 日下民集 15 巻 2 号 360 頁

体でみれば刑法上の傷害罪や民法上の不法行為に該当し得るものである。

かつては医療行為である以上、それ自体を理由に正当化されるとの見解も存在したが、現在では医療行為として前述のような侵襲行為が正当化される根拠は、患者が自らの意思で当該医療行為を受けることを選択したこと（自己決定権の尊重）を重視する見解が一般的である。

そのため、患者の身体に対する侵襲を伴う医療行為が正当化され、違法性が阻却されるためには、原則として、患者本人（又はこれに準じる者）の同意があることが必要となる。

なお、医療行為として正当化され、違法性が阻却されるためには患者本人の同意があることに加えて、当該行為が医学的にみて診療の目的に適合するものであり（医学的適応性）、かつ、手段として正当なものである（医術的正当性）ことが必要であると解されている[20]。

　ウ　インフォームド・コンセントの成立要件

患者の同意が必要といっても、医学知識に乏しい患者の立場では、医師等の医療従事者から適切な情報の提供を受けなければ、医療行為の効果やリスク等を適切に評価した上でその医療行為を受け入れるかどうかの同意を行うことはできない。

そのため、診療に際しては、患者が自らの意思で当該医療行為を受けるか否かを決定するために必要な情報を与えられた上で当該医療行為に同意していること、すなわちインフォームド・コンセントが必要と考えられている。

したがって、インフォームド・コンセントが成立するためには、①患者に同意能力があること、②医療従事者が適切かつ十分な説明を行ったこと、③医療従事者の説明を受けた患者（又はこれに準じる者）が自らの意思決定により同意したことと整理されている。

　エ　インフォームド・コンセントと法的責任

インフォームド・コンセントが十分になされないまま、患者が望まない手

20　例えば、病気平癒を祈願するための加持祈祷行為として暴行を加え、死亡させた事案において、「加持祈祷行為の動機、手段、方法およびそれによって右被害者の生命を奪うに至った暴行の程度等は、医療上一般に承認された精神異常者に対する治療行為とは到底認め得ない」として障害致死罪に該当するとした判例がある（最判昭和38年5月15日刑集17巻4号302頁）。

術が実施された場合、仮にその手術や診療行為自体に何の落ち度（過失など）がなかった場合であっても、患者の自己決定権が侵害されることになる。そのため、インフォームド・コンセントを欠いたこと、すなわち説明義務違反それ自体が理由で損害賠償責任が認められる可能性がある。

実際の裁判例でも、患者が宗教上の信念からいかなる場合であっても輸血を拒否する強い意思を持っていることを知りながら、他に救命手段がない場合は輸血をする方針であることを告げず手術で輸血をした事案において、手術自体には何の落ち度もなかったものの、「輸血を伴う可能性のあった手術を受けるか否かについて意思決定をする権利を奪った」として、自己決定権に対する侵害を理由に損害賠償を肯定した事案がある[21]。

(2) 医師の説明義務

ア　インフォームド・コンセントとの関係

前述のとおり、インフォームド・コンセントとは、患者が自らの意思で医療行為を受けるか否かを決定するために必要な情報を与えられた上で、当該医療行為に同意することを意味する。そのため、患者が自己決定権を行使するにあたっては、医師等の医療従事者は患者が当該医療行為を受けるか否かを決定するために必要な情報について説明を行わなければならないことになる。

以上のように、インフォームド・コンセント（ないしは自己決定権）と医師の説明義務とはいわば表裏の関係にあり、インフォームド・コンセントの実施にあたっては、医師の説明義務が十分に履行される必要がある。

イ　説明すべき項目

医師は診療行為を行うにあたり説明義務を負うとして、具体的にどのような範囲で説明義務を負い、患者にいかなる事項について説明するべきか。

この点について、判例は、「医師は、患者の疾患の治療のために手術を実施するに当たっては、診療契約に基づき、特別の事情のない限り、患者に対し、①当該疾患の診断（病名と病状）、②実施予定の手術の内容、③手術に

21　最判平成 12 年 2 月 29 日民集 54 巻 2 号 582 頁

116 第2章 日常業務における法律問題

付随する危険性、④他に選択可能な治療方法があれば、その内容と利害得失、
⑤予後などについて説明すべき義務があると」と判示している[22]。

また、厚生労働省の定める診療情報の提供等の指針[23]において、医療従事
者が患者に対して説明するべき項目として次のように判例を敷衍した内容を
掲げており、説明義務の内容を理解する上で参考となる[24]。

① 現在の症状及び診断病名
② 予後
③ 処置及び治療の方針
④ 処方する薬剤について、薬剤名、服用方法、効能及び特に注意を要する
　副作用
⑤ 代替的治療法がある場合には、その内容及び利害得失（患者が負担すべ
　き費用が大きく異なる場合には、それぞれの場合の費用を含む。）
⑥ 手術や侵襲的な検査を行う場合には、その概要（執刀者及び助手の氏名
　を含む。）、危険性、実施しない場合の危険性及び合併症の有無
⑦ 治療目的以外に、臨床試験や研究などの他の目的も有する場合には、そ
　の旨及び目的

(3) 同意書の法的意義

ア 基本的な視点

インフォームド・コンセントが成立するためには、前述のとおり患者が自
らの意思で当該医療行為を受けるか否かを決定するために必要な情報を与え
られ、患者が当該情報を十分に理解した上で当該医療行為に同意したことが
必要とされる。

そのため、医師としては自らの医療行為の適法性を確保するためには、①
患者が自らの意思で当該医療行為を受けるか否かを決定するために必要な情

---

[22] 最判平成13年11月27日民集55巻6号1154頁
[23] 「診療情報の提供等に関する指針の策定について」（平成15年9月12日医政発第0912001号）
[24] 日本医師会も「診療情報の提供に関する指針［第2版］」（平成14年10月）を制定しており、
説明義務の内容を検討する際にはこちらも参考となろう（https://www.med.or.jp/doctor/rinri/i_
rinri/000318.html）。

報提供（説明）を行ったか、②患者が当該説明内容を十分に理解することができたかという点を担保しておく必要がある[25]。

イ　説明文書及び同意書などの利用

　患者に対する説明の方法として、患者に説明内容を十分に理解してもらうためには、単に口頭で説明するだけではなく、医療行為の内容、危険性及び代替的治療法等について記載した文書（説明文書）を用いる方法や、手術部位や手術方法について、写真や検査画像を示したり、図解するなどして、視覚的に訴える方法が有効である（説明文書の重要部分に適宜アンダーライン等を引いて加筆する等して説明することも効果的な方法である。）。

　また、訴訟においては、説明したと主張する医師側と説明を受けていないと主張する患者側で対立することが多いため、事後的に患者から必要な説明は行われなかったと主張されないように、医療行為について口頭又は説明文書によって説明がなされたこと及び患者が当該医療行為に同意したことを医師・患者双方の署名によって確認する文書（同意書）を残しておくことが有効である（説明文書を用いる場合には、当該説明文書の末尾等に署名欄を設けて、患者に署名してもらうという方法が考えられる。）。

ウ　口頭での補足、質問への回答

　医学に関して専門的知識を有していない患者に対しては、前述の説明文書を交付するのみでは説明義務の履行として不十分である。そのため、説明文書を交付する場合でも、口頭で説明文書の記載内容について患者の理解の有無を確認しながら補足的に説明を行い、そうした措置を講じたことをカルテに記載する方法（患者に交付した説明文書の写しをカルテに添付するなど）を採ることが考えられる[26]。

　また、患者が説明義務を十分に理解しているか否かを確認するためには、患者に質問の機会を提供していることが重要であり、患者からの質問に対して適切に回答したことが認められる場合には、当該医療行為の説明内容について患者が十分に理解していたことを推認させる事情となる。裁判例上も、

25　山下登「医師の説明義務をめぐる重要争点の検討—脊髄疾患に対して椎弓切除術が施行された事例を手がかりとして—」（臨床法務研究18号、2017年）15頁
26　大島眞一「医療訴訟の現状と将来—最高裁判例の到達点—」判タ1401号（2014年）42頁

118 第2章 日常業務における法律問題

大学病院で心臓手術を受けた後、その術後回復期に容体を急変させて死亡した患者の遺族が、「患者が死亡したのは、担当医師がMRSA感染症に対する配慮を怠り、本件手術を施行したことによって、同感染症が悪化し、敗血症を生じたためである。」などと主張し、診療契約の当事者であり、担当医師の使用者である大学病院に対し、損害の賠償を求めた事案において、担当医師について、「心臓手術に伴う危険等を記載した冊子を渡し、同冊子を読んだうえで手術に同意するよう求めるとともに、口頭でも本件手術の内容や合併症についての説明を行い、さらに、患者の質問に答えたことが明らかである」と認定し、説明義務違反を否定しており、患者からのリスク要因に関する質問に答えたことが説明義務違反を否定する理由とされている[27]。

(4) 説明義務の程度

(2)で前述した説明すべき項目について、どの程度説明する必要があるかは、患者の能力や実施する医療行為の内容によって変わる。例えば、患者の判断能力に問題がある場合や、危険性の高い医療行為を行う場合には、より丁寧な説明を行うことが求められるし、他方で、患者の意思決定に影響しない療法や手技についてまで説明義務は負わないと考えられる。以下では、いくつかの療法が存在する場合の説明義務の程度について、各類型に整理して解説する[28]。

　ア　確立した療法が複数ある場合

　(ア)　原則

　有効性・安全性が確立した療法が複数ある場合とは、前述の診療情報の提供等の指針において医師が説明するべきとされた項目のうち⑤代替的治療法がある場合に該当する。そのため、同指針に照らすと、医師は確立した複数の療法が存在する場合、それぞれの療法の内容、効果及び危険性を説明する必要があると考えられる。

　判例上も、「医療水準として確立した療法（術式）が複数存在する場合には、

---

[27]　大阪高判平成13年8月30日判タ1094号207頁

[28]　大島・前掲42頁

第1 医療行為 119

患者がそのいずれを選択するかにつき熟慮の上、判断することができるような仕方でそれぞれの療法（術式）の違い、利害得失をわかりやすく説明することが求められるのは当然である」とされている[29]。

（イ）患者が療法に関する強い希望を有している場合

確立した療法が複数ある場合に患者が特定の療法の実施を希望するような場合には、どのような説明を行うべきか。

この点、判例は、胎位が骨盤位であることなどから帝王切開術による分娩を強く希望する旨を担当医師に伝えていた夫婦が、担当医師の説明により経膣分娩を受け入れたところ、経膣分娩により出生した子が分娩後間もなく死亡した事案において、帝王切開術を希望するという夫婦らの申出には医学的知見に照らし相応の理由があったとした上で、担当医師は、「一般的な経膣分娩の危険性について一応の説明はしたものの、胎児の最新の状態とこれらに基づく経膣分娩の選択理由を十分に説明しなかった上、もし分娩中に何か起こったらすぐにでも帝王切開術に移れるのだから心配はないなどと異常事態が生じた場合の経膣分娩から帝王切開術への移行について誤解を与えるような説明をしたというのであるから」、「医師の上記説明は、上記義務を尽くしたものということはできない」と判示している[30]。この判例に照らすと、医師と患者の方針が異なる場合において、患者の希望する方針に医学的知見に照らして相応の理由がある場合には、医師は患者の状態に即した具体的な説明を行う義務があることがうかがわれる。

医師と患者の方針が異なる場合であっても医師に患者が希望する療法を実施すべき義務まで課すものではないが、医師と患者の方針が異なる場合、医師はそれぞれの療法（術式）の違い、利害得失をわかりやすく説明した上で、それでも患者が希望する療法を変えない場合には、当該療法を実施している医療機関を紹介する方が穏当であろう。

イ　確立している療法以外の療法にも医学的にみて合理性がある場合

前提として、判例においては、医師の注意義務違反の基準となるのは診療

29　前掲最判平成13年11月27日民集55巻6号1154頁

30　最判平成17年9月8日判タ1192号249頁

120　第 2 章　日常業務における法律問題

当時の臨床医学の実践における医療水準とされている[31]。

　そのため、説明義務を負うのはこの医療水準に達している療法に限られることになるため、原則として医療水準に達している療法については説明義務を負うものの、医療水準に達していない未確立の療法については説明義務を負わないものと考えられる。

　したがって、確立した療法と未確立の療法が存在する場合、基本的には、確立した療法について説明すれば足りることになる。

　もっとも、判例は、乳がんの手術に当たり、当時医療水準として確立していた胸筋温存乳房切除術を採用した事案について、当時医療水準として未確立であった乳房温存療法について医師の知る範囲で説明すべき診療契約上の義務が争われた事案において、「一般的にいうならば、実施予定の療法（術式）は医療水準として確立したものであるが、他の療法（術式）が医療水準として未確立のものである場合には、医師は後者について常に説明義務を負うと解することはできない」と判示しつつ、「とはいえ、このような未確立の療法（術式）ではあっても、医師が説明義務を負うと解される場合があることも否定できない。少なくとも、当該療法（術式）が少なからぬ医療機関において実施されており、相当数の実施例があり、これを実施した医師の間で積極的な評価もされているものについては、患者が当該療法（術式）の適応である可能性があり、かつ、患者が当該療法（術式）の自己への適応の有無、実施可能性について強い関心を有していることを医師が知った場合などにおいては、たとえ医師自身が当該療法（術式）について消極的な評価をしており、自らはそれを実施する意思を有していないときであっても、なお、患者に対して、医師の知っている範囲で、当該療法（術式）の内容、適応可能性やそれを受けた場合の利害得失、当該療法（術式）を実施している医療機関の名称や所在などを説明すべき義務があるというべきである」と判示し、一定の要件のもとに、未確立の療法についての説明義務を認めている[32]。

　したがって、未確立の療法についても、①少なからぬ医療機関において実

31　最判昭和 57 年 3 月 30 日民集 36 巻 3 号 501 頁
32　前掲最判平成 13 年 11 月 27 日民集 55 巻 6 号 1154 頁

施されており、②相当数の実施例があり、③これを実施した医師の間で積極的な評価もされている療法であり、④患者が当該療法（術式）の適応である可能性があり、かつ、患者が当該療法（術式）の自己への適応の有無、実施可能性について強い関心を有していることを医師が知った場合においては、医師は当該療法について、患者に対して、知っている範囲で、当該療法（術式）の内容、適応可能性やそれを受けた場合の利害得失、当該療法（術式）を実施している医療機関の名称や所在などを説明すべき義務があるといえるであろう。

　ウ　確立した療法が存在するが、それ以外にも保存的に経過をみるという
　　　選択肢が併存する場合

　いずれかの療法を採用するという選択肢以外にも、いずれの療法も受けずに保存的に経過を観察するという選択肢が存在する場合、医師は、それぞれの療法の違い、利害得失のみならず、経過観察を選択した場合の利害得失についてもわかりやすく説明することが求められる。

　判例も、未破裂脳動脈りゅうの存在が確認された患者がコイルそく栓術を受けたところ術中にコイルがりゅう外に逸脱するなどして脳こうそくが生じ死亡した事案において、「医師が患者に予防的な療法（術式）を実施するに当たって、医療水準として確立した療法（術式）が複数存在する場合には、その中のある療法（術式）を受けるという選択肢と共に、いずれの療法（術式）も受けずに保存的に経過を見るという選択肢も存在し、そのいずれを選択するかは、患者自身の生き方や生活の質にもかかわるものでもあるし、また、上記選択をするための時間的な余裕もあることから、患者がいずれの選択肢を選択するかにつき熟慮の上判断することができるように、医師は各療法（術式）の違いや経過観察も含めた各選択肢の利害得失についてわかりやすく説明することが求められるものというべきである」とした上で、「動脈りゅうの治療は、予防的な療法（術式）であったところ、医療水準として確立していた療法（術式）としては、当時、開頭手術とコイルそく栓術という２通りの療法（術式）が存在し」、「担当医師らは……開頭手術とコイルそく栓術のいずれを選択するのか、いずれの手術も受けずに保存的に経過を見ることとするのかを熟慮する機会を改めて与える必要があったというべきであ」

り、「仮に機会を与えなかったとすれば、それを正当化する特段の事情が有るか否かによって判断されることになるというべきである」と判示している[33]。

予防的療法であり当面経過観察という選択肢もある場合において、危険性のある予防的療法を実施する場合には、熟慮するための期間を与えた上で同意を得る必要があることを示している。

エ　確立した療法以外の療法は医学的にみて合理性がない場合

前述のとおり、医療水準に達していない未確立の療法については、医師は当然に説明義務を負うものではない。

裁判例では、突発性難聴の患者に対して、原因がウイルスであると考えてステロイド剤を投与する療法を実施せず、原因が循環障害にあると考えて循環改善薬を投与する療法を実施した事案において、突発性難聴については確立された治療法がないことを認定した上で、治療法の選択は医師の合理的裁量にゆだねられているとして、ステロイド療法を実施しなかったことに過失はなく、同療法を実施している医療施設への転医義務も認められない旨を判示している[34]。

（5）インフォームド・コンセントの例外

前述のように、インフォームド・コンセントの観点からは、患者に対して十分な説明を行った上で、その同意を得ることが原則となる。しかし、患者に対する治療を必要としている場合であっても、患者から有効な同意を得ることが難しいケースも存在する。以下では典型的なケースについて、どのように対応するべきかについて説明する。

ア　意識不明の患者

事故等により緊急搬送された意識不明の患者に対してすぐに治療を行わないと生命に危険が及ぶため手術等を行う必要がある場合、事前に患者から有効な同意を取得することはできない。

---

[33] 最判平成18年10月27日判タ1225号220頁
[34] 名古屋地判平成17年6月30日判タ1216号253頁

このようなケースでは、一般人がその際の事情を認識したならば同意したであろう場合については「推定的同意」がある、又は、緊急避難や緊急事務管理等として違法性が阻却されると考えることができる。

実際の医療現場では、このようなケースで患者の同意が得られない場合、配偶者や両親などの患者の家族に対して必要な説明を行った上で、本人に代わる同意を得ることが一般的である。そのため、このようなケースでは家族から同意を得た上で、患者の意識が回復した時点で改めて必要な説明を行うことになる。

イ　未成年者の患者

現行の民法において未成年者（満18歳未満）は単独で法律行為を行う地位になく、親権者等の法定代理人の同意が必要とされている（民法4条）。そのため、診療を行う前提として診療契約を締結することになるところ、原則として未成年に対して診療行為を行う際には親権者に対して説明を行い、同意を得る必要がある。

他方で、診療行為の正当化根拠たる同意（インフォームド・コンセント）は法律行為の同意とは異なるものであり、診療行為の意義・内容やその危険性の程度について認識し、その同意を有効に行える能力（同意能力）が認められる場合には、親権者のみならず未成年者に対しても十分な説明を行った上で同意を得る必要があると考えられる[35]。

具体的に何歳以上であれば同意能力が認められるかについては、具体的な診療行為の内容や危険性の程度などに応じて判断することになるが、厚生労働省による「『臓器の移植に関する法律』の運用に関する指針（ガイドライン）」において15歳以上の者の意思表示を有効なものとして扱うこととされていることは参考となる。

ウ　判断能力に問題のある患者

未成年ではなくても判断能力に問題があり、有効な同意ができない場合が

---

[35] 札幌地判昭和53年9月29日判タ368号132頁は「患者本人において自己の状態、当該医療行為の意義・内容、及びそれに伴う危険性の程度につき認識し得る程度の能力を具えている状況にないときは格別、かかる程度の能力を有する以上、本人の承諾を要するものと解するのが相当である」と判示しており、診療行為に対する同意能力の内容を検討する際に参考となる。

124 第2章 日常業務における法律問題

存在する。例えば、精神疾患や高齢等により判断能力を欠いているケースである。このような場合、どのように同意を取得するべきか問題となる。

このようなケースでは誰から同意を取得するべきかについて具体的な法律の定めはないが、家族や成年後見人など本人の保護者的な立場にある者から同意を得るケースが多いように思われる。なお、精神保健福祉法では精神障碍者に必要な医療を受けさせ、財産上の保護を行う者として「保護者」が定められ、医療保護入院に関する同意権を有するものとされている（精神保健福祉法33条）。この点、当該同意権とインフォームド・コンセントにおける同意権は必ずしも同一のものではないが、前述の保護者的な立場にあるものとして同意を得ておくことが望ましいといえる。

また、具体的にどのようなケースで判断能力を欠いているとするか判断に悩ましい場合が多く存在する。精神疾患や認知症等に罹患しており正常な意思疎通が困難な場合にはわかりやすいが、症状が軽度であり患者本人がある程度の判断能力を有している場合も少なくない。このような場合には前述のとおり、家族等の保護者的な立場にある者から同意を得るのに加えて、患者本人にも十分な説明を行った上で、治療を行うべきであろう。

(6) がん告知

ア　患者に対する告知の告知義務

現在ではがんは必ずしも不治の病という扱いではなく進行度合によっては完治又は症状を抑えることができるようになりつつあるが、かつてよりがんを患者本人に告知することにより患者の健康や精神状態に悪影響を与える可能性を懸念して、患者本人に対してがんであることを告知することを避ける傾向が認められた。

このような医療現場の実情も踏まえて、患者に対するがん告知の法的義務の要否について検討する必要があるが、医師が患者に与える精神面や治療面での悪影響に配慮してがんの疑いを告げないまま患者が死亡してしまった事案において、「医師としてやむを得ない措置であったということができ、あ

---

36 最判平成7年4月25日判タ877号171頁

えてこれを不合理であるということはできない。」として、がん告知の法的義務違反は認められないとした判例がある[36]。同判例をもって、いかなる場合でもがん告知の法的義務が認められないとすることはできないが、他の病気とは異なりがん告知については医師の裁量が認められ得るものと考えらえる。

イ　家族に対する告知義務

他方で、家族に対するがん告知の法的義務について、末期がんであることを患者及びその家族にも告知しなかった事案において、「患者が末期的疾患にり患し余命が限られている旨の診断をした医師が患者本人にはその旨を告知すべきではないと判断した場合には」、「患者の家族等のうち連絡が容易な者に対しては接触し、同人又は同人を介して更に接触できた家族等に対する告知の適否を検討し、告知が適当であると判断できたときには、その診断結果等を説明すべき義務を負うものといわなければならない。」と判示した判例がある。かかる判例に照らすと、患者本人に対してがん告知を控える判断を行った[37]場合、別途家族に対して告知を行うことを検討しなければならない義務があると考えられる。

ウ　具体的な判断指針

以上の判例の判断を踏まえて患者及び家族に対するがん告知の要否を検討することになるが、判例は具体的な判断基準を示してはいない。この点、「がん緩和ケアに関するマニュアル[38]」というものが作成・公開されているところ、当該マニュアルは厚生労働省や日本医師会が監修を行い、また、前述の判例においても言及がなされているところ、個別具体的な判断に際して参考になるものと思われる。

37　最判平成 14 年 9 月 24 日集民 207 号 175 頁
38　公益財団法人　日本ホスピス・緩和ケア研究振興財団（改定第 3 版）（平成 22 年 9 月 30 日発行）

126 第2章 日常業務における法律問題

第2 情報管理

1 医療機関における守秘義務

> **Case**
> 医療機関や医師が負う守秘義務とはどのようなもので、何を根拠とするものか。また、その例外が認められるのはどのような場合か。

(1) 刑事法に基づく守秘義務

医師法に医師の守秘義務を直接定めた規定はないが、刑法134条1項において次のように定められている。

> 第134条（秘密漏示）
> 医師、薬剤師、医薬品販売業者、助産師、弁護士、弁護人、公証人又はこれらの職にあった者が、正当な理由がないのに、その業務上取り扱ったことについて知り得た人の秘密を漏らしたときは、6カ月以下の懲役又は10万円以下の罰金に処する。

そのため、「正当な理由」がないにもかかわらず患者の診療情報を第三者に漏洩・提供した場合には同法違反となる。この点、「正当な理由」が認められる場合としては次のようなケースが考えられる。

1. 本人の承諾がある場合
2. 法令に基づく場合
   (ア) 母体保護法に基づき人口妊娠中絶について届け出る場合
   (イ) 感染予防法に基づき患者について届け出る場合など
3. 第三者の利益を保護するために秘密を開示する場合

これ以外のケースとして、尿検査の結果、覚せい剤の反応が出た場合に、医師に法令上の通報義務が存在するわけではないものの、通報は守秘義務違反となるものではないと判示した判例がある[1]。

第 2　情報管理　127

　また、患者に対する偏見や差別に配慮し、特に厳格な守秘義務を課せられている場合もある。具体的には、感染予防法におけるハンセン病やエイズ等が挙げられ、これらの秘密漏示については 1 年以下の懲役又は 100 万円以下の罰金を科すものとして特に厳格な刑罰が定められている。

(2) 民事法に基づく守秘義務

　診療に際して患者との間では診療契約が成立し、明文の契約書が存在するわけではないが、診療契約に附随する義務として医師・医療機関は患者との関係で守秘義務を負うと一般的に解されている。

　そのため、医師が個人情報たる診療情報を患者の同意なく第三者に提供又は漏洩した場合については、民事上の債務不履行又は不法行為を理由に、患者に対して損害賠償責任を負うことになる。

　また、医師が漏洩等したわけではなく、雇用する看護師やスタッフ等の従業員が診療情報を漏洩した場合についても、医師や医療機関は、使用者責任（民法 715 条）などを理由に、患者に対して損害賠償責任を負うことになる。

　さらに、民事上の責任については、刑事上の責任と異なり、故意で診療情報を漏洩した場合はもちろんのこと、診療情報やカルテ等の管理などが杜撰で、過失により診療情報を漏洩してしまった場合についても同様に損害賠償責任を負うことになるため、診療情報やカルテ等の適切な情報管理体制の構築が重要となる。

2　個人情報保護法の遵守

Case

　医療機関にも個人情報保護法は適用されるのか、適用されるとしたら個人情報保護法の規制にはどのようなものがあるのか。また、個人情報保護法を遵守するためには、どのような対応をすればよいのか。

---

[1] 最判平成 17 年 7 月 19 日判時 1905 号 144 頁

128 第2章 日常業務における法律問題

（1）個人情報保護法の適用

病院やクリニックなどの「個人情報取扱事業者」については、個人情報保護法に従って適切に個人情報の取り扱いを行うべき義務を負う。

かつては5000未満の個人情報しか保有していない小規模事業者は適用除外とされていたが、現在では事業の規模にかかわらず個人情報保護法が適用されることになっているため、小規模な個人開業のクリニックも同法の規制を受けることになるので注意が必要である。

　ア　個人情報と個人データ

　（ア）個人情報

個人情報保護法において「個人情報」とは、生存する個人に関する情報であって、当該情報に含まれる氏名、生年月日その他の記述等により特定の個人を識別することができるもの（他の情報と容易に照合することができ、それにより特定の個人を識別することができるものを含む。）、又は個人識別符号[2]が含まれるものをいう（個情2条1項）。医療機関等では、患者等の氏名、住所、電話番号等の数多くの個人情報を預かることが想定される。

また、個人情報保護法では、保有する個人情報について容易に検索可能なように体系化されている場合には「個人データ」として（個情16条3項）、より厳格な規制を設けている。電子カルテのようにシステム化されている場合のみならず、紙面の診療録等であっても五十音順や生年月日順などで探しやすくしている場合でも個人データに該当することになるため、基本的にはほとんどの医療機関で扱われる診療録等の個人情報は個人データとして厳格な規制を受けることになる。

　イ　個人情報保護法に基づく規制

個人情報や個人データに関して、医師や医療機関が遵守しなければならない個人情報保護法上の義務は次のとおりである。

①　利用目的の特定、利用目的の制限（17条、18条）

②　不適正な利用の禁止（19条）

---

[2]「個人識別符号」とは、当該情報単体から特定の個人を識別できるものとして政令に定められた文字、番号、記号その他の符号をいい、具体的な内容は、個情令1条及び個情則2条から4条までに定められている。

③　利用目的の通知等（21条）

④　個人情報の適正な取得、個人データ内容の正確性の確保（20条、22条）

⑤　安全管理措置、従業員の監督及び委託先の監督（23条〜25条）

⑥　漏洩等の報告（26条）

⑦　個人データの第三者提供の制限（27条）

⑧　公表等、開示、訂正等、利用停止等の義務（32条〜35条）

　医療機関等における各義務の具体的な内容について、医療・介護関係個人情報ガイダンス[3] が、個人情報保護委員会及び厚生労働省によって定められているところ、参考となる。

　ウ　要配慮個人情報に関する規制

　個人情報保護法は、不当な差別や偏見その他の不利益が生じないようにその取扱いに特に配慮を要する情報について「要配慮個人情報」として特に規制を行っている（個情2条3項）。

　医師や医療機関の扱う個人情報のうち、要配慮個人情報に該当するものとして次の情報が挙げられる。

①　病歴

②　身体障害、知的障害、精神障害（発達障害を含む。）（個情令2条1号）

③　健康診断等の結果（同2号）

④　その結果等に基づき行われた心身の状態の改善のための指導又は診療若しくは調剤が行われたこと（同3号）

　このような要配慮個人情報については、取得に際しては適正な手段、かつ本人の同意が要求され（個情20条）、第三者提供についても原則として本人の同意が必要とされ、個人情報保護法27条2項によるオプトアウト方式による第三者提供は認められていない点には注意である。

3　個人情報保護委員会・厚生労働省「医療・介護関係事業者における個人情報の適切な取扱いのためのガイダンス」（平成29年4月14日（令和6年3月一部改正））

130　第2章　日常業務における法律問題

(2) 情報管理体制の構築

　ア　安全管理措置

　個人情報保護法23条において、「個人情報取扱事業者は、その取り扱う個人データの漏えい、滅失又は毀損の防止その他の個人データの安全管理のために必要かつ適切な措置を講じなければならない。」として安全管理措置を講じることを義務付けている。単に個人データを適切に取り扱うに留まらず、その管理等に関する運用や体制の構築を義務付けるものである。

　医療機関等における安全管理措置の具体例として、前述の医療・介護関係個人情報ガイダンスでは次のような内容が示されている。

① 　個人情報保護に関する規程の整備、公表
② 　個人情報保護推進のための組織体制等の整備
③ 　個人データの漏えい等の問題が発生した場合等における報告連絡体制の整備
④ 　物理的安全管理措置
⑤ 　技術的安全管理措置
⑥ 　個人データの保存
⑦ 　不要となった個人データの廃棄、消去

　イ　従業者の監督

　個人情報保護法24条において、「個人情報取扱事業者は、その従業者に個人データを取り扱わせるに当たっては、当該個人データの安全管理が図られるよう、当該従業者に対する必要かつ適切な監督を行わなければならない。」と定めれている。なお、ここでの従業者は医療資格者のみならず、当該事業者の指揮命令を受けて業務に従事する者全てを含むものであり、また、雇用関係のある者のみならず、理事、派遣労働者等も含むものとされている。

　医療機関等における従業者への監督は前述の安全管理措置と一体をなすものであり、その具体例として前述の医療・介護関係個人情報ガイダンスでは次のような内容が示されている。

① 　雇用契約時における個人情報保護に関する規程の整備
② 　従業者に対する教育研修の実施

ウ　第三者への委託

個人情報保護法 25 条において、「個人情報取扱事業者は、個人データの取扱いの全部又は一部を委託する場合は、その取扱いを委託された個人データの安全管理が図られるよう、委託を受けた者に対する必要かつ適切な監督を行わなければならない。」と定められている。

「必要かつ適切な監督」には、委託契約において委託者である事業者が定める安全管理措置の内容を契約に盛り込み受託者の義務とするほか、業務が適切に行われていることを定期的に確認することなども含まれる。そのため、委託先との契約において個人情報の適切な取り扱いについて義務付けるに留まらず、前述の安全管理措置などが適切に講じられているか定期的に確認することが望まれる。

(3) 同意の取得方法

ア　取得に関する同意

前述のように、病歴や身体障害等の要配慮個人情報については取得する際に患者本人から同意を得るものとされている。

同意については、個人情報の性質及び個人情報の取扱状況に応じ、本人が同意に係る判断を行うために必要と考えられる合理的かつ適切な方法によらなければならない。

前述の医療・介護関係個人情報ガイダンスでは、①本人からの同意する旨の口頭による意思表示、②本人からの同意する旨の書面（電磁的記録を含む。）の受領、③本人からの同意する旨のメールの受信、④本人による同意する旨の確認欄へのチェック、⑤本人による同意する旨のホームページ上のボタンのクリック、⑥本人による同意する旨の音声入力、タッチパネルへのタッチ、ボタンやスイッチ等による入力の方法などが具体例として挙げられている。

なお、同意は原則として患者本人によって行われる必要があるが、個人情報の取扱いに関して同意したことによって生ずる結果について、未成年者、成年被後見人、被保佐人及び被補助人のように判断できる能力を有していない場合等は、親権者や法定代理人等から同意を得る必要がある場合も考えられる。

132 第2章 日常業務における法律問題

イ　第三者提供に関する同意

医療機関は患者の個人データについて、例外事由がない限り、原則として本人の同意なく第三者提供を行うことは認められていない（個情27条1項）。

この点、本人の求めに応じて個人データの第三者への提供を停止すること、第三者に提供される個人データの項目や取得・提供方法等を事前に定めて本人に通知等しておくことで、個人データの第三者提供について包括的に同意を得る方式（オプトアウト方式）も存在する（個情27条2項）。しかし、オプトアウト方式は要配慮個人情報については利用できないため、医療機関での同意取得の方法としては難しい場合が多いものと思われる。

(4) 情報漏洩時の対応

ア　報告義務

個人情報保護法26条1項において、「個人情報取扱事業者は、その取り扱う個人データの漏えい、滅失、毀損その他の個人データの安全の確保に係る事態であって個人の権利利益を害するおそれが大きいものとして個人情報保護委員会規則で定めるものが生じたとき個人情報保護委員会規則で定めるところにより、当該事態が生じた旨を個人情報保護委員会に報告しなければならない。」と定められている。

具体例として前述の医療・介護関係個人情報ガイダンスにおいて、①病院における患者の診療情報や調剤情報を含む個人データを記録したUSBメモリーを紛失した場合、②従業員の健康診断等の結果を含む個人データが漏えいした場合が挙げられている。

イ　報告内容及び報告方法

個人情報保護法において定められた具体的な通知事項は次のとおりであり、各事項について個人情報保護委員会に報告しなければならない。なお、かかる報告事項のうち①、②、④、⑤及び⑨の事項については本人に対しても通知する必要があるとされている（個情則10条）。

①　概要

②　漏えい等が発生し、又は発生したおそれがある個人データ（前条第3号に定める事態については、同号に規定する個人情報を含む。次号におい

第 2 情報管理 133

て同じ。）の項目

③ 漏えい等が発生し、又は発生したおそれがある個人データに係る本人の数

④ 原因

⑤ 二次被害又はそのおそれの有無及びその内容

⑥ 本人への対応の実施状況

⑦ 公表の実施状況

⑧ 再発防止のための措置

⑨ その他参考となる事項

3 医療記録・介護記録の取扱い

> **Case**
> ① 患者からカルテや事故調査報告書についての開示請求があった場合、どのように対応すればよいか。患者から開示請求を受けた場合、必ず開示しなければならないのか。開示しなかった場合に罰則があるのか。
> ② 医療機関は守秘義務を負っているが、患者以外の第三者から開示依頼を受けた場合、どのように対応すればよいか。例外的に開示が許される場合とはどのような場合か。

(1) 患者に関する記録の種類

　医師法 24 条において「医師は、診療をしたときは、遅滞なく診療に関する事項を診療録に記載しなければならない。」として、医師に診療録の作成義務を定めている。なお、診療録を単にカルテという場合もあるが、その他の諸記録も含めてカルテということもある。

　その他、医療法 21 条 1 項 9 号、同施行規則 20 条 10 号では、診療に関する諸記録として病院日誌、各科診療日誌、処方せん、手術記録、看護記録、検査所見記録、エックス線写真、入院患者及び外来患者の数を明らかにする帳簿並びに入院診療計画書の作成義務が定められている。

　これ以外にも、医師又は医療機関は、健康保険法上の保険医又は保険医療機関の指定を受けていることが一般的であるところ、その場合、療養担当規則 9 条に定める記録、すなわち保険診療録、療養の給付の担当に関する帳簿

134 第2章 日常業務における法律問題

及び書類その他の記録についても作成が義務付けられている。

（2）作成・保存方法

　診療録・看護記録などの診療録等については作成義務者・保管義務者・保管期間が定められているが、整理すると次のとおりである。

	診療録	診療に関する諸記録	保険診療録など
作成義務者	医師	病院	保険診療録又は保険医 その他は保険医療機関
保管義務者	病院又は診療所の管理者、 作成した医師	病院	保険医療機関
保管期間	5年	2年	3年 なお、保険診療録については5年

　保管期間に関しては、それぞれの記録について異なる期間が定められているが、実際、いずれの記録も一体のものとしてまとめて管理・保管されていることが一般的で、個別に保管期間を管理することは煩雑なため、最も長期間の診療録の保管期間にあわせて最低5年間保存することで良いと考えられる。

（3）電子カルテ

　電子カルテとは、診療録、診療に関する諸記録等について、電子媒体で作成・保存するものであり、近年では紙媒体のカルテから電子カルテに切り替える医療機関が多く見受けられる。

　電子カルテを導入するメリットとしては次のような点が考えられる。

①電子カルテであれば電子カルテの必要事項を入力すると同時に処方箋やレセプトも作成されるため、紙媒体のカルテから処方箋やレセプトに必要事項を転記する手間を省略することができ、転記の際のミスを防止することができる。

②処方箋やレセプトを作成する作業を効率化することで、事務作業の時間を短縮し、患者の待ち時間を短縮することに繋がる。

③患者に関する記録を一元的に管理することができ、過去の病歴や投薬歴を短時間で参照することができるようになる。

④紙媒体と異なり、診療録、診療に関する諸記録等について保管場所を節約することができる。

（4）患者からの開示請求に対する対応

ア　任意の手続

（ア）カルテ・レセプト

a　開示義務

個人情報保護法では、保有する個人情報が検索可能に体系化されている場合には「（保有）個人データ」としてより厳格な規制を設け、その一つとして本人からの開示請求に対する開示義務を定めている（個情33条）。

前述のように、基本的に患者の診療情報を検索できるようにしていると思われるため、そのような場合には患者からカルテ等の診療情報の開示を求められた場合、個人情報保護法に基づいて開示することを義務づけられることになる。また、厚生労働省の「診療情報の提供等に関する指針の策定について」[4]や日本医師会の定める「診療情報の提供に関する指針」においても、医師及び医療施設の管理者は、患者が自己の診療録、その他の診療記録等の閲覧、謄写などの開示を求めた場合には、原則としてこれに応じなければならない旨が定められている。

レセプト（診療情報明細書）については保険者に対して開示請求することも可能ではあるが、医療機関もこれを保有しており、後述の開示拒否事由も存在しないため、個人情報保護法に基づき開示義務を負うと考えられる。

開示を行う場合、書面の写し又は画像・映像情報等の場合は記録メディアにコピーした上で交付する方法が一般的と思われる。その際、費用を請求することも認められているが、「実費を勘案して合理的であると認められる範囲内において、その手数料の額を定めなければならない」（個情38条2項）とされているところ、あまりに高額な手数料を定めることは個人情報保護法違反となる可能性がある。

---

[4]「診療情報の提供等に関する指針の策定について」（平成15年9月12日医政発第0912001号）

b　開示を拒否できる場合

　個人情報保護法による開示義務については次のような例外が認められている。

(a)　本人又は第三者の生命、身体、財産その他の権利利益を害するおそれがある場合

　具体例としては、前述の医療・介護関係個人情報ガイダンスに、患者・利用者の状況等について、患者・利用者の家族や関係者から情報提供を受けている場合に、患者本人から開示請求を受けた際に、情報提供者の同意を得ずに患者・利用者自身に当該情報を提供することにより、患者・利用者と家族や患者・利用者の関係者との人間関係が悪化するなど、これらの者の利益を害するおそれがある場合が挙げられる。例えば、患者の家族から、患者は癲癇を起こす癖があり扱いには注意して欲しい等の情報提供を受けていた場合が考えられる。

(b)　当該個人情報取扱事業者の業務の適正な実施に著しい支障を及ぼすおそれがある場合

　具体例として、診療情報提供書などに患者についての申し送り事項として、医師や看護師に対して攻撃的なため取り扱いには十分に注意されたい等の記載があり、開示により情報提供者と受領者や患者との信頼関係を破壊して診療業務を困難とするような場合には、当該事由に該当し拒否できるとする場合もあると考えられる。

(c)　他の法令に違反することとなる場合

　カルテ等や診療情報の開示が、他の法令に違反する場合にも開示を拒否できるとされている。

　　c　開示義務違反による罰則等

(a)　個人情報保護法

　個人情報保護法に基づく開示請求に対して、正当な拒否事由がないにもかかわらず開示を拒否した場合、個人情報保護委員会による報告・資料提出の要求や立入検査（個情146条）、さらには指導・助言（個情147条）、勧告及び命令（個情148条）が行われる可能性がある。

　このうち命令に従わない場合には1年以下の懲役又は100万円以下の罰金

が科される可能性がある（個情 178 条）。以前は 6 か月以下の懲役又は 30 万円以下の罰金とされていたが、2022 年 4 月の法改正により厳罰化をされた。

（b）民事上の責任

患者からの診療記録等の開示について、正当な理由なくこれを拒否した場合に前述の個人情報保護法違反を理由とする罰則とは別に、別途民事上の損害賠償（慰謝料）の請求が認められる可能性がある。

実際の裁判でも、「診療契約に伴う付随義務あるいは診療を実施する医師として負担する信義則上の義務として、特段の支障がない限り、診療経過の説明及びカルテの開示をすべき義務を負っていた」とされ、これに違反したことを理由に 22 万円の損害賠償（慰謝料）の請求が認められた事例がある[5]。

（イ）事故調査報告書等

医療機関が作成する文書にはカルテ等の診療記録以外にも、医師会や保険会社に提出するために作成される事故調査報告書や内部で報告に使用されるインシデントレポート、医療事故調査制度に基づき事故調査委員会等が作成する事故調査報告書等が存在する。

前述のとおり、個人情報保護法に基づき医療機関はカルテやレセプトの開示義務を負うが、このような事故調査報告書等についても、個人情報を含むものとして個人情報保護法に基づく開示請求の対象となるかが問題となりうる。この点、事故調査報告書等は医師会や保険会社が医療機関の責任の有無を判断するためや医療機関において医療事故の原因や背景を踏まえて再発防止を図るために作成されるものであるため、そもそも外部への開示が想定されていない。仮に、このような事故調査報告書等についても開示義務を課されると再発防止等のために適切な報告が行えなくなるおそれがあるところ、開示拒否事由のうち「業務の適正な実施に著しい支障を及ぼすおそれがある場合」に該当すると考えられる。

イ　法的手続

（ア）証拠保全

前述の任意開示を拒否された場合や、任意開示を請求した場合に医療機関

---

5 東京地判平成 23 年 1 月 27 日判タ 1367 号 212 頁

側が診療録・看護記録等を改ざん、隠匿するおそれがある場合、証拠保全という法的手続を利用することができる。

これは民事訴訟法234条において定められた手続であり、「あらかじめ証拠調べをしておかなければその証拠を使用することが困難となる事情がある」ときに訴訟前に病院側の保有する診療録・看護記録等を保全することを認める手続である。すなわち、医療過誤訴訟等において証拠となる診療録等が改ざん、隠匿されるおそれがある場合に利用される。

裁判所が証拠保全を認めた場合の具体的な流れについては、証拠保全の開始時刻の1～2時間前に裁判所の執行官が突然医療機関を訪れ、証拠保全決定を交付し、開始時刻になると裁判官、書記官、患者側の弁護士、カメラマン等の関係者が対象となる医療機関を訪問する。そして、医療機関内に保管されている本件と関係すると思われる診療録、看護記録等の一切の診療録等を探索し、全てコピー又は撮影を実施する。仮に、正当な理由なく証拠保全を拒否すると過料の制裁を課されたり、事後的に訴訟になった際にカルテの改ざん等を疑われる可能性もあるため、医療機関としては原則として証拠保全手続を拒否するべきではない。

裁判所に手続を申立てる必要があるため、手続的にも費用的にも負担が大きく、時間もかかるものではあるが、医療機関に対する不信感から多く利用されている。

（イ）文書提出命令

訴訟に至った場合でも、民事訴訟法221条により文書提出命令という手続に基づき医療機関に対して文書の開示が求めることが可能である。

医療機関が文書を所持している場合、それが民事訴訟法220条の掲げる引用文書（1号）、引渡し又は閲覧を求めることができる文書（2号）、利益文書・法律関係文書（3号）のいずれかの文書に該当する場合に加えて、拒否事由がない限り文書一般についての開示義務が定められている（4号）。

拒否事由としては、①証言拒絶該当事由記載文書（同イ・ハ）、②公務秘密文書でその提出により公共の利益が害されるおそれなどがあるもの（同ロ）、③もっぱら所持者の利用に供するための文書（自己使用文書）（同二）、刑事訴訟記録等（同ホ）が挙げられている。

第 2　情報管理　139

　カルテ・レセプトについては、前述のとおり開示義務が認められるところ
2 号の文書に該当するか、少なくとも拒否事由は存在しないため 4 号に基づ
き文書提出義務が認められるが、前述の事故調査報告書等については③自己
使用文書に該当するものとして文書提出義務を負わないものと考えられる[6]。

(5) 第三者からの開示依頼への対応

　ア　患者の家族から

　患者の家族であっても、患者本人の同意なく患者の診療情報を提供するこ
とは守秘義務違反となるため、事前に患者本人の意思確認を行う必要がある。
ただし、前述の厚生労働省の「診療情報の提供等に関する指針の策定につい
て」では 15 歳未満又は重度の認知症などにより判断能力に疑義がある場合
には、その保護者や世話を行っている親族などから開示請求があった場合に
は開示請求に応じる必要があるとされている。

　また、遺族からの請求についても、前述の厚生労働省の指針において、患
者本人の生前の意思、名誉等を十分に尊重して、患者の配偶者、子、父母及
びこれに準ずる者などの遺族に対して、死亡に至るまでの診療経過、死亡原
因等についての診療情報を提供しなければならないと定められている。

　イ　警察・検察からの開示請求

　警察や検察からの開示請求の場合、令状に基づく「強制捜査」の場合と令
状に基づかない「任意捜査」の場合が考えられる。

　この点、個人情報保護法との関係では、前述の医療・介護関係個人情報ガ
イダンスにおいていずれの場合も同法 27 条 1 項 1 号の「法令に基づく場合」
に該当するとされているため、開示しても同法違反にはならないと考えられ
る。

　他方で、刑事上及び民事上の守秘義務との関係で違反とならないかは検討
の余地がありえるが、捜査に協力するという公益上の理由に基づくものであ
れば、守秘義務に違反すると判断されるケースは少ないと考えて良いと思わ
れる。

6　東京高決平成 23 年 5 月 17 日判タ 1370 号 239 頁

140　第2章　日常業務における法律問題

　なお、任意捜査による開示請求の場合には、正式な捜査であることを確認し、開示の範囲を明確にする観点からも、捜査関係事項照会書等の書面による開示請求を依頼した方が良いであろう。
　ウ　弁護士会からの開示請求
　弁護士会から弁護士会照会という形で診療情報の開示を求められることがあるが、これは弁護士法23条の2に基づく法的根拠を有するものである。
　そのため、弁護士会照会に対して本人の同意を得ずに個人情報を提供することは「法令に基づく場合」として許容されるとされている[7]。
　他方で、刑事上及び民事上の守秘義務との関係だが、区長に対する前科照会の事案ではあるが、弁護士会照会について漫然と全ての前科について回答を行った事案で回答を違法とした判例も存在するため[8]、照会の内容や理由、開示の範囲について検討を行った上で、対応する必要がある。

(6) 研究目的での利用

　医療機関が研究目的で患者に関する情報を取り扱う場合、前述の個人情報保護法などの規制に加えて、厚生労働省などが定める医学研究分野の関連指針を遵守する必要がある。法律ではなく厚生労働省が示す指針に過ぎないため違反しても罰則などは定められていないが、指針を遵守することが補助金交付等の条件とされている場合もある。
　具体的には、厚生労働省において次のような倫理指針が示されている。
①　人を対象とする生命科学・医学系研究に関する倫理指針
②　遺伝子治療等臨床研究に関する指針
③　異種移植の実施に伴う公衆衛生上の感染症問題に関する指針
④　ヒト受精胚を作成して行う研究に関する倫理指針
⑤　ヒト受精胚の提供を受けて行う遺伝情報改変技術等を用いる研究に関する倫理指針

---

[7] 医療・介護関係個人情報ガイダンスQ＆A【各論】Q4-4
[8] 最判昭和56年4月14日刑集35巻3号620頁

第 2 情報管理 141

　個人情報保護法による情報の取扱いと共通点も多いが、個人情報保護法では情報の取得に際して利用目的を明示すれば足りるところ、前述の倫理指針においてはよりセンシティブな情報を取り扱う観点から情報の取得に際してインフォームド・コンセントを受けることが求められる場合が多い。その他にも倫理指針ごとにそれぞれ特徴があるところ、各研究においては関連する倫理指針を確認する必要がある。

142　第2章　日常業務における法律問題

第3　医療事故・介護事故への対応

1　医療事故・介護事故とは

Case

　医療事故、介護事故、医療過誤、インシデント、有害事象など、様々な用語が用いられているが、それぞれどのような場面で用いるのが適切なのか。

(1) 医療事故とは

　ア　医療事故・医療過誤

　(ア)　一般的な用語としての医療事故・医療過誤

　医療の現場で、人身事故が生じる場合として第一に想定されるのは、医療行為を通じて患者に被害が生じる場合であるが、その他にも、患者の施設内での転倒事故のほか、医療従事者が注射針を自らの手に誤刺した場合のように医療従事者に被害が生じることもありうる。そのため、医療事故と医療過誤は区別して論じる必要がある。

　この点、かつて厚生労働省が、国立病院等における医療事故の発生防止対策及び医療事故発生時の対応方法について、国立病院等がマニュアルを作成する際の指針として策定した「リスクマネージメントマニュアル作成指針」における用語の定義が参考となる。同指針は、医療事故について、広く捉えた上で、以下の3つに分類した上で、医療過誤を、「医療事故の一類型であって、医療従事者が、医療の遂行において、医療的準則に違反して患者に被害を発生させた行為」と定義し、医療事故の一類型として位置づけている[1]。

　ア　死亡、生命の危険、病状の悪化等の身体的被害及び苦痛、不安等の精神的被害が生じた場合。
　イ　患者が廊下で転倒し、負傷した事例のように、医療行為とは直接関係しない場合。

---

[1] 厚生労働省リスクマネージメントスタンダードマニュアル作成委員会「リスクマネージメントマニュアル作成指針」（平成12年8月22日）

ウ　患者についてだけでなく、注射針の誤刺のように、医療従事者に被害が生じた場合。

（イ）医療法上の医療事故

　他方で、医療法は、医療事故調査制度の対象となる医療事故について、「病院等に勤務する医療従事者が提供した医療に起因し、又は起因すると疑われる死亡又は死産であって、当該管理者が当該死亡又は死産を予期しなかつたものとして厚生労働省令で定めるもの」（医療6条の10第1項第2かっこ書き）と定義し、医療事故が発生した場合、病院等の管理者は、遅滞なく、事故の状況等を医療事故調査・支援センターに報告するとともに（医療6条の10第1項）、医療事故の原因を明らかにするために必要な調査を行わなければならないと定める（医療6条の11第1項）。

　この医療法上の「医療事故」の定義からすれば、死亡や死産に至らない事故や、医療の提供に起因しない事故、及び病院等の管理者が予期した被害は、すべて医療法上の「医療事故」にあたらないことになる。このように医療法上の医療事故が狭く定義されている背景には、医療に起因する事故をすべて医療事故調査制度の調査の対象とするのは現実的でないという事情がある。

（ウ）医療事故・医療過誤の定義

　医療従事者の責任の有無という観点からは、問題となる医療行為が特定された上で、当該医療行為において、期待される医療水準を満たしているか否かという判断がなされる必要がある。

　そこで、本書では便宜上、「リスクマネージメントマニュアル作成指針」の定義にならって、医療過誤とは、医療従事者が、その医療業務を行うにあたって、業務上必要とされる注意を怠り、そのため患者の権利又は利益を侵害し、他人に損害を加えることをいうものとし[2]、医療事故を医療従事者の過誤・過失を問わないもの、医療過誤を医療従事者に過誤・過失が認められるものという意味で使用する。

イ　インシデント・アクシデント・有害事象

　インシデント及びアクシデントは、辞書的には、いずれも予期しない事象や問題が生じた場合を指す言葉であるが、重大な結果発生の有無によって、

---

[2] 大谷・医師法92頁

144 第2章 日常業務における法律問題

日常的に使い分けられることが多いと思われる。

一般に、インシデントとは、ヒヤリ・ハット事例の意味で用いられることが多く、「リスクマネージメントマニュアル作成指針」において、ヒヤリ・ハット事例とは、「ある医療行為が、①患者には実施されなかったが、仮に実施されたとすれば、何らかの被害が予測される場合、②患者には実施されたが、結果的に被害がなく、またその後の観察も不要であった場合」と定義される。例えば、患者を取り違えるという事態が生じたが、とくに患者に被害が生じなかった場合には、インシデントの語が用いられ、さらに、被害が生じた場合には、アクシデントの語が用いられるという具合である。

有害事象は、治験や臨床試験、及び医薬品の服用との関連において、例えば、医薬品の服用後に起きた健康被害のことを指す文脈で用いられることが多い。他方で、それ以外の医療の関連においても、医療従事者の責任及び医療行為と被害との因果関係の有無にかかわらず、医療機関において生じた患者に対する好ましくない事象の意味で用いられる。以上のように、アクシデントや有害事象については、医療事故に相当する用語として用いられ、医療従事者の過誤や過失を問わないものとされることが多い。

もっとも、いずれの語についても、特に法律上の定義はなく、使い方は人によって若干異なる。

(2) 介護事故とは

介護事故についても、特に法律上の定義がないことから、本書では、医療機関における事故と同様に、介護事故とは、介護の現場で生じた、患者又は利用者の権利又は利益を侵害し、他人に損害を加える事故をいい、介護事故を介護従事者の過誤・過失を問わないもの、介護過誤を介護従事者に過誤・過失が認められるものという意味で使用する。

介護過誤としては、施設内での転倒・転落事故及び誤嚥事故が典型であるが、利用者同士のトラブルによる事故も少なくない。

(3) 医療訴訟における主要な争点

医療訴訟というと、まず想定されるのは、問題となる医療行為が診療当時

の医療水準に合致していたかという狭義の医療過誤（医療水準論）の存否や生存可能性等が争点となる訴訟類型であろうが、この他にも医師の説明義務違反が争われる例もある。また、近年では、個人情報に対する市民の権利意識の向上から、医療情報の開示や不適正な取扱いを争点にする訴訟も次第に広がりを見せている。

　ア　説明義務（インフォームド・コンセント）

　近年では、患者の福祉（Quality of Life）が最優先とされ、患者の生命以外の権利についても重要視されるようになるにつれ、医療を行うか否かという点に加え、具体的にどのような医療を行うかという点についても、患者の自己決定権に基づいて決定されるべきであるとの考え方が主流になった。この考え方によると、医師は、医療行為について、その具体的な内容に加え、期待される効果・危険性（副作用）のほか、その医療行為を行わない場合に予想される診療経過や、代替的治療法についても十分な説明を行うことが求められる。他方、患者の立場では、医師からの十分な説明によりはじめて、医療行為の内容について、自身のQOLに与える影響を判断できる程度に理解したうえで、自身の医療行為について決定することができる。

　このような考え方に基づき、医療訴訟においても、患者の同意のための説明に論点が移行し、医師の説明義務の観点から、誰に対して、いかなる場合に、どの程度の説明をすべきかが争点となっている。

　詳細は、第2章・第1・3「説明と同意」を参照されたい。

　イ　狭義の医療過誤（医療水準論）

　不幸にも医療過誤が発生した場合、過失責任主義[3]の考えからすれば、医療機関に損害賠償義務が認められる場合は、医療従事者に結果に対する責任が認められる場合に限られる。ここでいう責任とは、法的には、医師等の注意義務違反をいい、問題となる医療行為が医療水準に満たなかったかどうかが争点となる。

　後述3（2）イ「注意義務の内容及び判断基準」のとおり、判例の蓄積に

---

[3] ある行為によって他人に損害を与えたときでも、損害の発生について故意又は過失という帰責性がなければ責任を負わないとする考え方

146 第2章 日常業務における法律問題

より、注意義務違反の判断は、診療当時の臨床医学の実践における医療水準に合致するか否かを基準にし、当該医師・医療機関の性格、地域性などの諸要素を考慮に入れることにより判断されるとの考え方が定説化している。

　ウ　医療情報の開示や不適正な取扱い

　近年、個人情報保護（利用）の意識が高まるにつれ、医療の提供の場面でも、医療機関における患者の医療情報の取得・保管・開示のあり方が問われる機会が増えた。

　これは、個人情報保護法の問題と個人のプライバシーの問題に大きく分かれる。詳細は、第2章・第2「情報管理」を参照されたい。

2　医療機関と患者との関係

> **Case**
> 医療機関・医師と関係との間には、法律上どのような契約が成立し、どのような義務を負うのか。

(1) 医療契約（診療契約）の成立

　契約は、一方の当事者の申し込みと、他方の当事者の承諾によって成立する（民法522条1項）。これは医療機関における契約でも異ならず、患者が診療をしてほしいと医師に診療の申込をし、医師がそれを承諾すると、両者の意思表示が合致したことにより、医療契約（診療契約）が成立する。

　ア　契約の当事者

　（ア）通常の診療契約の場合

　患者との診療契約の相手方当事者について、医療機関の開設者が個人の場合は、当該開業医が契約の当事者となるが、開設者が医療法人の場合には、医療法人が契約の当事者となる。

　なお、後者の場合、実際に医療行為を行う医師や看護師は、医療法人の医療の提供を補助する者（法律上の用語として「履行補助者」という。）又は被用者に位置づけられる。

（イ）救急医療の場合

例えば、患者が意識不明の状態で病院等に運ばれてきた場合、契約の主体は誰と解するか問題となる。

これについて、意識不明の患者に代わって救急車を呼んだ者を契約者とする考え方もありうるものの、患者と病院との法律関係は、民法上の事務管理（民法697条以下）[4]にあたると考えるのが妥当であろう。事務管理の効果として、事務管理者は、その事務の性質に従い、最も本人の利益に適合する方法によって、その事務の管理をしなければならない（民法697条1項）とされ[5]、加えて、事務管理者は、本人の意思を知っているとき、又は本人の意思を知ることができるときは、その意思に従って事務を管理しなければならないとされることから（同条2項）、責任の内容としては、通常の診療契約の場合と大きく異ならない。

イ　診療契約の内容

（ア）診療契約とは

患者の病状は一定でないことから、とるべき診療の内容は、病状に応じて変更される場合がほとんどである。そのため、診療契約にあたっては、その他の私生活上における契約と異なり、契約内容について、詳細に取り決めることは通常は行われていない。

もっとも、診療契約及び医療行為の性質に照らしてみると、患者が診療を申し込んだ段階で、患者は、包括的に、病気の回復を目的として診療の給付を求める一方、他方で、医師はこれに応じたものとみることができ、かかる内容の契約が成立するとみるべきである。

（イ）診療契約の法的性質

医師と患者の間の法的関係について、契約関係として捉えた上で、その法

---

[4] 事務管理とは、契約又は法律の規定によって義務を負担していないにもかかわらず、他人の事務を管理する場合であって、管理者が他人のために管理する意思がある場合をいう（民法697条1項）。

[5] （事務）「管理者は、本人の身体、名誉又は財産に対する急迫の危害を免れさせるために事務管理をしたときは、悪意又は重大な過失があるのでなければ、これによって生じた損害を賠償する責任を負わない。」（民法698条）。

よって、救命救助の場にたまたま居合わせた市民による救命措置の場合、悪意又は重過失がなければ、救命措置の対象者に対して、事務管理に基づく責任を負うことはない。

的性質が問題となる。

医療においては、医師が最善を尽くしても、現代医学では確実に予測できない疾病や、治療が困難な難病も存在することから、治癒又は完治を約束することはできないため、医師は医学及び医療技術に基づいて適切に治療することを約束するにすぎないと解釈するのが妥当である。そのため、診療契約上の医師の債務は、請負契約のような仕事の完成（結果の実現）を義務付けるもの（結果債務）ではなく、結果の実現に向け最善の注意義務を尽くすことを内容とするものである（手段債務）と解するのが相当である[6]。

その上で、診療契約はどのような契約類型に該当するかについては、患者は医師に対し、医療行為を委託していると考える立場（準委任契約説[7]）が学説上の多数説である[8]。

もっとも、いずれの考えによっても、医師は、患者に対し、診療行為を実施する義務を負うと解することになる。

(2) 診療契約の効力

診療契約の成立によって、医師は患者に対し、診療行為を行う義務を負うことは既に述べたが、その具体的内容について以下で述べる。

ア　医師の善管注意義務

（ア）医療機関・医師の注意義務

準委任契約説の立場を前提とすると、医師・医療機関は、患者に対し「善管注意義務（委任の本旨に従い善良な管理者の注意をもって、委任事務を処理する義務）」（民法644条）を負うと解することにつながる。ここでの善管注意義務の具体的内容は、善良な管理者の注意義務であって、即ち、当該受任者と同様の職業・地位にある平均的な者であれば期待される注意のことをいう。

加えて、一般に、（準）委任契約の債務の内容は、ある結果を実現することまでは契約の内容に含まれておらず、債務者は、契約に照らして合理的な

---

[6] 大谷・医師法49頁
[7]「準」と付くのは、法律行為の委託ではないことから、法律行為の委託に準ずるという意味である。
[8] 大谷・医師法50頁

債務者として取引・社会生活上期待される注意を引き受けているに過ぎない性質のものである（手段債務）。ここでの注意義務違反の有無は、債務の履行過程における個々の具体的な行為義務違反の有無によって判断される[9]。

（イ）具体的な注意義務の基準（医療水準）

善管注意義務を医師の場合について敷衍すると、判例上、「人の生命及び健康を管理すべき業務（医業）に従事する者は、その業務の性質に照し、危険防止のために実験上必要とされる最善の注意義務を要求される」と判断されている[10]。

また、この「最善の注意義務」の基準となるべきものについて、判例は、「診療当時のいわゆる臨床医学の実践における医療水準」であるとしている[11]。すなわち、医師は、原則として、当時の医療水準に従った医療行為を行う義務を負い、医療水準として確立していない新規の治療法等については、義務を負わないものと解される。なお、この考え方は、他の医療従事者についても同様にあてはまる。

もっとも、医療水準の意義について、判例が、未熟児網膜症患者に対する光凝固法を実施しなかった医師の責任が問われた事案において、「ある新規の治療法の存在を前提にして検査・診断・治療等に当たることが診療契約に基づき医療機関に要求される医療水準であるかどうかを決するについては、当該医療機関の性格、所在地域の医療環境の特性等の諸般事情を考慮すべきであり、右の事情を捨象して、すべての医療機関について診療契約に基づき要求される医療水準を一律に解するのは相当でない。そして、新規の治療法に関する知見が当該医療機関と類似の特性を備えた医療機関に相当程度普及しており、当該医療機関において右知見を有することを期待することが相当

---

[9] 注意義務の判断は、問題とされる実際に行われた診療行為と本来であれば行われることが期待された診療行為とを照らして判断を行う。期待された診療行為がまったく行われなかったような場合には、その当時の期待された診療行為を措定した上で、期待される診療行為が行われなかったことにより、被害が発生したかという判断がされる。もっとも、1つの診療行為から被害が発生したというよりは、全般的な医療行為が積み重なって被害が発生したという場合もありうる。その場合には、実施された医療行為全体が、診療経過から想定される診療行為に適合するか否かという判断がされることになろう。

[10] 最判昭和 36 年 2 月 16 日民集 15 巻 2 号 244 頁

[11] 最判昭和 57 年 3 月 30 日判タ 468 号 76 頁

と認められる場合には、特段の事情が存しない限り、右知見は右医療機関にとっての医療水準であるというべきである」と述べているように[12]、「医療水準」は、すべての医療機関において一律に解されるものではなく、新規の治療法についても、当該知見が当該医療機関と同等の医療機関に相当程度普及しており、当該医療機関が知見を有することを期待できる場合、当該知見は医療水準に含まれることになる。

さらに、判例は、医薬品の添付文書（能書）に記載された使用上の注意事項に従わず、それによって医療事故が発生した事案において、「医療水準は、医師の注意義務の基準（規範）となるものであるから、平均的医師が現に行っている医療慣行とは必ずしも一致するものではなく、医師が医療慣行に従った医療行為を行ったからといって、医療水準に従った注意義務を尽くしたと直ちにいうことはできない」と示していることから[13]、医療慣行に従っていたからといって、必ずしも医療水準に従ったとはいえないと解釈される。

（ウ）医療水準を超えた医療（特約がある場合）

特定の医師が医療水準を超える技能を有している場合の当該医師の注意義務についても解釈があり、判例は、「医師は、患者との特別な合意がない限り医療水準を超えた医療契約を前提とした緻密で真摯かつ誠実な医療を尽くすべき注意義務までを負うものではない」と判示しており[14]、当該医師の卓越した知識・技能も、医療水準を判断するための一つの要素に他ならないと解釈される[15]。

また、当該判例は、特別な合意があれば、医療水準を超える注意義務を負う場合があると読むことができるが、診療契約の場合でも、患者は契約の相手方となる医師・医療機関の診療内容を踏まえて医療契約を結ぶ場合も存するから、かかる場合にあっては、医師としての注意義務の内容は、当該医療契約時の契約を取り巻く種々の要因（医療機関の性質や医療環境等）を考慮して判断されるべきである。

---

[12] 最判平成7年6月9日民集49巻6号1499頁
[13] 最判平成8年1月23日民集50巻1号1頁
[14] 最判平成4年6月8日判時1450号70頁
[15] 大谷・医師法54頁

もっとも、このような特約が認められ得るのは、美容整形や歯科領域の一部など、特定の結果の招来を確約できると思われる可能性がある例外的場面にとどまり、一般の医療において、このような特約を結ぶことはほとんどない[16]。

　イ　医師の説明義務

　医師は、患者が医療行為について自己決定権を行使する前提として、決定に必要な情報について説明する義務を負う。説明義務は、医療水準以外の患者の意思的要素等によっても規律されることがあるため、基本的に医療水準に照らして判断される診療行為における責任の判断とは異なる。

　詳細は、第2章・第1・3「説明と同意」を参照されたい。

　ウ　診療報酬

　医師は、患者に対して義務を負う一方で、診療契約に基づき診療報酬の請求権を取得するが、各種の社会保障制度によって、患者に対して請求できるのは、その一部に留まる。もっとも、自由診療及び先進医療については、医療費について患者が全額自己負担することになるから、患者に対してその全額を請求することができる。

3　医療過誤による法的責任

Case[17]

　Xは、令和3年6月末頃、食事中に喉が詰まる感じがし、嘔吐をすることもあるなどの症状を訴えて、医師Yの診察を受けた。医師Yは、診察の結果、Xの症状につき、急性胃腸炎、食道炎、膵炎の疑いがあると診断した。

　医師Yは、再度、同年7月中旬にXを診察した後、同月下旬に胃内視鏡検査を実施した。同検査においては、甲の胃の内部に大量の食物残渣があったため、その内部を十分に観察することはできなかった。もっとも、同検査の結果によれば、幽門部及び十二指腸には通過障害がないことが示されており、胃潰瘍、十二指腸潰瘍又は幽門部胃癌による幽門狭窄は否定されるものであったから、胃の内部に大量の食物残渣が存在すること自体が異常をうかがわせる所見であった。

　しかしながら、医師Yは、再検査を実施しようとはせず、Xの症状を慢性胃炎と診断し、Xに

16　浦川ほか・医療訴訟52頁

17　最判平成16年1月15日判時1853号85頁をもとに著者作成。

152　第2章　日常業務における法律問題

対し、胃が赤くただれているだけで特に異常はない、心配はいらないと説明し、内服薬を与えて経過観察を指示するにとどまった。

　Xは、同年10月初旬、Aセンターで診察を受け、同月中旬に胃透視検査、胃CT検査、胃内視鏡検査等の各種検査を受け、その結果、スキルス胃癌と診断された。当時のXは、胃壁全体の硬化が認められ、また、腹水もあり、癌の腹膜への転移が疑われた。

　Xは、検査後直ちにAセンターに入院し、化学療法を中心とする治療を受けたが、同年11月には骨への転移が確認され、翌年2月に死亡した。

　Xの遺族は、医師Yに対して、損害賠償を請求することを検討している。このような場合、医師Yは損賠償責任を負うか。

（1）概説

　ア　民事上の責任

　（ア）法的構成

　医師又は医療機関に対し、医療過誤を理由として損賠賠償請求が行われる場合、法的には債務不履行責任（民法415条）による構成と、不法行為責任（民法709条・715条）による構成が考えらえる。

　前述第3・2（2）「診療契約の効力」のとおり、医師又は医療機関は診療契約に基づき善良な管理者の注意義務をもって医療を行うべき義務を負うところ（民法644条準用）、債務不履行責任による構成の場合は、当該義務に違反したことを主張する。

　これに対し、不法行為責任による構成の場合は、一種の業務上の過失であり、社会通念上、医師らに課せられた注意義務に違反したことが過失となる。

　（イ）要件事実

　　a　債務不履行構成

　債務不履行（不完全履行）に基づく損害賠償請求を行う場合、患者側は、ⅰ債務の発生原因、ⅱiの債務の不履行の要件事実、ⅲ損害の発生及び額、ⅳⅱとⅲの因果関係を主張立証する必要がある（民法415条以下）。

　被告とされるのは、個人医院であれば担当医、医療法人の医師による過失の場合は当該医療法人となり、担当医は履行補助者として位置付けられる。

　　b　不法行為構成

　これに対して、不法行為による損害賠償請求を行う場合、患者側は、ⅰ被害者の権利又は法律上保護される利益の存在、ⅱ加害者がⅰを侵害したこと、

ⅲ ⅱ についての加害者の故意又は過失、ⅳ損害の発生及び額、ⅴ ⅱ とⅳの因果関係を主張立証する必要がある（民法709条）。一般に、不法行為における過失とは、意思の緊張を欠いた不注意な心理状態に対する非難をいうのではなく、社会生活の中で行われた法的に許容されない不注意な行為に対する非難（注意義務違反）をいうとされ、過失（注意義務違反）は、予見可能性を前提とした予見義務違反及び結果回避可能性を前提とした結果回避義務違反から構成される[18]。

　被告とされるのは、個人医院であれば担当医であり[19]、医療法人の医師による過失の場合は、当該医療法人を被告として使用者責任（民法715条）を追及することが一般的であるが、担当医師個人を不法行為者として共同被告とすることも多い。【Case】の場合、医師Yが開業医であれば、医師Y個人に対して、他方で医師Yが勤務医であれば、医師Yが責任を負うことを前提に、病院の開設主体に対しても使用者責任を追及することが可能である。

　使用者責任を追及する場合は、被用者である担当医師に前述ⅰ乃至ⅴが認められることに加えて、ⅵ ⅱ がその事業の執行についてされたこと、ⅶ ⅱ の時に被用者との使用関係が存在したことをも主張立証が求められる。

　　c　要件事実

　以上を前提とすると、債務不履行責任による構成の場合も、不法行為責任による構成の場合も、要件事実は以下のとおり整理できる[20]。なお、個人医院における医療過誤の場合を例に、患者をX、医師をYと表記する。

　債務不履行責任による構成の場合は、①とⅰ、②③がⅱと対応して、①の契約に基づく不完全履行の根拠事実となる。

　不法行為責任による構成の場合は、①の診療契約により担当医に課せられた注意義務の違反が過失となるため、①が注意義務を基礎づける事実として必要となり、②③が具体的な過失の基礎付け事実となる。

18　具体的には、予見義務は、結果発生の具体的危険について予見すべきであったことをいい、結果回避義務は、結果の発生を回避するために必要とされる措置（行為）を講じる義務をいう。

19　開業医の他に勤務医がいる場合には、担当した勤務医個人とは別に、開業医に対しても使用者責任を追及することが可能である。

20　岡口基一『要件事実マニュアル2 民法2（第6版）』（ぎょうせい、2020年）531頁以下

154　第2章　日常業務における法律問題

　このように、債務不履行責任による構成の場合に主張立証すべき不完全履行の根拠事実と、不法行為責任による構成の場合に主張立証すべき過失の根拠事実との間に差異はないと解されている。

債務不履行に基づく損害賠償請求の要件事実
①　患者X・医師Y間で診療契約が成立したこと
②　医師Yの注意義務の存在
③　医師Yが②の注意義務に違反したこと
④　③により患者Xの生命・身体等が侵害されたこと
⑤　損害の発生及びその金額
⑥　④と⑤との因果関係

　（ウ）債務不履行責任と不法行為責任の関係
　　a　注意義務の内容
　債務不履行及び不法行為いずれの構成によっても、医師の責任は、基本的に、注意義務違反によって基礎付けられ、共通して、前述第3・2（2）ア「医師の善管注意義務」の判断による。

　医療過誤の場面における、不法行為上の過失とは、医師などの医療従事者は業務上必要とされる注意を払って事故の発生を未然に防止すべき社会生活上の義務があるのに、これを怠ったことをいい、他方で、債務不履行は、診療契約に基づき負うこととなる善管注意義務に違反することをいう。このように、いずれの法的構成によっても、注意義務の発生根拠が異なるのみであって、基本的に注意義務の内容は異ならないから、患者が主張・立証すべき医師の注意義務の内容に違いはないと考えられている。このため、現在の医療訴訟では、請求権の根拠として、債務不履行責任と不法行為責任を区別せずに、併存的に主張するものが多い。

　また、債務不履行及び不法行為のいずれで構成するかを問わず、責任を追及する患者側が、問題となる医療行為が医療水準に適合しないことを主張・立証する必要がある[21]。

　　b　法的構成の差
　両責任は、かつては、消滅時効期間に差があったものの、生命・身体という保護法益は同一であるにもかかわらず、法的構成により消滅時効期間に差があるのは妥当でないことから統一された。

もっとも、以下のとおり、近親者の慰謝料請求権の有無、遅延損害金の発生時期、過失相殺により医師の責任が否定される可能性の有無及び過失相殺が必要的・任意的かなどの点において異なる[22]。

	債務不履行	不法行為
消滅時効期間	5年（民法 166 条 1 項 1 号）	5年（民法 724 条の 2、724 条 1 号）
近親者の慰謝料請求権	なし[23]	あり（民法 711 条）
遅延損害金の発生日	履行の請求をした日の翌日（民法 412 条 3 項）	損害の発生日
過失相殺による責任否定	責任が否定される可能性がある（民法 418 条）	なし（民法 722 条 2 項）
過失相殺が必要的か任意的か	必要的（民法 418 条）	任意的（民法 722 条 2 項）

（エ）病院開設者（・医師）の責任

　医療過誤が発生した場合、前述のとおり、病院開設者は、不法行為と債務不履行の法的構成如何を問わず民事上の責任を負う立場にある。なお、使用者責任について、条文上は、免責の余地があるものの、これらの免責立証が認められた例は皆無に近い。

　また、使用者が被用者に代わって損害賠償を行った場合、使用者は被用者に対して求償を行うことが認められているが（民法 715 条 3 項）、これにつ

21　実務の支配的見解によれば、債務不履行を理由とする損害賠償請求の要件事実として、債権者の側で「履行期に債務が履行されなかったこと」を主張・立証する必要はなく、債務者の側で、「履行期に債務が履行されたこと」を主張・立証する必要があるという。これによれば、医療訴訟においても、債務者である医師の側で、適切に医療を提供したことを積極的に立証すべきということになる。しかしながら、判例の蓄積において、診療契約の具体的内容は、人体という未だ科学によって完全に解明されていない領域を対象に、経験科学としての医学を適用するものであり、予期せぬ被害が患者に生じたとしても、その被害があったということから、直ちに、医師に債務不履行があったことにはならないと考えられた。したがって、現在では、医療行為の提供により一応の医療の提供はなされたものととらえた上で、債務不履行の存在を主張する患者の側で、医療水準に満たない医療が提供されたことを主張・立証する必要があると理解されている。
22　その他にも、債務不履行として構成する場合、医療機関と医師双方の責任が問題になる場合には、債務不履行構成では、診療契約の主体である医療機関を被告として請求することになり、医師は、病院等の履行補助者に過ぎないことから、共同被告とすることはできない。他方で、不法行為として構成する場合、医師を被告として責任（民法 709 条）を追及するとともに、病院等も被告として医師の使用者としての責任（民法 715 条）を追及することが可能である。
23　最判昭和 55 年 12 月 18 日民集 34 巻 7 号 888 頁

156 第2章 日常業務における法律問題

いて、判例は、損害の公平な分担の見地から、信義則に照らし、求償が制限されるものとしている[24]。

　イ　刑事上の責任

　医療過誤により人身上の被害が生じた場合、「業務上必要な注意を怠り、よって人を死傷させた」者として刑法上の業務上過失致死傷罪に問われる可能性がある。この場合、5年以下の懲役若しくは禁錮又は100万円以下の罰金に処せられる（刑法211条）[25]。

　ウ　行政上の責任

　医師が、罰金以上の刑に処せられたとき、医事に関し、犯罪又は不正の行為があったとき、又は医師としての品位を損する行為のあったときは、厚生労働大臣は、医道審議会の意見を聴いて、戒告、3年以内の期間を定めて医業の停止又は医師免許の取消しを命じることができる（医師7条1項、同条3項、4条3号3項）。

(2) 注意義務・過失

　ア　注意義務の分類

　注意義務の主体や保護法益に着目して、以下のように分類されうる。

注意義務の分類
①診療行為の際の注意義務で、生命・身体を保護法益とするもの
医師・医療機関が診療行為に際し負う義務で、診察、問診、検査、診断、治療、投薬、（必要に応じた）転医勧奨、療養指導のための説明等の義務をいう。
②診療行為の際の注意義務で、①以外の法益に向けられたもの[26]
医師・医療機関が、インフォームドコンセントの前提として患者に対して負う説明義務をいう。

24　最判昭和51年7月8日民集30巻7号689頁

25　注意義務違反の程度の差について、民事責任においては、医療行為を行う具体的な状況のもとで、結果発生についての漠然とした不安を感じるような場合においても、予見可能性が認められて注意義務違反となりうるが、刑事責任においては、その程度では足りず、通常の能力を有する医師であれば、どのような結果が発生するかについて、因果関係の大筋の予見が可能でなければ責任は問われないと指摘するものがある（大谷・医師法97頁）。

③患者の管理やケアに関する義務で生命・身体を保護法益とするもの	
	具体的には、入院患者の管理や、療養に関するケア等に関する義務で、例えば、転倒事故が起こった際に主張される付添い・介助、見守り、立上がり防止等に関する義務などがこれにあたる。 療養上の看護に関するものであれば看護師が、設備の瑕疵に関するものであれば医療機関の管理者が、医学的な見地からの特別な配慮が必要である場合には医師が負うべき義務となりうる。
④その他の義務	
	生命や身体そのものにはかかわりなく、治療やその方針の決定等ともかかわりがない性質の義務である。例えば、診療経過に関する説明やカルテの開示、医療事故が生じた際における原因究明及び説明等に関する義務がありうる。

イ　注意義務の内容及び判断基準

　医師が診療行為を行うに際して負う義務としては、①診療行為の際の注意義務で生命・身体を保護法益とするもの、及び②①以外の法益に向けられたものの2つがある。

　前述第3・2（2）ア「医師の善管注意義務」のとおり、①については、医師は、専門家として生命及び健康を管理すべき業務に従事する地位にあることから、危険防止のために必要とされる「最善の注意義務」が要求され[27]、「最善の注意義務」の基準となるべきものは「診療当時のいわゆる臨床医学の実践における医療水準」であるとされる[28]。もっとも、「医療水準」は、すべての医療機関において一律に解されるものではなく、新規の治療法についても、当該知見が当該医療機関と同等の医療機関に相当程度普及しており、当該医療機関が知見を有することを期待できる場合、当該知見は医療水準に含まれると解されている[29]。

　なお、その判断にあっては、後述第3・4「注意義務違反の類型」のとおり、

26　医療水準にはまだ達していないが、その治療当時において、専門医の間で積極的評価が与えられつつあり、相当数の医療機関が実施している治療法であって、患者のライフスタイルに対する与える影響が大きい治療法（乳癌の温存手術嫌法など）については、医師がそのことを知っているという事情がある場合は、例外的に、その治療法が存在することを知らせることが求められる場合があるとされた

27　前掲最判昭和36年2月16日

28　前掲最判昭和57年3月30日

29　前掲最判平成7年6月9日

158 第2章 日常業務における法律問題

具体的なケースにおける診療行為について、判断される。

②については、説明義務と呼ばれるものであり、詳細は、第2章・第1・3「説明と同意」を参照されたい。

　ウ　診療ガイドラインとの関係

　　a　診療ガイドラインとは

診療ガイドラインとは、健康に関する重要な課題について、医療利用者と提供者の意思決定を支援するために、システマティックレビューによりエビデンス総体を評価し、益と害のバランスを勘案して、最適と考えられる推奨を提示する文書をいう[30]。

こうした診療ガイドラインはアメリカが発祥とされるが、日本でも根拠に基づく医療（EBM[31]）の考えが広まり、今日では、多くの各学会や研究会等が診療ガイドラインを作成している。さらに、厚労省の委託を受けて、公益財団法人日本医療機能評価機構が行うEBM普及推進事業（Minds）は、質の高い診療ガイドラインの普及を通じて、患者と医師の意思決定を支援し、医療の質の向上を図るとともに、診療ガイドラインおよびその関連情報を提供することで情報面からの支援をすることを目的としており、様々な疾患の治療等に関する診療ガイドラインをインターネットにおいて一般公開している。

　　b　診療ガイドラインの位置づけ

診療ガイドラインは、患者と医療者が診療方法の選択肢について情報を共有し、患者と医師の合意の上で最善の診療方法を選択するのに有益であるが、医師の具体的な方針決定を拘束する性格のものではない。

診療ガイドラインは一般的な診療方法を示すものであるため、必ずしも個々の患者の状況に当てはまるとは限らず、病態に合わせた個別の判断が必要となること、診療ガイドラインにおいて示される推奨にもレベルがあり、エビデンスのレベルも一定ではないこと、及び診療ガイドラインの作成主体や作成方法にも様々なレベルがあり信頼性も一定とはいえないことから、診療ガ

---

[30] Minds診療ガイドライン作成マニュアル編集委員会「Minds診療ガイドライン作成マニュアル2020 ver.3.0」（2021年）3頁

[31] Evidence-Based Medicine の略

イドラインは、医療訴訟における医療水準そのものではないといえる。換言すれば、問題となる医療行為が、診療ガイドラインに則っていないからといって、直ちに医療水準に違反しているということにはならない。

c 法的責任への影響

もっとも、診療ガイドラインは、学会や研究会において一般的に推奨される診療方法を示したものであることからすると、当時における医学的な知見の集約という要素があることは否定できず、裁判例においても、医師等の注意義務を判断する際の重要な資料といて用いられることがある。

例えば、乳がんの手術にあたり、当時の医療水準として未確立であった乳房温存療法について、医師の知る範囲で説明すべき診療契約上の義務があるという判旨を導くにあたり、乳房温存療法ガイドラインは、「乳房温存療法の標準的な療法の正しい普及を目指して策定されたものであり、現時点における乳がん診療の到達点を示すものと考えられる。」と述べた裁判例や[32]、静脈血栓塞栓症の予防措置が問題となった事案で、ガイドラインの「作成経緯や、その実施状況等に鑑みると、少なくとも本件において、予防ガイドライン等に従った医療行為が実施されなかった場合には、このことにつき特段の合理的理由があると認められない限り、これは医師としての合理的裁量の範囲を逸脱するものというべき」と述べた裁判例がある[33]。

以上のように、裁判所は、診療ガイドラインの作成主体、作成経緯及び実施状況等によって、診療ガイドラインを基準とする医療水準に関する評価が変わることはありうるものの、診療ガイドラインの想定する疾患と当該事案における疾患とが大きくかけ離れたものでなければ、特段の合理的理由がない限り、ガイドラインに則った診療を行うべきという考えを前提として判断を行う場合がある。

エ 応招義務と注意義務の関係

前述第1・2（1）「応招義務」のとおり、医師は、診療の求めがあった場合には、正当事由がない限りこれを拒むことはできないという応招義務を負

---

[32] 大阪高判平成14年9月26日判タ1114号240頁
[33] 東京地判平成23年12月9日判タ1412号241頁

う（医師 19 条）。この義務は、公法上の義務であるものの、同時に患者を保護することを目的としていることから、正当な理由がないにもかかわらず診療を拒否したことにより患者に被害が発生した場合には、医療側に過失があることについて、一応の推定がされると解される[34]。即ち、医療機関としては、診療を拒否した結果、患者への医療措置の実施が遅れ、その遅れにより患者被害が生じた場合には、その診療拒否について、正当な理由があることを主張・立証する必要があり、その主張・立証に失敗した場合には、損害賠償責任を負担することになる。

オ　チーム医療

手術が行われるような場合には、複数の医療従事者が関わることがほとんどである。複数の医療従事者が関与した医療事故であっても、医療機関の責任の判断は、単一の医療従事者による事故の場合と基本的に異ならない。もっとも、この場合、複数の医療従事者のうち、誰にどの範囲で責任があるのかという問題が別途生じうる。この責任分担の判断にあたり、チーム医療での事故の形態は、①立場の異なる医師が複数関与した場合と、②多職種の専門職者が関与した場合に分けて論じられることが多い。

（ア）①立場の異なる医師が複数関与した場合

医師間の責任分担について、定まった見解はないものの、医師には診療独立性、裁量性が認められており、病院長や、診療科長といった責任者であっても、主治医に対して個別具体的な指導監督等を行うべき立場にないことから、責任を負うのは、基本的に担当医であると解される。

もっとも、担当医の問題となる医療行為が特別な指導・監督を必要とするものであったと評価できるような場合において、指導・監督者の立場にある医師が、必要な指導・監督を行っていなかった場合には、当該指導・監督者の立場にある医師は、責任を負う可能性がある[35]。

（イ）②多職種の専門職者が関与した場合

看護師の注意義務違反により事故が発生した場合の医師の責任が問題とな

---

[34] 前掲神戸地判平成 4 年 6 月 30 日

[35] さいたま地判平成 16 年 3 月 24 日判時 1879 号 96 頁

ることがある。例えば、看護師の不十分な経過観察に起因する事故が考えられる。

この場合における医師の責任判断にあたっては、看護師の行った不十分な観察を診療業務の責任者たる医師自身の過失として処理した裁判例がある[36]。

(3) 因果関係

医療訴訟においては、医学が人体という未知の領域を取り扱う学問であるため、問題とされる治療行為（不作為の場合には、行われるべき治療行為が行われなかったこと）が原因となって生命及び身体への被害という結果が発生したかという点で、因果関係が問題となることが多い。具体的には、問題とされる医療行為のみならず疾患の進行によっても、患者に生じた結果を惹起する可能性が認められるという場合において、問題とされる医療行為と結果に係る因果関係が認められるかが問題となる。また、不作為の場合には、仮に医療水準に適した医療行為が行われていればという仮定的判断を挟まざるを得ないため、作為の場合の因果関係に比べて、判断材料が乏しく、因果関係の存在の認定が困難となる場合が多い。

訴訟の場においては、どの程度の証明が行われれば因果関係があるとして認定されるべきかという意味で、因果関係の証明度の問題となる。

ア　高度の蓋然性

判例は、患者に生じた後遺症が髄膜炎の再燃によるものなのか、ルンバールが原因なのかという因果関係が問題になった事案において、「訴訟上の因果関係の立証は、一点の疑義も許されない自然科学的証明ではなく、経験則に照らして全証拠を総合検討し、特定の事実が特定の結果発生を招来した関係を是認しうる<u>高度の蓋然性</u>[37]を証明することであり、その判定は、通常人が疑を差し挟まない程度に真実性の確信を持ちうるものであることを必要とし、かつ、それで足りる」と一般論を述べた上で、因果関係を肯定しており[38]、医療訴訟における因果関係の証明度について、一般の訴訟における因

---

[36] 宮崎地判平成 26 年 7 月 2 日判時 2238 号 79 頁

[37] 「高度の蓋然性」とは、裁判官の心証における 80% 程度以上の可能性などと言われることもあるが、必ずしも数値化できるものではない（山口ほか・医療事故 48 頁）

果関係の証明度と同様の判断を行っている。また、判例は、癌の発生原因は厳密にはなお未知の面があるものの、水虫治療に対してレントゲン照射が実施されたが、照射斑が皮膚癌発生の危険のある線量を超えて照射され皮膚癌がその照射部位に発生したという事案においても、当該レントゲン照射が皮膚癌の主要な原因であることを前提として、その因果関係を肯定している[39]。

このような因果関係の判断は、不作為の場合も異ならない。判例は、肝硬変の患者につき、肝細胞がんを早期に発見するための AFP 検査及び腹部超音波検査がほとんど行われなかったという事案において、「医師が注意義務を尽くして診療行為を行っていたならば患者がその死亡の時点においてなお生存していたであろうことを是認し得る高度の蓋然性が証明されれば、医師の右不作為と患者の死亡との間の因果関係は肯定される」と述べたうえで、当該事案において、医師が AFP 検査及び腹部超音波検査を実施し、その結果肝細胞癌が発生したとの疑いが生じた場合には、更に CT 検査等を行って、早期にその確定診断を行っていれば、患者がその死亡の時点においてなお生存していた高度の蓋然性が認められるとして、死亡との因果関係を肯定した[40]。

　イ　相当程度の可能性

　例えば、急性の脳梗塞や心筋梗塞などの急性の疾患等に対して適切な治療が行わなかった場合において、死亡又は後遺障害を負ったものの、仮に適切な治療が行われたとしても、死亡又は後遺障害を避けられたどうかわからない場合には、問題とされる医療行為と患者の死亡という結果との因果関係を認めることはできない。このように、死亡又は後遺障害を負う危険のある疾病については、不適切な医療を提供したとしても、医療関係者は責任を負わ

38　最判昭和 50 年 10 月 24 日民集 29 巻 9 号 1417 頁

39　最判昭和 44 年 2 月 6 日民集 23 巻 2 号 195 頁

40　最判平成 11 年 2 月 25 日民集 53 巻 2 号 235 頁。なお、原審は、いつの時点でどのようながんを発見することができたかという点などの本件の不確定要素に照らすと、どの程度の延命が期待できたかは確認できないとしたが、最高裁は、前述の判示に加え、「死亡との間の相当因果関係を認めることはできないと患者が右時点の後いかほどの期間生存し得たかは、主に得べかりし利益その他の損害の額の算定に当たって考慮されるべき事由であり、前記因果関係の存否に関する判断を直ちに左右するものではない。」と述べ、因果関係を肯定した。

ないという不合理な結果となりかねないため、患者らを救済するための理論
として、判例において「相当程度の可能性」という判断枠組みが示されてい
る。

　判例は、急性の心筋梗塞に対して適切な初期治療が行われなかったものの、
適切な医療を行っていたならば患者を救命できたかどうかが争点となった事
案において、「疾病のため死亡した患者の診療に当たった医師の医療行為が、
その過失により、当時の医療水準にかなったものでなかった場合において、
右医療行為と患者の死亡との間の因果関係の存在は証明されないけれども、
医療水準にかなった医療が行われていたならば患者がその死亡の時点におい
てなお生存していた相当程度の可能性の存在が証明されるときは、医師は、
患者に対し、不法行為による損害を賠償する責任を負う」と述べて医師の責
任を認めた[41]。

　この判例の述べた「（生存していた）相当程度の可能性」の理解については、
生命侵害をどのように捉えるかによって結論が異なる。即ち、法益として認
められていた生命侵害の意味内容について、死亡の時点における生存可能性
への侵害であると捉えた場合には、生存可能性は生命侵害と法益のレベルで
は異ならないから、因果関係の立証を「高度の蓋然性」から「相当程度の可
能性」に引き下げられたものと理解しうる。他方で、生命侵害を生存期間の
喪失と捉えた場合には、生命侵害と「生存していた相当程度の可能性」は法
益レベルで異なることから、新たな法益として、生命侵害とは別に「生存し
ていた相当程度の可能性」が認められたものと理解される。

（4）損害・被侵害法益

　患者の生命・身体が保護法益であり、被侵害法益であると考えられること
に疑いはない。

　もっとも、患者が既往症や末期の疾患を有していたときには、仮に担当医
に注意義務違反が認められても、そもそも法益侵害が認められるかという問
題が生じる。また、実務上、不法行為において賠償されるべき損害は、不法

---

[41] 最判平成 12 年 9 月 22 日民集 54 巻 7 号 2574 頁

行為がなければ被害者が置かれているであろう財産状態と、不法行為があったために被害者が置かれている財産状態との差額が損害であるという考え方（差額説）が支配的であるところ、患者がもともと疾病を有し、稼働しておらず収入を得ていないといった場合には、事故の有無によって、財産的な差異や労働能力における差異が明確でない場合が多いため、差額説からは、理論的に、このような場合に、金銭的な差を観念できないため損害の算定が困難となってしまうという問題がある。

　ア　適切な治療を受けることへの期待権

　前述の問題に対する初期の学説の回答は、「適切な治療を受けることへの期待権」への侵害があったというものであった。もっとも、この考えによると、被侵害法益は、最も重要な生命・身体の被害とは異なるので、賠償されるべき損害はもっぱら比較的低額な慰謝料に限られるということになる[42]。

　イ　生存可能性（延命利益）

　前述（3）イのとおり、仮に適切な治療が行われたとしても、死亡又は後遺障害を避けられたどうかわからない場合において考えられる法益侵害について、その後の学説は、患者の生存可能性（延命利益）を保護法益と捉えることにより、延命に係る慰謝料のみならず、生存できたであろう期間の逸失利益[43]のほか財産的損害も賠償されるべき損害の範囲に含まれることを説いた。

　そして、判例も「生命を維持することは人によって最も基本的な利益であって、右の可能性は法によって保護されるべき利益であり、医師が過失により医療水準に適った医療を行わないことによって患者の法益が侵害されたものということができる」と述べてこれを認めるに至った[44]。

　【Case】のもととなった事案で、判例は、医師の責任を認めた上で（後述4（1）イ参照）、患者の「病状等に照らして化学療法等が奏功する可能性が

---

[42] 「患者が適切な医療行為を受けることができなかった場合に、医師が、患者に対して、適切な医療行為を受ける期待権の侵害のみを理由とする不法行為責任を負うことがあるか否かは、当該医療行為が著しく不適切なものである事案について検討しうるにとどまるべきものである」（最判平成23年2月25日判タ1344号110頁）。

[43] 単なる逸失利益の賠償と異なることに留意

[44] 前掲最判平成12年9月22日

なかったというのであればともかく、そのような事情の存在がうかがわれない本件では、」胃内視鏡検査を再度行うべきであった時点で患者の「スキルス胃癌が発見され、適時に適切な治療が開始されていれば、」患者が「死亡の時点においてなお生存していた相当程度の可能性があった」として、原判決を破棄した[45]。

　ウ　後遺症が残った場合

　生存可能性に関する論理は、患者が死亡した場合に限らず、患者に重大な後遺症が残った場合にも応用され、判例は、「重大な後遺症が残らなかった相当程度の可能性」を不法行為上の権利・利益と捉えている[46]。

4　注意義務違反の類型

(1) 診療行為

　ア　診察・問診[47]

　医師が治療を開始するにあたっては、適切な診断[48]を下す必要があり、診断は診察[49]を行うことから始まる。診察には、血清反応検査、視診、触診、聴診等のほかに、問診がある。

　問診とは、診断の前提として、患者に対して質問することにより、患者の病状、病歴、既往歴、体質、現在の病気の経過・状況を本人に尋ねて回答を得ることをいう[50]。問診は、客観的な診断方法との関係で従属的ではあるものの、問診によらざるを得ない場合もあることから重要とされる。

　給血者に対する梅毒感染の危険の有無の問診の懈怠が問題となった事案においては、梅毒感染の危険の有無を推知するに足る事項を診問し、その危険

---

[45] 前掲最判平成 16 年 1 月 15 日

[46] 最判平成 15 年 11 月 11 日民集 57 巻 10 号 1466 頁

[47] 定期検診やドックについて、具体的な疾病を発見するために行われる精密検査とは異なると考えられていることから、基本的に、診察・問診の内容が当てはまる。

[48] 診断とは、医師が治療を開始するための前提として、患者の医学的な状態を把握し、実施すべき治療の内容を判断する行為をいう（植木哲「医師の注意義務」法律時報 45 巻 7 号 207 頁参照）。

[49] 診察とは、病因や病状を判断するために患者の心身を調べる行為をいう（大谷・医師法 62 頁）。

[50] 大谷・医師法 62 頁

を確かめる必要があるとされた[51]。また、インフルエンザの予防接種前における問診の際には、対象者の健康状態についてその異常の有無を概括的、抽象的に質問するだけでは足りず、禁忌者を識別するに足りるだけの具体的質問として症状、疾病及び体質的素因の有無並びにそれらを外部的に徴表する諸事由の有無につき、具体的に、かつ被質問者に的確な応答を可能ならしめるような適切な質問をする義務があるとされた[52]。また、同判例は、種痘によって重篤な後遺障害が発生した場合には、禁忌者を識別するために必要とされる予診が尽くされたが禁忌者に該当する事由を発見することができなかったこと、被接種者が右後遺障害を発生しやすい個人的素因を有していたこと等の特段の事情が認められない限り、被接種者は禁忌者に該当していたものと推定すべきであるとする重要な判示を行っている。

　問診の性質上、一般には、①病歴、②過去の薬剤使用及びその過敏症の有無、③家族における遺伝・体質疾患の有無などが主な質問事項となる。もっとも、その他の問診事項についても、画一的に決められるものではなく、具体的場面によって異なるというべきである。

　イ　検査

　一般に、患者の症状の時間的経過によって、鑑別すべき疾患が絞り込まれ、医師は、それに応じた検査義務を負う。近時、検査技術の発達により、非侵襲的な検査により確定的に診断できる疾患が増えたこともあり、検査の重要性はますます高まっている。

　平均的な医師であれば、ある疾患の疑いを持つことが期待される場合において、検査が可能であるにも関わらず検査を実施しなかったことから、患者に被害が生じたといえる場合には、医師の責任が認められる。

51　前掲最判昭和36年2月16日
52　最判昭和51年9月30日民集30巻8号816頁。同判決は、集団接種の場合には時間的、経済的制約があるから、その質問の方法は、すべて医師の口頭質問による必要はなく、質問事項を書面に記載し、接種対象者又はその保護者に事前にその回答を記入せしめておく方法（いわゆる問診票）や、質問事項又は接種前に医師に申述すべき事項を予防接種実施場所に掲記公示し、接種対象者又はその保護者に積極的に応答、申述させる方法や、医師を補助する看護婦等に質問を事前に代行させる方法等を併用し、医師の口頭による質問を事前に補助せしめる手段を講じることも許容されるとするが、その場合でも、医師の口頭による問診の適否は、質問内容、表現、用語及び併用された補助方法の手段の種類、内容、表現、用語を総合考慮して判断すべきであるとする

第 3　医療事故・介護事故への対応　**167**

　判例は、【Case】のもととなったスキルス胃がんの事案において、胃内視鏡検査をおこなったところ、患者の胃の内部に大量の食物残渣があったため、その内部を十分に観察することはできなかったというケースについて、「胃内視鏡検査の結果によれば、幽門部及び十二指腸には通過障害がないことが示されており、胃潰瘍、十二指腸潰瘍又は幽門部胃癌による幽門狭窄は否定されるものであったから、胃の内部に大量の食物残渣が存在すること自体が異常をうかがわせる所見であり、当時の医療水準によれば、この場合、再度胃内視鏡検査を実施すべき」であったとして、担当医の責任を認めた[53]。

　近時では、特に、読影医による画像診断報告書について、診察医が、画像読影医の報告書を適時に確認しておらず、結果として、診断の誤りや遅延が生じたという事案が発生している[54]。

　ウ　診断

　医師は、診察及び検査等を経て、病状を医学的観点から判断し、診断を行う。

　誤診とは、医療水準に照らして、疾病の実態を認識すべきであったにもかかわらず、懈怠されたという意味での診断上の誤りをいう。診断についての注意義務が問題となる事案においては、適時に診断が行われず適切な治療が開始されなかったケースと、診断上の誤りから適切な治療がなされなかったケースとに分けられる。

　また、時間経過によって病態が変化するため、一旦診断した後も、症状の有無やその持続時間及び変化等を重要な情報として得ることにより、より正確な診断を行うことが可能となるから、診療経過や検査所見等に十分な注意を払うことも必要である。

　判例は、医師が、上背部痛及び心窩部痛で来院した患者に対し、一次的に

---

[53] 前掲最判平成 16 年 1 月 15 日

[54] この問題を受けて、厚労省は、「・報告書に記載された緊急度の高い所見や重要所見を受けて必要な対応がとられるためには、組織的な伝達体制や確認体制を構築することが推奨される。・具体的には、診断結果の説明を担当する医師が重要所見を認知しやすくするための通知方法の工夫や報告書の未読・既読の管理、更には、その後適切に対応されたかを組織的に確認できる仕組みが構築されることが望ましい。」との組織的対応策を示した（厚労省医政局総務課医療安全推進室「画像診断報告書等の確認不足に関する医療安全対策について」（令和元年 12 月 11 日付け事務連絡））。

168 第2章 日常業務における法律問題

急性膵炎、二次的に狭心症を疑った結果、緊急度がより高い狭心症を除外するための心電図等の検査を行うことなく、急性膵炎のための治療が行われたという事案において、「背部痛、心か部痛の自覚症状のある患者に対する医療行為について、本件診療当時の医療水準に照らすと、医師としては、まず、緊急を要する胸部疾患を鑑別するために、問診によって既往症等を聞き出すとともに、血圧、脈拍、体温等の測定を行い、その結果や聴診、触診等によって狭心症、心筋こうそく等が疑われた場合には、ニトログリセリンの舌下投与を行いつつ、心電図検査を行って疾患の鑑別及び不整脈の監視を行い、心電図等から心筋こうそくの確定診断がついた場合には、静脈留置針による血管確保、酸素吸入その他の治療行為を開始し、また、致死的不整脈又はその前兆が現れた場合には、リドカイン等の抗不整脈剤を投与すべきであった」として、当該医師の責任を認めている[55]。

　エ　転移勧奨義務

　転医義務・転送義務とは、医師が自ら診察できないか、又は医療水準を充たす診療行為を行うことができないと判断した場合に、患者に対して、他の適切な医療機関での受診を勧奨ないし転送させるべき注意義務をいう[56]。

　医療法上も、医師が、「…必要に応じ、医療を受ける者を他の医療提供施設に紹介し、その診療に必要な限度において医療を受ける者の診療又は調剤に関する情報を他の医療提供施設において診療又は調剤に従事する医師（ら）に提供し、及びその他必要な措置を講ずる」義務があることが明記されている（医療1条の4第3項）。

　転医義務は、①医療水準に照らして、当該医師の臨床経験ないし設備では疾病の改善が困難であること、②搬送可能な場所に適切な医療機関があること、③転医により疾病の改善が可能であることを要件として、生ずると解される[57]。

　なお、転医義務の内容としては、転送先に対し患者の状態等を説明して受入先の承諾を得たうえで、適切な治療を受ける時機を失しないよう適宜の時

___

55　前掲最判平成12年9月22日
56　大谷・医師法67頁、最判平成9年2月25日民集51巻2号502頁等
57　大谷・医師法67頁

機・方法により転送先まで患者を送り届けるという内容まで含まれるというべきである[58]。

判例も、かかりつけの開業医の急性脳症の患者に対する転医義務が問題となった事案において、当該開業医は、通院治療中の患者について、初診から5日目になっても投薬による症状の改善がなく、点滴をした後もその前日の夜からのおう吐の症状が全く治まらず、再度の点滴中に軽度の意識障害等を疑わせる言動があったという状況下で、これに不安を覚えた母親が診察を求めた時点において、「その病名は特定できないまでも、本件医院では検査及び治療の面で適切に対処することができない、急性脳症等を含む何らかの重大で緊急性のある病気にかかっている可能性が高いことを認識することができた」として、当該開業医には、上記診察を求められた時点で、直ちに当該患者を診断した上で、高度な医療を施すことのできる適切な医療機関へ転送し、適切な医療を受けさせる義務があったと判断している[59]。

また、判例は、未熟児網膜症に関する転医義務が問題となった事案において、転医義務の一般論を述べた上で、「新規の治療法実施のための技術・設備等についても同様であって、当該医療機関が予算上の制約等の事情によりその実施のための技術・設備等を有しない場合には、右医療機関は、これを有する他の医療機関に転医をさせるなど適切な措置を採るべき義務がある」とした[60]。

　オ　治療

（ア）通常の治療

医師は、診察行為を終了した後は、可及的速やかに、病名を確定して的確な医療措置すなわち治療を行う義務がある。判例は、医師は、「患者の病状に十分注意しその治療方法の内容および程度については診療当時の知識にもとづきその効果と副作用などすべての事情を考慮し、万全の注意を払つて、その治療を実施しなければならない」と示している[61]。

---

[58] 名古屋地判昭和59年7月12日下民集35巻5～6号498頁

[59] 前掲最判平成15年11月11日

[60] 前掲最判平成7年6月9日

[61] 前掲最判昭和44年2月6日

170 第2章 日常業務における法律問題

　また、同判例は、水虫の治療にあたった医師が、根治療法ではなく対症療法にすぎないレントゲン線照射を患者の左右足蹠について行い、皮膚癌の発生の危険を伴わないとされていた線量をはるかにこえるレントゲン線量を照射し、他の医師によりレントゲン線照射による皮膚障害を発見されてはじめて中止したという事案について、注意義務違反の有無は、「その病状と治療効果、そのおかす危険度との調和と、その治療に当つての医師として払うべき注意いかん」によって決せられると述べた上で、過大なレントゲン線量を照射をして水虫の治療効果を著しく上げようと図ることは医師の注意義務を十分に尽くしていないとして、医師の責任を認めた。

　（イ）リスクのある治療

　抗がん剤の投与など重大な副作用を伴う治療や人を対象とする医学系研究に係る先進医療の結果は、予期することが難しいことに加え、危険性を伴わざるを得ない。

　このようなリスクのある治療によって重大な結果が生じた場合であっても、その結果が重大であることのみをもって、医師がその責任を問われることは妥当ではない。もっとも、医師は、患者に危険の及ぶ可能性が高いか、又は重大な結果が生じ得る治療を行うにあたっては、当該治療に相応の注意義務を負う可能性がある。

　　a　重大な副作用を伴う治療

　近年、抗がん剤の処方に関する事故が多発している。事故の要因としては、薬物治療における薬剤の種類や量、期間、手順などを時系列で示した計画書（レジメン）の記載の曖昧さ、処方医のレジメンの誤読による誤った処方箋の作成・交付に起因するものが多く、これらが許されないことは言うまでもない。

　また、抗がん剤の過剰投与について、病院のチーフ医師が、日本臨床腫瘍研究グループにより安全性が確認された用法を、同病院の投与計画（プロトコル）として定めていたところ、実際に投薬を行った担当医師が、同投与計画に反して、1クールの投薬後、患者に嘔吐及び倦怠感等の副作用が残っていたにもかかわらず、2日間の休薬期間しかとらずに投薬させ、結果として患者を抗がん剤の集中的な投与により全身機能障害に陥らせて死亡させた事

案において、裁判所は、担当医師の責任を認めた[62]。

また、裁判例には、抗がん剤の投与に関する医学文献の記載を誤って解釈した事案において、複数の医学文献を参照し比較検討することはもとより、抗がん剤の投与療法に熟練した医師に指導及び助言を仰ぐなどして抗がん剤を適正に投与すべき業務上の義務があったのにこれを怠ったとして医師の責任を認めたものがある[63]。

b　未確立の療法・新療法

「人の生命及び健康を管理すべき業務（医業）に従事する者は、その業務の性質に照し、危険防止のために実験上必要とされる最善の注意義務を要求される」（前述2（2）ア参照）ところ、現実に行われた診療行為が医療水準以下の行為であっても、例外的に最善の注意義務を果たしたとして許容されるものとして、次の2つの場合がある。

第一に、個々の診療において緊急を要する場合において、例えば、実験段階の薬物又は療法を用いる場合が挙げられる。医師が、疾病の重篤度、緊急性等を考慮して、他に採るべき適当な方法がないと判断し、患者の同意を得た場合、医学的合理性は認められるものの未だ医療水準に達していない実験段階の療法を実施することは、「許された危険の法理」[64] に従い可能であるとの考えがありうる[65]。

第二に、臨床試験の場合が挙げられる。臨床試験とは、ヒトを対象として薬や医療機器など、病気の予防・診断・治療に関する様々な医療手段について、その有効性及び安全性などを確認するために行われる試験をいう[66]。さらに、臨床試験のうち、とくに医師が主体となって診断法や治療法の有効性・安全性を調べ、より優れた医療を患者に提供することを目的とする臨床試験を自主臨床試験という[67]。自主臨床試験の実施については、文部科学省・厚

---

[62] さいたま地判平成18年10月6日（未登載）

[63] 酒田簡裁略式平成17年3月29日（未登載）

[64] 診療行為の危険性及び疾病の回復可能性とを利益衡量し、前者が後者を上回ると判断される場合は、その診療行為は許されるという考え方をいう。

[65] 大谷・医師法88頁

[66] 大谷・医師法88頁

[67] 大谷・医師法89頁

生労働省・経済産業省から「人を対象とする生命科学・医学系研究に関する倫理指針」（令和3年3月23日（最終改正：令和5年3月27日））が策定されており、実施の際には、これを踏まえて行う必要がある。標準的な治療法や根拠のある治療法が未だ確立されていない段階の先端的医療について、裁判例は、「先端的な治療法であっても、その医学的な合理性有効性及び安全性等が認められるのであれば、当該治療法を実施するのにふさわしい高次医療機関においてしかるべき医師の下でそのような治療を実施することも許される場合がある」として先進医療の位置づけを述べた上で、注意義務の判断基準としては、「治療としての医学的合理性、有効性、安全性、治療を実施する環境等を総合的に考慮して医学的適応の有無を判断すべき」と示している[68]。

　　c　説明義務

　リスクのある治療については、危険に伴う患者の十分な意思決定の前提として、通常よりも高度な説明義務が求められるといえる。

　詳細は、第1・3（4）「説明義務の程度」を参照されたい。

　カ　投薬

（ア）医師の責任

　医師の注意義務違反の有無は、他の診療行為と同様に、当時の医療水準における医薬品投与に関する注意義務に照らして判断される。

　この点、判例は、麻酔剤の投与による副作用により重篤な後遺症が残った事案で、当該麻酔剤の添付文書には、血圧対策として「副作用とその対策」の項において、麻酔剤注入前に1回、注入後は10ないし15分まで2分間隔に血圧を測定すべきであると記載されていたものの、他方で、5分間隔で測るというのが平均的医師の医療慣行であったという事実を認めながらも、「医師が医薬品を使用するに当たってその添付文書（能書）に記載された使用上の注意事項に従わず、それによって医療事故が発生した場合には、これに従わなかったことにつき特段の合理的理由がない限り、当該医師の過失が推定される」と示し、医療慣行と医療水準が必ずしも一致しないことを前提とし

---

[68] 大阪地判平成20年2月13日判タ1270号344頁

た判示を行った[69]。

添付文書の記載に従わないことにつき特段の合理的理由がある場合とは、例えば、添付文書に記載された禁忌の科学的根拠が乏しい場合や緊急性がある場合など、医薬品を投与することによる利益が、投与することによる危険性よりも上回ることが医療水準に照らして認められる場合をいうと解されよう。

（イ）薬剤師の責任

薬剤師は、医師等の処方せんによらなければ、調剤してはならない（薬剤師23条1項）。他方で、薬剤師は、処方せん中に疑わしい点があるときは、その処方せんを交付した医師等に問い合わせて、その疑わしい点を確かめた後でなければ、調剤してはならない（薬剤師24条　疑義照会義務）。

また、薬剤師は、調剤した薬剤の適正な使用のため、患者又は現にその看護に当たっている者に対し、必要な情報を提供し、及び必要な薬学的知見に基づく指導を行わなければならない（薬剤師25条の2　服薬指導義務）。

キ　手術

切除部位を誤ってしまった場合や、手術の際に、使用する異物を残存させてしまった場合について、責任を問われることは比較的明らかである。

裁判例は、気管支成形手術中に肺動脈本幹損傷を生じた事案につき、「結核性気管支狭窄にあっては、気管支周辺の結締子および淋巴腺に生じた炎症が肺動脈に波及して気管支と肺動脈とが癒着すると共に、肺動脈の血管壁が脆弱化しているのが常であり、その癒着状態および血管壁脆弱化の程度は視診および病理学的判断によって或る程度の推測が可能であると考えられ、しかも強度の癒着があるときこれを無理に剥離しようとするときは脆弱化した血管壁を損傷する危険性が多分に存することも明らかであるから、執刀医師としては、殊更に右癒着状態および血管壁脆弱化の程度に注意を払い、これらの点を仔細に検討する必要がある」ことを認めた上で、執刀医師の責任を認めた[70]。

---

[69] 前掲最判平成8年1月23日民集50巻1号1頁
[70] 東京高判昭和42年7月11日下民集18巻7～8号794頁、最判昭和43年7月16日判時527号51頁

174 第2章 日常業務における法律問題

(2) 療養・施設管理

ア　監視体制の不備

例えば、正常であればアラームが鳴るところ、アラームが鳴らなかったことに起因する事故、又はアラームが鳴ったが看護師がすぐさま病室に臨場しなかったことに起因する事故などが想定される。

前者の場合について、機械の故障の場合は別論、わざとアラームを切っていた、又は一時的にアラームを切ったところ戻し忘れたという場合には、基本的に注意義務違反となろう。

後者の場合について、看護師は、アラームが鳴った場合には、原則として、当該患者の病室を訪問して確認した上で、異常の原因を除去したり、医師に異常を伝えたりするなど、救命等の措置をとるべき注意義務があると解されるから、看護師が、アラームが鳴っていることに気づかなかった場合には、他に緊急の業務に従事していた等やむを得なかったというべき特段の事情を立証できない限り、注意義務違反があったと判断される可能性が高い。

医療機関の責任について、医療法は、人員配置義務の定め（医療21条、医療則19条、21条の2等）や、診療報酬体系ごとの人員配置の定めがあるところ、たとえその義務違反がなかったとしても、医療法上の人員配置義務は、いわば最低基準を示すものであり、これを満たしていなければ過失を肯認する事情に働くとはいえても、法令の基準を満たしているからといって当然に過失を否定するということにはならないとして、看護師の人員配置等、医療看護態勢の整備が適切でなかったと判断される場合もありうる[71]。

イ　転倒・転落事故

例えば、医療機関や介護施設の施設内で、患者や利用者が歩行中に転倒したり、ベッドから転落したりして、怪我をする事故などが想定される。施設においては、患者や利用者に応じて、安全配慮義務の一環として、このような事故が発生しないように、監視や介助等の事故防止措置を講ずべき義務を負う。

ここでの安全配慮義務について、医療機関や介護施設の責任の判断は、当

---

[71] 東京地判平成17年11月22日判タ1216号247頁。

該事故について予見可能性がありながら、結果を回避するために必要とされる措置を講じていたかという枠組みで判断される。リハビリ中の事故の場合も、理学療法士、看護師等の担当者の注意義務を基準に判断されるほかは、基本的に同様である。

近時、個々の医療機関や介護施設において、法令上の義務ではないものの、患者や利用者の身体の状況や危険要因をアセスメントして、転倒転落の危険性を総合的に見極める評価表（転倒転落アセスメントスコアシート）の導入が浸透しつつある。

転倒・転落事故の責任が争われた裁判例では、注意義務違反の判断の中で、責任を問われた病院が、入院に際して、当該患者に対して、介助の有無等、転倒転落に関する事情を聴取した上で、転倒転落の危険を評価して転倒転落アセスメントシートを作成しており、その内容を考慮すると、当該患者の入院中の転落防止措置を講ずるための聴取及びその評価に不十分な点があったと認めることはできないとして、当該病院の責任を否定したものがある[72]。このように、転倒転落アセスメントスコアシートは、訴訟においても、医療施設や介護施設における予見可能性、結果回避可能性を判断するための証拠資料として用いられることから、今後も導入する例が増えることが予期される。

なお、転倒・転落の回避措置として、医療機関や介護施設においては、かつて身体拘束が広く行われていたが、後述第4・2「患者らの身体拘束の可否」のとおり、患者のQOLの意識の高まりから、身体拘束は限定されるべきであると考えられている[73]。よって、患者を身体拘束しなかったからといって、直ちに転倒転落を防止するための注意義務に違反したことにはならない。

　ウ　誤嚥事故

嚥下障害が起こると、食物摂取障害による栄養摂取量低下の症状とともに、食物の気道への流入による肺炎を発症する事例が、特に高齢者に多く見られる。このように誤嚥性肺炎とは、食物や唾液等が細菌とともに気道及び肺に侵入し、肺炎の症状に至るものをいう。

---

[72] 岡山地判平成26年1月28日判時2214号99頁

176　第2章　日常業務における法律問題

　この場合の注意義務違反の有無についても、当該事故について予見可能性がありながら、結果を回避するために必要とされる措置を講じていたかという枠組みで判断される。具体的には、当該患者らの年齢や健康状態、病状、薬剤の服用状況、過去の誤嚥事故等から判断される当該患者の嚥下障害の認識可能性、及び提供する食品を踏まえた上での当該事故の予見可能性を前提に注意義務違反が判断されよう。

　なお、食事介助の際には、以下の事項に留意すべきであることが厚労省作成の指針において示されている[74]。

> ・しっかり覚醒されていることを確認する。
> ・頚部を前屈させ誤嚥しにくい姿勢にする。
> ・一口ずつ嚥下を確かめる。
> ・水分、汁物はむせやすいので少しずつ介助する。
> ・咀嚼しているときは、誤嚥の危険があるので、返事を求めるような話しかけをしてはならない。

5　医療事故の予防と事故発生時の対応

Case

　実際に医療事故が発生した際、患者又は遺族との関係で、どのような対応を行えばよいか。経緯を説明するにあたって、どのような準備を行えばよいか。

(1) 医療事故の予防

　ア　適切なインフォームド・コンセント
　詳細は、第2章・第1・3「説明と同意」を参照されたい。

---

[73] 身体拘束が、施設だけでなく、高齢者の生活する在宅においても確認されている現状を踏まえ、高齢者に対する不当な身体拘束を廃止・防止するべく、介護施設に加えて、在宅における介護事業所と家族等も対象とするために、近時、「身体拘束ゼロへの手引き」が見直され、「介護施設・事業所等で働く方々への身体拘束廃止・防止の手引き」（令和6年3月）が策定された。
[74] 厚生労働省（福祉サービスにおける危機管理に関する検討会）「福祉サービスにおける危機管理（リスクマネジメント）に関する取り組み指針〜利用者の笑顔と満足を求めて〜」（平成14年4月22日）別紙4

イ　適切な診療記録の作成・保存

　カルテとは、狭義には、医師法 24 条において作成及び 5 年間の保存が義務付けられている「診療録」を指し、広義には、「診療に関する諸記録」として、医療法 21 条 1 項 9 号、同法施行規則 20 条 10 号において作成及び 2 年間の保存が義務付けられている病院日誌、各科診療日誌、処方せん、手術記録、看護記録、検査所見記録、エックス線写真、入院患者及び外来患者の数を明らかにする帳簿並びに入院診療計画書をいう。

　診療録の記載事項は、以下のとおりである（医師則 23 条）。

診療録の記載事項
1　診療を受けた者の住所、氏名、性別及び年齢
2　病名及び主要症状
3　治療方法（処方及び処置）
4　診療の年月日

　カルテ（広義）は、医師ら医療従事者により、業務上において、医療行為ごとに、経時的に反復・継続的に作成されるという性質を有することから、類型的に虚偽・誤記が介在する可能性が低く、信用性が高い。そのため、カルテは裁判において重要な証拠と位置付けられ、原則として、カルテに記載された事実はその記載どおりの事実があったと裁判所において認定される一方で[75]、他方で、診療録等に記載がない事実は、原則として、存在しなかったものとして扱われる。

　したがって、医療機関としては、カルテを適切に記載するように徹底する必要がある。記載にあたって注意すべきこととしては、正確性を担保するために、医療行為ごとに速やかに記載するほか、記載方法として、後に修正できないようにボールペンで記入することに加え、訂正・修正（追記）の記録

---

[75] 裁判例においても、「診療録は、その他の補助記録とともに、医師にとって患者の症状の把握と適切な診療上の基礎資料として必要欠くべからざるものであり、また、医師の診療行為の適正を確保するために、法的に診療の都度医師本人による作成が義務づけられているものと解すべきである。従って、診療録の記載内容は、それが後日改変されたと認められる特段の事情がない限り、医師にとっての診療上の必要性と右のような法的義務との両面によって、その真実性が担保されているというべきである。」として、診療録の高い信用性を肯定したものがある（東京高判昭和 56 年 9 月 24 日判タ 452 号 152 頁）。

178　第2章　日常業務における法律問題

が残るような方法で行うべきである。また、カルテに記載がない場合には、当該事実はないものとして扱われる可能性が高いことを念頭に置いて、正確に記載を行う必要がある。

　また、近年普及が進んでいる電子カルテについても、同様に改ざんのおそれがあるため、真正性を担保するために、以下の事項を遵守すべきとされる[76]。

・入力者及び確定者の識別・認証

・記録の確定手順、識別情報の記録の保存

・更新履歴の保存

・代行入力を実施する場合、代行入力を認める業務、代行が許可される依頼者と実施者

---

(2) 有害事象発生時の初動対応

　ア　説明

　（ア）患者・家族に対する説明義務

　医療行為が高度に専門技術的な性質を有する行為であることを前提として、患者・家族は医療機関に期待及び信頼を寄せている。また、特に患者が死亡した場合には、その経過及び死因については、当該医療機関のみがこれをよく知る立場にあることから、医療機関は、死亡した患者の遺族から求めがある場合は、患者の死因について適切に説明を行うべき義務を負うとされる[77]。

　また、一般に病理解剖が患者の死因解明のための最も直接的かつ有効な手段であることが承認されていることから、具体的な事情のいかんによっては、社会通念に照らし、医療機関において、遺族に対し、病理解剖の提案をし、その実施を求めるかどうかを検討する機会を与え、その求めがあった場合には、病理解剖を適宜の方法により実施し、その結果に基づいて、患者の死因を遺族に説明すべき義務を負う場合があり得る[78]。

　（イ）初回の報告内容

　責任の有無にかかわらず、医療事故が発生したことを患者・家族にいち早

---

[76]「医療情報システムの安全管理に関するガイドライン　第6.0版（企画管理編）」（令和5年5月）13⑧

[77] 東京高判平成10年2月25日判タ992号205頁等

[78] 前掲東京高判平成10年2月25日

く報告することが重要である。患者側から見れば、有害事象発生から報告までのスピードは、医療機関の誠意の表れとしてみてとれるから、時間がかかってしまうと不誠実な対応と思われるおそれがある。

　もっとも、後になって内容を撤回・変更せざるを得ないような不正確な説明は行うべきではない。不正確な説明は、法的な意味で、報告義務の履行として不完全であるとともに、実際上も、患者・家族の医療機関に対する不信感を増大させてしまう結果につながる。

　適切な説明を行うためには、直接の体験者が、自らの記憶に基づいて語るべきであって、例えば、事務局が担当医から伝聞で聞いた事実を伝えるのは望ましくなく、また、カルテ等から推測したことについて語られるべきではない。ただし、担当者の精神的負担から、事務局が代わりに説明せざるを得ないという場合には、伝聞であると断った上で、担当医から直接に確認した者が行うべきである。

　また、更なる紛争を予防するために、患者（遺族）本人の了解を得た上で、録音することも検討されるべきである。

　イ　謝罪の要否

　医療機関の過失が明らかな事案であれば、紛争の予防の観点からも、真摯な謝罪を行うべきである。

　過失の有無が明らかでない事案では、安易な謝罪はむしろ控えるべきであって、責任を認める旨の内容を含むもの（道義的責任の表明、法的責任の承認）は厳に差し控えなければならない。もっとも、この場合でも、患者や家族・遺族の感情に共感する形での言葉がけ（共感の表明）は行われてしかるべきである。例えば、「予期せぬ結果となり申し訳ない」というものや、「病院としてできる限りの配慮を行う」というものであれば、法的に責任を認める趣旨とは解されず、他方で、患者・家族の反感を和らげることが期待される。

　以下（次頁図）のとおり、謝罪には３つの段階があると考えられるため、どのレベルの謝罪を行うのかを確認して行うことが重要である。

(3) 開示請求への対応

　医療機関は、患者から、カルテ等の診療記録の開示の請求を受けることがあるほか、患者の家族や第三者からの開示請求を受けることもあり、これらの開示請求への対応を慎重に検討する必要がある。
　詳細は、第2・3（4）「患者からの開示請求に対する対応」及び（5）「第三者からの開示依頼への対応」を参照されたい。

(4) 院内調査・説明

ア　院内調査・医療事故調査委員会

　医療機関が独自に医療事故を調査するための委員会を設置して事実関係の確認・再発防止策の策定を行うことが考えられる。医療事故調査制度の一環として行われる医療法6条の11第1項に基づく調査は別として、特に、法律の規定はない。もっとも、委員会の構成について、患者（遺族）への説明を想定した場合、客観性・公正性を高めるために、院内の責任者だけで構成するのではなく、外部の有識者を招いた外部委員も含めることや、外部の有識者のみで構成された第三者委員会を開催することが望ましい。

イ　弁護士による事情聴取

　紛争に発展することを想定して、弁護士による事情聴取が行われる場合、後の医療訴訟の方針及び訴訟活動の内容を検討するため、詳細な事情聴取が行われることが想定される。
　事情聴取に当たっては、その準備として、弁護士に向けて、あらかじめ、診療経過の概要、患者（遺族）側からのクレーム内容、それに対する医師の

第3 医療事故・介護事故への対応　181

見解を簡単にまとめた上で、カルテを送付しておくことが望ましい。そうすることで、事情聴取の際に、医師の見解の根拠となっている患者の所見や診療経過とカルテの記載と照らし合わせながら、詳細な聞き取りが行われることが期待される。

　ウ　患者・家族への説明

　患者側から説明会開催の要求があった場合に、事後の報告義務の一環としてこれに応ずべきであるが、事実の解明が終了した段階で医療機関から患者側に対して説明会を申し入れることも考えられる。

(5) 訴訟前の交渉（示談交渉）

　ア　保険会社との協議

　医療機関側は、医師賠償責任保険の適用を念頭に、まずは、保険会社に対し、事故報告書を送付した上で協議を行う。

　もっとも、医療機関からの事故報告書を受け取った保険会社は、独自の立場から責任の有無及び解決金の額を判断することから、必ずしも医療機関の責任判断と一致するものではない。

　イ　医療機関において有責であると判断した場合

　医療機関と保険会社の意見が有責で一致した場合においても、保険会社との間で、解決金の額について調整を行う必要がある場合もある。基本的には、保険会社との間で上限額を設定した上で、その範囲内で患者・家族に対して、合理的な説明を行っていくことになる。

　他方で、保険会社が医療機関に責任がないと判断した場合には、まずは保険会社に判断根拠の開示を求め、開示された場合はこれを基に再検討を行い、再度、有責であるとの判断を得られた場合には、意見書等により保険会社を説得することになる。

　ウ　医療機関において無責であると判断した場合

　医療機関と保険会社の意見が、医療機関に責任がないとの判断で一致した場合には、保険会社との間で、無責を前提とする解決金として、保険会社がいくらまで支払う用意があるのかについての確認・協議を行う。その上で、患者・家族との協議にあたっては、責任がないことを前提として、賠償に応

182　第2章　日常業務における法律問題

じないことを通知することになる。もっとも、その際には、医学的にも法的にも根拠を示して丁寧に説明することが重要である。

　他方で、保険会社が有責であると判断した場合には、その根拠の開示を求め、それを基に保険会社の指摘する医学的根拠を十分に検討した上で、責任がないとの主張を維持するか否か判断を行うべきである。

(6) 医療 ADR

　医療紛争は高度な専門性が要求され、患者側にとってみれば、立証に困難を伴うことが多く、勝訴の見込みが分からないまま、多額の裁判費用がかかってしまう。他方で、医療機関としても、和解による解決を望んだとしても、訴訟となってしまった以上は、注意義務違反の有無を争わざるを得ない立場におかれてしまう。

　そこで、日弁連において、医療紛争の特質を踏まえて、医療紛争を解決する専門の ADR 手続（医療 ADR）が用意されている。

　もっとも、過失の有無・因果関係の存否に鋭い争いのある事例は、結局のところ鑑定などを経なければ判断が難しいことから、損害額についてのみ争いがある場合での利用が主に想定される。

(7) 訴訟

　患者（遺族）として、真相究明の点から、裁判所での解決を希望することがある。もっとも、民事裁判とは、原告が立証した具体的事実を法的要件にあてはめて賠償責任を肯定できるかを判断する場であるため、必ずしも真相が究明される保証はないことに留意する必要がある。医療機関としては、示談交渉の結果を踏まえ、予想される争点に関する判断についてあらかじめ熟慮した上で（前述3「医療過誤による法的責任」参照）、訴訟に臨む必要がある。

第3 医療事故・介護事故への対応　183

6　医療事故調査制度

> Case
> 医療事故が発生した場合、どのような調査が行われるのか。調査の目的、方法、結果報告はどのようなものか。

(1) 概要

　病院等の管理者は、①医療行為に起因し、又は起因すると疑いのある、②死亡又は死産で、③管理者が予期しなかった場合には、院内調査を行い、その結果を遺族と民間の第三者機関である一般社団法人日本医療安全調査機構（医療事故調査・支援センター）に報告しなければならない（医療6条の10）。

　病院等は、院内調査にあたり、第三者医師の紹介を受けることができる（医

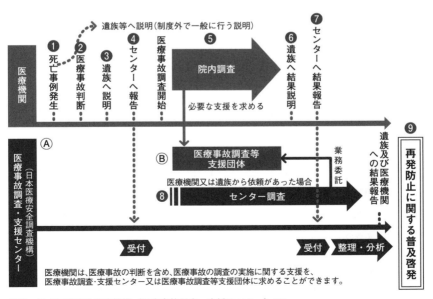

出典：日本医療安全調査機構（医療事故調査・支援センター）HP
https://www.medsafe.or.jp/modules/about/index.php?content_id=24

184 第2章 日常業務における法律問題

療6条の11第2項)。よって、中立性・公正性を高めるために、外部の専門家医師を入れることが推奨される。

　なお、医療事故調査制度の目的は、医療の安全を確保するために医療事故の再発防止を行うことであり、責任追及を目的としたものではない。

(2) 医療事故の報告・説明

　病院等の管理者は、以下の事項を、事例ごとにできる限り速やかに医療事故調査・支援センターに報告することが求められる(医療則1条の10の2第3項各号、「地域における医療及び介護の総合的な確保を推進するための関係法律の整備等に関する法律の一部の施行(医療事故調査制度)について」(平成27年5月8日医政発0508第1号))。

・日時／場所／診療科
・医療事故の状況
　　疾患名／臨床経過等
　　報告時点で把握している範囲
　　調査により変わることがあることが前提であり、その時点で不明な事項については不明と記載する。
・連絡先
・医療機関名／所在地／管理者の氏名
・患者情報(性別／年齢等)
・調査計画と今後の予定
・その他管理者が必要と認めた情報

---

(3) 調査方法

　調査項目については、以下の中から必要な範囲内で選択し、それらの事項に関し、情報の収集、整理を行う(医療則1条の10の4、前掲平成27年5月8日医政発0508第1号)。

・診療録その他の診療に関する記録の確認
　例)カルテ、画像、検査結果等
・当該医療従事者のヒアリング
　※ヒアリング結果は内部資料として取り扱い、開示しないこと(法的強制力がある場合を除く。)とし、その旨をヒアリング対象者に伝える。

第3　医療事故・介護事故への対応　185

・その他の関係者からのヒアリング
　　※遺族からのヒアリングが必要な場合があることも考慮する。
・医薬品、医療機器、設備等の確認
・解剖又は死亡時画像診断（Ai）については解剖又は死亡時画像診断（Ai）の実施前にどの程度
　死亡の原因を医学的に判断できているか、遺族の同意の有無、解剖又は死亡時画像診断（Ai）
　の実施により得られると見込まれる情報の重要性などを考慮して実施の有無を判断する。
・血液、尿等の検体の分析・保存の必要性を考慮

（4）調査結果の報告・説明

　病院等の管理者は、医療事故調査を終了したときは、遅滞なく、その結果を医療事故調査・支援センターに報告しなければならない（医療6条の11第4項）。

　なお、調査報告書の具体的な項目は以下のとおりである[79]（医療則1条の10の4第2項各号、前掲平成27年5月8日医政発0508第1号）。

・日時／場所／診療科
・医療機関名／所在地／連絡先
・医療機関の管理者の氏名
・患者情報（性別／年齢等）
・医療事故調査の項目、手法及び結果
　　調査の概要（調査項目、調査の手法）
　　臨床経過（客観的事実の経過）
　　原因を明らかにするための調査の結果
　　※必ずしも原因が明らかになるとは限らないことに留意すること。
　　調査において再発防止策の検討を行った場合、管理者が講ずる再発防止策については記載する。
　　　当該医療従事者や遺族が報告書の内容について意見がある場合等は、その旨を記載すること。

（5）センターによる調査

　医療事故が発生した医療機関の管理者又は遺族は、医療機関の管理者が医療事故としてセンターに報告した事案については、センターに対して調査の

---

[79] 医療事故に関係する医療従事者等の識別ができないように加工する必要がある（医療施行規則1条の10の4第2項柱書）。

186　第2章　日常業務における法律問題

依頼ができる（医療6条の11、前掲平成27年5月8日医政発0508第1号）。

　センターは調査終了時に以下の事項を記載した調査結果報告書を、医療機関と遺族に対して交付する（医療6条の17、前掲平成27年5月8日医政発0508第1号）。

・日時／場所／診療科

・医療機関名／所在地／連絡先

・医療機関の管理者

・患者情報（性別／年齢等）

・医療事故調査の項目、手法及び結果

　　調査の概要（調査項目、調査の手法）

　　臨床経過（客観的事実の経過）

　　原因を明らかにするための調査の結果

　　※調査の結果、必ずしも原因が明らかになるとは限らないことに留意すること。

　　※原因分析は客観的な事実から構造的な原因を分析するものであり、個人の責任追及を行うものではないことに留意すること。

　　再発防止策

　　※再発防止策は、個人の責任追及とならないように注意し、当該医療機関の状況及び管理者の意見を踏まえた上で記載すること。

第4 患者トラブル・クレーム対応

1 ペイシェントハラスメントへの対応

(1) モンスターペイシェントとは

ア 患者トラブルの背景

　医療機関や介護施設において、医師、看護師及び介護福祉士等をはじめとする医療従事者が、患者・家族（以下「患者ら」[1] という。）から不当な要求や、セクハラ、暴行・暴言を受けるケースが増加している。その主な背景として、①行き過ぎた患者中心の医療による誤った権利意識の存在や、②医療の不確実性に対する患者らの認識の欠如により、仮に期待しない結果が発生した場合に非難的思考に至りやすいことが挙げられる。また、特に看護・介護職に対するものについては、患者らとの距離が近いことに加え、他人の目に晒されない環境で身体的な接触を伴いうる環境にあることが指摘される。

イ モンスターペイシェントとは

　医師や看護師等の医療従事者に対して、不当要求やセクハラ、暴行・暴言といった問題行動を繰り返す患者を、一般的にモンスターペイシェントといい、社会問題化している。

　ここで問題行動とされているものは、単なるクレームではなく、相手を不快にさせ、又は不利益や肉体的・精神的な苦痛を与える言動であって、いわゆる「ハラスメント」に該当するものである。

　そして、医療契約においては、患者は顧客として位置付けられることから、患者らによる医療従事者に対するハラスメント（ペイシェントハラスメント）は、カスタマーハラスメントの一類型として位置付けられる。

---

1 介護施設の利用者及びその家族を含む。以下同じ。

188 第2章 日常業務における法律問題

(2) ペイシェントハラスメントへの事前対策

　ア　医療機関におけるカスタマーハラスメント（ペイシェントハラスメント）

　一般に、顧客の立場から従業員へ行われるハラスメント、すなわちカスタマーハラスメント（以下「カスハラ」という。）とは、厚生労働省の委託事業として策定された「カスタマー・ハラスメント企業対策マニュアル」（令和3年度厚生労働省委託事業、東京海上ディーアール株式会社受託。以下「カスハラ対策企業マニュアルという。」）において、次のとおり定義されている。

> **カスタマーハラスメントの定義[2]**
>
> 顧客等[3]からの、クレーム・言動のうち、当該クレーム・言動の要求の内容の妥当性に照らして、当該要求を実現するための手段・態様が社会通念上不相当なものであって、当該手段・態様により、労働者の就業環境が害される[4]もの。

　このカスハラの定義に倣うと、ペイシェントハラスメント（以下「ペイハラ」という。）とは、患者らからのクレーム・言動のうち、当該クレーム・言動の要求の内容の妥当性に照らして、当該要求を実現するための手段・態様が社会通念上不相当なものであって、当該手段・態様により、労働者の就業環境が害されるものをいうと解される。

　したがって、ペイハラに該当するか否かの判断は、（カスハラの場合と同様に、）①患者らの要求内容に妥当性はあるか、②要求を実現するための手段・態様が社会通念に照らして相当な範囲であるかという観点で判断することが考えられる[5]。具体的には、患者らの要求の内容が妥当性を欠く場合には、その実現のための手段・態様がどのようなものであっても違法とされる可能性が高くなる[6]。他方で、患者らの要求の内容に妥当性がある場合であっても、その実現のための手段・態様の悪質性が高い場合には、違法とされることが

---

[2] カスハラ対策企業マニュアル7頁

[3] 今後、購入・利用する可能性がある潜在的な顧客を含む（カスハラ対策企業マニュアル7頁）。

[4] 労働者が、人格や尊厳を侵害する言動により身体的・精神的に苦痛を与えられ、就業環境が不快なものとなったために能力の発揮に重大な悪影響が生じる等当該労働者が就業するうえで看過できない程度の支障が生じることをいう（カスハラ対策企業マニュアル7頁）。

[5] カスハラ対策企業マニュアル11頁

[6] 患者らの要求内容に妥当性がない場合であっても、医療機関等が要求を拒否した際にすぐに患者らが要求を取り下げた等の場合は、労働者の就業環境が害されたとはいえず、カスハラに該当しない可能性がある（カスハラ対策企業マニュアル12頁）。

第 4　患者トラブル・クレーム対応　**189**

ありうる。

「患者らの要求の内容が妥当性を欠く場合」の例[7]
・医療機関・介護施設に注意義務違反が認められない場合
・要求の内容が、医療機関・介護施設の提供する医療・介護の内容とは関係がない場合

「要求を実現するための手段・態様が社会通念上不相当な言動」の例[8]
【要求内容の妥当性に関わらず不相当とされる可能性が高いもの】
・身体的な攻撃（暴行、傷害）
・精神的な攻撃（脅迫、中傷、名誉毀損、侮辱、暴言等）
・威圧的な言動
・義務のない行為の要求（土下座の要求等）
・継続的・執拗な言動の繰り返し
・拘束的な言動（医療機関・介護施設からの不退去、居座り等）
・差別的な言動
・性的な言動
・労働者個人への攻撃・要求
【要求内容の妥当性に照らして不相当とされる場合があるもの】
・金銭的な賠償の要求
・謝罪の要求

イ　医療機関・介護施設の法的責任

（ア）安全配慮義務

　一般に、雇用関係において、使用者は、被用者の生命・身体・健康の安全に配慮すべき義務（安全配慮義務）を負うと解されている（労契5条）。安全配慮義務は、ハラスメントの文脈では、使用者が労働者の人格が損なわれないために働きやすい職場環境を保つよう配慮すべき義務（職場環境配慮義務）と呼ばれることもある。

　したがって、患者らによる医療従事者・介護従事者に対する理不尽な言動、即ちペイハラがあった際、医療機関が適切な対応をしていない場合には、当該医療機関に賠償責任が認められる余地がある。

7　カスハラ対策企業マニュアル8頁をもとに著者作成
8　カスハラ対策企業マニュアル8頁をもとに著者作成

（イ）使用者責任

使用者は、被用者が、民法上の不法行為を行った場合には、被害者の被った損害を賠償する責任を負う（民法715条）。

医療機関の被用者がその職務を怠ったことで、同僚がハラスメント被害を受けた場合には、医療機関は、安全配慮義務違反による債務不履行責任（労契5条、民法415条）や、使用者として、加害者である被用者と連帯して、被害者である職員に対して、不法行為責任を負う（民法715条、719条1項前段）。

ウ　カスハラについての法制度

（ア）カスタマー（患者ら）によるパワハラ

従前、パワーハラスメント（以下「パワハラ」という。）の定義や防止措置を定めた法律はなかったところ、2020年6月1日（中小企業は2022年4月1日から）、いわゆるパワハラ防止法[9]により、パワハラの定義[10]が明記され、事業主に対してパワハラに関する防止措置をとることを義務付ける規定（雇用管理上の措置義務）が制定された（労働施策推進30条の2第1項）。もっとも、同法はカスハラについては具体的に言及しておらず、カスハラを雇用管理上の措置義務の対象とはしていない。

他方で、労働施策総合推進法30条の2第3項に基づき定められたパワハラ防止指針[11]では、事業主が他の事業主の雇用する労働者等からのパワーハラスメントや顧客等からの著しい迷惑行為に関して行うことが望ましい雇用管理上の配慮として、以下のような取組を挙げており、カスハラをパワハラと同様に位置づけている[12]。もっとも、これらは、「望ましい雇用管理上の配慮」とされており、措置義務とはされていない。

---

[9] 労働施策の総合的な推進並びに労働者の雇用の安定及び職業生活の充実等に関する法律（労働施策総合推進法）の改正

[10] パワハラとは、職場において行われる優越的な関係を背景とした言動であって、業務上必要かつ相当な範囲を超えたものによりその雇用する労働者の就業環境が害されることをいう（労働施策推進30条の2第1項）。

[11] 「事業主が職場における優越的な関係を背景とした言動に起因する問題に関して雇用管理上講ずべき措置等についての指針」（令和2年1月15日厚労告第5号、以下「パワハラ防止指針」という。）

[12] パワハラ防止指針7

パワハラ防止指針で求められるカスハラに対する取組（詳細は後述）
（1）相談に応じ、適切に対応するために必要な体制の整備
（2）被害者への配慮のための取組
（3）他の事業主が雇用する労働者等からのパワーハラスメントや顧客等からの著しい迷惑行為による被害を防止するための取組

　しかしながら、前述のとおり、使用者は、被用者に対し、安全配慮義務を負うことから、この義務に違反したことにより被用者が損害を被った場合には、労働者に対して損害を賠償する義務を負う可能性がある。医療現場におけるカスタマーハラスメントによる被害が深刻であり、個々の医療従事者が単独で対応することは困難な場合が多いことからすると、医療機関・介護施設においては、少なくともパワハラ防止指針が求める「望ましい雇用管理上の配慮」を満たすレベルで、ペイハラに対する必要な防止体制を整備することが必要といえる。

（イ）カスタマー（患者ら）によるセクハラ

　医療機関・介護施設においては、患者らから医療従事者・介護従事者に対するパワハラのほかに、好意から執拗に食事やデートに誘ったり、さらにエスカレートして待ち伏せ・付きまといを行うことや、性的目的をもって身体を触ったり性的な言動を行うなどのセクシャルハラスメント（以下「セクハラ」という。）が行われることも多い。

　セクハラについても、男女雇用機会均等法[13]により、パワハラと同様に、セクハラの定義[14]が明記され、事業主にハラスメントを防止するための措置義務等が課せられている（均等11条）。そして、男女雇用機会均等法11条4項に基づき定められたセクハラ防止指針[15]では、「性的な言動」「を行う者」（セクハラの行為者）として、「労働者を雇用する事業主（略）、上司、同僚に限らず、取引先等の他の事業主又はその雇用する労働者、顧客、患者又は

---

13 雇用の分野における男女の均等な機会及び待遇の確保等に関する法律
14 セクハラとは、職場において行われる性的な言動に対するその雇用する労働者の対応により当該労働者がその労働条件につき不利益を受け、又は当該性的な言動により当該労働者の就業環境が害されることをいう（均等11条1項）。
15 「事業主が職場における性的な言動に起因する問題に関して雇用管理上講ずべき措置等についての指針」（平成18年厚労告第615号、以下「セクハラ防止指針」という。）

その家族、学校における生徒等もなり得る」と定めており[16]、カスタマー（患者ら）による性的言動もセクハラに該当し、事業主の雇用管理上の措置義務の対象となることが明らかにされている。

　エ　ペイハラ対策の基本的な枠組み①（事前対策）

　前述（1）イのとおり、ペイハラもカスハラの一類型として位置づけられることから、ペイハラへの対策を考えるにあたっては、カスハラ対策企業マニュアルが参考になる。

　また、より広く、医療現場における暴言・暴力等のハラスメント対策という点について、厚労省が策定した「医療機関における安全管理体制について」[17]は、病院における安全管理体制整備のポイントとして、①安全管理体制に対する医療機関の方針の明確化、②予防：暴力発生、乳幼児連れ去り事件発生のリスクの低減、③事件発生時及び事後の対応を検討した上で、④安全管理対策マニュアルの整備と職員教育の実施を行うことを掲げている。さらに、日本看護協会では、「保健医療福祉施設における暴力対策指針—看護師のために—」（2006年11月）を定めており、同指針においても暴力のリスクマネジメントについて、安全管理体制の整備が掲げられており、ここでもマニュアルの整備と教育の必要性が説かれている。

　その他にも、厚労省は「医療現場における暴言・暴力等のハラスメント対策について（情報提供）」[18]において、とくに看護職が精神障害となる割合が高いことの問題を指摘した上で、医療現場における暴力・暴言及びハラスメント対策について情報をまとめており、医療機関においても参考とすることができる。

　他方で、介護施設については、「介護現場におけるハラスメント対策マニュアル」（株式会社三菱総合研究所、令和4年（2022年）3月改訂）が策定されており、基本的な内容は、カスハラ企業対策マニュアルと同様であるが、こちらは、介護現場特有のハラスメントに特化した内容となっている。

---

[16]　セクハラ防止指針2（4）

[17]　平成18年9月25日医政総発第0925001号

[18]　平成31年2月28日医政総発0228第1号等

第4　患者トラブル・クレーム対応　193

ペイシェントハラスメント対策の基本的な枠組み①[19]		
1	ペイシェントハラスメントへの事前対策	
	(1)	医療機関・介護施設の基本方針の策定・周知
		ア　基本方針の策定
		イ　医療・介護従事者への周知・啓発
		ウ　患者らに対する説明
	(2)	リスク要因の分析と対策の実施
		ア　環境面でのリスク要因
		イ　患者・利用者に関するリスク要因
		ウ　医療機関・介護施設側のリスク要因
	(3)	医療・介護従事者（被害者）のための相談対応体制の整備
	(4)	ペイハラへの対応方法・手順に関するマニュアルの作成
		ア　初期対応の方法・手順
		イ　内部手続きの方法・手順
		ウ　行政や関係機関との連携
	(5)	医療・介護従事者への教育・研修

（ア）医療機関・介護施設の基本方針の策定・周知

　a　基本方針の策定

　まず、管理者において、ペイハラ対策への基本方針を策定することが重要である。以下は、基本方針の例文を示したものである[20]。

　当院は、患者様に対して真摯に対応し、信頼や期待に応えることで、より高い満足を提供することを心掛けます。

　一方で、患者様・ご家族様からの常識の範囲を超えた要求や言動の中には、職員の人格を否定する言動、暴力、セクシュアルハラスメント等の職員の尊厳を傷つけるものもあり、これらの行為は、職場環境の悪化を招く、ゆゆしき問題です。

　わたしたちは、職員の人権を尊重するため、これらの要求や言動に対しては、患者様・ご家族様に対し、誠意をもって対応しつつも、毅然とした態度で対応します。

　もし、患者様・ご家族様からこれらの行為を受けた際には、職員に対し、上司等に報告し、相談することを推奨しており、相談があった際には組織的に対応いたします。

---

[19] カスハラ対策企業マニュアル 18-45 頁、「介護現場におけるハラスメント対策マニュアル」、及び「医療機関における安全管理体制について」を参考に著者作成

[20] カスハラ企業対策マニュアル 21 頁を参考に著者作成

194　第2章　日常業務における法律問題

　　b　職員への周知・啓発

　その上で、管理者は、策定した基本方針を職員に対して周知・啓発するほか、病院内規程（又は病院内マニュアル）という形で職員に示すことが考えられる。この際、後述するペイハラに関するマニュアルや相談窓口などの情報を伝えることも肝要である。

　これにより、職員としては、組織として守られているという安心感が生まれるとともに、ペイハラを受けた職員や相談を受けた周囲の職員も、トラブル事例や解消に関して発言がしやすくなり、その結果、トラブルの再発を防ぐことにつながることが期待される。

　　c　患者らに対する説明

　あらかじめ、医療機関が、患者らに対して、ペイハラについて組織的に適切に対処すること、理解を求めておきたい事項や協力を求めたい事項を周知することにより、ペイハラの発生を抑止することが期待される。

　そのために、具体的には、ペイハラ対策の基本方針をポスターの掲示により示す方法や、重大なペイハラ事案の場合は、院内放送を用いることにより、より確実に伝達することが考えられる。

　また、患者らが入院・入所する際に、重要事項説明書や契約書により、どのようなことがハラスメントにあたるのか、ハラスメントが行われた際の対応方法を伝えるとともに、場合によっては契約を解除し、サービスを打ち切ったり、退去になりうることを適切に伝えることも有効である[21]。

　（イ）リスク要因の分析と対策の実施

　ペイハラのリスク要因として、以下のように、a 環境面でのリスク要因、b 患者らに関するリスク要因、及び c 医療機関・介護施設側のリスク要因に大きく分けることができる。

　　a　環境面でのリスク要因

　環境に関するリスクとして、場所の構造（例えば、出入口から遠い、閉鎖・

21　介護施設特有のリスクとして、介護サービスが多様化しており、利用者・家族が、提供される介護サービスの内容について正確に把握していないため、過大な要求を行うという事態に陥りやすいことが指摘される。これについても、契約書や重要事項説明書を説明する際に、適切に説明を行うことが重要である。

隔離されている、近くに他の職員がいない等）や、医療行為を提供する体制により、職員が1人で患者・家族らを相手にすることがあげられる。

これらのリスクに対しては、出入・動線管理を再検討したり（出入管理が重要な場所は施錠・管理方法を見直したり、ナースステーションの前を通らないと行けない構造とする、夜間の出入り口は警備室の前を通らないと行けない構造とするなど）、業務量を調整して複数人で対応させることや、防犯設備の整備（警備会社と契約して警備員を配置する、安全管理上特に重要と考えられる場所には防犯ブザーを設置する、職員に防犯ベルを携帯させる、監視カメラをする設置など）による対応が考えられる。

　b　患者・利用者に関するリスク要因

患者らのなかには、不可逆的な性格や精神障害により、ペイハラを行う者もいる。

これらの者が事前に特定できている場合には、その情報を医療機関・介護施設内の各部署で共有し、可能な限りトラブルを事前に回避するよう努力する必要がある。この際、患者らが過去に利用していた医療機関・施設、主治医、ケアマネジャー等の関係者等の関係者から情報を収集することも有効であり、当該患者あに係るリスク要因を分析することで、リスクを回避するための対策等について検討することが可能となる場合もある。例えば、事前にペイハラのおそれがあるとわかっている患者らについては、経験豊富な熟練の職員に対応させることが適した場合もあろう。

　c　医療機関・介護施設側のリスク要因

ペイハラの要因が患者らのみに起因する場合は限定的であり、通常は、悪意をもってクレームをつける者はおらず、当初から何らかの問題行為があったか、又はクレームを入れた際の職員の対応が悪かったため、そのことが原因でクレームが深刻化し、更にはペイハラ（カスハラ）に至る例が多いといわれている。

このように、職員の患者らへの応対の拙さがコミュニケーションの破綻をもたらし、ペイハラを引き起こす要因となってしまうこともあるため、医療従事者に対して接遇研修を行ったり、場合によっては就労環境の改善を図るべきである。また、患者らとのコミュニケーションの破綻を繰り返す職員に

196　第2章　日常業務における法律問題

対しては、管理者の側で、その要因を探したうえで、適切な管理指導を行う必要がある。

（ウ）医療従事者（被害者）のための相談対応体制の整備

　現場対応者は、具体的行為がペイハラに該当するか否か判断に迷うことが多々あり、そもそも報告に至らずに孤立して問題を抱えやすいという状況にあることが指摘される。

　そのため、ペイハラを受けた現場対応者がすぐに相談できるよう、相談対応者を決めておき、又は相談窓口を設置したうえで、周知することで、躊躇せずに相談できる環境を整備する必要がある。なお、相談対応者は、相談者の上司、現場の管理監督者が担うことが考えられるが、最低でも男女1名ずつとすることが望ましい。また、相談内容はプライバシー情報に及ぶ場合もあり、みだりに漏えいするというようなことがあってはならないことから、相談対応者への教育を含めた適切な情報管理を行うことが必要である。

　さらに、医療機関・介護施設の規模によっては、ペイハラ対応の部署を設置した上で、例えば、ペイハラ担当者の部署を院長などの管理者直属とし、ペイハラ対応の情報が管理者に直接伝わるような体制を整えることも有効である。これにより、当該事案の状況が適時、管理者に報告され、他の職員たちがペイハラ担当者の指示に従うべき環境が整い、また、医療機関としても即時の判断も行いやすくなる。

　加えて、情報収集の一環として、ペイハラ被害に係る（匿名の）アンケート調査を定期的に行うことも考えられる。

（エ）ペイハラへの対応方法・手順に関するマニュアルの作成

　ペイハラが発生した場合、職員の安全を第一に、即座に対応をすることが重要である。そのためには、以下で示す対応方法・手順等をまとめたマニュアルをあらかじめ用意し、管理者が責任をもって職員と共に対応する体制を整備することが有効な対策となる[22]。

　　a　初期対応の方法・手順

　現場対応者は、まずは誠意のある対応として、ⅰ謝罪の対象となる事実・事象を明確かつ限定して謝罪するという対応をとることが望ましい。具体的には、正確に状況が把握できていない段階では、不快感を抱かせたことへの

謝罪に限り行うべきであって、事実確認を行って要求内容に妥当性があることの確認がとれたら、組織内での判断を経たうえで、非を認めて謝罪するという対応をとることが望ましい。

また、あわせて、現場対応者は、ⅱ状況を正確に把握し、事実を確認する必要がある。必要に応じて患者らから聴き取りを行う必要があるが、その際には、途中で話を遮るようなことは控え、ひとまず、患者らの主張する内容を正確に把握した上で、補充する質問や正しい情報の説明を行うべきである。患者らの話に耳を傾け、冷静沈着に対応することにより、患者らとの感情的対立を避けることが期待される。後の法的紛争に備えるという意味では、ペイハラの記録を残しておくことも重要である。問題行動の態様及び継続性や、それに対する対応等を録音・録画等により、検証可能な証拠を収集することが重要である。

その上で、現場対応者は、ⅲ患者から確認した情報を、相談（窓口）対応者に共有する。その際には、正確かつ迅速な状況把握のため、患者らの要望に加え、事実関係を時系列で整理して報告することが望ましい。

行為が深刻な場合は一次対応者に代わり、相談（窓口）対応者が事案を引き継いだうえで、相談の内容や状況に応じて、基本的に複数人での対応をとるべきである。

また、患者らが暴力を振るうなど重大なペイハラについては、医療機関内の担当部署、警備会社に連絡するほか、必要に応じてすぐさま警察に通報して、職員の安全を最優先に図るべきであって、この場合には、対応にあたる職員の人数も多くなるというべきである。

これらの対応により、ペイハラ患者・家族及び職員の両方に対して、組織

---

22 マニュアルの策定及び周知は、医療機関が、職員に対して負うべき安全配慮義務との関係でも大きな意味を持ちうる。買い物客とトラブルになった小売店の従業員が、会社に対し、安全配慮義務違反を理由として、損害賠償請求を求めた事案において、会社が、誤解に基づく申出や苦情を述べる顧客への対応について、入社時にテキストを配布して苦情を申し出る顧客への初期対応を指導し、サポートデスクや近隣店舗のマネージャー等に連絡できるようにして、深夜においても店舗を２名体制にしていたことで、店員が接客においてトラブルが生じた場合の相談体制が十分整えられていたとして、会社の安全配慮義務違反を否定した裁判例がある（東京地判平成30年11月2日判例秘書：L07332063）。

198 第2章 日常業務における法律問題

として対応する姿勢を示すことにつながり、前者に対しては、ペイハラの抑止が期待されるとともに、後者に対しては、対応に伴うストレスを低減させることが期待される

なお、現場又は電話での対応の際に、留意するポイントとしては、以下の点があげられる[23]。

現場での対応の際の留意点
・受付で対応せず、応接室等の個室に招いて2人以上で対応する（ときには、時間・人・場所を変えて対応する）
・患者・家族が感情的になっていても、丁寧な話し方で冷静に対応し、よく話を聞く。また、言葉遣いに注意し、専門用語などは使わないようにする。
・質問を交えながら詳細に情報を確認し、メモを取って要点を確認する。
・必要があれば患者・家族の了解を得て録音する。
・極力議論は避け、問題を解決しようとする前向きの姿勢を感じさせる。
・その場しのぎの回答はせず、対応できないことははっきり断る。
・患者・家族を落ち着かせたい場合は、後で確認して回答するなど冷却期間を設ける。

電話での対応の際の留意点
・苦情を専門に受け付けるため、専門電話を設置して録音ができるようにしておく。
・基本的には、第一受信者が責任を持ち、問い合わせ案件のたらい回しをしない。
・丁寧な言葉遣いで、患者・家族がゆっくりと理解できるように説明する。
・患者・家族の発言内容と齟齬が出ないよう、メモを取りながら話を聞き、復唱して確認する。
・対応出来ること出来ないことをはっきりさせ、患者・家族に過大な期待を抱かせない。
・即時回答できない内容については、事実を確認してから追って返事する。
・途中で電話を中断するときは、院内での相談内容が漏れないように必ず電話の保留機能を利用する。

　　b　内部手続きの方法・手順

現場対応者から通報（相談）を受けた相談（窓口）対応者は、ペイハラの状況を確認して、当該ハラスメントを受けた職員への対応、ペイハラ患者らへの対応等を適宜に指示することが期待される。事案によっては、例えば、警察や警備会社のほか、特に介護施設の場合は、行政やケアマネジャーのほか地域包括支援センターなどの外部機関に連絡・通報することがよい場合も

---

23 カスハラ企業対策マニュアル31頁及び32頁をもとに著者作成

ある。なお、初期対応に際しても、各外部機関への通報者をあらかじめ決めておいた方がよいと思われる。

　なお、その際には、ペイハラ対応がストレス負荷のかかる業務であることを踏まえて、組織として、現場対応者以外の職員がバックアップし協力することができるよう、その態勢を整えるべきであり、当該対応者以外の職員にもその旨を指示しておく必要がある。

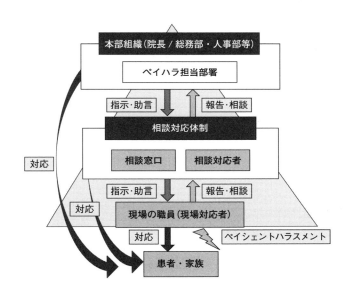

　　c　行政や関係機関との連携
　医療機関・介護施設は、普段から所轄の警察署と連携体制を構築し、重大なペイハラが発生した場合には警察による介入を行ってもらえるように協力要請をしておくことが望ましい。
　また、具体的に患者らが重大なペイハラを行うおそれが生じている場合には、事前に所轄の警察署に相談し、事実経緯を説明した上で、警察による介入を要請しておくことも必要である。
　さらに、介護施設にあっては、ケアマネジャーや地域包括支援センターに連絡して、コミュニケーションの再構築を図ったり、場合によっては、市町

200　第2章　日常業務における法律問題

村に連絡して、対応を協議することが考えられる。

（オ）医療・介護従事者への教育・研修

研修等については、可能な限り全員が受講し、かつ定期的に実施することが重要とされる。中途入社の職員や、アルバイト等にも入社時に研修や説明を行うことが望ましい。

教育する内容としては、基本方針の周知や、あらかじめ定めた対応方法に係るマニュアルに関するものが考えられる。この他にも、以下の内容が考えられる[24]。

教育・研修内容
・ペイハラとは何か（定義、判断基準、典型的な該当行為例の提示、正当なクレームとの相違）
・ペイハラの具体的事例
・類型別の対応方法
・苦情対応の基本的な対応方法
・患者・家族への接し方のポイント（謝罪、話の聞き方、事実確認の注意点等）
・記録の作成方法
・ケーススタディ

（3）問題行動発生時の対応

　ア　ペイハラ対策の基本的な枠組み②（問題行動発生時）

ペイシェントハラスメント対策の基本的な枠組み②[25]		
2	問題行動発生時の対応	
	(1)	事実関係の正確な確認
	(2)	問題行動への対応
		①組織としての（複数名での）対応、②ペイハラ行為の客観的記録化、③内部手続の方法・手順に則った対応、④行政や関係機関との連携
	(3)	医療従事者への配慮
		ア　安全確保
		イ　精神面への配慮
	(4)	再発防止への取組

---

[24] カスハラ企業対策マニュアル 35 頁を参照に著者作成
[25] カスハラ対策企業マニュアル 18-45 頁、「医療機関における安全管理体制について」を参考に著者作成

（ア）事実関係の正確な確認

出発点としては、患者・家族からのクレームが正当なものか否か判断するため、患者・家族の主張をもとに、それが事実であるかを客観的な証拠に基づき、ときには供述を照らし合わせて確認すべきである。事実認定は、当事者が行うことには馴染まず、当事者以外の複数名で判断することが肝要である。

相談（窓口）対応者が、事実関係を整理する流れは、以下のとおりである[26]。

一般的な事実関係の整理・判断フロー
①　時系列で、起こった状況、事実関係を正確に把握し、理解する。
②　患者らの求めている内容を把握する。
③　患者らの要求内容が妥当か検討する。
④　患者らの要求の手段・態様が社会通念上相当か検討する。

（イ）問題行動への対応

前述1（2）エ（エ）「ペイハラへの対応方法・手順に関するマニュアルの作成」のとおり、ペイハラが発生した場合には、職員の安全を第一として、あらかじめ作成したマニュアルをもとに、①複数人での対応を徹底するなど、組織的な対応をとることが重要であり、その際には、②ペイハラ行為を客観的に記録することが推奨される。

また、対応の前提として③内部手続の方法・手順に則り、相談（窓口）対応者の指揮系統に従った対応をとるべきであることに加え、場合によっては、④警察や行政など外部の関係機関との連携を図ることが望ましい。

初期対応に続く対応としては、事態の改善が見込まれない場合は、現場対応者を変更することも検討されるべきである。実際上、直接の担当ではない者がクレーム対応にあたった方が奏功することも多く、当該担当者としてもストレスが低減される。

---

26 カスハラ企業対策マニュアル36頁をもとに著者作成

202　第2章　日常業務における法律問題

（ウ）医療従事者への配慮

　　a　安全確保

　前述1（2）エ（エ）c「行政や関係機関との連携」のとおり、患者らが暴力を振るうなど重大なペイハラについては、現場対応者又は相談（窓口）対応者は、医療機関内の担当部署、警備会社に連絡するほか、必要に応じてすぐさま警察に通報して、職員の安全が最優先に図られるべきである。

　　b　精神面への配慮

　職員にメンタルヘルスの不調の兆候がある場合、セルフケアに任せきりにせずに、臨床心理士等の専門家に相談対応を依頼してアフターケアを行うか、又は専門医の受診を勧奨するなどの対応が必要である。その他、定期的にストレスチェックを行う等、職員の状況を確認し、問題がある場合は医師への相談を促す等、職員の心の健康の保持増進を図ることが求められる。

　職員がセクハラを受けた際には、同性の相談対応者が対応する等、被害内容にあわせた配慮も必要である。

（エ）再発防止への取組

　解決後も同様の問題が再発することは多くあるため、1つの事案が解決したとしても、ペイハラ対策の取組みを継続し、当該事案の解決に際して得たノウハウを後のトラブルに生かす必要がある。

　具体的には、適宜、トラブルが発生した時点及び解決した時点において、プライバシーに配慮しつつも、職員に対して情報共有がなされることが望ましい。さらに、発生したハラスメント事案について、発生の原因などを可能な限り把握し、それを踏まえて、体制や対策等を適宜見直していくというPDCAサイクル[27]の考え方を応用していくことも重要である。また、ペイハラの研修を行う際に、ケーススタディとして、解決事例を学ぶことも有用である。

---

[27] Plan（計画）、Do（実行）、Check（評価）、Act（改善）を継続的に行い改善すること

第4　患者トラブル・クレーム対応　203

イ　ハラスメント行為別の具体的対応

（ア）不当要求

Case

医療機関・介護施設は、以下の患者らに対し、どのように対応すればよいか。

① 患者Aは、担当医の診察に納得せず、「他の病気だったらどうするんだ。今すぐ検査しろ。」などと必要のない検査を執拗に要求したり、「お前じゃ話にならない。他の医者を呼べ。」などと別の医師による診察を要求した。

② 患者Bは、診察に予定の時間より30分ほど待たされたことに腹を立て、診療受付窓口の担当者に対して「もう30分も待っている。病気が悪化したらどうするんだ。今すぐ診察しろ。」などと大声で怒鳴った。

③ 介護施設利用者C1は、他の利用者と施設内でけんかになり、軽い怪我を負った。施設スタッフらは、C1の家族C2らに対して、適切な説明を行ったものの、C2らは、納得せず、実際に施設を訪れて、直接にスタッフらに対し繰り返し説明を求めた。さらに、C2らは、施設スタッフに対して、土下座を求めたり、けんか相手の利用者の退去を求めたりした。

④ とある病院において、医療事故が発生し、患者D1が死亡した。その遺族であるD2らは、D1の診療経緯について、病院から説明を受けたものの、それでも納得がいかなかったことから、その後も病院に対し、説明と謝罪を求め、その際に、録音することを申し出た。

a　基本方針

　謝罪することにより事態を鎮静化することが考えられる一方、不当要求に対して安直に謝罪をすることは、患者らに対して、医療機関が非を認めたと誤解を与えるおそれがあることから、望ましくない。

　管理者は、職員に対し、不当要求に対して迎合するような対応をとるように指示することはあってはならない[28]。

b　クレーム内容の確認・検討

　相談（窓口）対応者は、患者ら及びクレームの対象者双方に対して、適切に聴取する必要がある。場合によっては、正確な状況を把握するために、具体的事実関係を記載した書面の提出を求めることも考えられる。

　そして、事実関係が明らかになった段階で、問題となる行為を特定し、当

---

[28] 市立小学校の教諭が児童の保護者から理不尽な言動を受けたことに対し、校長が教諭の言動を一方的に非難し、また、事実関係を冷静に判断して的確に対応することなく、専らその場を穏便に収めるために安易に当該教諭に対して保護者に謝罪するよう求めたことについて、違法と判断した裁判例がある（甲府地判平成30年11月13日）。

204　第2章　日常業務における法律問題

該行為の問題の有無等を判断した上で、当該クレームに理由があるか否か判断を行う。

　　c　患者らへの説明

　クレームに正当な理由があると判断される場合には、医療機関において、誠実な対応が求められるほか、クレームに理由がないと判断される場合においても、その見解を示すことは重要である。

　組織としての回答を行う場合の回答者については、事案の性質に応じて適任者を選定する必要がある。一般論としては、重大な事案ほど上の立場の者が相応しいが、特に悪質な事案では、弁護士による回答も考えられる。

　回答方法としては、口頭での説明、説明会の実施、又は書面による回答等の方法が考えられる。一般に、簡素な方法よりも、説明会や書面での回答の方が、受け取る側の印象としては、病院側の正式な回答として印象を受け、納得感が得られやすい。また、書面で回答をするメリットとして、その後にクレームが繰り返された際に、対応にあたる者として、「組織としての見解は、既に交付した書面のとおりである」という旨の形式的な対応が可能となり、担当者の負担軽減につながることが期待される。加えて、書面で回答をしておくことは、適切な説明を尽くしたことの記録ともなりうる。

　　d　録音・録画

　一般に、患者らが、みだりに病院内で録音・録画を行おうとした場合、医療機関は施設管理権（民法206条参照）に基づき、許可なく録音・録画することを禁止することができる。これは、クレーム対応に際しても同様である。

　もっとも、録音・録画の同意を求められずに秘密に行われることも想定され、民事訴訟の場面では、相手方の了解を得ない録音であったとしても、裁判上の証拠とすることに基本的に制限はないことから、クレーム対応の場面においては、常に録音されているものとの認識で対応する必要がある。

　他方で、患者側から暴力や暴言等が予想されるケースでは、医療機関でも録音・録画を積極的に行うべきである。

　　e　カスハラとしての対応

　当該クレームの要求内容又は手段・態様が妥当でないと判断される場合において、前述cの誠実な説明を行っても納得が得られない場合には、医療機

関としては、ペイハラとして対応することになる。

　対応に多くの時間が割かれるというような場合にあっては、あらかじめ対応できる時間を伝えておくという対応もありうる。現場での対応が迫られる場合において、患者らが帰ろうとしない場合には、毅然とした態度で退去を求めたうえで、状況に応じて、弁護士への相談や警察への通報等を検討する必要がある。

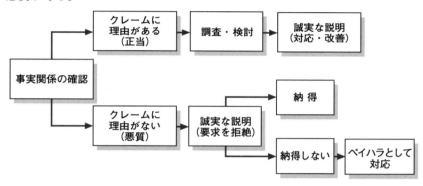

（イ）　セクハラ

> Case
> 　入院患者Aは、看護師Bに対して好意を抱いたことから、彼氏がいるかどうか尋ねた上でデートに誘った。それに対し、看護師Bは、Aに対して、好意はなかったものの、関係性が悪くなってしまうことを恐れ、曖昧な返事をするにとどまった。
> 　患者Aは、その後、看護師Bに対して、頻繁にデートに誘うようになり、次第に性的な内容の発言を行うようになった。
> 　医療機関として、患者Aに対しどのように対応すべきか。

　a　セクハラの判断

　セクハラとは、職場において行われる性的な言動（①性的な内容の発言及び②性的な行動）により当該労働者の就業環境が害されることをいう（均等11条1項参照。詳細は第3章・第4・3（1）ア「セクシャルハラスメント」を参照）。

　①性的な内容の発言としては、性的な事実関係を尋ねることや、性的な内容の情報（噂）を流布すること、性的な冗談やからかい、食事やデートへの

執拗な誘い、個人的な性的体験談を話すことなどがこれにあたる。②性的な行動としては、性的な関係を強要すること、必要なく身体へ接触すること、わいせつ図画を配布・掲示すること、強制わいせつ行為、強制性交などがこれにあたる。

例えば、セクハラの認定にあたって、食事やデートへの誘いなどの場合、1回きりではセクハラと言い難く、一定程度、継続性が要件となるものがある。このような類型にあっては、記録の蓄積が重要となる。

管理者としては、職員に対し、これらのセクハラに該当するか否かの評価は後回しにならざるを得ないことから、セクハラと感じたときはその都度記録する必要があることを周知する必要がある。

　　b　セクハラへの対応

セクハラを許さない姿勢を患者に理解させるためには、セクハラ行為がなされたことを曖昧にせず毅然とした対応をとることが求められる。

　　（a）行為者への警告

軽微なセクハラ発言であっても、エスカレートすることを抑えるために、その都度、拒否する意思を明確に伝えることが必要である。また、セクハラを受けたことについて相談（窓口）対応者等に報告して、事実関係及び警告の必要性を検討した上で、医療機関・介護施設として、患者らに対し、セクハラ行為を禁じる旨を警告することになる。口頭での警告でセクハラが止まない場合は、書面により警告することも選択肢とすべきである。【Case】の場合、患者Aが看護師Bを頻繁にデートに誘うようになった段階で、注意を行うべきであったと思われる。

また、緊急性のある事案・重大な事案や、警告を行っても改善されないか改善の見込みがないと判断されるような事案については、弁護士への相談や警察への通報等を視野に入れて対応する必要がある。

　　（b）法的措置

患者らのセクハラ行為によって、職員の人格的利益が侵害された場合、当該行為は民法上の不法行為に該当し、患者には職員に対する損害賠償責任が発生する（民法709条）。

他方で、セクハラ行為は、迷惑防止条例違反の罪や強要罪（刑法223条）

等の刑事上の犯罪に該当し得る。さらに、悪質なケースでは不同意わいせつ罪（刑法176条）等に該当する可能性もある。したがって、セクハラ被害を警察に通報して対応を求めることも選択肢の一つとなる。

c　職員への配慮

使用者は、労働契約に伴い、労働者に対し安全配慮義務を負っており（労契5条）、使用者は、職場におけるセクハラを防止するため、措置を講じることが義務付けられている（詳細は第3章・第4・3（2）「ハラスメントに対して事業主が講ずべき措置（措置義務）」を参照）。

また、実際上の配慮として、近時においては、医療機関・医療施設において、防犯の観点から、職員に防犯ベルを携帯させる動きが広まっている。これにより、職員としては、通報を行いやすくなるとともに、被害の抑止にもつながることから、積極的に導入されることが期待される。

（ウ）暴言・暴行（院内暴力[29]）

Case

患者Aは通院を継続しても快方に向かわないことに苛立ちを覚え、担当医師Bに対し、以下の行為を行った。医療機関として、患者Aに対しどのように対応すべきか。

① 「やぶ医者」と怒鳴りながら、医師の胸倉をつかみ、医師の体を揺さぶった。

② 医師Xに対して、机に置いてあったカルテを投げつけた。

③ 医師Xの脇にある机を強く叩いた。

④ 医師Xは、患者Aに対し、診察が終わったので診察室から出て行くように言ったが、「謝罪されるまで出て行かない。」と言い、診察室に居座った。

---

a　基本的な考え方

【Case】の場合、患者Aが医師Xの胸倉をつかみ、体を揺さぶった行為は、暴行罪[30]（刑法208条）に該当するほか、体を揺さぶった際に医師が転倒してけがを負った場合は傷害罪[31]（刑法204条）に該当する。

さらに、患者Aが、医師Xの求めに応じずに診察室から退去しないこと

---

[29] 暴力的カスハラのうち、医療従事者に身体的・精神的に重大な被害を与える行為を特に院内暴力という。

[30] 暴行罪の暴行とは、一般に、不法な有形力の行使をいい、必ずしも対象者への接触は要せず、傷害の結果が発生する危険性も要しない。

208 第2章 日常業務における法律問題

は不退去罪（刑法130条後段）に該当し得るほか、業務が妨害されるおそれがある場合には、威力業務妨害罪（刑法234条）が成立しうる。

これらの行為の場合、警備員等へ応援を求めることは勿論、警察へ通報することも視野に入れるべきである。

b 対応方法

（a）暴言・暴力行為に対する対応

実際に暴力行為があった場合には、直ちに相談（窓口）対応者に連絡するとともに、警備会社及び警察へ連絡・通報するという対応をとるべきである。また、診療時間外に発生した場合についても、基本的には同様の対応を取るべきであって、その前提として、管理者としては、診療時間外の安全管理体制の構築に努めるべきである。二次的被害をなくすために、職員間の情報共有も必須である。

他方で、暴言などの精神的暴力の場合には、直ちに相談（窓口）対応者に連絡し、担当部署の職員など複数のスタッフで説得し、さらに退去を求めても応じない場合には、警備会社及び警察へ連絡・通報するという対応をとるべきである。

（b）行為者への警告

続いて、暴言・暴力行為を行ったペイハラ患者らに対しては、警告書等の書面を交付し、今後、同様のトラブルを引き起こした場合には、①直ちに警察の介入を要請すること、②診療・サービス提供の拒否、強制退院・退所等の対応をとることを告げることが考えられる。

場合によって可能であれば、誓約書等に署名押印させて、二度とトラブルを惹き起こさない旨を約束させるなど、行ってはならない行為であることを自覚させることも有効である。

---

31 傷害罪の行為は、有形・無形を問わず、また、傷害結果には、PTSD等の精神病も含まれることから、例えば、場合によっては、患者からの不当なクレームにより医師が精神病を患ったという場合には、傷害罪が成立する可能性がある。

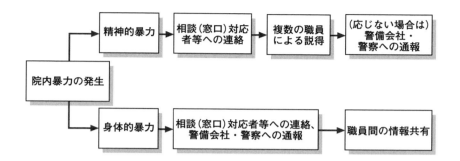

(4) 警告後も問題行動が繰り返される場合の対応

　ペイハラ患者・家族が警告に従わなかったときには、実際に診療拒否・強制退院等を行うことが考えられるが、応招義務（医師19条1項）との関係で、ペイハラを理由とする診療拒否が認められるか若干問題となるため、補足して説明する。

　ア　診療拒否・強制退院の可否

　応招義務と診療拒否等の問題をめぐっては、厚労省の通達において、診療の求めに応じないことが正当化される場合の考え方として、最も重要な考慮要素は、「患者について緊急対応が必要であるか否か（病状の深刻度）」であることが示された上で[32]、患者を診療しないことが正当化される事例として、以下の内容が示されている[33]。

患者を診療しないことが正当化される事例
① 緊急対応が必要な場合（病状の深刻な救急患者等） 　ア　診療を求められたのが診療時間内・勤務時間内である場合 　　医療機関・医師・歯科医師の専門性・診察能力、当該状況下での医療提供の可能性・設備状況、他の医療機関等による医療提供の可能性（医療の代替可能性）を総合的に勘案しつつ、事実上診療が不可能といえる場合にのみ、診療しないことが正当化される。 　イ　診療を求められたのが診療時間外・勤務時間外である場合 　　応急的に必要な処置をとることが望ましいが、原則、公法上・私法上の責任に問われることはない。

---

[32] 「応招義務をはじめとした診察治療の求めに対する適切な対応の在り方等について」（令和元年12月25日医政発1225第4号）1 (3)
[33] 前掲「応招義務をはじめとした診察治療の求めに対する適切な対応の在り方等について」2 (1)

② 緊急対応が不要な場合（病状の安定している患者等）
　ア　診療を求められたのが診療時間内・勤務時間内である場合
　　　原則として、患者の求めに応じて必要な医療を提供する必要がある。ただし、緊急対応の必要がある場合に比べて、正当化される場合は、医療機関・医師・歯科医師の専門性・診察能力、当該状況下での医療提供の可能性・設備状況、他の医療機関等による医療提供の可能性（医療の代替可能性）のほか、患者と医療機関・医師・歯科医師の信頼関係等も考慮して緩やかに解釈される。
　イ　診療を求められたのが診療時間外・勤務時間外である場合
　　　即座に対応する必要はなく、診療しないことは正当化される。ただし、時間内の受診依頼、他の診察可能な医療機関の紹介等の対応をとることが望ましい。

　さらに、同通達は、患者の迷惑行為を理由とする診療拒否について、「診療・療養等において生じた又は生じている迷惑行為の態様に照らし、診療の基礎となる信頼関係が喪失している場合には、新たな診療を行わないことが正当化される」としており[34]、ペイハラ行為により信頼関係を失った患者に対しては、その診療を拒絶することが認められている。
　このように、医療機関は、少なくとも緊急対応が不要な患者に対しては、患者との信頼関係等も考慮して、診療を拒否し得ることが緩やかに認められているといえる。
　イ　退去要求
　通知書等で警告を行っても改善されない・改善の見込みがない場合には、施設からの退去を書面（退去告知書又は退去命令書）によって求め、又は、病院施設内への立ち入り禁止を書面によって通知することが考えられる。なお、その際には、退去に応じない場合には、不退去罪に該当し、被害届を届出るとともに、刑事告訴を検討することを記載した上で、交付する際に告知することが有効である。

---

[34] 前掲「応招義務をはじめとした診察治療の求めに対する適切な対応の在り方等について」2（2）①

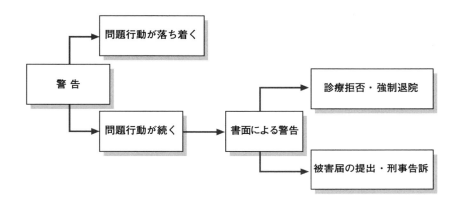

2 患者らの身体拘束の可否

> Case
> 介護施設に入居する認知症利用者Aは、自分の体をただれるほど掻くことが数回あったことから、Aにミトンを装着させることを検討している。

(1) 身体拘束の必要性

　一般に、身体拘束とは、「本人の行動の自由を制限すること」をいう[35]。医療機関においては、従前から「緊急やむを得ぬ場合」の3要件（後述）の考え方に従い、身体拘束が行われていたが、身体拘束を行う医療機関の側にも、社会的な不信、偏見を引き起こすなど社会的な弊害が及びうることから、介護施設を中心として、身体拘束廃止・防止の取り組みが始まり、現在では、医療・保険分野等にも普及し、身体拘束ゼロへの取り組みが広がっている。

　これに伴い、介護施設を対象として、厚生労働者に設置された身体拘束ゼロ作戦推進会議が作成した「身体拘束ゼロへの手引き」（平成13年3月、以下「身体拘束ゼロへの手引き」という。）が、在宅における介護事業所と家族等も対象として見直され、身体拘束廃止・防止の取組推進に向けた検討委

---

[35] 身体拘束廃止・防止の取組推進に向けた検討委員会「介護施設・事業所等で働く方々への身体拘束廃止・防止の手引き」（令和6年3月）5頁

員会「介護施設・事業所等で働く方々への身体拘束廃止・防止の手引き」（令和6年3月、以下「身体拘束廃止・防止の手引き」という。）が作成された。同手引きでは、介護施設・事業所及び高齢者の家族を対象として、高齢者の「尊厳の保持」と「自立支援」に必要な本人の意思の尊重や意思決定支援の重要性についても新たに触れられている。

（2）身体拘束の基準

　同意なく身体拘束が行われる場合、対象者の人権が損なわれることは明らかであるため、その可否及び基準が問題となる。

　ア　精神科病院の場合

　精神科病院においては、管理者は、「入院中の者につき、その医療又は保護に欠くことのできない限度において、その行動について必要な制限を行うことができる」との規定がある（精神福祉36条1項）。

　イ　一般の医療機関の場合

　精神科以外の医療機関における身体拘束については、明確に定めた法令はないものの、一般には、以下で述べる介護老人保健施設の場合と同様に、当該患者ら又は他の患者らの生命又は身体を保護するため緊急やむを得ない場合に限って認められると考えられている。

　ウ　介護老人保健施設の場合

　介護老人保健施設においては、介護保険法の委任を受けた「介護老人保健施設の人員、施設及び設備並びに運営に関する基準」[36]13条4項において、「当該入所者又は他の入所者等の生命又は身体を保護するため緊急やむを得ない場合を除き、身体的拘束その他入所者の行動を制限する行為を行ってはならない。」と規定されていることから、これに基づいた運用が求められる。

　身体拘束が例外的に許容される「緊急やむを得ない場合」については、以下の表で示した「切迫性」「非代替性」「一時性」の3つの要件（「身体拘束3原則」）を満たし、これら「三つの要件を満たすかどうかを組織等で話し合い、かつ、それらの要件の確認等の手続きを極めて慎重に行う」など「適

36　平成11年厚生省令第40号

第4　患者トラブル・クレーム対応　**213**

切な手続き」を経ることが必要とされる。

緊急やむを得ない場合の３つの要件[37]
①　切迫性：本人または他の入所者（利用者）等の生命または身体が危険にさらされる可能性が著しく高いこと
・「切迫性」の判断を行う場合には、身体拘束を行うことにより本人の日常生活等に与える悪影響を勘案し、それでもなお身体拘束を行うことが必要となる程度まで本人等の生命または身体が危険にさらされる可能性が高いことを、確認する必要がある。
②　非代替制：身体拘束その他の行動制限を行う以外に代替する方法がないこと
・「非代替性」の判断を行う場合には、いかなるときでも、まずは身体拘束を行わずに介護するすべての方法の可能性を検討し、本人等の生命または身体を保護するという観点から、他に代替手法が存在しないことを、組織で確認する必要がある。 ・また、拘束の方法自体も、本人の状態像等に応じて最も制限の少ない方法により行われなければならない。 ・身体拘束を行わない方法について事前に研修等で検討したり、外部の有識者等からの助言を得たりすることも有用である。代替方法を考えるスキルを事業所全体で高めあうことが重要となる。 ・介護に関する専門的知識を有していないことが多い家族が介護を担うことが多い在宅においては、専門職であれば可能な代替方法であっても家族には実施できない場合があることに留意したうえで、家族でも可能な代替方法について提案または助言することが重要となる。また、家族による介護の限界にも留意し、状況に応じて、介護サービスの追加または変更について提案または助言することも必要である。
③　一時性：身体拘束その他の行動制限が一時的なものであること
・「一時性」の判断を行う場合には、本人の状態像等に応じて必要とされる最も短い拘束時間を想定する必要がある。

　判例も、「入院患者の身体を抑制することは、その患者の受傷を防止するなどのために必要やむを得ないと認められる事情がある場合にのみ許容されるべきものである」と述べており[38]、少なくとも、「切迫性」「非代替性」「一時性」の３つの要件を満たし、かつ、「それらの要件の確認等の手続が極めて慎重に実施されているケース」では、違法性がないと判断される。

（3）身体拘束の手続

　身体拘束廃止・防止の手引きでは、意思決定支援を行うとともに５つの基本的ケア[39]を行うなどして、身体拘束を廃止・防止すべきことがまず第一に

37　身体拘束廃止・防止の手引き21頁

38　最判平成22年1月26日判タ1317号109頁

39　①起きる、②食べる、③排せつする、④清潔にする、⑤活動する（アクティビティ）

述べられている。

　他方で、やむを得ずに、身体拘束を実施するにあたっては、身体拘束３要件を満たすケースは極めて少ないことを念頭に、まずは、身体拘束３要件を満たすか慎重に検討される必要がある。仮に、身体拘束３要件を満たす場合にも、以下の４点に留意する必要がある[40]。

緊急やむを得ない場合に求められる手続き（適正手続き）
①　本人・家族、本人にかかわる関係者・関係機関全員での検討
②　緊急やむを得ない場合の三つの要件と照らし合わせた慎重な検討
③　本人・家族に対する詳細な説明
④　定期的・継続的観測による身体拘束３要件の再検討及び身体拘束の解除

　①について、「緊急やむを得ない場合」に該当するかの判断は、職員個人の判断ではなく、医療機関全体としての判断が行われるように、例えば「身体的拘束等適正化検討委員会」といった組織をおいて判断する体制を整えるとともに医療機関を含め、本人・家族、ときには関係者・関係機関が幅広く参加した会議体にて協議を行っていることを必要とされる。

　②について、それぞれの要件について、本人・家族や関係者・関係機関全員において、慎重に検討を行うことが求められる。なお、検討にあたっては、職員や家族等はもとより本人に関わる関係者の気持ちや安全面にも配慮することも重要である。また、決定に際しては、代替方法を十分に検討した上で、その検討結果を記録に残す必要がある。

　③について、本人・家族に対して、身体拘束の内容、目的、理由、拘束の時間、時間帯、期間等をできる限り詳細に説明し、十分な理解を得るよう努めることが必要である。なお、その際には、説明手続きや説明者について事前に決めておく必要がある。また、仮に、事前に身体拘束について理解を得ている場合であっても、実際に身体拘束を行う時点で、必ず個別に説明を行う必要がある。

　④について、身体拘束後も「緊急やむを得ない場合」の３つの要件に該当するかどうかを常に観察、再検討し、要件に該当しなくなった場合には直ち

40　「介護施設・事業所等で働く方々への身体拘束廃止・防止の手引き」22頁及び23頁参照

第4　患者トラブル・クレーム対応　215

に解除することが重要とされる。そのためには、直ちに身体拘束を解除する
必要があることを組織全体で共有したうえで、身体拘束を実施している時間
帯において、本人の様子を定期的・継続的に観察したり、実際に身体拘束を
一時的に解除して、本人の状態を観察し、身体拘束の継続が本当に必要なの
か、慎重に検討することが有用である。

　なお、緊急やむを得ず身体拘束を行う場合には、その態様及び時間、その
際の本人の心身の状況、緊急やむを得なかった理由を記録しなければならな
いことに留意すべきである（介護老人保健施設の人員、施設及び設備並びに
運営に関する基準13条5項）。

3　強制退院の可否

Case

　入院患者Ａは、入院治療の目的であった病気の治療は終了し、退院可能な状態であるが、Ａ
はなぜか退院することを拒んでいる。

　入院患者Ａを強制的に退院させることは可能か。

（1）入院を伴う診療契約

　入院を伴う診療契約の性質について、「病院の入院患者用施設を利用して、
患者の症状が通院可能な程度にまで回復するように治療に努めることを目的
とした私法上の契約」であると解されている[41]。

　強制退院の可否については、前述1（4）「警告後も問題行動が繰り返され
る場合の対応」の議論があてはまる。

　厚労省は、特に「入院患者の退院や他の医療機関の紹介・転院等」につい
て、「医学的に入院の継続が必要ない場合には、通院治療等で対応すれば足
りるため、退院させることは正当化され、医療機関相互の機能分化・連携を
踏まえ、地域全体で患者ごとに適正な医療を提供する観点から、病状に応じ
て大学病院等の高度な医療機関から地域の医療機関を紹介、転院を依頼・実
施すること等も原則として正当化される」との見解を示しており[42]、医療機

41　岐阜地判平20年4月10日判例秘書：L06350333

216　第 2 章　日常業務における法律問題

関としては、患者が医学的に入院の継続が必要ないと客観的に判断できる場合には、患者を退院・転院させることが緩やかに認められているといえる。

　また、裁判例でも、患者の退院義務について、医師が患者の病状について、「通院可能な程度にまで治癒したと診断した場合に、同診断に基づき病院から患者に対し退院すべき旨の意思表示があったときは、医師の上記診断が医療的裁量を逸脱した不合理なものであるなどの特段の事由が認められない限り、入院を伴う診療契約は終了し、患者は速やかに入院患者用施設である病室から退去する義務を負う」と判示したものがある[43]。

　したがって、【Case】の場合、A は治療が終了しており、医学的に入院の継続が必要ない場合といえるため、基本的には退院させることができる。

(2) 解決方法

　法的手続きを経ずに自分の実力を行使し自己の権利を実現することは原則として禁止されているため（自力救済の禁止）、たとえ、患者が退院しないことに理由がないことが明らかな場合であっても、実力行使して強制退院させることは違法となってしまう。

　そこで、退院を促しても、患者が任意に退院しない場合には、裁判所の調停手続、医療 ADR などのほか、訴訟として、建物明渡訴訟や民事保全としての仮処分を行うことが考えられるが、いずれも手間とコストがかかってしまうため、任意の話し合いとして、丁寧に入院の必要がないことを口頭・書面で説明した上で、退院を勧奨し、それに応じてもらうのが最も望ましい。

---

[42] 前掲「応招義務をはじめとした診察治療の求めに対する適切な対応の在り方等について」2 (2) ③

[43] 前掲岐阜地判平成 20 年 4 月 10 日判例秘書：L06350333、同控訴審（名古屋高判平成 20 年 12 月 2 日判例秘書：L06320694）も支持

4 誹謗中傷への対応

Case
グーグルマップ上の口コミに、匿名で、以下のような書き込みがあることが発見された場合、どのような対応をとるべきか。 ① 「(受付の) 電話の音を切っているらしく、受付を申し込んでももうじき営業時間が終わるので無理と高圧的に断られました」 ② 「医師の診療はすべてが作業です。診療時間も早いと3分ほど」 ③ 「初期研修医の医師が禁じられている診療バイトをしたり一人で保険診療を行ったりするのは違法です」

(1) 名誉毀損該当性

　インターネット上の投稿によって、名誉権やその他の権利が侵害された場合、当該投稿の投稿者に対して、不法行為に基づく損害賠償請求を行うことが考えられる (民法709条)。

　名誉とは、人の名声、信用その他の人格的価値について社会から受ける客観的評価をいい、名誉毀損とは、即ち、人の社会的評価が低下することである。法的には、当該表現が個人的な感想にとどまるか、又はそれを超えて社会的評価の低下があるか否かが判断のポイントとなり、【Case】は、いずれも、裁判例において、医療機関の社会的評価の低下を認められたものである[44]。

(2) 削除依頼・削除請求

　前提として、請求前の準備として、証拠を保全するために投稿内容及びURLを保存しておく必要がある。

　そして、誹謗中傷がインターネット上の投稿サイトに掲載されている場合、まずは、当該サイトの管理者に対して、任意に投稿記事を削除するように依頼することが考えられる[45]。通常は、問合せフォームから、誹謗中傷記事の内容を具体的に特定して削除を求める[46]。

---

[44] 東京地判令和3年10月28日等

218　第 2 章　日常業務における法律問題

　当該サイトの管理者が削除依頼に任意に応じなかった場合は、裁判所を通じて、仮処分の申し立て（投稿記事削除仮処分命令申立）を検討する必要がある。

(3) 発信者情報開示・損害賠償請求

　発信者に対して、名誉権が侵害されたとして、損害賠償請求（民法 709 条等）をする場合、インターネット上の投稿の多くは匿名であるため、その前提として、発信者情報開示請求によって投稿者本人を特定することが必要となる。また、いったん削除されても繰り返し投稿される場合など、本人に対して、請求を行わざるを得ない場合にも、本人の特定が必要となる。

　この場合も、当該サイトの問い合わせフォームから任意開示を求めることが考えられるが、実際上、任意に開示請求に応じるサイト管理者は多くない。そこで、「特定電気通信役務提供者の損害賠償責任の制限及び発信者情報の開示に関する法律」（プロバイダ責任制限法）5 条に基づいて、サイト管理者及びプロバイダに対して発信者情報開示請求を行うことになる。

(4) 刑事告訴等

　投稿の内容によっては、当該投稿行為自体が、名誉毀損罪（刑法 230 条 1 項）、業務妨害罪（同法 233 条）等の犯罪に該当する場合もあり、発信者に対する刑事処罰を求めて、刑事告訴（刑事訴訟法 230 条）や被害届の提出を行うことも考えられる。

45　プロバイダ責任制限法 3 条 2 項 2 号は、プロバイダが、自己の権利を侵害されたとする者から該当する情報について削除等の送信防止措置の申し出を受けた場合、発信者に当該情報の送信防止措置に同意するかどうかを照会し、7 日以内に発信者から回答がない場合には、当該情報を削除しても発信者に対する損害賠償義務を負わないとしている。

46　一般社団法人テレコムサービス協会が、サイト管理者に送付する削除請求用の書式（「侵害情報の通知書兼送信防止措置依頼書」）を策定しており、実務上、この書式を用いて削除請求を行うことも一般的である。

第4　患者トラブル・クレーム対応　219

5　診療報酬の回収

> **Case**
> ①　高齢者の患者Ａは、診療後の診療費の支払時になって、「財布を忘れてきたから次回支払う」
>   ということがこれまでに数回重なり、支払いが滞っていた。ある日、Ａが受診に来たことか
>   ら、受付時に財布を持参したか確認したところ、持ってきていないという。
>   病院は、Ａの診療を拒めるか。
> ②　病院は、Ａとの間で、これまで支払が滞っていた分について、分割払いで支払いを行うこと
>   を取り決め、Ａもそれに従って支払っていたところ、新たに手術が必要な病気があることが
>   判明した。

(1) 診療費の回収

　未払診療費については、まずは繰り返しの支払請求を行うなどして任意の
支払を求める。受診時に未払医療費に関する書面を交付したり、場合によっ
ては内容証明郵便にて支払を求めることも有効である。また、分割払を提案
することで支払が得られることもある。

　任意の支払が得られない場合には、未払医療費の金額や性質に応じて、支
払督促、少額訴訟、民事調停、通常訴訟などの法的手続を検討することにな
る。

(2) 診療費の保全（連帯（根）保証契約の設定）

　入院の場合には、患者が負担する医療費も大きくなることから、医療費の
回収を担保するために、身元保証人を設定することが有用である。関連して、
緊急時の連絡先や入退院を円滑にする上でも、身元保証人の存在は重要であ
る。

　法律的には、身元保証は根保証の一種と位置づけられる。保証契約は、主
債務者が債務を履行しないときに、保証人がその履行をする責任を負うとす
る契約であるが（民法446条１項）、保証契約のうち連帯の特約のあるもの（連
帯保証契約）は、主債務者への請求の有無及び主債務者の財産状況如何にか
かわらず、債権者が保証人に対して請求を行うことができる（民法452条、

220　第2章　日常業務における法律問題

453条）。

　また、根保証契約とは、一定の範囲に属する不特定の債務を主債務とする保証契約をいい、すなわち継続的債権関係から生じる不特定の債務を主債務とする保証である。具体的に、入院費は、法的には、入院を伴う診療契約という継続的契約から生じる入院費支払債務として整理されることから、保証を設定する場合には、基本的には、根保証になると思われる。

　保証契約一般について、「書面」で行うことが要件とされ（民法446条2項、同条3項、同465条の2第3項）、さらに根保証契約ついては、「極度額」を定めることが要件となる（民法465条の2第3項）。

　よって、入院に際して連帯根保証契約を求める場合には、極度額欄を設けた入院申込書を準備した上で、記入を求める必要がある。

（3）診療拒否の可否

　診療報酬の未払いがあるとして、応招義務（医師19条2項）との関係で、診療を行うことを拒否することは認められるかという問題について、厚労省は、「以前に医療費の不払いがあったとしても、そのことのみをもって診療しないことは正当化されない」とした上で、「支払能力があるにもかかわらず悪意を持ってあえて支払わない場合等には、診療しないことが正当化され」、「医学的な治療を要さない自由診療において支払い能力を有さない患者を診療しないこと等は正当化される」、「特段の理由なく保険診療において自己負担分の未払いが重なっている場合には、悪意のある未払いであることが推定される場合もある」との見解を示している[47]。医療機関としては、ケースバイケースであるものの、少なくとも、緊急対応が不要であって、悪意のある未払いであると評価できる場合には診療を拒否することが認められるといえる。

---

[47] 前掲「応招義務をはじめとした診察治療の求めに対する適切な対応の在り方等について」2（2）②

第 5　広告規制　221

第5　広告規制

Case[1]
医療に関する広告として、以下の広告は適法か。
①　雑誌に掲載されていた「日本が誇る 50 病院の一覧」を、そのまま他の医療機関名も含めて掲載すること（比較優良広告）
②　「最新の治療法」や「最新の医療機器」などの表現（誇大広告）
③　「最先端の医療」や「最適の医療」の文言（誇大広告）
④　「当診療所に来れば、どなたでも○○が受けられます」との文言（虚偽広告）また、病院等の HP に、以下の文言を載せることは適法か。
⑤　「糖尿病外来」、「認知症外来」などの専門外来を謳う表現（広告可能事項の制限）

1　医業、歯科医業又は助産師の業務等の広告

(1) 医療広告規制

　ア　医療広告規制の基本的な考え方

　医業若しくは歯科医業又は病院若しくは診療所に関する広告（以下「医療広告」という。）については、医療法により規制されており、①医療は人の生命・身体に関わるサービスであり、広告の受け手が不当な広告に誘引され不適当なサービスを受けた場合の被害が他分野に比べて著しいこと、②医療は専門性の高いサービスであり、広告の受け手としては広告の内容から提供される実際のサービスの質について事前に判断することが非常に困難であることから、患者等の利用者保護の観点により、原則として限定的に認められた事項以外の広告を禁止する一方、患者等に正確な情報が提供され、その選択を支援する観点から、医療に関する適切な選択が阻害されるおそれが少ない場合については、幅広い事項の広告を認めることとしている（医療 6 条の5）。

---

[1] 医療広告ガイドライン Q&A より抜粋

222 第2章 日常業務における法律問題

　そして、医療広告の規制の具体的な内容については、厚生労働省の医療広告ガイドラインによって示されている[2]。

　イ　医療広告規制の概要

　医療広告規制は、虚偽広告など広告を禁止する広告禁止事項の定め（医療6条の5第1項、第2項）と、法令で限定的に認められた事項以外は、広告を禁止する広告可能事項の定め（医療6条の5第3項各号）から成る。

　さらに、近年では、美容医療サービスに関する消費者トラブルが頻発していること等を踏まえ医療法が改正され、医療法上の広告規制の対象が、それまでの「広告」から「広告その他の医療を受ける者を誘引するための手段としての表示」に拡大し、ウェブサイト等による情報提供も規制の対象となったことに伴い、患者等が自ら求めて入手する情報については、広告可能事項の限定が解除され、他の事項を広告することができることとされた（「広告可能事項の限定解除」）。

医療広告規制の概要[3]		
	従来から医療法上の規制対象であった広告 例）TVCM、看板、折込広告等	新しく医療法上の規制対象となった広告（「誘引するための手段としての表示」） 例）ウェブサイト、メルマガ、申込みによる詳細なパンフレット等
広告禁止事項 （医療6条の5第1項、2項、医療則1条の9）	・虚偽広告 ・誇大広告 ・比較優良広告 ・公序良俗に反する内容の広告 ・患者等の主観又は伝聞に基づく、治療等の内容又は効果に関する体験談の広告 ・治療等の内容又は効果について、患者等を誤認させるおそれがある治療等の前又は後の写真等の広告	
広告可能事項の限定（医療6条の5第3項）	医療6条の5第3項各号の事由に限られる （広告禁止事項に該当しない事項であっても広告可能な事項は限定される）	

---

[2] さらに、医療広告ガイドラインに関するQ＆Aにより、具体的な例が整理されているため、適宜参照されたい。

[3] 厚生労働省医政局総務課「第6回医療情報の提供内容等のあり方に関する検討会」（平成29年10月25日）の参考資料2「医療法改正後の広告規制の全体像」をもとに著者作成。

広告可能事項の限定解除（医療6条の5第3項、医療則1条の9の2）	なし	あり ※広告禁止事項に該当しない事項に限られる ※表示される情報の内容について、患者等が容易に照会ができるよう、問い合わせ先を記載することその他の方法により明示することが必要

ウ　違反した場合

違反の疑いがある場合、必要な報告が命ぜられうるほか、立入検査、広告に関する検査が行われうる（医療6条の8第1項）。違反が確認された場合は、是正・中止命令が下されうる（医療6条の8第2項）。

もし、必要な報告を怠ったり、立入検査を拒んだりした場合には、20万円以下の罰金に処せられる可能性がある（医療89条2号）。また、違反が確認された場合や、是正・中止命令に従わなかった場合は、6月以下の懲役又は30万円以下の罰金が下される可能性がある（医療87条1号、同条3号）。

また、これらに該当する場合には、病院等の開設許可の取り消し又は一時閉鎖を命ぜられる可能性がある（医療29条1項4号）。

(2) 医療広告規制の対象範囲

医療法改正（平成30年6月1日より施行）により、医療広告規制の対象範囲が単なる「広告」から「広告その他の医療を受ける者を誘引するための手段としての表示」へと変更され、ウェブサイト等による情報提供も規制の対象となった。

ア　広告とは

次の要件をいずれも満たす場合に、「広告」（医療6条の5第1項）に該当するものとして規制の対象となる[4]。

医療広告の該当性要件
①　患者の受診等を誘引する意図があること（誘引性）
②　医業若しくは歯科医業を提供する者の氏名若しくは名称又は病院若しくは診療所の名称が特定可能であること（特定性）

---

[4] 医療広告ガイドライン第2・1

①「誘引性」については、情報物の客体の利益を期待して誘引しているか否かにより判断するとされ、例えば、新聞・雑誌の病院特集などは、特定の病院等を推薦している内容であったとしても、この要件を満たさないとされる。もっとも、患者等に広告と気付かれないように行われるいわゆるステルスマーケティング等について、医療機関が広告料等の費用負担等の便宜を図って掲載を依頼している場合（いわゆる記事風広告）は、同様に広告として判断されうる。

②「特定性」については、複数の提供者又は医療機関を対象としている場合も該当する。

また、医療広告規制の対象となることを避けるため、外形的に①及び②に該当することを回避するための表現を行ったとしても、実質的に上記①及び②の要件をいずれも満たす場合には、広告に該当すると判断されうる。

実質的に広告と判断されるもの[5]

・「これは広告ではありません。」、「これは、取材に基づく記事であり、患者を誘引するものではありません。」との記述があるが、病院名等が記載されている
・治療法等を紹介する書籍、冊子及びウェブサイトの形態をとっているが、特定の病院等の名称が記載されていたり、電話番号やウェブサイトのアドレスが記載されている

イ　広告に該当する媒体

広告の規制対象となる媒体の具体例としては、以下のものがある。

公告に該当する媒体の具体例[6]

・チラシ、パンフレットその他これらに類似する物によるもの（ダイレクトメール、ファクシミリ等によるものを含む。）
・ポスター、看板（プラカード及び建物又は電車、自動車等に記載されたものを含む。）、ネオンサイン、アドバルーンその他これらに類似する物によるもの
・新聞、雑誌その他の出版物、放送（有線電気通信設備による放送を含む。）、映写又は電光によるもの
・情報処理の用に供する機器によるもの（Eメール、インターネット上の広告等）
・不特定多数の者への説明会、相談会、キャッチセールス等において使用するスライド、ビデオ又は口頭で行われる演述によるもの

5　医療広告ガイドライン第2・2より抜粋
6　医療広告ガイドライン第2・4より抜粋

医療広告とはみなされないものの具体例[7]
・学術論文、学術発表等
・新聞・雑誌等の記事
・患者等が自ら掲載する体験談、手記等
・院内掲示、院内で配布するパンフレット等
・医療機関の職員募集に関する広告

ウ　医療広告規制の対象者

規制対象者について、「何人も」（医療6条の5第1項）と記載されていることから、医師若しくは歯科医師又は病院等の医療機関のみならず、マスコミ、広告代理店、アフィリエイター、患者又は一般人等、何人も広告規制の対象とされる。また、日本国内向けの広告であれば、外国人や海外の事業者等による広告（海外から発送されるダイレクトメールやEメール等）も規制の対象となる。

(3) 広告禁止事項

医療法上、以下のような、内容が虚偽にわたる広告等は、受け手である患者等に適切な受診機会を喪失させ、不適切な医療を受けさせるおそれがあることから、禁止される（医療6条の5、医療則1条の9）。

広告禁止事項
①　内容が虚偽にわたる広告（虚偽広告）
②　比較優良広告
③　誇大広告
④　公序良俗に反する内容の広告
⑤　患者その他の者の主観又は伝聞に基づく、治療等の内容又は効果に関する体験談の広告
⑥　治療等の内容又は効果について、患者等を誤認させるおそれがある治療等の前又は後の写真等の広告

ア　内容が虚偽にわたる広告（虚偽広告）

虚偽の広告は禁止される（医療6条の5第1項）。虚偽の広告の具体例としては、以下のものがある。

7　医療広告ガイドライン第2・5より抜粋

226 第2章 日常業務における法律問題

虚偽広告の具体例[8]
・「絶対安全な手術です！」
・「どんなに難しい症例でも必ず成功します」
・厚生労働省の認可した○○専門医
・加工・修正した術前術後の写真等の掲載
・「一日で全ての治療が終了します」（治療後の定期的な処置等が必要な場合）
・「○％の満足度」（根拠・調査方法の提示がないもの）

　イ　他の病院又は診療所と比較して優良である旨の広告（比較優良広告）

　特定又は不特定の他の医療機関（複数の場合を含む。）を比較の対象とし、施設の規模、人員配置、提供する医療の内容等について、自らの病院等が他の医療機関よりも優良である旨を広告することは禁止される（医療6条の5第2項1号）。

　なお、事実であったとしても、優秀性について、著しい誤認を与えるおそれがあるものについても禁止される。例えば、「日本一」、「No.1」、「最高」等の最上級の表現その他優秀性について著しく誤認を与える表現は、たとえ客観的な事実であったとしても、禁止される表現に該当する。「最良の医療」、「最上の医療」の表現も、比較優良広告に該当するため、禁止される[9]。

　他方で、優秀性について著しい誤認を与える表現を除き、必ずしも客観的な事実の記載を妨げるものではないが、記載内容を裏付ける合理的な根拠に基づいて、客観的に実証できる必要があるほか、調査結果等の引用による広告については、出典、調査の実施主体、調査の範囲、及び実施時期等を併記する必要があるとされる。

　また、著名人との関連性を強調するなど、患者等に対して他の医療機関より著しく優れているとの誤認を与えるおそれがある表現も、比較優良広告として禁止される。

比較優良広告の具体例[10]
・「肝臓がんの治療では、日本有数の実績を有する病院です。」
・「当院は県内一の医師数を誇ります。」

8　医療広告ガイドライン第3・1（1）より抜粋

9　医療広告ガイドライン Q&A・Q2-3

10　医療広告ガイドライン第3・1（2）より抜粋

・「本グループは全国に展開し、最高の医療を広く国民に提供しております。」

・「著名人も○○医師を推薦しています」

　　ウ　誇大な広告（誇大広告）

　必ずしも虚偽ではないが、施設の規模、人員配置、提供する医療の内容等について、事実を不当に誇張して表現するなど、人を誤認させる広告は禁止される（医療6条の5第2項2号）。「誤認」については、一般人が広告内容から認識する「印象」や「期待感」と実際の内容に相違があることを常識的にみて判断される。

　「最新の治療法」や「最新の医療機器」であることが、医学的・社会的な常識の範囲で、事実と認められるものであれば、必ずしも禁止される表現ではないものの、客観的に実証できる必要があるほか、より新しい治療法や医療機器が定着したと認められる時点においても、「最新」との表現を使用することは、虚偽広告や誇大広告に該当するおそれがあるとされる[11]。

　他方で、「最先端」や「最適」の表現は、誇大広告に該当する[12]。また、美容医療等の自由診療において、「プチ～」といった短時間で行える、身体への負担が比較的少ない、費用も手軽である、といったような印象を与える表現も、事実を不当に誇張した場合や、誤認させるおそれがある場合は、誇大広告に該当する可能性がある[13]。

誇大広告の具体例[14]

・「医師数○名（○年○月現在）」

　→示された年月の時点では、常勤換算で○名であることが事実であったが、その後の状況の変化により、医師数が大きく減少した場合には、誇大広告にあたるおそれがある。

・（美容外科の自由診療の際の費用として）「顔面の○○術1か所○○円」

　→例えば、当該費用について、大きく表示された値段は5か所以上同時に実施したときの費用であり、1か所のみの場合等には、倍近い費用がかかる場合等、小さな文字で注釈が付されていたとしても、当該広告物からは注釈を見落とすものと常識的判断から認識できる場合には、誇大広告にあたる。

---

[11] 医療広告ガイドライン Q&A・Q2-1

[12] 医療広告ガイドライン Q&A・Q2-2

[13] 医療広告ガイドライン Q&A・Q2-4

[14] 医療広告ガイドライン第3・1（3）より抜粋

228 第2章 日常業務における法律問題

・「○○学会認定医」（活動実態のない団体による認定）
・「○○協会認定施設」（活動実態のない団体による認定）
・「○○センター」（医療機関の名称又は医療機関の名称と併記して掲載される名称）
・「○○の症状のある二人に一人が○○のリスクがあります。」
・「こんな症状が出ていれば命に関わりますので、今すぐ受診ください。」
　→科学的な根拠が乏しい情報であるにもかかわらず特定の症状に関するリスクを強調すること
　　により、医療機関への受診を誘導するものは、誇大広告にあたる。
・「○○手術は効果が高く、おすすめです。」
　→科学的な根拠が乏しい情報であるにもかかわらず特定の手術や処置等の有効性を強調するこ
　　とにより、有効性が高いと称する手術等の実施へ誘導するものは、誇大広告にあたる。

　エ　公序良俗に反する内容の広告

　わいせつ若しくは残虐な図画や映像又は差別を助長する表現等を使用した広告など、公序良俗に反する内容の広告は禁止される（医療6条の5第2項3号）。

　オ　患者等の主観に基づく、治療等の内容又は効果に関する体験談

　医療機関が、治療等の内容又は効果に関して、患者自身の体験や家族等からの伝聞に基づく主観的な体験談を、当該医療機関への誘引を目的として紹介する広告は禁止される（医療6条の5第2項4号、医療則1条の9第1号）。なお、患者等の体験談の記述内容が、広告が可能な範囲であっても認められない。

　もっとも、個人が運営するウェブサイト、SNSの個人のページ及び第三者が運営するいわゆる口コミサイト等への体験談の掲載については、医療機関が広告料等の費用負担等の便宜を図って掲載を依頼しているなど、誘引性を欠く場合は、医療法上の広告には該当しない。

　カ　治療等の内容又は効果について、患者等を誤認させるおそれがある治療等の前又は後の写真等

　個々の患者により当然に治療等の結果は異なるから、治療等の内容又は効果について誤認させるおそれがある写真等について、医療広告として用いることは禁止される（医療6条の5第2項4号、医療則1条の9第2号）。いわゆるビフォーアフター写真が典型である。

　もっとも、術前又は術後の写真に、通常必要とされる治療内容、費用等に

関する事項や、治療等の主なリスク、副作用等に関する事項等の詳細な説明を付した場合については許容されうる。なお、治療効果に関する事項は広告可能事項ではないため、後述（5）の限定解除要件を満たした場合でなければ、術前術後の写真等について広告できない。

キ　その他

（ア）品位を損ねる内容の広告

　医療機関や医療の内容について品位を損ねる、あるいはそのおそれがある広告は禁止される。医療広告ガイドラインにおいては、次の①乃至③が例示されている。

①　費用を強調した広告

費用を強調した広告[15]
・今なら○円でキャンペーン実施中！
・「ただいまキャンペーンを実施中」
・「期間限定で○○療法を50％オフで提供しています」
・「○○ 100,000円 50,000円」
・「○○治療し放題プラン」

②　提供される医療の内容とは直接関係ない事項による誘引

　例えば、「無料カウンセリングを受けた方全員に○○をプレゼント」というように、提供される医療の内容とは直接関係のない情報を強調し、患者等を誤認させ、不当に患者等を誘引する内容については、広告は禁止される。

③　ふざけたもの、ドタバタ的な表現による広告

（イ）他法令又は他法令に関する広告ガイドラインで禁止される内容の広告

　他法令に抵触する広告を行わないことはもとより、他法令に関する広告ガイドラインも遵守する必要がある。

①　医薬品医療機器等法

　医薬品・医療機器等の名称、効能・効果及び性能等に関する虚偽・誇大広告が禁止されている（薬機66条1項）。

　また、がん等の特殊疾患に使用されることが目的とされる医薬品・再生医

---

15 医療広告ガイドライン第3・1 (8) より抜粋

230　第2章　日常業務における法律問題

療製品については、一般人を対象に広告することが広く禁止されている（薬機67条1項、薬機則228条の10）。

　さらに、承認前の医薬品・医療機器について、その名称や、効能・効果、性能等についての広告が禁止されている（薬機68条）。

　②　健康増進法

　食品として販売に供する物に関して、健康の保持増進の効果等について、著しく事実に相違する表示をし、又は著しく人を誤認させるような表示をすることは禁止されている（健康増進65条1項）。

　③　景表法

　商品又は役務の品質等について、一般消費者に対し、実際のもの又は事実に相違して競争事業者のものよりも著しく優良であると示す表示（優良誤認表示）又は取引条件について実際のもの又は競争事業者のものよりも著しく有利であると一般消費者に誤認される表示（有利誤認表示）であって、不当に顧客を誘引し、一般消費者による自主的かつ合理的な選択を阻害するおそれがあると認められる表示等（不当表示）は禁止される（景表5条）。

　④　不正競争防止法

　不正の目的をもって役務の広告等にその役務の質、内容、用途又は数量について誤認させるような表示をする行為等が禁止されている（不競21条2項1号）ほか、虚偽の表示をする行為が禁止されている（同項5号）。

　⑤　特定商取引法

　いわゆる美容医療の一部に係る特定商取引法の規制については、後述（(6)イ）する。

(4) 広告可能事項

　医療広告においては、原則として、以下（次頁）の、法又は広告告示により広告が可能とされた事項を除いては、広告が禁じられている（医療6条の5第3項各号）。

第5　広告規制　231

広告可能事項
① 医師又は歯科医師である旨（第1号関係）
② 診療科名（第2号関係）
③ 病院又は診療所の名称、電話番号及び所在の場所を表示する事項並びに病院又は診療所の管理者の氏名（第3号関係）
④ 診療日若しくは診療時間又は予約による診療の実施の有無（第4号関係）
⑤ 法令の規定に基づき一定の医療を担うものとして指定を受けた病院若しくは診療所又は医師若しくは歯科医師である場合には、その旨（第5号関係）
⑥ 医師少数区域経験認定医師である場合には、その旨（第6号関係）
⑦ 地域医療連携推進法人の参加病院等である場合には、その旨（第7号関係）
⑧ 入院設備の有無、病床の種別ごとの数、医師、歯科医師、薬剤師、看護師その他の従業者の員数その他の当該病院又は診療所における施設、設備又は従業者に関する事項（第8号関係）
⑨ 当該病院又は診療所において診療に従事する医師、歯科医師、薬剤師、看護師その他の医療従事者の氏名、年齢、性別、役職、略歴その他のこれらの者に関する事項であって医療を受ける者による医療に関する適切な選択に資するものとして厚生労働大臣が定めるもの（第9号関係）
⑩ 患者又はその家族からの医療に関する相談に応ずるための措置、医療の安全を確保するための措置、個人情報の適正な取扱いを確保するための措置その他の当該病院又は診療所の管理又は運営に関する事項（第10号関係）
⑪ 紹介をすることができる他の病院若しくは診療所又はその他の保健医療サービス若しくは福祉サービスを提供する者の名称、これらの者と当該病院又は診療所との間における施設、設備又は器具の共同利用の状況その他の当該病院又は診療所と保健医療サービス又は福祉サービスを提供する者との連携に関する事項（第11号関係）
⑫ 診療録その他の診療に関する諸記録に係る情報の提供、退院療養計画書の交付その他の当該病院又は診療所における医療に関する情報の提供に関する事項（第12号関係）
⑬ 当該病院又は診療所において提供される医療の内容に関する事項（検査、手術その他の治療の方法については、医療を受ける者による医療に関する適切な選択に資するものとして厚生労働大臣が定めるものに限る。）（第13号関係）
⑭ 当該病院又は診療所における患者の平均的な入院日数、平均的な外来患者又は入院患者の数その他の医療の提供の結果に関する事項であって医療を受ける者による医療に関する適切な選択に資するものとして厚生労働大臣が定めるもの（第14号関係）
⑮ その他前各号に掲げる事項に準ずるものとして厚生労働大臣が定める事項（第15号関係）

---

16 厚生労働省医政局長通知「広告可能な診療科名の改正について」（平成20年3月31日医政発第0331042号）

232　第2章　日常業務における法律問題

　広告可能な事項の具体的な内容は、医療広告ガイドラインの第4・4を参照されたい。

　②診療科名については、医療法施行令3条の2で定められた診療科名[16]又は当該診療に従事する医師が厚生労働大臣の許可を受けたものに限られる。

　⑧施設又は従業者に関する事項について、具体的には、病床の種別、病棟又は診療科（広告が可能な診療科名に限る。）等ごとの病床数、人数や配置状況については広告可能である。また、医療従事者以外の従業員の人数や配置状況についても示すことができる。なお、これらの広告が可能とされた事項については、文字だけでなく、写真、イラスト、映像等による表現も可能とされる。他方で、広告可能事項以外の広告は、広告可能事項の限定解除の場合を除いて、広告を行うことは禁止される。

広告可能事項以外の広告の具体例[17]
・専門外来 　→広告が可能な診療科名と誤認を与える事項であり、広告可能な事項ではない。ただし、保険診療や健康診査等の広告可能な範囲であれば、例えば、「糖尿病」、「花粉症」、「乳腺検査」等の特定の治療や検査を外来の患者等に実施する旨の広告は可能。 ・死亡率、術後生存率等 ・未承認医薬品（海外の医薬品やいわゆる健康食品等）による治療の内容

(5) 広告可能事項の限定解除

　ア　広告可能事項の限定解除とは

　医療広告においては、前述のとおり、原則として、広告が可能な事項は、医療法6条の5第3項各号に掲げられた事項に限られるが、患者等が自ら求めて入手する情報については、適切な情報提供が円滑に行われる必要があるとの考え方から、広告可能事項の限定を解除し、他の事項についても広告することができることとされている（広告可能事項の限定解除　医療6条の5第3項、医療則1条の9の2）。なお、当然であるが、この場合も、広告禁止事項の定め（医療6条の5第1項、2項、医療則1条の9）に違反してはならない。

---

[17] 医療広告ガイドライン第3・1（1）より抜粋

第5　広告規制　233

イ　広告可能事項の限定解除の要件

　広告可能事項の限定解除が認められる場合は、以下の①から④のいずれも満たす場合である。ただし、③及び④については自由診療について情報を提供する場合に限られる。

広告可能事項の限定解除の要件
①　医療に関する適切な選択に資する情報であって患者等が自ら求めて入手する情報を表示するウェブサイトその他これに準じる広告であること
②　表示される情報の内容について、患者等が容易に照会ができるよう、問い合わせ先を記載することその他の方法により明示すること
③　自由診療に係る通常必要とされる治療等の内容、費用等に関する事項について情報を提供すること
④　自由診療に係る治療等に係る主なリスク、副作用等に関する事項について情報を提供すること

　①は、患者等が自ら求めた情報を表示するものであって、かつては医療広告の規制対象とされてこなかった、ウェブサイトの他、メルマガ、患者等の求めに応じて送付するパンフレット等が該当しうる。他方で、例えば、インターネット上のバナー広告やリスティング広告など、検索サイトの運営会社に対して費用を支払うことによって意図的に表示される状態にしたものなどは、これにあたらない。もっとも、バナー広告にリンクした医療機関のウェブサイト等は、患者等が自ら求めて入手する情報を表示するウェブサイト等として広告可能事項の限定解除がされうる[18]。

　②は、表示される情報の内容について、問い合わせ先が記載されていること等により、容易に照会が可能である場合を指す。

　③は、自由診療の内容を明確化し、料金等に関するトラブルを防止する観点から求められるもので、当該医療機関で実施している治療等を紹介する場合には、治療等の名称や最低限の治療内容・費用だけを紹介することにより患者等を誤認させ不当に誘引すべきではなく、通常必要とされる治療内容、標準的な費用、治療期間及び回数を掲載し、患者等に対して適切かつ十分な情報を分かりやすく提供する必要がある。

---

18 医療広告ガイドライン Q&A Q1-7

234 第2章 日常業務における法律問題

④は、自由診療に関しては、その利点や長所のみが強調され、その主なリスク等についての情報が乏しい場合には、当該医療機関を受診する者が適切な選択を行うことができないおそれがあることから求められるもので、利点等のみを強調することにより、患者等を誤認させ不当に誘引すべきではなく、患者等による医療の適切な選択を支援する観点から、その主なリスクや副作用などの情報に関しても分かりやすく掲載し、患者等に対して適切かつ十分な情報を提供する必要がある。

(6) 美容医療に関する広告

　ア　医療法・薬機法による広告規制

Case
美容医療を行う病院等において、以下の広告を行うことは認められるか。
①　アンチエイジングクリニック又は（単に）アンチエイジング
②　「ただいまキャンペーンを実施中」
③　プラセンタ注射を用いた施術

　美容医療に関する広告についても、医療広告に関する規制が適用されるため、広告禁止事項にあたる広告は許されず、原則として、広告可能事項は制限される。

　また、広告可能事項の限定解除の場合であっても、特に、自由診療が行われる場合には、その内容の明確化や、リスクを掲載するなど、患者等に対して適切かつ十分な情報を提供する必要がある。

　特に、美容医療については、化粧品や美容器具等の美容に関する商品について、原則として、医薬品や医療機器等としての承認を受けずに医薬品的な効能効果を謳うことはできないことに留意すべきである[19]。

　【Case①】については、「アンチエイジング」は、暗示的な表現であるものの、「アンチエイジングは診療科名として認められておらず、また、公的医療保険の対象や医薬品医療機器等法上の承認を得た医薬品等による診療の内容ではなく、広告としては認められない」[20]。

　【Case②】については、品位を損ねる内容の広告のうち費用を強調した広告として、禁止される[21]。

【Case ③】については、「プラセンタ注射」は、薬機法上、更年期障害等の限られた症状の改善の効能・効果を目的とする場合にのみ使用することが認められていることから、原則として、例えば、美肌目的といった薬機法上認められていない目的での使用については広告できない（医療 6 条の 5 第 3 項 13 号）。もっとも、広告可能事項の限定解除にあたる場合には、一般に、薬機法上認められていない目的での使用に関する広告も認められる（医療 6 条の 5 第 3 項、医療則 1 条の 9 の 2）。

　イ　特定商取引法の適用

　平成 29 年 12 月 1 日からは、美容医療[22] のうち期間が 1 か月を超え、かつ金額が 5 万円を超えるものについては、特定継続的役務の一として、特定商取引法の規制対象となり、同法上の広告に関する規制も適用される（特定商取引 41 条以下）。

　具体的には、美容医療の内容又は効果その他の次に掲げる事項について、著しく事実に相違する表示をし、又は実際のものよりも著しく優良であり、若しくは有利であると人を誤認させるような表示を行うことは禁止される（特

19　医薬品の該当性について、判例は「医薬品とは、その物の成分、形状、名称、その物に表示された使用目的・効能効果・用法用量、販売方法、その際の演述・宣伝などを総合して、その物が通常人の理解において「人又は動物の疾病の診断、治療又は予防に使用されることが目的とされている」と認められる物をいい、これが客観的に薬理作用を有するものであるか否かを問わないと」と示しており、厚生労働省医薬・生活衛生局長通知においても、「医薬品的な効能効果を標ぼうするもの」を医薬品としてみなすものとし、規制・取締りの対象としている（「無承認無許可医薬品の指導取締りについて」（昭和 46 年 6 月 1 日薬発第 476 号（最終改正：平成 30 年 4 月 18 日薬生発 0818 第 4 号）別紙「医薬品の範囲に関する基準」Ⅱ）。

20　医療広告ガイドライン第 2・3 ア

21　医療広告ガイドライン第 3・1（8）ア①

22　特定商取引法の規制対象となる「美容医療」とは、「人の皮膚を清潔にし若しくは美化し、体型を整え、体重を減じ、又は歯牙を漂白するための医学的処置、手術及びその他の治療を行うこと」（特定商取引 41 条 1 項 1 号、特定商取引令 24 条、25 条、同別表第 4・2）であって、その方法が次のいずれかに該当するものである（特定商取引則 91 条）。

1　脱毛　光の照射又は針を通じて電気を流すことによる方法

2　にきび、しみ、そばかす、ほくろ、入れ墨その他の皮膚に付着しているものの除去又は皮膚の活性化　光若しくは音波の照射、薬剤の使用又は機器を用いた刺激による方法

3　皮膚のしわ又はたるみの症状の軽減　薬剤の使用又は糸の挿入による方法

4　脂肪の減少　光若しくは音波の照射、薬剤の使用又は機器を用いた刺激による方法

5　歯牙の漂白　歯牙の漂白剤の塗布による方法

236　第2章　日常業務における法律問題

定商取引43条、特定商取引則103条各号）。

1	役務又は権利の種類又は内容
2	役務の効果又は目的
3	役務若しくは権利、役務提供事業者若しくは販売業者又は役務提供事業者若しくは販売業者の行う事業についての国、地方公共団体、著名な法人その他の団体又は著名な個人の関与
4	役務の対価又は権利の販売価格
5	役務の対価又は権利の代金の支払の時期及び方法
6	役務の提供期間
7	特定継続的役務提供等契約の解除に関する事項（法第四十八条第一項から第七項まで及び第四十九条第一項から第六項までの規定に関する事項を含む。）
8	役務提供事業者又は販売業者の氏名又は名称、住所及び電話番号
9	第四号に定める金銭以外の特定継続的役務提供受領者等の負担すべき金銭があるときは、その名目及びその額

　違反した場合には、2年以内の期間に限り、業務の全部又は一部を停止すべきことを命ぜられる可能性があるほか、その場合には、公表される（特定商取引47条）。

2　介護老人保健施設・介護医療院の広告

（1）介護老人保健施設に関して広告できる事項

　介護老人保健施設に関する広告については、同施設が看護・介護を医学的管理下で提供する「医療施設」と位置づけられることから、以下の事項に限って認められる（介護保険98条、「介護老人保健施設に関して広告できる事項について」（平成13年2月22日老振発第10号）別紙）[23]。

　　ア　施設及び構造設備に関する事項

イ	療養室（広さ、個人用ロッカー、洗面所等の設備）
ロ	機能訓練室（広さ、機械・器具等の設備）
ハ	痴呆専門等を有する介護老人保健施設については、その旨及び定員、施設設備
ニ	食堂（広さ、設備等）

---

[23] デイサービスなど介護老人保健施設以外の介護サービスにおける広告に関する規制は、「その内容が虚偽又は誇大なものであってはならない」というものであり（介護保険42条1項2号、74条1項、同条2項、「指定居宅サービス等の事業の人員、設備及び運営に関する基準」（平成11年3月31日厚生省令第37号）34条）、介護老人保健施設のものよりも緩い。

ホ　談話室、レクリエーション・ルーム（広さ、テレビ・ソファー等の設備）

ヘ　浴室（特別浴槽等の設備）

ト　当該介護老人保健施設の協力病院及び協力歯科医療機関

チ　当該介護老人保健施設に在宅介護支援センターを設置している場合は、その旨及びその事業内容等

ヌ　当該介護老人保健施設に訪問看護ステーション又は特別養護老人ホーム等を併設している場合は、その旨及びその事業内容等

ル　その他特色ある施設（ボランティア・ルーム、家族介護教室等の設置状況）

イ　職員の配置員数

常勤の職員の職種ごとの員数を広告できる。なお、医師又は看護婦の技能又は経歴に関する事項については広告できる。

ウ　提供されるサービスの種類及び内容（医療の内容に関するものを除く。）

(1) レクリエーション、理美容その他日常生活上のサービスの内容について広告できること。具体的には、以下の内容について広告できること。

イ　レクリエーションの内容

ロ　生活上のサービスの内容…入浴回数、機能訓練の回数等

(2) 指定通所リハビリテーション又は指定短期入所療養介護を実施している介護老人保健施設については、その旨を広告できること。この場合においては、指定通所リハビリテーションの定員数及びその実施時間についても広告できること。

(3) 利用料の徴収できる「特別な療養室」を有する施設については、その旨及びその室数について広告できること。

(4) 紹介することのできる他の指定居宅サービス事業者、指定居宅介護支援事業者、指定介護老人福祉施設、介護老人保健施設、介護医療院、病院又は診療所の名称について広告できること。

(5) サービスの提供に関する諸記録に係る情報を開示することができる旨を広告できること。

(6) 医療の内容に関する事項は広告できないこと。

エ　利用料の内容

利用料（日常生活費その他の費用を含む。）の費目、金額、支払方法及び領収ついて広告することができる。

オ　その他

広告内容は虚偽であってはならない。

(2) 介護医療院に関して広告できる事項

医療の内容に係るものについては、医療広告として規制される。また、そ

れに加えて、介護保険法上の広告規制があるが、その規制内容は療養床及び療養室に関する事項が広告できるほかは、介護老人保健施設と基本的に同様である（介護保険112条、「介護医療院に関して広告できる事項について」（平成30年3月30日付け老老発0330第1号）別紙）。

第3章　労働問題

第1　医療従事者の労働者性

　医療機関は、医師や医療従事者を使役して医療サービスを提供していると
ころ、医師や医療従事者を「労働者」として扱わず、労務管理を行わずに、
社会保険等に加入させていないケースが稀にみられる。

　この点、他人を使役し、その対価として報酬を支払う関係にある契約形態
としては、労働契約（民法623条）のほか、以下のように請負契約（民法
632条）、委任契約（民法643条）、準委任契約（民法656条）などが挙げら
れる。

　ある契約が労働契約であると判断される場合、労働者保護の観点から、そ
の他の役務提供契約とは異なり労基法等の労働法制により解雇規制や労働時
間規制をはじめとする様々な規制が及ぼされるほか、社会保険等の適用対象
になるため、医師や医療従事者が「労働者」にあたるか否かが、一応の問題
となり得る。

契約類型		内容（特色）
労働契約		当事者の一方が相手方に<u>使用されて労働</u>し、相手方がこれに対して賃金を支払うことを合意する契約
役務提供契約	請負契約	当事者の一方がある<u>仕事を完成すること</u>を約し、相手方がその仕事の結果に対してその報酬を支払うことを約する契約
	委任契約	当事者の一方が<u>法律行為をすること</u>を相手方に委託し、相手方がこれを承諾する契約[1]
	準委任契約	当事者の一方が<u>法律行為でない事務をすること</u>を相手方に委託し、相手方がこれを承諾する契約[2]

240 第3章 労働問題

1 労働者とは

　「労働者」とは、①事業に使用される者で、②賃金を支払われる者をいう（労基9条）とされ、事業に使用されるとは、使用者の指揮監督を受けて働くこと、賃金とは、労働の対償として使用者が支払うすべてのもの（労基11条）をいう。

　この労働者概念によって、労基法の適用範囲は画されており、言い換えれば、労基法の適用対象は「労働者」に限られる。

　よって、必然的に、労働契約とそれ以外の契約は、労務提供者が、他人の指揮監督下に労務を提供し、その対象として賃金を支払われるという内容か否かによって峻別される。

2 労働者性の判断基準

　労基法上の「労働者」であるか否か、すなわち「労働者性」の有無は、①指揮監督下の労働という労務提供の形態、及び②報酬が提供された労務に対するものであるかどうかという報酬の労務に対する対償性の観点から、諸要素を総合的に考慮して判断される。この2つの基準は総称して、「使用従属性」と呼ばれる[3]。

　もっとも、現実には、これらの観点のみでは、労働者性を判断することが困難な事例があり、その場合にあっては、収入額や専属度等の諸要素を加味して判断される[4]。

　なお、労働者性の判断にあたっては、形式的な契約形式（名称）の如何にかかわらず、実質的に判断される。

---

1 特約がなければ報酬を請求することができないとされている（民法648条1項）。
2 同上
3 労働省労働基準法研究会報告書「労働基準法の『労働者』の判断基準について」（昭和60年12月19日）第1・1
4 前掲「労働基準法の『労働者』の判断基準について」第1・2

「労働者性」の判断基準		
1	「使用従属性」に関する判断基準	
	(1)	「指揮監督下の労働」であること
		①仕事の依頼、業務従事の指示等に対する諾否の自由の有無 …実質的に発注者からの業務の依頼や指示を断ることができなかったり、実際に断ったことがなかったりするなど諾否の自由を有しない場合、労働者性を強める。 ②業務遂行上の指揮監督の有無 …業務の内容や遂行方法について具体的な指揮命令を受ける場合、労働者性を強める。 ③場所的・時間的拘束性 …役務の提供場所や提供時間が指定され、管理されている場合、労働者性を強める。 ④代替性 …契約当事者以外による役務の提供が認められている場合、労働者性を弱める。
	(2)	「報酬の労務対償性」があること
		報酬が役務提供の長短に応じて決定する場合（時給による支払い、遅刻欠勤控除、残業手当の支払い等）や報酬が実質的に固定的である場合、労働者性を強める。一方、報酬が役務提供の成果に応じて決定する場合労働者性を弱める。
2	「労働者性」の判断を補強する要素	
		①事業者性の有無 …労務提供者が著しく高額な仕事に必要な機械、器具を用意しその費用を負担しているといった事情や、報酬の額が当該企業において同様の業務に従事している正規従業員に比して著しく高額であるといった事情は、労働者性を弱める。 ②専属性の程度 …依頼者以外の者との取引に制約がある場合（専属性が高い場合）、労働者性を強める。

3 医師・医療従事者の労働者性

Case
以下の各 Case において、医師及び看護師は「労働者」にあたるか。 ①[5] 大学病院 Y1 の耳鼻咽喉科で臨床研修として研修プログラムに従い臨床研修指導医の指導の下に医療行為等に従事する医師 X1 ②[6] 開業医である Y2 が経営する医院に、以下のような態様及び条件で勤務する医師 X2 ・医師 X2 は、ほぼ週5日、診療所の診療時間に従って診療を行っていたほか、院長などの特別な肩書があるわけでもなかった。 ・医師 X2 は、開業医 Y2 と別に診療室が設けられており、開業医 Y2 から、「患者さん第一の診療をするように」という程度の指示しか受けておらず、診療方針等については、委ねられ

---

[5] 最判平成17年6月3日民集59巻5号938頁をもとに著者作成。

[6] 東京地判平成25年2月15日判例秘書：L06831160をもとに著者作成。

ていた。

- 医師 X2 は、開業医 Y2 が保有する医療機器や薬剤を用いて診療行為を行っていた。
- 医師 X2 は、1 か月 260 万円という報酬額を固定額で受け取っていた。
- 医師 X2 は、診療所の休診日を中心に、ⅰ他のクリニックでの週 1 回半日の診療行為、ⅱ特別養護老人ホームでの週 1 回の診療行為、ⅲ小学校での校医として年 4 回の健康診断や年 4 回の移動教室での執務により収入を得ていた。

③[7] 以下のような事情の下、医療法人 Y3 の事実上の理事長として影響力をふるい、他方で医師として診察を行っている X3

- X3 は、医療法人 Y3 を設立し、設立以降約 10 年間にわたり理事長の地位にあった。
- X3 は、理事長の職を退任後も、「会長」と呼ばれ、事実上の理事長として医療法人 Y3 の経営全般を実質的に決定する権限を有していたほか、医師として、医療法人 Y3 が運営する病院において、診察を行っていたが、これらの契約関係が明確になるような契約書等の書面は作成されていなかった。
- 医療法人 Y3 では、職員の定年は 60 歳と定められているが、X3 は、定年に左右されることなく、働いていた。
- X3 は、基本給の名目で月額 150 万円を受け取り、医療法人 Y3 が運営する病院を受診した際の窓口負担の医療費は、医療費補助として加算して支給されていた。
- 医療法人 Y3 は、X3 に対し、「給与支給明細書」と表題のある明細書を交付していたほか、給与所得として源泉徴収をしていた。
- X3 は、経費として月額 5 万円（院長は 3 万円）までの使用を許可されていた。

④[8] 医療法人 Y4 と以下のような事情の下、以下の内容の「業務請負契約」を締結した看護師 X4

- 医療法人 Y4 は、有資格者で若手の者との間でのみ労働契約を締結し、その他の者とは請負契約を締結することにしていたが、契約形式による業務内容の差異はなかった。
- X4 が勤務開始時刻に遅刻したところ賃金控除がなされた。

【業務請負契約書】
（ア）　労働契約期間　平成 23 年 2 月 17 日から平成 24 年 2 月 16 日まで
（イ）　就業の場所　医療法人●●会
（ウ）　従事する業務の種類　看護師
（エ）　就業時間　午前 9 時から午後 7 時（うち休憩時間 120 分）
　　　　　　　　　ただし、木、土、日、祝は午前 9 時から午後 6 時（うち休憩時間 60 分）
（オ）　休日　火、水
（カ）　時間外労働及び休日労働の有無　無し
（キ）　賃金

7　前掲大阪地判平成 30 年 3 月 29 日判例秘書：L07350257 をもとに著者作成。
8　大阪地判平成 27 年 1 月 29 日労判 1116 号 5 頁をもとに著者作成。

	a 基本給　25万円

a 基本給　25万円
b 締切及び支払日　毎月20日締切、毎月末日支払
（ク）退職に関する事項
自己都合の場合は2か月前に退職願を提出すること。契約は自動更新とする。
（ケ）その他
a 医療費は当該月分の給料から控除する。
b 中途退職者の給料は現金支給とする。
（コ）上記以外の労働条件は当社就業規則によります。

（1）医師の労働者性

医師の診療行為は、専門職である医師の裁量に委ねられるところが大きく、業務遂行に関する個別具体的な指示を伴わないことも多いことから、従来、医療業界では医師を「労働者」と考えることに違和感があり、それゆえ、一般の企業と比べ、医師に対して「労働者」としての労務管理が必要であることへの意識が乏しいという状況にあったという指摘がある。

もっとも、後述のとおり、医師は、多くの場合、労働者にあたることから、使用者としては、適切な労務管理を行うことが求められる。

　ア　研修医の労働者性

【Case①】のもととなった事案において、判例は、研修医の労働者性について、「臨床研修は、医師の資質の向上を図ることを目的とするものであり、教育的な側面を有しているが、そのプログラムに従い、臨床研修指導医の指導の下に、研修医が医療行為等に従事することを予定している」と述べた上で、「研修医がこのようにして医療行為等に従事する場合には、これらの行為等は病院の開設者のための労務の遂行という側面を不可避的に有することとなるのであり、病院の開設者の指揮監督の下にこれを行ったと評価することができる限り、上記研修医は労働基準法9条所定の労働者に当たる」と判示し、労働者性を肯定した[9]。

　イ　勤務医の労働者性

一般的な勤務医は、勤務時間・場所の時間的拘束があり、他方で、業務遂

---

9 前掲最判平成17年6月3日民集59巻5号938頁

行にあたって具体的な指示を受けていなかったとしても、医師という高い専門性を有する職務のためということができることから、広く労働者性が認められる。

【Case ②】の場合、医師 X2 は、休診日を中心に、他の医療機関での診療や特別養護老人ホームや校医の業務を行っていたが、アルバイト的なものと評価でき、基本的には、ほぼ週5日、定められた勤務場所で、定められた診療時間において、開業医 Y2 が保有する医療機器や薬剤を用いて診療行為を行っていたものであって、開業医 Y2 の指揮監督の下で、労働者である勤務医として稼働していたものと評価できる。また、医師 X2 に対する報酬が「給与」として取り扱われていたことも、原告の労働者性を根拠づける事情となる。

他方で、医師 X2 が診療行為に当たっての開業医 Y2 からの指示は、抽象的なものに留まっており、具体的な指示はされていないという点については、医師という高い専門性を有する職務のためということができる。1か月260万円という報酬額についても、いささか高額であるとの感はあるが、経験豊富な勤務医の給与としての水準を逸脱しているとまではいえない。医師 X2 が、診療時間等を厳格に守っていないとの勤務態度があるからといって、基本的に時間管理がされていなかったとまでいうことはできないし、一般の勤務医が学会出席のために休診することも、珍しいことではない。【Case ②】のもととなった裁判例も、同様に述べて、医師 X2 の労働者性を認めた[10]。

また、この他の裁判例にも、いわゆる美容クリニックの院長であった医師の労働者性が争われた事案において、契約書に、「「個人事業主」との立場でクリニックに参画する」旨の記載があり、加えてインセンティブ報酬の定めがあったものの、勤務時間・場所の定めがあり、クリニックの増減に影響されない基本給が別途支払われており、勤怠管理が行われていたこと等を理由として、労働者性を認めたものがある[11]。

---

[10] 前掲東京地判平成25年2月15日

[11] 東京地判平成30年9月20日労経速2374号29頁

ウ　理事長・理事の労働者性

　病院等の開設者が医療法人の場合、病院等の管理者を法人の理事にしなければならないことから（医療 46 条の 5 第 6 項）、医師が、病院等の管理者としての地位と医療法人の業務執行機関としての理事の地位を併有することがある。問題となるのは、典型例として、医療法人が分院を開設する際に、もっぱら分院の診療のみを行うものとして院長（理事）職に就任する場合（いわゆる「雇われ院長」）のように、形式上は理事の地位にはあるものの、診療に従事しているだけで、医療法人自体の経営については関与していない医師の労働者性である。

　この点について、「医師としての診療行為は、理事としての職務とは性質を異にするものであり、理事や理事長としての委任契約に当然に随伴するものとはいえないから、それ自体、いかなる法的関係に基づいて行われているかを個別に検討する必要がある」[12] といえる。

　医師として診療行為を行うことを内容とする契約は、実質的な使用従属の程度や当事者の認識、その他の事情を勘案して判断されることから、当該診療行為が一般的な勤務医のそれと異ならない場合には、基本的には、労働者性が認められよう。

　もっとも、【Case ③】のもととなった裁判例では、医師としての診療行為についても、X3 がいわゆるオーナーの継続的地位にあったという特殊事情から、労働者性が否定された[13]。

(2) 医療従事者の労働者性

　業務委託として契約した看護師及び介護ヘルパーの労働者性が争われた事案において、裁判例は、労働者性を肯定した[14]。

　【Case ④】についても、看護師 X4 は、医療法人 Y4 が雇用契約を結んでいる他の看護師と同じく、医師の指示の下で業務を遂行していたとすれば、諾否の自由や代替性はなく、上司から具体的な指揮監督を受けているといえ

12　前掲大阪地判平成 30 年 3 月 29 日
13　前掲大阪地判平成 30 年 3 月 29 日
14　前掲大阪地判平成 27 年 1 月 29 日

246 第3章 労働問題

る。また、契約上、就業場所や時間が指定されており、実際にも、原則とし
てシフト表に従って勤務しているとすれば、勤務場所や時間に関しても拘束
されている。したがって、X4 は、Y4 の指揮監督下において労務を提供して
いるといえる。

　また、契約上、X4 の賃金は月給制とされ、労働の結果による較差がなく、
むしろ、遅刻、早退等による賃金控除が予定されているなど、報酬の労務対
償性も認められる。

　以上を総合的に考慮すれば、X4 との契約は、労働契約としての性質を有
すると判断される。

第2 労働時間の管理

1 労働時間・休憩・休日

(1) 労働時間・休憩・休日の原則

ア　法定労働時間と所定労働時間

「法定労働時間」とは、労基法の定める1週及び1日の最長労働時間をいう[1]。労基法上、使用者は、労働者を、原則として、1日について8時間、1週間について40時間を超えて労働させてはならないとされている（労基32条1項、2項）。

なお、「1週」とは、就業規則その他に別段の定めがないかぎり、日曜日から土曜日までの暦週をいい、「1日」とは、午前0時から午後12時までの暦日をいう[2]。ただし、2暦日にわたって継続勤務が行われる場合には、それは1勤務として、勤務の全体が始業時刻の属する日の労働と取り扱われる[3]。

「所定労働時間」とは、労働契約又は就業規則等に定められた始業時刻から終業時刻までの時間（拘束時間）から休憩時間を除いた時間をいう[4]。

所定労働時間と労働者を実際に働かせた時間にズレが生じる場合があり、後者が法定労働時間を超えた場合[5]、使用者は、労働者に対し、法定の割増賃金を支払わなければならない（労基37条）。

イ　休憩

（ア）休憩時間の長さ

労基法上、使用者は、原則として、1日の労働時間が6時間を超える場合

---

[1] 菅野＝山川・労働法401頁
[2] 菅野＝山川・労働法404頁
[3] 昭和63年1月1日基発1号
[4] 菅野＝山川・労働法401頁
[5] 使用者が労働者に対し、法定労働時間規制を超えて労務の提供を命じるためには36協定の締結が必要である。詳細は、本章・第2・2「36協定による時間外・休日労働と上限規制」を参照。

には少なくとも45分以上、8時間を超える場合には少なくとも1時間以上の休憩時間を労働時間の途中に与えなければならないとされている（労基34条1項）。

　そして、休憩時間は労働者の自由に利用させるべきことが定められていることから（労基34条3項）、「休憩時間」とは、労働者が労働時間の途中において休息のために労働から完全に解放されることを保障されている時間をいう[6]。

　（イ）一斉付与の原則

　休憩時間は事業場単位で一斉に付与する必要がある（労基34条2項）が、当該事業場において労使協定を締結することにより適用除外を受けることができる（同項但書）[7]。

　ウ　休日

　（ア）週休制の原則

　労基法上、使用者は、労働者に対し、「毎週少なくとも1回の休日」を与えなければならないとされている（週休制の原則　労基35条1項）。

　この週休制は、「4週間を通じて4日以上の休日を与える」場合には適用されないが（変形週給制　労基35条2項）、変形週休制をとる場合には、就業規則等で「4週間」の起算日を定めなければならない（労基則12条の2第2項）。

　使用者が、労働者に対し、週2日以上の所定休日を与える場合、就業規則において定めがない限り1週間のうち後順に位置する休日が法定休日になるとされている[8]。そのため、必ずしも就業規則において法定休日を定める必要はないが、法定休日に労働した場合には、労基法上、休日労働の割増賃金の支払いが必要となるのに対し、所定休日に労働した場合には、その支払いが必要とならないことから[9]、割増賃金の計算の便宜上、就業規則において

6　菅野＝山川・労働法406頁、昭和22年9月13日発基17号
7　例外として、運送業、商業、金融・広告業、映画・演劇業、郵便・電気通信業、病院・保健衛生業、旅館・飲食業、官公署は、労使協定の締結をしなくとも一斉付与の適用除外であるとされている（労基40条、労基則31条）。
8　厚生労働省「改正労働基準法に係る質疑応答」Q10
9　労働時間に応じて時間外労働の割増賃金等の支払いは必要となる。

法定休日を定めておくことが望ましい。

（イ）事前の休日振替と事後の休日振替（代休）

事前の休日振替とは、就業規則等で定められた休日を所定労働日とし、他の所定労働日とされていた日を休日に変更することをいう。事前に休日と所定労働日を入れ替えるため、休日労働の割増賃金は発生しない。ただし、労働契約により特定された休日を変更することになるため、労働協約や就業規則上に業務の必要により就業規則で定める休日を他の日に振り返ることができる旨の定めが必要とされている[10]。

また、事後の休日振替（代休）とは、所定休日に労働が行われた場合に、事後的に以後の所定労働日を休日とすることをいう。事後的に所定労働日を休日とするにすぎないため、休日に労働させたことに変わりはなく、当該休日が法定休日であった場合、休日労働の割増賃金が発生することとなる。なお、法定休日に労務提供を命ずる根拠として労働協約若しくは就業規則による定め、又は労働者の個別同意が必要とされている[11]。

(2) 労基法上の労働時間への該当性

> **Case**
>
> ①[12] Y1病院では、所定の勤務開始時刻より前に、看護師らを対象とした「朝礼」を行っており、任意参加と称していたものの、朝礼では、入院患者の病状に関する報告や引継ぎや事務局長講和を行っており、朝礼においてシフト表どおりの人員が出勤しているか確認され、出勤簿にもその旨記載していた。また、看護士X1が朝礼に出席せざるを得ず、朝礼終了後に着替えて、実際に業務を開始したのが遅れたため、遅刻として賃金が減額されたこともあった。
> 　Y1病院に勤務する看護師X1は、Y1病院に対し、このような所定始業時刻前の朝礼の時間について、労働時間に該当するとして残業代請求を行ってきた。Y1病院は、この主張に応じる必要があるか。
>
> ②　Y2介護施設では、訪問介護サービスの労働時間のうち、事業場から利用者宅への移動や利用者宅から次の利用者宅への移動について、介護という業務そのものでないことから、労働時間から除外して賃金計算を行っていた。
> 　Y2介護施設に勤務する介護士X2は、Y2介護施設に対し、訪問介護の移動時間について、

---

10 菅野＝山川・労働法414頁

11 菅野＝山川・労働法414頁

12 前掲大阪地判平成27年1月29日をもとに著者作成。

250 第 3 章 労働問題

労働時間に該当するとして残業代請求を行ってきた。Y2 介護施設は、この主張に応じる必要があるか。

③[13] Y3 病院では、看護師の夜勤（午前 0 時から午前 9 時まで）について、3 名体制をとっており、ナースコールに対して基本的に 2 名以上で対応できるようにし、午前 1 時から午前 7 時までの計 6 時間にわたり、1 名あたり 2 時間ずつ仮眠時間を設けている。仮眠場所は、ナースステーションの隣にある休憩室で、実際に、横になって仮眠をとることもできる。もっとも、ナースコールに対して仮眠・休憩時間でない看護職員だけでは対応ができないときなど、場合によっては仮眠を中断して対応をしなければならないことが少なくない頻度であった。Y3 病院では、仮眠時間については労働時間として含めずに給与計算を行っていた。

　Y3 病院に勤務する看護師 X3 は、Y3 病院に対し、夜勤における仮眠時間について、労働時間に該当するとして残業代請求を行ってきた。Y3 病院は、この主張に応じる必要があるか。

④[14] Y4 病院では、医師 X4 が所定労働時間中に、学会への参加のための資料作成・発表準備を行うことを認めていた。なお、医師 X4 が、当該学会への参加の契機として、心臓血管内科の主任診療部長から参加を提案されたものの、X4 医師は、カテーテル治療の習熟に対して熱心に取り組んでおり、知識の習得に積極的であったという事情がある。

　医師 X4 は、Y4 病院に対し、所定労働時間外に行った学会の資料作成・発表準備に充てた時間について、労働時間に該当するとして残業代請求を行ってきた。Y4 病院は、この主張に応じる必要があるか。

⑤[15] Y5 病院では、産婦人科の医師らの宿日直業務について、当該宿日直業務の内容は、待機・監視などの業務を行い、入院、患者の急変や急患があれば突発的に対応するというものであるが、E 病院では救急外来患者の受け入れが多く、宿日直勤務においても、分娩の処置や手術、それに伴う患者・家族への説明等の救急患者の対応を行うことが頻発し、夜間において十分な睡眠時間が確保できない状態であった。また、当該医師らの宿日直業務の回数は、1 年を平均して月 8 回程度に達しており、通常勤務と連続して 32 時間になることもあった。

　Y5 病院に勤務する産婦人科医師 X5 は、Y5 病院に対し、宿日直の時間について、労働時間に該当するとして残業代請求を行ってきた。Y5 病院は、この主張に応じる必要があるか。

⑥[16] Y6 病院では、産婦人科の医師らは、宿日直勤務以外に、自主的に宅直当番を定め、宿日直の医師だけでは対応が困難な場合に、宅直医師が Y6 病院に来て宿日直医師に協力し診療を行っていた。この宅直については、Y6 病院の内規にも定めはなく、宅直当番も医師間で決め、Y6 病院には届け出ておらず、宿日直医師が宅直医師に連絡をとり応援要請しているものであった。また、宅直当番の医師は自宅にいることが多いが、待機場所が定められているわけではなかった。

---

[13] 東京地判平成 17 年 8 月 30 日労判 902 号 41 頁をもとに著者作成。

[14] 長崎地判令和元年 5 月 27 日労判 1235 号 67 頁をもとに著者作成。

[15] 大阪高判平成 22 年 11 月 16 日労判 1026 号 144 頁（最決平成 25 年 2 月 12 日）をもとに著者作成。

[16] 前掲大阪高判平成 22 年 11 月 16 日をもとに著者作成。

第 2 　労働時間の管理　251

　　　Y6 病院に勤務する産婦人科医師 X6 は、Y6 病院に対し、このようなオン・コール待機時
　　間について、労働時間に該当するとして残業代請求を行ってきた。F 病院は、この主張に応
　　じる必要があるか。

　医療機関の業務は多岐にわたるところ、例えば、医師の業務について診察・
手術などの時間が労働時間に該当することは明らかだが、【Case】のように
診療という業務そのものではない時間が、労基法上の労働時間規制及び割増
賃金の対象となる労働時間に該当するかが問題となることがある。

　一般に、労基法上の労働時間とは、始業時刻から終業時刻までの拘束時間
から休憩時間を除いた実労働時間をいい、現実に作業に従事している時間の
みならず、手待時間（作業と作業との間の待機時間）も含まれるとされる。

　かかる労働時間の該当性について、判例は、労基法上の「労働時間」につ
いて「労働者が使用者の指揮命令下に置かれている時間」をいうと判示しつ
つ、「労働時間に該当するか否かは、労働者の行為が使用者の指揮命令下に
置かれたものと評価することができるか否かにより客観的に定まるものであ
ってって、労働契約、就業規則、労働協約等の定めいかんにより決定される
べきものではない」としている[17]。この点について、学説には、使用者の業
務への従事が必ずしも常に使用者の作業上の指揮命令下になされるとは限ら
ないとして、「業務性」も「指揮命令」を補充する重要な基準になるとする
見解もあるところ[18]、厚生労働省のガイドラインにおいても、労働時間とは、「使
用者の指揮命令下に置かれている時間のことをいい、使用者の明示又は黙示
の指示により労働者が業務に従事する時間」をいうと記されている[19]。裁判
例も、「労働者が使用者の指揮命令下に置かれている」かどうかという基準
の中で、使用者からの指揮命令ないし明示・黙示の指示の有無、業務性・職
務性といった諸要素に着目した判断を行う傾向にあると解釈できる。

　以上を前提とすると、一般に、争いとなる労働時間が所定労働時間内の場
合、労働者が労務提供義務を負うべき時間であることから、原則として労務
からの解放（自由）が保障されていない限り、労働時間に該当するケースが

17　最判平成 12 年 3 月 9 日民集 54 巻 3 号 801 頁（三菱重工業長崎造船所事件）

18　菅野＝山川・労働法 421 頁

19　労働時間ガイドライン

多いといえる。

　他方で、争いとなる労働時間が所定労働時間外の場合、労働者が労務提供義務を負う時間ではないため、使用者からの明示又は黙示の指示により業務に対応する必要がある場合など、労務からの解放（自由）が保障されていない場合を除き、労働時間に該当しないケースが多いといえる。

　以下では、この判断枠組みを前提に、医療機関における各業務について「労働時間」に該当するのか説明する。

　ア　所定始業時刻前の準備行為

　（ア）労働時間該当性

　一般に、所定始業時刻前の準備行為について、判例は、それが事業所内で行われることが使用者によって義務付けられ、又はこれを余儀なくされたものであれば、労基法上の労働時間にあたるとする[20]。

　交代引継ぎ（申し送りの際のミーティング）が所定始業時刻前になされる場合であっても、交代制勤務の運用上、かかる引継ぎは必要であれば、たとえ任意参加と称されていたとしても、使用者の明示又は黙示の指示があったとして、労働時間に該当すると判断される可能性が高い。同様に、朝礼や一般的なミーティングについても、業務上必要であって、指揮監督下に義務的に行われる場合には労働時間に該当すると判断される。

　【Case①】のもととなった裁判例では、朝礼で居住者（入院患者）に関する報告や引継ぎ、事務局長による講話等が行われていたことから、必要な準備行為とされ、加えて、朝礼への参加確認や朝礼後に着替えて業務を開始した場合に、遅刻として扱われて賃金が減額されたという事実から、朝礼への参加を事実上強制されていたものとして、X1は朝礼の時間からY1の指揮命令下に置かれていたと判断された。

　また、その他の終業前の準備行為として、医療従事者の更衣の時間についても、医療従事者は、衛生的な理由から制服に着替える必要があり、義務付けられているといえることから、多くの場合に労働時間と判断されよう。

20　前掲最判平成12年3月9日

（イ）対応策

業務遂行に必要な交代引継ぎについては、業務遂行との関連が強く、労働時間に該当すると判断せざるを得ないことから、医療機関としては労働時間に該当することを前提として、所定始業時刻後に行うようにするべきである。

他方で、所定始業時刻前の朝礼の内容が、専ら事務長による講話や病院の理念の唱和に限られるなど、業務遂行との関連性が弱い場合には、労働時間に該当しないと判断される場合も考えられるところ、このような場合であっても、事実上は強制参加とされていたと評価されないよう注意すべきである。具体的には、任意の参加であることを前提として、朝礼等への出席の有無を病院として管理しないこと、朝礼等に出席しなかったことをもって不利益に取り扱わないことを事前に書面等で周知しておくことが考えられる。

イ　移動時間

一般に、移動時間の労働時間該当性の判断について、睡眠や読書をするなどその時間を「自由に利用」することが認められているか否かがポイントとなる。換言すれば、使用者から一定の指示・命令を受けその時間を「自由に利用」することができない場合には、労働時間に該当する[21]。

【Case ②】の場合、事業場から利用者宅への移動や利用者宅から次の利用者宅への移動は、業務提供のために必須の行動であり、使用者からまさにそのような移動をするよう指示があり、労働者はその義務を負っていると評価できることから、移動時間が通常の移動に要する時間程度である場合には、労働時間にあたる[22]。なお、通勤時間は、ここでいう移動時間に該当しない。

ウ　仮眠時間

（ア）労働時間該当性

一般に、夜勤とは、法令上の用語ではないものの、夜間に通常業務と同様

---

[21] 移動時間の労働時間該当性にまつわる裁判例として、出張の際の往復に要する時間が、労働者が日常の出勤に費やす時間と同一性が認められるかどうかという観点から、電車、新幹線、飛行機など公共交通機関を利用した事案で労働時間にあたらないと判断したもの（横浜地川崎支判昭和49年1月26日労判194号37頁）がある。

[22] 「訪問介護労働者の法定労働条件の確保について」（平成16年8月27日付け基発第0827001号）、「訪問介護労働者の移動時間等の取扱いについて（周知徹底）」（令和3年1月15日基監発0115第1号・老認発0115第2号）

254 第 3 章 労働問題

の業務を行うものをいい、業務を行うことが予定されているか否かという点で、宿日直と区別される。

夜勤において実作業に従事していない仮眠・休憩時間が取られている場合、仮眠・休憩時間が労働時間に該当するか否か問題となる。

仮眠・休憩時間とされている時間帯であっても、労働からの解放の保障がなく、使用者の指揮監督下からの解放がないとされれば労働時間に該当する[23]。この場合の判断要素としては、仮眠室での待機と緊急時の対応を義務づけられていたか、断続的な業務の実態の有無等があげられる[24]。少なくとも、宿直室等の場所的拘束があり、緊急時の業務対応が義務付けられているような場合には、労働時間にあたると判断されよう。

【Case ③】のもととなった裁判例は、X3 は、「ナースコールに対して仮眠・休憩時間でない看護職員だけでは対応ができないときや、起きている職員だけで対応できないような事故が発生したとき等、場合によっては、仮眠を中断して対応をしなければならず」、「仮眠時間は労働からの解放が保障されているとはいえ」ないとして、かかる深夜勤の仮眠時間が労働時間に該当すると判断した。

（イ）対応策

医療機関において、夜勤の仮眠時間を労働時間から除外する場合には、仮眠をとる者が、労働から完全に解放される体制の整備が必要となる。具体的には、入院患者の急変等、緊急の対応の必要性が生じた場合でも、仮眠時間中の看護師は対応をする必要がないように、その他の夜勤の人員を充実させる必要があるといえる。仮眠室に電話機を設置しないなどの実際上の対応を

---

23 最判平成 14 年 2 月 28 日民集 56 巻 2 号 361 頁（大星ビル管理事件）
24 判例は、ビル警備員の夜勤の仮眠時間が問題となった事案において、仮眠室における待機と警報や電話等に対し、直ちに相当の対応をすることが義務付けられていたという事実から労働時間に該当すると判断した（前掲最判平成 14 年 2 月 28 日）。他方で、仮眠時間が労働時間に該当しないと判断した例として、病院の警備業務に従事する警備員の仮眠・休憩時間につき、仮眠・休憩時間中に実作業に従事することが制度上義務付けられていたとまではいえないし、人員体制が充実していたこと等から、少なくとも仮眠・休憩時間中に実作業に従事しなければならない必要性が皆無に等しいなど、実質的に警備員らに対し仮眠・休憩時間中の役務提供の義務付けがなされていないと認めることができる事情があったとして労働時間に該当しないと判断したものがある（仙台高判平成 25 年 2 月 13 日労判 1113 号 57 頁（ビソー工業事件））。

行うことなども考えられる。

エ　医師の研鑽

医療従事者は専門職であるところ日々の研鑽が重要になる。特に、医師については自らの知識・技能を高めるために勉強会や手術・処置等の見学に参加するケースが多く見受けられるが、このような自己研鑽の時間は労働時間に該当するか問題となる。

厚労省の通達[25] によると、一般的な考え方としては、ⅰ所定労働時間内に使用者に指示された勤務場所（院内等）において研鑽を行う場合については、当該研鑽に係る時間は労働時間に該当するのに対し、ⅱ所定労働時間外に行う医師の研鑽については、診療等の本来業務と直接の関連性なく、かつ、業務の遂行を指揮命令する職務上の地位にある者（上司）の明示・黙示の指示によらずに行われる限り労働時間に該当しないとされる。他方、当該研鑽が、上司の明示・黙示の指示により行われるものである場合には、これが所定労働時間外に行われるものであっても、又は診療等の本来業務との直接の関連性なく行われるものであっても、一般的に労働時間に該当するとされる。

医師の研鑽に係る時間の取扱い[26]	
所定労働時間内の研鑽	一般的に労働時間に該当する。
所定労働時間外の研鑽	・上司の明示・黙示の指示がない場合 　→一般的に労働時間に該当しない。 ・上司の明示・黙示の指示により行われるものである場合 　→一般的に労働時間に該当する。

具体的には、同通達によれば、所定労働時間外における研鑽についての労働時間該当性の判断は、以下（次頁）の表のように整理される。

---

[25]「医師の研鑽に係る労働時間に関する考え方について」（令和元年7月1日基発0701第9号）
[26] 前掲「医師の研鑽に係る労働時間に関する考え方について」1頁及び2頁
[27] 前掲「医師の研鑽に係る労働時間に関する考え方について」2頁及び3頁

256　第3章　労働問題

所定労働時間外の研鑽の労働時間該当性判断の基本的考え方[27]		
	内容	労働時間該当性
一般診療における新たな知識、技能の習得のための学習	・診療ガイドラインについての勉強 ・新しい治療法や新薬についての勉強 ・自らが術者等である手術や処置等についての予習・振り返り、シミュレーターを用いた手技の練習　　等	業務上必須ではない行為を、自由な意思に基づき、所定労働時間外に、自ら申し出て、上司の明示・黙示による指示なく行う時間については、在院して行う場合であっても、一般的に労働時間に該当しない。
		診療の準備又は診療に伴う後処理として不可欠なものは、労働時間に該当する。
博士の学位を取得するための研究及び論文作成や、専門医を取得するための症例研究や論文作成	・学会や外部の勉強会への参加、発表準備 ・院内勉強会への参加、発表準備 ・本来の業務とは区別された臨床研究に係る診療データの整理、症例報告の作成、及び論文執筆 ・大学院の受験勉強 ・専門医の取得や更新に係る症例報告作成、講習会受講等	業務上必須ではない行為を、自由な意思に基づき、所定労働時間外に、自ら申し出て、上司の明示・黙示による指示なく行う時間については、在院して行う場合であっても、一般的に労働時間に該当しない。
		研鑽の不実施について就業規則上の制裁等の不利益が課されているため、その実施を余儀なくされている場合や、研鑽が業務上必須である場合、業務上必須でなくとも上司が明示・黙示の指示をして行わせる場合は、当該研鑽が行われる時間については労働時間に該当する。
手技を向上させるための手術の見学	・手術・処置等の見学の機会の確保や症例経験を蓄積するために、所定労働時間外に、見学（見学の延長上で診療（診療の補助を含む。）を行うこと　等	上司や先輩である医師から奨励されている等の事情があったとしても、業務上必須ではない見学を、自由な意思に基づき、所定労働時間外に、自ら申し出て、上司の明示・黙示による指示なく行う場合、当該見学やそのための待機時間については、在院して行う場合であっても、一般的に労働時間に該当しない。

| | | 見学中に診療を行った場合については、当該診療を行った時間は、労働時間に該当すると考えられ、また、見学中に診療を行うことが慣習化・常態化している場合については、見学の時間全てが労働時間に該当する。 |

　【Case④】のもととなった裁判例は、医師X4の学会への参加は、業務との関連性が強いとはいえず、自主的研鑽の範疇に入るものといえ、所定労働時間外に学会への参加やその準備に要した時間は労働時間には該当しないと判断した。なお、同裁判例は、医師が文献調査に充てた時間について、自身の担当する患者の疾患や治療法に関する文献の調査は労働時間に該当するが、他方、自身の専門分野やこれに関係する分野に係る疾患や治療方法に関する文献の調査に関しては、自己研鑽にあてられた時間として労働時間と認めることはできない旨判示している。

（イ）対応策[28]

　まずは、研鑽の労働時間該当性を明確化するための手続として、本来の業務の準備・後処理にあたらないことを前提として、当該研鑽を行わないことについて制裁等の不利益はないこと、上司として当該研鑽を行うよう指示しておらず、かつ、業務から離れてよいこと等を、医師との間で確認することが考えられる。

　そのための環境整備としては、研鑽を行う医師については、診療体制には含めず、突発的な必要性が生じた場合を除き、診療等の通常業務への従事を指示しないことが求められる。また、実際的な対応として、研鑽を行う場所を別に設けること、労働に該当しない研鑽を行う場合には、白衣を着用せずに行うこととすること等により、通常勤務ではないことが外形的に明確に見分けられる措置を講ずることが考えられる。手術・処置の見学等であって、研鑽の性質上、場所や服装が限定されるためにこのような対応が困難な場合は、当該研鑽を行う医師が診療体制に含まれていないことについて明確化し

---

[28] 前掲「医師の研鑽に係る労働時間に関する考え方について」（令和元年7月1日基発0701第9号）3頁乃至5頁参照

ておくことが望ましい。

さらに、以上の内容について、医療機関ごとに、書面等で示し、医師をはじめ職員に周知することが考えられる。

オ　宿日直

一般的に、当直とは、所定労働時間外に通常労働とは異なる業務を行う勤務形態のことをいい、そのうち、日直とは、日中に行う当直をいい、宿直とは、宿泊を伴って行う当直をいう。

医師や看護師等による宿日直勤務では、待機・監視などの業務を行うとともに、入院患者の急変や急患があれば対応することが予定されている。このような宿日直の時間は、うち仮眠時間については別論であるが（前述ウ参照）、労働時間該当性の判断基準に照らすと、使用者の指揮命令下にないとはいえず、労働からの解放が保証されているとも到底いえないため、基本的に労働時間に該当する。

もっとも、後述4（1）イのとおり、宿日直については、通常労働とは異なる労働密度が薄いものと評価できる場合には、断続的労働として宿日直許可を得ることにより、労働時間、休憩及び休日に関する規制の適用が除外されうる（労基41条3号）。

【Case ⑤】の場合、病院として、労働時間に該当することを前提に、継続的労働として宿日直許可を得ることが考えられるが、仮に、宿日直許可を得ていたとしても、常態として昼間と同様の勤務に従事する場合に等しいとして、実態と許可基準が乖離しており、割増賃金を支払わなければならない可能性が高い[29]。詳細は、後述4（1）イ「宿日直許可と「断続的労働」」を参照されたい。

カ　オン・コール

（ア）労働時間該当性

医師については、緊急時にすぐに病院に駆け付けられるように自宅待機の時間が設けられる場合がある。このようなオン・コールの時間は労働時間に該当するか問題となる。

---

[29] 大阪高判平成22年11月16日労判1026号144頁

オン・コールの時間が労働時間に該当するかについては、前述のとおり「使用者の指揮命令下に置かれていたか」により実質的に判断されることになるため、事例ごとにどのような形態でオン・コール制度が運用されているかを検討する必要がある。

【Case ⑥】のもととなった裁判例は、当該病院のオン・コール制度が医師間の自主的な取り組みであり、病院の制度として運用されていたものではなく、黙示の業務命令があったとはいえないと判断してオン・コール勤務の時間は労働時間に該当しないと判断した[30]。

もっとも、当該裁判例は、オン・コール制度が医師間の自主的な取り組みとしてなされていた事例であり、オン・コール勤務について一律として労働時間に該当しないと判断したものではなく、オン・コール勤務が労働時間に該当するか否かについては事例ごとの個別具体的な判断が必要となる。

（イ）対応策

オン・コール待機時間については、呼び出し頻度や、待機に関する場所的義務付け及び制裁の有無・程度等によっては労働時間と認定される可能性がある。もっとも、このような義務付けは、医療機関の運営におけるオン・コール制度の必要性と関連し、必要性が高い場合には、必然的に、黙示の業務命令があり、労働時間に該当すると判断されうると考えられる。

したがって、オン・コール待機時間を労働時間から除外するためには、オン・コール待機者を除いた患者対応が可能な運用体制を整えた上で、オン・コール勤務の回数を年数回程度に限定させ、義務付けをなくし、任意の協力に期待する形の位置づけにすることが望まれる。

仮に、オン・コール制度が病院の患者対応の体制に組み込まれているのであれば、労働時間であることを前提として、オン・コール待機時間について宿日直許可を得ることも考えられる。

---

[30] 前掲大阪高判平成 22 年 11 月 16 日、最決平成 25 年 2 月 12 日

260　第3章　労働問題

（3）労働時間の適正な把握

　ア　使用者の労働時間把握及び管理義務

　使用者は、労働時間を適正に把握するため、労働者の労働日ごとの始業・終業時刻を確認し、これを記録しなければならないとともに[31]、労働者ごとに、賃金台帳に労働日数、労働時間数、時間外労働、休日労働、深夜労働の時間数等を記入しなければならない（労基108条、労基則54条1項各号）[32]。加えて、使用者は労働者名簿、賃金台帳のみならず、出勤簿やタイムカード等の労働時間の記録に関する書類について、3年間保存しなければならない（労基109条、143条1項）[33]。

　前述の労働時間の管理義務に加え、いわゆるサービス残業対策及び労働者の健康確保を目的とした働き方改革関連法による安衛法の改正により、平成31年4月からは、客観的な記録による労働時間の把握を行うことも法的義務となった。すなわち、労働時間を把握していない場合又は特に理由なく自己申告制を採用している場合など労働時間を把握していない場合は法令違反となり、罰則はないものの是正勧告の対象となっている（安衛66条の8の3）。この改正により、実労働時間制による割増賃金の支払の対象となっていない管理監督者等についても労働時間適正把握義務の対象となった（労基41条、38条の2乃至38条の4）。

　イ　始業・終業時刻を確認・記録する方法

　前述の安衛法の改正に伴い、使用者は、「タイムカードによる記録、パーソナルコンピュータ等の電子計算機の使用時間の記録等の客観的な方法その他の適切な方法」（安衛規52条の7の3第1項）により、労働者の労働時間の状況を把握することが義務付けられた（安衛66条の8の3）。

　その概要は、以下（次頁）のとおりである。

---

[31] 労働時間ガイドライン4 (1)

[32] この違反には罰則（30万円以下の罰金）がある（労基120条1号）。

[33] 労働時間ガイドライン4 (5)

使用者が始業・終業時刻を確認・記録する方法	
1	原則的な方法
	① タイムカード、IC カード、パソコンの使用時間の記録等の客観的な記録を基礎として確認し、適正に記録すること。
	② 使用者が、自ら現認することにより確認し、適正に記録すること。
2	自己申告制により始業・終業時刻の確認及び記録を行う場合の措置
	① 自己申告制の対象となる労働者に対して、本ガイドラインを踏まえ、労働時間の実態を正しく記録し、適正に自己申告を行うことなどについて十分な説明を行うこと。
	② 実際に労働時間を管理する者に対して、自己申告制の適正な運用を含め、本ガイドラインに従い講ずべき措置について十分な説明を行うこと。
	③ 自己申告により把握した労働時間が実際の労働時間と合致しているか否かについて、必要に応じて実態調査を実施し、所要の労働時間の補正をすること。
	④ 自己申告した労働時間を超えて事業場内にいる時間について、その理由等を労働者に報告させる場合には、当該報告が適正に行われているかについて確認すること。
	⑤ 使用者は、労働者が自己申告できる時間外労働の時間数に上限を設け、上限を超える申告を認めない等、労働者による労働時間の適正な申告を阻害する措置を講じてはならないこと。

(4) 副業・兼業の場合における労働時間管理（労働時間の通算）

Case
A 病院にて、勤務医が、他の病院でアルバイトを行う旨を届け出た。労務管理者として、いかなる点に留意すべきか。

　ア　労働時間が通算される場合

　労基法上、労働時間に関する規定を適用するにあたっては、「事業場を異にする場合」でも、労働時間を通算する必要がある（労基 38 条 1 項）。「事業場を異にする場合」とは、事業主を異にする場合も含むと解されている[34]。

　もっとも、開業医の開業する病院での診療時間や、理事の業務時間は、そもそも労基法の適用がなく、労基法上の労働時間にあたらないことから、通算されない。

　また、管理監督者や断続的労働者等については、労基法は適用されるものの、労働時間規制が適用されないため、労働時間は通算されない。

---

[34] 副業兼業ガイドライン 9 頁、昭和 23 年 5 月 14 日基発 769 号

イ　労働時間が通算して適用される規定と通算されない規定

（ア）通算される規定[35]

　法定労働時間（労基 32 条）について、その適用において自らの事業場における労働時間及び他の使用者の事業場における労働時間が通算されることはもとより、時間外労働（労基 36 条）のうち、時間外労働と休日労働の実労働時間数の上限（同条 6 項 2 号、3 号）については、労働者個人の実労働時間に着目し、当該個人を使用する使用者を規制するものであるため、その適用において自らの事業場における労働時間及び他の使用者の事業場における労働時間が通算される。

（イ）通算されない規定[36]

　時間外労働（労基 36 条）のうち、36 協定の一般条項の「限度時間」（同条 4 項）、36 協定の特別条項の上限（同条 5 項）については、個々の事業場における 36 協定の内容を規制するものであるため、自らの事業場における労働時間と他の使用者の事業場における労働時間とは通算されない。

　休憩（労基 34 条）、休日（労基 35 条）、年次有給休暇（労基 39 条）については、労働時間に関する規定ではないことから、その適用において自らの事業場における労働時間及び他の使用者の事業場における労働時間は通算されない。

労働時間の通算の要否	
通算して適用される規定	・法定労働時間（労基 32 条） ・時間外、休日労働の上限（労基 36 条 6 項 2 号、同項 3 号）
通算されない規定	・「36 協定」の一般条項の「限度時間」（労基 36 条 4 項） ・「36 協定」の特別条項の上限（労基 36 条 5 項） ・休憩（労基 34 条）、休日（労基 35 条）、年次有給休暇（労基 39 条）

ウ　副業・兼業の確認方法及び確認事項[37]

　使用者は、労働者からの申告等により、副業・兼業の有無・内容を確認する。実際上は、就業規則、労働契約等に副業・兼業に関する届出制を定め、届出の際に確認することになろう。

---

[35] 副業兼業ガイドライン 9 頁及び 10 頁、副業兼業通達第 1・2

[36] 副業兼業ガイドライン 10 頁、副業兼業通達第 1・3

[37] 副業兼業ガイドライン 10 頁及び 11 頁、副業兼業通達第 2

副業・兼業の内容として確認する事項としては、次のものが考えられる。

副業・兼業の内容として確認する事項
・他の使用者の事業場の事業内容
・他の使用者の事業場で労働者が従事する業務内容
・労働時間通算の対象となるか否かの確認

労働時間通算の対象となる場合には、併せて次の事項について確認し、各々の使用者と労働者との間で合意しておくことが望ましい。

労働時間の通算の対象となる場合に確認・合意すべき事項
・他の使用者との労働契約の締結日、期間
・他の使用者の事業場での所定労働日、所定労働時間、始業・終業時刻
・他の使用者の事業場での所定外労働の有無、見込み時間数、最大時間数
・他の使用者の事業場における実労働時間等の報告の手続
・これらの事項について確認を行う頻度

　エ　労働時間の通算管理の対象

　労働時間の通算は、自らの事業場における労働時間と労働者からの申告等により把握した他の使用者の事業場における労働時間とを通算することによる。

　労働者からの申告等がなかった場合には労働時間の通算は要せず、また、労働者からの申告等により把握した他の使用者の事業場における労働時間が事実と異なっていた場合でも労働者からの申告等により把握した労働時間によって通算すれば足りる[38]。

　オ　労働時間の通算方法

　（ア）労働時間通算の原則的な方法

　原則的な労働時間管理の方法の場合、①「労働契約の締結の先後の順」に所定労働時間を通算した上で、②「所定外労働の発生の順」に所定外労働時間を通算する。そして、通算した労働時間全体を把握し、法定労働時間を超える部分のうち自ら労働させた時間について、時間外労働の割増賃金を支払うことになる。

38　副業兼業ガイドライン3頁

264 第3章 労働問題

労働時間通算の原則的な方法	
1 ステップ①：所定労働時間の通算	
	①所定労働時間の通算
	自らの事業場における所定労働時間と他の使用者の事業場における所定労働時間とを「労働契約の締結の先後の順」に通算して、自らの事業場の労働時間制度における法定労働時間を超える部分の有無を確認する。
	②通算して時間外労働となる部分
	自らの事業場における所定労働時間と他の使用者の事業場における所定労働時間とを「労働契約の締結の先後の順」に通算して、自らの事業場の労働時間制度における法定労働時間を超える部分がある場合は、時間的に後から労働契約を締結した使用者における当該超える部分が時間外労働となる。
2 ステップ②：所定外労働時間の通算	
	①所定外労働時間の通算
	自らの事業場における所定外労働時間と他の使用者の事業場における所定外労働時間とを「実際に所定外労働が行われる順」に通算して、自らの事業場の労働時間制度における法定労働時間を超える部分の有無を確認する[39]。
	②通算して時間外労働となる部分
	所定労働時間の通算に加えて、自らの事業場における所定外労働時間と他の使用者の事業場における所定外労働時間とを「実際に所定外労働が行われる順」に通算して、自らの事業場の労働時間制度における法定労働時間を超える部分がある場合は、当該超える部分が時間外労働となる。

　　a　副業・兼業の開始前（所定労働時間の通算）

　例えば、使用者A病院（先契約）、使用者B病院（後契約）の場合における副業・兼業について、以下の表のとおりの所定労働時間であった場合、使用者B病院では、月曜及び金曜の所定労働時間のうち1時間が、1日の法定労働時間である8時間を超え、法定外労働に該当する。

所定労働時間	月	火	水	木	金	土
通算順①：A病院	5時間	5時間		5時間	5時間	
通算順②：B病院	4時間	2時間	4時間	2時間	4時間	4時間
所定労働時間の通算	9時間	7時間	4時間	7時間	9時間	4時間
Bでの法定時間外労働	1時間	0時間	0時間	0時間	1時間	0時間

---

[39] 自らの事業場で所定外労働がない場合は、所定外労働時間の通算は不要である。自らの事業場で所定外労働があるが、他の使用者の事業場で所定外労働がない場合は、自らの事業場の所定外労働時間を通算すれば足りる（副業兼業ガイドライン11頁、副業兼業通達第3（3））。

b 副業・兼業の開始後（所定外労働時間の通算）

次に、以上の表のとおりのＡ病院（先労働）、Ｂ病院（後労働）の所定労働時間に加え、以下の表のとおりの所定外労働時間があった場合、まずは、①１日の法定外労働時間について確認を行う。本事例では、火曜及び木曜の労働時間が、１日の法定労働時間である８時間を超え、火曜では使用者Ｂの１時間の所定外労働が、木曜では使用者Ａの２時間の所定外労働のうちの１時間が、法定外労働に該当する。

さらに、②１日の法定外労働として計算した時間を除いて、１週の法定外労働時間について確認を行う。本事例では、土曜の労働時間は６時間で、１日の法定労働時間を超えないものの、使用者Ａの２時間の所定外労働は、１週の法定労働時間である40時間を超過しているため、法定外労働に該当する。

所定外労働時間	月	火	水	木	金	土
通算順③：Ａ病院		1時間		2時間		2時間
通算順④：Ｂ病院		1時間				
1日の労働時間の通算	9時間	9時間	4時間	9時間	9時間	6時間
Ａでの法定外労働時間	0時間	0時間	0時間	1時間	0時間	2時間[40]
Ｂでの法定外労働時間（追加分）	0時間	1時間	0時間	0時間	0時間	0時間

（イ）簡便な労働時間管理の方法

a 概要[41]

以上のように、兼業・副業が行われる際の労働時間の管理は複雑かつ労使双方に手続的負担が生じるため、厚労省は、それを省くための簡便な労働時間の管理方法として「管理モデル」と呼ばれる取り組みを紹介している[42]。

「管理モデル」によれば、先に労働契約を締結した使用者Ａと、後から労働契約を締結した使用者Ｂは、「管理モデル」で定めた労働時間の範囲内で

---

40 土曜日の労働時間は６時間であり、１日８時間の法定労働時間を超えていないが、「１日の法定外労働」に該当する時間（計４時間）を除くと、金曜までの労働時間は36時間（月曜・火曜・木曜・金曜各８時間（計32時間）＋水曜４時間）となるため、土曜の所定労働時間４時間の労働を合わせると、６時間＋４時間で40時間となることから、Ａ病院による２時間の所定外労働時間は週40時間を超えている。

41 副業兼業ガイドライン３（2）オ（ア）及び（イ）

42 副業兼業ガイドライン３（2）オ

266　第3章　労働問題

労働させる限り、他の使用者の事業場の実労働時間を把握することなく、労
基法を遵守ことができる。

　　b　導入方法[43]

　副業・兼業を希望する労働者に対して、先に労働契約を締結した使用者
Aが管理モデルによる副業・兼業を行うことを求め、労働者及び労働者を
通じて副業・兼業先の使用者Bがこれに応じることによって導入されるこ
とが想定される。

　　c　労働時間の上限の設定[44]

　使用者Aの事業場における法定外労働時間数と使用者Bの事業場におけ
る労働時間（所定労働時間及び所定外労働時間）とを合計した時間数が、単
月100時間未満、複数月平均80時間以内となる範囲内において、各々の使
用者の事業場における労働時間の上限をそれぞれ設定する[45]。

上限の設定	
手順①	使用者Aの法定外労働時間と使用者Bの労働時間の合計の範囲を決める。
手順②	手順①の合計の範囲内かつ、それぞれの事業場の36協定の範囲内で、それぞれの労働時間の上限を決める。

　　d　時間外労働の割増賃金の取扱い[46]

　「管理モデル」の導入により、使用者Aは自らの事業場における法定外労
働時間の労働について、使用者Bは自らの事業場における労働時間の労働
について、それぞれ割増賃金を支払う。

　使用者Aは、労働時間の通算を行わない場合と同様に、1日8時間を超
えて労働させるまでの間は、割増賃金が発生せず、自らの事業場における法
定外労働時間の労働についてのみ割増賃金を支払うことで足りる。

────────────

[43] 副業兼業ガイドライン3（2）オ（ウ）a
[44] 副業兼業ガイドライン3（2）オ（ウ）b
[45] 管理モデルの導入後に、使用者Aにおいて導入時に設定した労働時間の上限を変更する必要が
生じた場合には、あらかじめ労働者を通じて使用者Bに通知し、必要に応じて使用者Bにおいて
設定した労働時間の上限を変更し、これを変更することは可能である。なお、変更を円滑に行うこ
とができるよう、あらかじめ、変更があり得る旨を留保しておくことが望ましい（副業兼業ガイド
ライン3（2）オ（エ）b）。
[46] 副業兼業ガイドライン3（2）オ（ウ）c

他方で、使用者Bは、使用者Aの事業所での実際の労働時間にかかわらず、自らの事業場での労働時間全体を法定外労働時間として、割増賃金を支払うことになる。

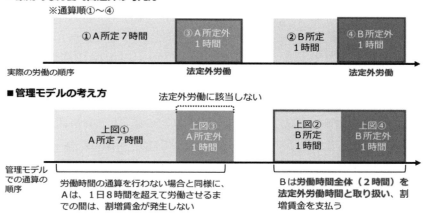

出典：厚労省「副業・兼業の場合における簡便な労働時間管理のポイント　労使双方の負担を軽減する「管理モデル」」
https://www.mhlw.go.jp/content/11200000/001079962.pdf

2　36協定による時間外・休日労働と上限規制

(1) 36協定の意義

前述1 (1)「労働時間・休憩・休日の原則」のとおり、使用者は、原則として、1日8時間、1週40時間を超えて労働者を労働させてはならず（労基32条1項、2項）、労働者に対し、少なくとも1週間に1回（又は4週間を通じて4回以上）の休日を与えなければないと定められているが（労基35条1項、2項）、各事業場において時間外労働及び休日労働に関する労使協定（36協定）の締結及び届出を行うことにより、当該協定に定めるところにより、時間外及び休日労働をさせることができる（労基36条1項）。

なお、36協定は、協定で定めた時間数・日数の範囲内において法定労働時間（を超えて労働させること）及び法定休日（に労働させること）の違反（処罰）を免れる効力（免罰的効力）が認められるとされているが[47]、具体

268 第3章 労働問題

的に法定時間外労働又は法定休日労働を命じるためには、就業規則などによる労働契約上の根拠が必要になる。

(2) 時間外・休日労働の上限規制

ア　36協定の定め（一般条項）の「限度時間」

使用者は、事業場の過半数組合又は過半数代表者との間で書面による労使協定（36協定）を締結し、これを行政官庁に届け出た場合には、当該協定に定めるところにより、時間外・休日労働をさせることができる（労基36条本文）。

働き方改革関連法に伴う改正労基法により、36協定による時間外労働について罰則付きで上限時間が定められ、具体的には、 i 法定労働時間を超える時間外労働（休日労働を含まない）の上限（限度時間）は、原則として月45時間、年360時間以内とされ（労基36条3項、4項）、後述イの特別協定によらなければ、限度時間を超えることはできなくなった。

イ　特別協定の定め（特別条項）の上限（特別延長時間の上限）

前述アの原則には、例外が認められており、 ii 通常予見することのできない特別な事情により、臨時的に限度時間を超えて労働させる必要がある場合に限り、時間外労働及び休日労働の合計について月100時間未満、時間外労働について年720時間以内（ただし、月45時間を超えることができるのは年6か月まで）の範囲内で、時間外労働及び休日労働を認める条項（特別条項）を定めることができる（労基36条5項）。

ウ　時間外・休日労働の実労働時間数の上限（時間外・休日労働時間の上限）

さらに、改正労基法は、36協定の定めにより労働させる場合であっても、 iii 時間外労働及び休日労働の合計は月100時間未満、かつ2か月乃至6か月平均でいずれにおいても月80時間以内とすることという要件を満たすものでなければならないとする（労基36条6項）。

---

47 菅野＝山川・労働法429頁

時間外・休日労働の上限規制			
	時間外労働	時間外・休日労働	労働時間の通算の有無
一般条項の「限度時間」	月45時間・年360時間	—	なし
特別条項の上限（特別延長時間の上限）	年720時間以内（月45時間を超えることができるのは年6か月まで）	月100時間未満	なし
時間外・休日労働の実労働時間数の上限（時間外・休日労働時間の上限）	—	・月100時間未満 ・2～6か月平均で月80時間以内	あり

（3）医師の適用猶予と特別基準設定

　前述（2）のとおり、働き方改革関連法に伴う改正労基法により、2019年4月（中小企業は2020年4月）から時間外労働の上限規制が適用された。

　また、「医業に従事する医師」[48] については、時間外労働の上限規制の適用が5年間猶予されていたところ（労基141条4項）、猶予期間が終了した2024年4月からは、労働時間の上限規制が及ぶこととなった。

　もっとも、医師の時間外労働が特別延長時間の上限である年720時間を超える医療機関も多い中、一般業種と同じ上限規制を一律に適用すると、医療現場の機能不全を引き起こしたり、結果的に上限規制が守られなかったりという結果になりかねないことから、後述アの「特定医師」を対象に一般業種とは異なる上限規制が設けられている。

　ア　適用対象（特定医師の範囲）

　2024年4月1日から適用される医師特有の時間外労働の上限規制の対象は、「病院・診療所で勤務する医師（医療を受ける者に対する診療を直接の目的とする業務行わない者を除く）、又は介護老人保健施設・介護医療院にて勤務する医師[49]（特定医師）」である（労基141条1項、労基則69条の2）。

---

[48] 「医業に従事する医師」における「医師」は医師法上の医師に限定され、資格で判断されることから、歯科医師、獣医師はここでの「医師」に該当しない（医師の時間外労働Q&A1-4）。したがって、歯科医師や獣医師については、2019年4月のタイミングで規制が及んでいることになる。

[49] 介護老人保健施設又は介護医療院の勤務医については、実態を踏まえ、特例水準に関する規定は適用されていない（介護保険附則10条、介護保険令附則7条の2、介護保険則附則8条の2）。

特定医師の定義のとおり、特定医師は「医業に従事する医師」より限定されているため、令和6年3月まで、時間外労働の上限規制について適用猶予の対象ではあったものの、令和6年4月以降は、医師の時間外労働の上限規制の対象とならず、一般業種の時間外労働の上限規制が適用される医師が存在する。例えば、血液センター等の勤務医や、産業医、健診センターの医師等は、特定医師に該当せず、一般業種と同様の時間外労働の上限規制に服する。

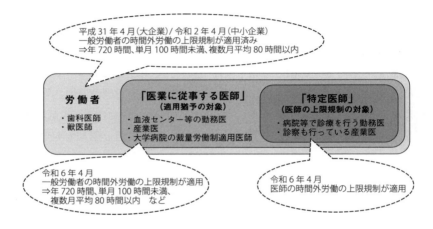

イ　医療機関に適用される水準

後述ウのとおり、医師の時間外労働の上限規制については、原則のA水準と、適用にあたり都道府県知事の指定が必要な特例水準（連携B水準、B水準、C水準）とで上限規制の内容が異なる。

各水準の対象業務は、以下の表のとおりである。

A水準と特例水準の対象業務の内容		
種別		対象業務
原則	A水準	特例水準以外のもの
特例水準	特定地域医療提供機関 （B水準）	①救急医療、②居宅等における医療、③地域において当該病院又は診療所以外で提供することが困難な医療のいずれかを提供するために、当該業務に従事する医師の時間外・休日労働が年960時間を超える必要があると認められるもの（医療113条1項、医療則80条）

連携型特定地域医療提供機関（連携 B 水準）	病院・診療所の管理者の指示により行われる派遣、その他の病院・診療所の管理者が医療提供体制の確保のために必要と認めた派遣であって、派遣を行うことによって、派遣をされる医師の時間外・休日労働が年 960 時間を超える必要があると認められるもの（医療 118 条 1 項、医療則 87 条）
技能向上集中研修機関（C-1 水準）	①臨床研修に係る業務で一定期間、集中的に診療を行うことにより基本的な診療能力を身に付けるために、当該業務に従事する医師の時間外・休日労働が年 960 時間を超える必要があると認められるもの（医療 119 条 1 項 1 号、医療則 94 条 1 号） ②専門研修に係る業務で、一定期間、集中的に診療を行うことにより最新の知見及び技能を修得するために、当該業務に従事する医師の時間外・休日労働が年 960 時間を超える必要があると認められるもの（医療 119 条 1 項 2 号、医療則 94 条 2 号）
特定高度技能研修機関（C-2 水準）	高度な技能を修得するための研修に係る業務で、当該業務に従事する医師の時間外・休日労働が年 960 時間を超える必要があると認められるもの（医療法 120 条 1 項、医療則 101 条 4 項）

　特例水準の適用を受けるには、医療機関において、特例水準の指定要件を満たす内容の医師労働時間短縮計画（案）を提出する必要がある（医療 113 条 2 項、3 項 1 号、118 条 2 項、119 条 2 項、120 条 2 項、医療則 82 条 1 項、89 条 1 項、96 条 1 項、103 条 1 項）。その後、医療機関勤務環境評価センターによる第三者評価が行われ、その結果を踏まえて、都道府県知事による特例水準の指定手続が行われる。

　ウ　医師の時間外労働の上限規制

　特定医師の時間外労働の上限規制は、一般業種の場合と同様に、①事業場単位の上限である 36 協定を締結する際の特別条項の上限（特別延長時間の上限。労基 141 条 2 項）と、②特定医師個人に対する上限である時間外・休日労働時間の上限（同条 3 項）に分けられる。

　（ア）特別延長時間の上限（事業場単位の上限）

　特定医師の特別延長時間の上限は、A 水準及び連携 B 水準については、時間外及び休日労働が月 100 時間未満（面接指導による例外あり）、年 960 時間以内とされている（労基則 69 条の 4、読替省令 1 条 2 号）。B 水準及び C 水準については、月 100 時間未満（面接指導による例外あり）、年 1,860 時間以内（読替省令 1 条 1 号）とされる。

　なお、一般業種と異なり、特別条項において限度時間を超えることができ

272　第3章　労働問題

る月数（年6か月まで）を定める必要はない（労基則69条の3第5項、令和4年12月26日基発1226第7号）。

（イ）時間外・休日労働時間の上限（個人単位の上限）

特定医師個人の時間外・休日労働の上限は、A水準については、時間外及び休日労働が月100時間未満（面接指導による例外あり）、年960時間以内とされている（労基則69条の5）。特例水準（連携B水準、B水準、C水準）については、月100時間未満（面接指導による例外あり）、年1860時間以内（読替省令2条）とされる。

特定医師の時間外・休日労働の上限[50]					
医療機関に適用される水準		特別延長時間の上限 （事業場単位の上限）		時間外・休日労働時間の上限 （個人単位の上限）	
		月の時間外・ 休日労働	年の時間外・ 休日労働	月の時間外・ 休日労働	年の時間外・ 休日労働
原則	A水準	100時間未満 （例外あり）	960時間	100時間未満 （例外あり）	960時間
特例水準	連携型特定地域医療提供機関（連携B水準）		960時間		1,860時間[51]
	特定地域医療提供機関（B水準）		1,860時間		1,860時間
	技能向上集中研修機関（C-1水準）				
	特定高度技能研修機関（C-2水準）				

エ　副業・兼業の場合

特定医師が副業・兼業を行っている場合、副業・兼業先における労働時間の扱いが問題となる。

特別延長時間の上限（事業場単位の上限）との関係においては、副業・兼業先の時間外・休日労働時間は通算されない。すなわち、36協定は事業場ごとに延長時間を定めるものであることから、それぞれの医療機関は、当該

---

[50] 労働基準局労働条件政策課労働時間特別対策室「医師の時間外労働の上限規制の解説」をもとに著者が作成。

[51] 自院での時間外・休日労働は年960時間であるが、副業・兼業をした場合、年1,860時間まで時間外・休日労働させることができる。

医師の他の医療機関における副業・兼業の時間外・休日労働時間を考慮することなく、自らの医療機関における時間外・休日労働時間を、36協定の範囲内とすることで足りる。

　他方で、時間外・休日労働の上限（個人単位の上限）については、特定医師個人に対する上限であることから、当該医師の副業・兼業先の医療機関における労働時間も通算する必要があるため、管理者は、通算後の当該医師の時間外・休日労働時間が、個人の時間外・休日労働の上限の範囲内となるようにする必要がある[52]。副業・兼業の場合における労働時間の通算についての詳細は、第2・1（4）「副業・兼業の場合における労働時間管理（労働時間の通算）」を参照されたい。

　また、特定医師が副業・兼業先でも特定医師として勤務する場合、例えば、甲病院（A水準の病院）でA水準の特定医師として勤務する者が、乙病院（B水準の病院）でB水準の特定医師として副業・兼業をすることもありうる。このような場合、読替省令2条において定める「時間外・休日労働時間の上限」（B水準、連携B水準、C水準）については、労基則69条の5の「時間外・休日労働時間の上限」（A水準）の規定にかかわらず、読替省令に定められた時間数が適用されることとされている[53]。

　そのため、甲病院（A水準）でA水準の特定医師として勤務する者が、乙病院（B水準）でB水準の特定医師としての勤務を開始した場合、当該特定医師については、労働者個人の実労働時間に着目した上限として、B水準における「時間外・休日労働時間の上限」が適用されることとなる。

特定医師が副業・兼業先でも特定医師として勤務する場合の「時間外・休日労働時間の上限」[54]		
自院での適用水準	副業・兼業先での適用水準	当該医師の時間外・休日労働時間の上限
A水準	A水準	960時間
A水準	特例水準	1,860時間
特例水準	A水準	1,860時間
特例水準	特例水準	1,860時間

[52] 「労働基準法施行規則の一部を改正する省令等の施行について」（令和4年12月26日基発1226第7号）
[53] 医師の時間外労働Q&A4-2
[54] 前掲「医師の時間外労働の上限規制の解説」をもとに著者作成。

オ　適用する水準の変更

36協定の対象期間の途中で、やむを得ず特定医師に適用する水準を変更することもできるが、以下に留意する必要がある。

（ア）A水準から特例水準への変更[55]

A水準の医師としていた医師について、対象期間途中で年960時間を超える時間外・休日労働を行わせる必要が生じたと認められる場合には、適用される水準を該当する特例水準に変更することができる。

ただし、A水準から特例水準への変更は、患者の集中など業務の急増が見込まれる客観的な事由があり地域医療の確保のため、又は研修プログラム／カリキュラムの実施のためには変更することがやむを得ない場合に限る必要があり、また、水準の変更の有無にかかわらず、時間外・休日労働は必要最小限とする必要がある。

（イ）特例水準からA水準への変更[56]

BC水準の特定医師としていた医師について、対象期間途中で年960時間を超える時間外・休日労働を行わせる必要がなくなったと認められる場合には、適用される水準は、A水準に変更することとなる。

ただし、特例水準からA水準に変更した場合、追加的健康確保措置（新医療法における勤務間インターバルの確保、代償休息）が努力義務となることを踏まえると、こうした水準の変更は、妊娠や長期間の病気療養など、年960時間を超える時間外・休日労働を行う必要がなくなったことが客観的に明らかであるといえる事由がある場合に限るようにするとともに、水準の変更の有無にかかわらず、時間外・休日労働は必要最小限とする必要がある。

カ　36協定の対象期間中に特定水準の指定が失効した場合

都道府県知事による特例水準の指定は、3年ごとに更新されない限り効力を失われる（医療115条1項）。また、医療機関に特例水準の指定に該当する業務がなくなったときや、指定の要件を事後的に欠くことになった場合に、都道府県知事は、指定を取り消すことができる（医療117条1項、118条2項、

---

[55] 医師の時間外労働 Q&A（追補分）2
[56] 医師の時間外労働 Q&A（追補分）2

119条2項、120条2項）。

　これらのように36協定の対象期間中に特例水準の指定が失効した場合であっても、当該36協定自体は有効である。もっとも、36協定における特例水準に関する延長時間は、特例水準の指定を受けていることを前提とするものであるため、指定が失効した場合、特例水準に関する特別延長時間は適用されないため、特例水準が適用されていた医師については、当該36協定にＡ水準に関する定めがあり、「業務の種類」等の協定事項に照らして、これを適用できる場合には、Ａ水準に関する特別延長時間が適用され、その範囲内で時間外・休日労働を行わせることができる[57]。

　他方で、医師個人に係る「時間外・休日労働の上限」（労基141条3項の上限）については、読替省令2条において、労基則69条の5の「時間外・休日労働時間の上限」（Ａ水準）の規定にかかわらず、読替省令に定められた時間数（特例水準における時間外・休日労働時間の上限）が適用されることとされていることから、引き続き、各医療機関においては、それぞれの対象期間中は特例準における「時間外・休日労働時間の上限」が適用される[58]。

　キ　面接指導による月100時間未満の上限の適用除外

　前述ウのとおり、いずれの水準においても、特別延長時間の上限（事業場単位の上限）、及び時間外・休日労働の上限（個人単位の上限）のそれぞれで、時間外・休日労働の上限は月100時間未満とされているが、これには例外が設けられている。

　具体的には、「特別延長時間の上限」については、いずれの水準においても、36協定に面接指導等に関する事項（労基則69条の3第2項2号から4号、（特例水準について）読替省令3条1項2号から4号）を定めた場合には、月100時間未満という上限は適用されない（労基則69条の4ただし書、（特例水準について）読替省令1条1号ただし書、2号ただし書）。

　また、「時間外・休日労働の上限」については、いずれの水準においでも、特定医師に対して面接指導が行われ、かつ面接指導後の就業上の措置が講じ

57　医師の時間外労働 Q&A（追補分）3
58　医師の時間外労働 Q&A（追補分）3

276　第3章　労働問題

られた場合には、月100時間未満という上限は適用されない（労基則69条
の5ただし書、読替省令第2条ただし書き、労基則69条の3第2項2号、
同項4号。特例水準については、読替省令3条1項2号、同項4号）。

(4) 36協定の協定事項・締結・届出

　36協定は、「使用者」と事業場の過半数労働組合又は過半数代表者との間
で締結される（労基36条1項）。

　36協定においては、まずは限度時間（1か月45時間、1年360時間）の
範囲内での延長時間を定めた上で、当該延長時間を超えて労働させる必要が
ある場合には、特別条項を設け、特別延長時間等について定めることとなる。

　ア　36協定の協定事項

　（ア）36協定の協定事項

　36協定は、以下の必要事項を記載した書面において締結されることを要
する（36条2項）。

36協定の（一般的）記載事項	
一般条項	
①	時間外・休日労働をさせることができる労働者の範囲（労基36条2項1号）
②	対象期間（1年間に限られる）（同項2号）
③	時間外・休日労働をさせることができる場合（同項3号）
④	1日、1か月、1年のそれぞれの期間についての延長時間・休日労働日数の上限（同項4号）
⑤	有効期間の定め（労基則17条1号）
⑥	1年の起算日（同条2号）
⑦	1か月100時間未満、2か月乃至6か月平均で80時間以内の要件を満たすこと（同条3号）
特別条項	
①	限度時間を超えて労働させることができる場合（同条4号）
②	限度時間を超えて労働させる労働者に対する健康及び福祉を確保するための措置（同条5号）
③	限度時間を超えた労働に係る割増賃金の率（同条6号）
④	限度時間を超えて労働させる場合における手続（同条7号）

（イ）特定医師に係る協定事項

特定医師に係る協定事項としては、以下の事項を記載する必要がある。

	特定医師に係る協定事項
	一般条項
①	時間外・休日労働をさせることができる労働者の範囲（労基36条2項1号）
②	対象期間（1年間に限られる）（同項2号）
③	時間外・休日労働をさせることができる場合（同項3号）
④	1日、1か月、1年のそれぞれの期間についての延長時間・休日労働日数の上限（労規則69条の3第2項1号、読替省令3条1項1号）
⑤	有効期間の定め（労基則17条1号）
⑥	1年の起算日（同条2号、69条の3第1項）
⑦	1か月100時間未満、2か月乃至6か月平均で80時間以内の要件を満たすこと（同17条3号、69条の3第1項）
⑧	管理者に、時間外・休日労働が月100時間以上となることが見込まれる特定医師に対して、面接指導告示の要件に該当する面接指導を行わせること（労基則69条の3第2項2号、読替省令3条1項2号）
⑨	管理者に、面接指導（面接指導の対象となる特定医師の希望により、管理者の指定した医師以外の医師が行った面接指導で、管理者がその結果を証明する書面の提出を受けたものを含む）の結果に基づき、面接指導を受けた特定医師の健康を保持するために必要な措置について、面接指導後（管理者の指定した医師以外の医師が面接指導を行った場合は、管理者がその結果を証明する書面の提出を受けた後）、遅滞なく、面接指導を行った医師の意見を聴かせること（労基則69条の3第2項3号、読替省令3条1項3号）
⑩	管理者に、面接指導を行った医師の意見を勘案し、その必要があると認めるときは、面接指導を受けた特定医師の実情を考慮して、遅滞なく、労働時間の短縮、宿直の回数の減少、その他の適切な措置を講じさせること（労基則69条の3第2項4号、読替省令3条1項4号）
⑪	管理者に、時間外・休日労働が月155時間を超えた特定医師に対して、労働時間の短縮のために必要な措置を講じさせること（労基則69条の3第2項5号、読替省令3条1項5号）
	特別条項
①	限度時間を超えて労働させることができる場合（労規則17条4号、69条の3第1項）
②	限度時間を超えて労働させる労働者に対する健康及び福祉を確保するための措置（労規則17条5号）
③	限度時間を超えた労働に係る割増賃金の率（同条6号）
④	限度時間を超えて労働させる場合における手続（同条7号）
⑤	限度時間を超えて労働させる必要がある場合の1か月及び1年の時間外・休日労働時間数（労基141条2項）
⑥	管理者に、医療法123条1項及び2項により、休息時間を確保させること（読替省令3条1項6号）

278　第 3 章　労働問題

　　a　時間外・休日労働をさせることができる労働者の範囲

　時間外・休日労働をさせることができる労働者の範囲として、特定医師の範囲の記載が必要である（労基 36 条 2 項 1 号）。特定医師に該当する医師の氏名を特定することまでは必要はないが、36 協定には、時間外・休日労働をさせることができる労働者の範囲を定めることとされているため、どの医師が特例水準の特定医師に該当するか判断できる程度に特定されている必要がある。この特定は、例えば名簿を作成する等の方法によって行うことが考えられる。

　　b　「時間外・休日労働をさせることができる場合」

　一般条項における「時間外・休日労働をさせることができる場合」について、「事業場の業務量、時間外労働の動向、その他の事情」を考慮して、通常予見されるものを定める必要がある（労基 36 条 3 項）。

　医師については、時間外・休日労働をさせる事由として通常予見されるものとして、例えば、診察等の医師業務をある程度具体的に記載する必要がある。

一般条項の事由例[59]		
	時間外労働をさせる必要のある具体的事由	業務の種類
時間外労働	診察、検査、診断、処置、手術への対応など	医師業務
休日労働	診察、検査、診断、処置、手術への対応など	医師業務

　　c　「限度時間を超えて労働させることができる場合」

　特定医師を対象とする特別条項については、「限度時間を超えて労働させることができる場合」として、事業場における通常予見することのできない業務量の大幅な増加等に伴い、臨時的に限度時間を超えて労働させる必要があるものをできる限り具体的に定める必要がある（労基 141 条 2 項、36 協定指針[60] 5 条 1 項）。

　具体的な特別条項の事由として、A 水準では、医療機関全般に発生し得

---

[59] 厚生労働省「医師の働き方改革 2024 年 4 月までの手続きガイド」（2023 年（令和 5 年）4 月）33 頁
[60]「労働基準法第 36 条第 1 項の協定で定める労働時間の延長及び休日の労働について留意すべき事項等に関する指針」（平成 30 年 9 月 7 日厚労告第 323 号）

るものが事由となりうる。他方で、特例水準については、それぞれの対象業務に応じた具体的事由を記載する必要がある。

特別条項の事由例[61]		
	臨時的な特別な事情がある場合	業務の種類
A 水準	患者数増加、入院患者の急変、救急患者の搬送等に伴う診察、検査、診断、処置、手術への対応の発生	医師業務
	高難度の診察、診断、処置、手術や時間を要する処置、手術への対応の発生　など	
B 水準	救急患者や重症患者に対する診察、検査、診断、処置、手術への対応の発生	医師業務（○○科、○○科）[62]
	在宅患者に対する急変対応、在宅患者への訪問診療の集中	
	高度な処置、手術への対応、高度な疾病治療や疾病・病棟管理の集中　など	
連携 B 水準	患者数増加、入院患者の急変、救急患者の搬送等に伴う診察、検査、診断、処置、手術への対応の発生	医師業務（○○科、○○科）[63]
	高難度の診察、診断、処置、手術や時間を要する処置、手術への対応の発生　など	
C 水準	○○臨床研修プログラムにおける診察、検査、診断、処置、手術への対応	医師業務
	○○専門研修プログラムにおける診察、検査、診断、処置、手術への対応	
	各医師の技能研修計画の下での診察、検査、診断、手術への対応　など	

イ　36 協定の締結・届出

36 協定の締結は、使用者[64]と当該事業場の過半数組合又は過半数代表者

---

[61] 前掲「医師の働き方改革 2024 年 4 月までの手続きガイド」34-37 頁

[62] B 水準医療機関では対象業務に従事する医師については労働時間短縮計画記載の診療科単位で定めることが望ましいとされる（前掲「医師の働き方改革 2024 年 4 月までの手続きガイド」35 頁）。

[63] 連携 B 水準医療機関では対象業務に従事する医師については労働時間短縮計画記載の診療科単位で定めることが望ましいとされる（前掲「医師の働き方改革 2024 年 4 月までの手続きガイド」36 頁）。

[64] 労働契約上の使用者（労契 2 条 2 項）とは一致せず、「事業主又は事業の経営担当者その他その事業の労働者に関する事項について、事業主のために行為をする…者」（労基 10 条）をいい、すなわち当該事業場において時間外・休日労働のあり方に責任を負っている管理者をさす。

280　第3章　労働問題

との間で締結される必要がある（労基36条1項）。

　一般に、36協定の届出は、通常「様式第9号」によらなければならない（労基則16条1、2項）。様式第9号に所要の事項を記載し、これに労働者代表の押印を加えれば、その様式自体が36協定となる[65]。特に特定医師について、時間外・休日労働を行わせる場合のうち、特別条項を協定しないときは様式第9号の4を、特別条項を協定するときは、様式第9号の5を届出に用いる。

　また、一般に、36協定を更新する場合には、使用者は更新協定を締結しこれを届け出ることで足りる（労基則16条3項）。36協定に自動更新の定めがある場合には、更新につき、労使いずれの側からも異議がなかった事実を証する書面を届け出ればよいとされている[66]。

　なお、特例水準の36協定の締結・届出に関して、B・C水準の指定がないにもかかわらず、当該水準に関する36協定を締結した場合には、法に適合しない内容を定めた36協定として、一般条項及び特別条項が全体として無効となることに留意すべきである[67]。

3　医療法上の追加的健康確保措置

　十分な睡眠が取れずに連続して勤務する時間が長くなると、疲労が蓄積し、注意力の低下などによる医療ミスのリスクも高まることから、一般の労働者の時間外労働の上限時間を超えて働かざるを得ない場合に、医師の健康、医療の質を確保するため、医療法上、一定の医師について追加的健康確保措置をとることが求められている。

　追加的健康確保措置には、①業務の開始から一定時間以内に一定の継続した休憩時間（勤務間インターバル）を確保すること、②やむをえない事情によって勤務間インターバルを確保できなかった場合に、事後的に休息（代償休息）を付与すること、③一定の長時間労働が見込まれる医師等に面接指導を実施して、健康状態を確認し、必要に応じて就業上の措置を講じることが

---

[65] 昭和53年11月20日基発642号
[66] 昭和29年6月29日基発355号
[67] 医師の時間外労働Q&A12頁

ある[68]。

（1）勤務間インターバル・代償休息

　ア　勤務間インターバル[69]

　医療機関の管理者は、一定の医師について、業務の開始から一定時間以内に一定の継続した休息時間（勤務間インターバル）を確保する必要がある（医療123条）。勤務日において最低限必要な睡眠（1日6時間程度）を確保し、1日、2日単位で確実に疲労を回復していくべきとの考えに基づくものである。

　連続勤務時間制限の起点となる始業時刻は、勤務シフト等であらかじめ予定されていた業務の開始時とされる（医療123条1項、医療則111条）ため、勤務間インターバルの確保は、勤務シフトを作成する段階で勤務間インターバルが確保されたシフトを組むことによって行う必要がある。

　勤務間インターバルは、特例水準（連携B水準、B水準、C水準）の対象医療機関に勤務する医師への付与は義務とされる一方で（医療123条1項）、A水準の対象医療機関に勤務する医師への付与は努力義務とされている（医療110条1項本文）。

　（ア）対象者

　勤務間インターバルの対象者は、A水準の対象医療機関に勤務する医師と特例水準の対象医療機関に勤務する医師とで異なり、具体的には以下（次頁）の表のとおりである[70]。

---

68 「長時間労働医師への健康確保措置に関するマニュアル（改訂版）」（令和4年度厚生労働省厚生労働行政推進調査事業費補助金（厚生労働科学特別研究事業））19頁
69 一般業種における労働時間等の設定の改善に関する特別措置法（労働時間等設定改善法）上の勤務間インターバル制度とは異なる。
70 介護老人保健施設又は介護医療院に勤務する医師についても、勤務間インターバルの仕組みが準用されるが（介保附則10条、介保令附則7条の2第1頃、介保則附則8条の2）、特例水準に関する規定は準用されていないため、介護老人保健施設等に勤務する医師については、A水準のみの適用となる。

282　第3章　労働問題

勤務間インターバルの対象者	
A 水準 （努力義務）	医業に従事する医師（病院又は診療所に勤務する医師（医療を受ける者に対する診療を直接の目的とする業務を行わない者及び船員法第 1 条第 1 項に規定する船員である医師を除く。）に限る。）であって、次のいずれかに該当する者（対象医師　医療法 110 条 1 項本文、医療則 73 条・62 条） ①時間外労働が年 720 時間を超えることが見込まれる者 ②時間外労働が月 45 時間を超える月数が年 6 か月を超えることが見込まれる者
特例水準 （義務）	B 水準、連携 B 水準、C-1 水準、C-2 水準の対象医療機関に勤務する医師であって、時間外・休日労働が年 960 時間を超えることが見込まれる者（特定対象医師　医療法 123 条 1 項、医療則 110 条)[71]

（イ）勤務間インターバルの基本ルール

　勤務間インターバルには、原則として以下の表のとおり 2 つの基本ルールがある。具体的には、通常の日勤の場合は、予定された始業から 24 時間以内に、次の勤務までに 9 時間の勤務間インターバルを確保する必要がある。宿日直の許可のない宿日直に従事させた場合は、予定された始業から 46 時間以内に 18 時間の勤務間インターバルを確保する必要がある（医療法 110 条 1 項本文、医療則 74 条、75 条、76 条）。

　もっとも、例外として、勤務開始後 24 時間以内に、宿日直許可のある宿日直（以下「特定宿日直勤務」という（医療則 76 条 2 号参照）。）に継続して 9 時間以上勤務する場合は、勤務間インターバルの確保は不要とされる（医療 110 条 1 項但書、医療則 77 条、又は医療 123 条 1 項但書、医療則 114 条）。

　勤務間インターバルの内容自体は、A 水準と特例水準（特定臨床研修医を除く）とで異ならないが、A 水準における勤務間インターバルの確保について努力義務である一方で（医療法 110 条 1 項本文、医療則 74 条乃至 76 条）、特例水準における勤務間インターバルの確保については義務とされる点で異なる（医療 123 条 1 項本文、医療則 111 条、112 条 1 項、113 条 1 項）。

勤務間インターバルの基本ルール（C-1 水準が適用される特定臨床研修医を除く）	
通常の日勤の場合	①始業から 24 時間以内に 9 時間の連続した休息時間（15 時間の連続勤務時間制限）

---

[71] 特定地域医療提供機関（B 水準）、連携型特定地域医療提供機関（連携 B 水準）、技能向上集中研修機関（C-1 水準）、特定高度技能研修機関（C-2 水準）を総称して「特定労務管理対象機関」といい（医療 122 条 1 項）、このうち C-1 水準の臨床研修医をとくに「特定臨床研修医」という。

宿日直許可のない宿日直に従事する場合	②始業から 46 時間以内に 18 時間の連続した休息時間（28 時間の連続勤務時間制限）

（ウ）C-1 水準が適用される特定臨床研修医の勤務間インターバル

　他方で、C-1 水準が適用される特定臨床研修医については、入職まもない時期でもあることから、連続勤務時間制限等を手厚くする等の観点から、以下のとおり別途のルールが設けられている（医療法 123 条 1 項、医療則 111 条、112 条 2 項、113 条 2 項）。

　もっとも、例外として、勤務開始後 24 時間以内に、特定宿日直勤務に継続して 9 時間以上勤務する場合は、勤務間インターバルの確保は不要とされる（医療 123 条 1 項但書、医療則 114 条）。

勤務間インターバルの基本ルール（C-1 水準が適用される特定臨床研修医）	
通常の日勤の場合	①始業から 24 時間以内に 9 時間の連続した休息時間（15 時間の連続勤務時間制限）
「やむを得ない理由」（医療則 113 条 2 項 2 号かっこ書き）により、業務の開始から 24 時間以内に、9 時間の継続した休息時間を確保できない場合[72]	②始業から 48 時間以内に 24 時間の連続した休息時間（24 時間の連続勤務時間制限

（エ）勤務間インターバルの確保方法

　勤務間インターバルは、事前に予定された「業務の開始」を起点に休息時間を確保する制度であるため（医療 110 条 1 項、医療則 74 条）、勤務間インターバルの確保方法としては、9 時間又は 18 時間（特定臨床研修医の場合は 24 時間）の継続した休息時間を、事前に勤務シフト表等で予定することが原則である[73]。

　イ　代償休息

　代償休息とは、予定された勤務間インターバル中に、「やむを得ない理由」（医療 123 条 2 項）によって勤務間インターバルが確保できなかった場合に、代わりに休息を付与することをいう。

　なお、「やむを得ない理由」とは、特定臨床研修医以外の特定対象医師に

---

[72] 臨床研修における必要性から、指導医の勤務に合わせた 24 時間の連続勤務が必要な場合が想定されている（厚生労働省「医師の働き方改革に関する検討会報告書」（平成 31 年 3 月 28 日）21 頁）

[73] 医師の働き方改革 FAQ・F-1

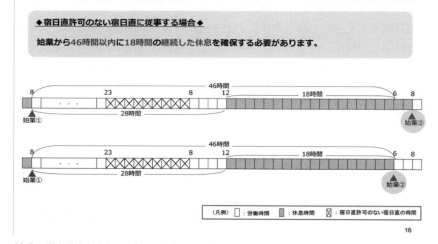

(出典：厚生労働省医政局医事課医師等医療従事者働き方改革推進室作成「医師の勤務間インターバルの仕組みについて―医師の勤務間インターバルと代償休息に関する取り組みのポイント―」9頁及び16頁)

ついては、外来患者及び入院患者に関する緊急の業務が発生したこととされ（医療則 116 条 1 項）、特定臨床研修医については、臨床研修の機会を確保するために、臨床研修を適切に修了するために必要な業務として、外来患者及び入院患者に関する緊急の業務が発生した場合に速やかに当該業務に従事できるよう休息予定時間中に特定臨床研修医を待機させる場合又は特定臨床研修医を特定宿日直勤務に従事させる場合であって、当該休息予定時間中又は当該特定宿日直勤務中に当該業務が発生した場合に限られる（同条 2 項）。

（ア）代償休息付与の基本ルール

　a　勤務間インターバル中に労働が発生した場合

　予定された 9 時間又は 18 時間の継続した勤務間インターバル中に、前述の「やむを得ない理由」により発生した労働に従事した場合、医療機関の管理者は、その労働時間に相当する時間分を代償休息として、対象となる労働時間が発生した日の属する月の翌月末までに、できるだけ早期に付与する必要がある。

　代償休息付与の基本ルールの内容自体は、A 水準と特例水準（特定臨床研修医を除く）とで異ならないものの、A 水準における代償休息の確保について努力義務である一方で（医療 110 条 2 項、医療則 78 条）、特例水準における代償休息の確保については義務とされる点で異なる（医療 123 条 2 項、医療則 116 条 1 項、117 条 1 項本文）。

　なお、代償休息を付与することを前提として勤務シフト等を組むことは、原則として認められないが、特定対象医師を「やむを得ず 15 時間を超えることが予定された同一の業務」に従事させる場合（例えば、長時間の手術の場合）は、代償休息の付与を前提とした運用が認められる。すなわち、15 時間を超えた時間分について、当該特定対象医師が、勤務間インターバル中に労働したものとみなして、代償休息を付与することとされる（医療 123 条 2 項前段、医療則 115 条 1 項）。もっとも、当該業務終了後、次の業務が開始するまでの間に、15 時間を超えて労働させた時間に相当する時間の代償休息を確保する必要がある（医療 123 条 2 項後段、医療則 115 条 1 項、117 条 1 項但書）。

286　第3章　労働問題

　　b　特定宿日直勤務中に労働が発生した場合

　前述のとおり、特定宿日直勤務に9時間以上従事する場合、勤務間インターバルの確保は不要となるが、特定宿日直勤務中に労働が発生した場合、特定宿日直勤務の終了後、当該労働が発生した日の属する月の翌月末日までの間に、当該労働の負担の程度に応じて、必要な休息時間を確保する必要がある。

　宿日直許可のある宿日直中に発生した代償休息の付与ルールの内容自体は、A水準と特例水準（特定臨床研修医を除く）とで異ならないが、A水準における代償休息の確保について努力義務である一方で（医療110条3項、医療則79条）、特例水準における代償休息の確保については配慮義務[74]とされる点で異なる（医療123条3項、医療則118条）。

　（イ）C-1水準が適用される特定臨床研修医の代償休息について

　C-1水準が適用される臨床研修医については、より手厚い代償休息の付与ルールが講じられている。

　　a　勤務間インターバル中に労働が発生した場合

　前述のとおり、特定臨床研修医については、代償休息が発生しないように勤務間インターバルの確保を徹底することが原則とされ、「やむを得ない理由」があるとして、勤務間インターバル中に労働をさせることができる場合は、勤務間インターバル中に臨床研修における必要性からオンコール又は特定宿日直勤務への従事が必要な場合に限られる（医療法123条2項、医療則116条2項）。

　勤務間インターバル中に、前述の「やむを得ない理由」により発生した労働に従事した場合、以下の①又は②のうち、いずれか早い日までの間に（①が②前である場合であって、やむを得ない理由により、①までの間に代償休息を確保することが困難な場合には、②までの間にできるだけ早期に）、労働させた時間に相当する時間の代償休息を確保することが義務付けられる（医

――――――――――――

[74] 当該宿日直中に発生した労働の負担の程度に応じ、休暇の取得の呼びかけ等の休息時間を確保するための何らかの取組を行う義務が発生する（必ずしも結果として休息時間の確保そのものが求められるものではない。）とされる（前掲「医師の勤務間インターバルの仕組みについて―医師の勤務間インターバルと代償休息に関する取り組みのポイント―」33頁）。

療 123 条 2 項、医療則 116 条 2 項、117 条 2 項)。

| ① 勤務間インターバル終了後に労働した日が属する、診療科ごとの研修期間の末日 |
| ② 勤務間インターバル終了後に労働した日が属する月の翌月末日 |

　　b　特定宿日直勤務中に労働が発生した場合

　特定臨床研修医を業務の開始から 24 時間以内に継続 9 時間以上の特定宿日直勤務に従事させる場合について、医療則 115 条 2 項により、当該特定宿日直勤務に従事する時間を勤務間インターバルとみなして、医療法 123 条 2 項が適用されるため、特定宿日直勤務中に業務が発生した場合には、当該時間に係る代償休息の確保について、他の特例水準の医師の場合は配慮義務とされる一方で（医療 123 条 3 項）、特定臨床研修医については、代償休息を確保することが義務付けられる。

　なお、代償休息を確保する期限については、以下の①又は②のうち、いずれか早い日までの間に（（①が②前である場合であって、やむを得ない理由により、①までの間に代償休息を確保することが困難な場合には、②までの間にできるだけ早期に）、労働させた時間に相当する時間の代償休息を確保することが義務付けられる（医療 123 条 2 項、医療則 115 条 2 項、116 条 2 項、117 条 2 項)。

| ① 特定宿日直勤務終了後に労働した日が属する、診療科ごとの研修期間の末日 |
| ② 特定宿日直勤務終了後に労働した日が属する月の翌月末日 |

（ウ）代償休息の付与方法

　連続勤務時間制限及び勤務間インターバルを実施できなかった場合の代償休息の付与方法については、対象となった時間数について、①所定労働時間中における時間休の取得、又は、②勤務間インターバルの延長のいずれかによることとされる[75]。なお、代償休息は予定されていた休日以外で付与することが望ましく、特に面接指導の結果によって個別に必要性が認められる場合には、予定されていた休日以外に付与することとされる[76]。付与方法について、医療機関の就業規則等において整理することが望ましい。

---

[75] 医師の働き方改革の推進に関する検討会「医師の働き方改革の推進に関する検討会 中間とりまとめ」（令和 2 年 12 月 22 日）14 頁、医師の働き方改革 FAQ・F-6
[76] 前掲「医師の働き方改革の推進に関する検討会 中間とりまとめ」14 頁

288　第 3 章　労働問題

　ウ　副業・兼業時の勤務間インターバル・代償休息の確保[77]

　医師が、副業・兼業を行っている場合、連続勤務時間制限及び勤務間イン
ターバルは、医師の自己申告等により把握した副業・兼業先の労働も含めて、
事前にこれらを遵守できるシフトを組むことにより対応する必要がある。さ
らに、連続勤務時間制限・勤務間インターバルを遵守できない事態が生じた
場合（例えば、一つの医療機関における勤務間インターバル中に、他の医療
機関における突発的な診療に従事した場合）には、医師の健康を確保するた
め、代償休息を付与することが義務付けられる。この場合、どちらの医療機
関で代償休息を取得させるかという問題が生じるが、これについては、常勤・
非常勤といった雇用形態も踏まえ、原則として、各医療機関の間で調整する
必要が生じる。

　医療機関は、医師からの副業・兼業先も含めた連続勤務時間制限・勤務間
インターバルの遵守状況に係る報告をもとに、未消化の代償休息がある場合
には、翌月末までに付与できるようシフトを組み直す等の対応を行う。報告
の頻度は、代償休息は翌月末までに付与しなければならないため、最低月に
一度の報告を要する。もっとも、できるだけ早く代償休息を付与できるよう、
報告についても、できるだけ早く行うことが望ましい。こうした医師の自己
申告をベースとした労働時間管理を可能とするため、医療機関は医師に対し
て、これらの取扱いに関して院内で周知を行う必要がある。

　エ　継続した休息時間の確保に関する記録及び保存

　医療機関の管理者は、特定対象医師に対する勤務間インターバル・代償休
息による休息時間の確保に関する記録を作成し、これを 5 年間保存しておか
なければならない（医療則 119 条）。

（2）長時間労働医師への面接指導

　医療機関の管理者は、一定の医師（面接指導対象医師）について、医師に
よる面接指導を実施しなければならない（医療 108 条）。面接指導は、長時
間働く医師一人一人の健康状態を確認し、医師の健康確保のため、必要に応

---

[77] 前掲「医師の働き方改革の推進に関する検討会　中間とりまとめ」20 頁

じて、管理者（事業者）が就業上の措置を講ずることを目的とする。

　前述のとおり、面接指導は、月の時間外・休日労働について、100時間未満という上限規制を例外的に緩和するための要件であることから、時間外・休日労働が月100時間の水準を超える前に、睡眠及び疲労の状況を客観的に確認し、疲労の蓄積が確認された者については月100時間以上となる前に面接指導を行うこと等が義務づけられている。

　ア　面接指導の実施

　面接指導の実施主体である「管理者」は、面接指導対象医師に対し、「面接指導実施医師」（医療則64条柱書）による面接指導を行わなければならない。面接指導の実施にかかる対象者（面接指導対象医師）、実施時期、実施者（面接指導実施医師）、及び実施方法は、以下の表のとおりである。

　面接指導の実施時期については、原則として面接指導対象医師の時間外・休日労働が、月100時間に達するまでの間に行われる必要がある（医療則63条本文）。例外的に、A水準の医師については、疲労蓄積が認められない場合は、時間外・休日労働が月100時間以上となった後に、遅滞なく行うことでもよいとされる（医療則63条但書）。

　面接指導の実施時期の考え方としては、1か月の時間外・休日労働時間が100時間以上となる頻度が低・中・高程度という場合分けにより、面接指導を実施する時期が分けて示されている。

面接指導の実施要件	
面接指導の対象者 （面接指導対象医師）	① 医業に従事する医師（病院又は診療所に勤務する医師のうち医療を受ける者に対する診療を直接の目的とする業務を行わない医師等を除く）であること ② 時間外・休日労働が月100時間以上となることが見込まれること （医療108条1項、医療則62条）
面接指導の実施時期	全ての水準（原則） 時間外・休日労働が月100時間に達するまでの間（医療則63条本文） A水準・蓄積疲労なし[78]（例外） 時間外・休日労働が月100時間に達するまでの間、又は月100時間以上となった後に遅滞なく（医療則63条ただし書）
面接指導の実施者 （面接指導実施医師）	① 面接指導対象医師が勤務する病院又は診療所の管理者ではないこと ② 医師の健康管理を行うのに必要な知識を習得させるための講習を修了していること

	（医療 108 条 1 項、医療則 65 条）
面接指導の実施方法	① 面接指導対象医師の選定 ② 管理者による面接指導対象医師に対する勤務の状況等の確認（医療 108 条 1 項、医療則 63 条） 　・勤務の状況 　・睡眠の状況 　・疲労の蓄積の状況 　・心身の状況 　・面接指導を受ける意思の有無 ③ 管理者から面接指導実施医師への情報提供（医療 108 条 3 項、医療則 67 条 1 項） 　・面接指導対象医師の氏名 　・管理者が事前に確認した情報（上記②） 　・面接指導対象医師の業務に関する情報で、面接指導実施医師が面接指導対象医師の面接指導を適切に行うために必要と認めるもの ④ 面接指導実施医師による面接指導対象医師への面接指導（医療法 108 条 1 項、医療則 64） 　・勤務の状況 　・睡眠の状況 　・疲労の蓄積の状況 　・心身の状況図

　イ　面接指導実施後の対応

　管理者は、面接指導後、遅滞なく、面接指導の結果に基づき、面接指導実施医師の意見を聴取しなければならないとされる（医療 108 条 4 項、医療則 68 条）。面接指導実施医師が、「長時間労働医師面接指導結果及び意見書」を作成し、①面接指導結果とそれに対する意見、②本人への指導内容と管理者への意見、③署名等を記載するため、管理者は、同書面を受け取ることにより、意見聴取を行うという流れが想定されている。

　その上で、管理者は、面接指導実施医師の意見を勘案し、必要があると認めるときは、面接指導対象医師の実情を考慮して、遅滞なく、労働時間の短

---

[78] 疲労の蓄積が認められる状況とは、以下のいずれかに該当する場合である（前掲「労働基準法施行規則の一部を改正する省令等の施行について」第 4. 2（1）ア、医師の時間外労働 Q&A5-7）。
・前月の時間外・休日労働時間数が 100 時間以上である
・直近 2 週間の 1 日の平均睡眠時間が 6 時間未満である
・「労働者の疲労蓄積度自己診断チェックリスト」（2023 年改訂版）において、自覚症状の評価がⅣ、又は、総合判定における「仕事による負担度の点数」が 4 以上である
・面接指導の希望がある

面接指導の実施時期の考え方（まとめ）

医師に 適用される水準	A 水準	A・B・連携 B・C 水準	B・連携 B・C 水準
時間外・休日 労働が 100 時間 以上となる頻度	低い		高い
睡眠及び疲労の 状況の事前確認 の実施時期	当該月の時間外・休日労働が 80 時間を超えた後	ある程度の疲労蓄積が想定される時期（当該月の時間外・休日労働が 80 時間前後となる時期が望ましい） ※ただし、当該月の時間外・休日労働が 100 時間に到達する前に実施しなければならない。	毎月あらかじめ決めておいた時期に行うことも可能 ※ただし、当該月の時間外・休日労働が 100 時間に到達する前に実施しなければならない。
面接指導の 実施時期	事前確認で一定の疲労の蓄積が確認された場合は当該月の時間外・休日労働が 100 時間に到達する前に実施しなければならない。		

（出典：厚生労働省「医師の働き方改革 2024 年 4 月までの手続きガイド」（2023 年（令和 5 年）4 月）23 頁）

縮、宿直の回数の減少その他の適切な措置（就業上の措置）を講じなければならない（医療 108 条 5 項、医療則 69 条）。「長時間労働医師面接指導結果及び意見書」に、面接指導実施医師意見に基づく措置内容を記載することが想定されている。

　管理者は、面接指導の結果の記録を作成して、5 年間保有しなければならない（医療 108 条 7 項、医療則 71 条 1 項）。なお、記録しなければならない事項は以下のとおりである（医療則 71 条 2 項）。

面接指導の結果の記録事項
・面接指導担当医師の面接指導対象医師への確認事項（医療則 64 条各号）
・医療法 108 条 2 項ただし書の書面の記載事項（医療則 66 条）
・管理者が聴取した面接指導実施医師の意見（医療 108 条 4 項）
・面接指導後における就業上の措置の内容（医療 108 条 5 項）
・時間外・休日労働が月 155 時間超の場合における労働時間短縮措置の内容（医療 108 条 6 項、 　医療則 70 条 1 項）

　ウ　副業・兼業時の面接指導

　対象者が他の医療機関で副業・兼業を行っている場合、時間外・休日労働を通算して面接指導の要否を判断する必要がある[79]。具体的には、自らの医

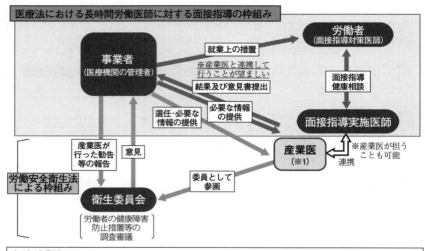

(出典：前掲「長時間労働医師への健康確保措置に関するマニュアル（改訂版）」22頁)

療機関内の時間外・休日労働のみでは月100時間以上となることが見込まれない場合でも、他の兼業・副業先の医療機関の労働時間も通算すると時間外・休日労働が月100時間以上となることが見込まれるときには、基本的には、当該医師が勤務する全ての医療機関において、面接指導が実施される必要があるが、いずれか1つの医療機関が面接指導を実施し、当該面接指導の結果を証明する書面が他の医療機関に提出されれば、当該書面の提出を受けた医療機関の面接指導の実施義務は果たされたこととなる。このとき、面接指導を実施する医療機関は、当該特定医師と医療機関との相談の上決定するものであるところ、例えば、特定医師が常勤と非常勤で勤務している場合には、常勤で勤務している医療機関とし、特定医師がBC水準の特定医師として勤務している医療機関がある場合には、当該医療機関とすることが考えられ

---

79 医師の時間外労働Q&A6-1

る[80]。

エ　各法令による面接指導の関係性[81]

労基法上、特定医師に月100時間以上の時間外・休日労働を行わせるためには、面接指導を行うことが要件とされる（労基141条3項、労基則69条の5但書）。他方で、安衛法においても、時間外・休日労働が月100時間以上見込まれる特定医師に対する面接指導が義務付けられている（安衛66条の8第1項、安衛規附則19条1項)[82]。

医療法の面接指導と労基則の面接指導は、いずれも「管理者」が実施し、要件等も同一であるため、同一の面接指導として実施することができる。

他方で、安衛法の面接指導は「事業者」が実施するものであり、医療法・労基則の面接指導と実施主体が異なっているため、同一のものとして扱うことはできない。もっとも、医療法・労基則の面接指導を受けた医師が、安全衛生法上の面接指導を別途受けることを希望せず、労基則の面接指導の結果を証明する書面を事業者に提出した場合には、安全衛生法の面接指導も行われたものと取り扱われる（安衛66条の8第2項ただし書、安衛則19条の2）。

各法令における面接指導の関係性[83]			
	労基則の面接指導	医療法の面接指導	安衛法の面接指導
要件 （対象者）	時間外・休日労働が月100時間以上見込まれる特定医師		
実施主体	管理者		事業者
位置づけ	特定医師に月100時間以上の時間外・休日労働を行わせるための要件（労基141条3項、労基則69条の5但書）	面接指導の実施自体が義務（医療108条1項）	面接指導の実施自体が義務（安衛66条の8第1項、安衛規附則19条1項）

80　医師の時間外労働 Q&A6-2

81　医師の時間外労働 Q&A5-1

82　安衛則附則19条の規定において、特定医師を安衛法66条の8第1項の面接指導の対象者として定めているのは、特定医師に対して行った労基則の面接指導・医療法の面接指導の結果を、安衛法第18条に基づく衛生委員会の付議事項とする等、安衛法に基づく健康確保措置の基礎とすることを目的としたものである（医師の時間外労働 Q&A5-2）。

83　厚生労働省労働基準局労働条件政策課労働時間特別対策室「「医師の時間外労働の上限規制に関するQ&A」の解説」28頁をもとに著者作成。

294 第3章 労働問題

追加的健康確保措置のまとめ					
種別		追加的健康確保措置			
		勤務間インターバルの確保 ①（通常の日勤の場合）始業から24時間以内に9時間の連続した休息時間（15時間の連続勤務時間制限）、又は、②（宿日直許可のない宿日直の場合）始業から46時間以内に18時間の連続した休息時間（28時間の連続勤務時間制限）		代償休息	面接指導
原則	A水準	努力義務 ①時間外労働が年720時間を超えることが見込まれる者 ②時間外労働が月45時間を超える月数が年6か月を超えることが見込まれる者			時間外労働が月100時間以上となる場合は義務
特例水準	特定地域医療提供機関（B水準）	義務 ※C-1水準について、内容が異なる別途の定めあり		配慮義務	
	連携型特定地域医療提供機関（連携B水準）				
	技能向上集中研修機関（C-1水準）			義務 ※内容が異なる別途の定めあり	
	特定高度技能研修機関（C-2水準）			配慮義務	

4　例外的な労働時間制

　労基法は、前述1の労働時間、休憩及び休日に関する規定は、一定の者には適用しない旨を定めている（適用除外（管理監督者、監視・断続的労働従事者、高度プロフェッショナル制度適用者等））。
　また、1日8時間・1週40時間とする労働時間制度の基本的枠組みに対し、これを柔軟化する制度として、①労働時間の算定を実際の労働時間（実労働時間）により行うことを前提に、例外的に法定労働時間の枠を柔軟化する制度（変形労働時間制、フレックスタイム制）と、②実労働時間による労働時間の算定の例外として、実際の労働時間にかかわらず一定時間労働したものとみなす労働時間のみなし制（事業場外労働のみなし性、裁量労働制）という特別の制度が認められている。

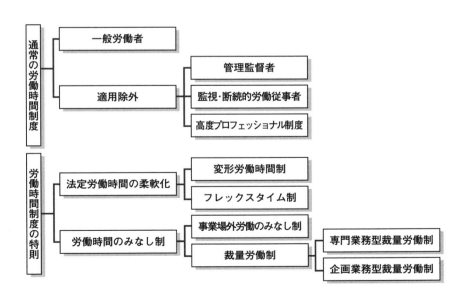

296　第3章　労働問題

（1）適用除外

　前述1の労基法上の労働時間、休憩及び休日に関する規定は、以下の者には適用されない（労基41条各号、41条の2）。

　これらの適用除外の対象は、労基法の第4章、第6章及び第6章の2で定める「労働時間、休憩及び休日」に関する規定とされることから（労基41条柱書）、年次有給休暇等の規定については除外されない。

　本書では、医療機関に関連するものとして、「管理監督者」及び「断続的労働」について解説する。

適用除外
①　農林、畜産・養蚕・水産業に従事する者（労基41条1号）
②　管理監督者又は機密事務取扱者（同条2号）
③　監視・断続的労働に従事する労働者で、行政官庁の許可を受けた者（同条3号）
④　特定高度専門業務・成果型労働制（高度プロフェッショナル制度）の適用を受ける者（労基41条の2）

ア　管理監督者

Case
①[84]医療法人Y1は、医師X1を管理監督者として扱い、時間外労働に対する割増賃金を支払っていなかったところ、医師X1は、労働契約に基づき、医療法人Y1に対し、賃金及び割増賃金の支払いを請求した。なお、X1は、Y1が経営するAクリニックの院長として勤務していたほか、関連して以下の事情がある。 　ⅰ　X1は、自らも含めてAクリニックの職員の出退勤を管理し、職員の退職を事実上承認し、Aクリニックにおける医療業務について指示、命令する権利を有していた。 　ⅱ　X1は、少なくとも年俸として1800万円の賃金の支払を受けるべき地位にあったほか、クリニックの経営が順調に進めば最終的にAクリニックの経営権限の継承を受けることができる地位にもあった。 ②[85]医療法人Y2は、歯科医師X2を管理監督者として扱い、時間外労働に対する割増賃金を支払っていなかったところ、歯科医師X2は、労働契約に基づき、医療法人Y2に対し、割増賃金及び付加金等の支払いを請求した。なお、X2は、Y2が経営するB歯科医院の院長として勤務していたほか、関連して以下の事情がある。 　ⅰ　X2は、B歯科医院に勤務を開始してから約半年後、同院の院長に就任するとともに、

84　東京地判平成25年3月29日判例秘書：L06831183をもとに著者作成
85　大阪地判平成30年9月21日判例秘書：L07350824をもとに著者作成

医療法上の管理者及び医療法人 Y2 の理事に就任した。

　　医療法人 Y2 の理事会が開催されたことはなく、理事長と X2 が医療法人 Y2 や B 歯科医院の運営について対等な立場で協議したこともなかった。X2 が、歯科医師を含む従業員の採用や面接、勤務評価、退職の承諾や勧奨、休暇取得の許否の判断等を行ったこともなく、理事長自らが行っていた。

ⅱ　X2 の休日は年間を通じて毎週火曜日と金曜日と決められており、学会等に参加するために出勤日を変更したり有給休暇を取得したりする際には、事務員等を通じて理事長の許可を得ていた。

　　B 歯科医院は年中無休で診療時間が午前 9 時から午後 10 時までと決まっており、X2 は B 歯科医院の院長等に就任する前後を通じてタイムカードによる勤務時間の管理をされていた。

ⅲ　X2 は、B 歯科医院の院長に就任して以降の 1 か月の賃金として、概ね 160 万円から 330 万円までを受け取っていたが、基本給 15 万円という額について、院長就任前や院長以外の一般の歯科医師との違いはなく、そのうち基本給 15 万円及び職務給 10 万円を除く部分は、自己の診療による報酬額に基づいて算定される歩合給（インセンティブ報酬）であり、その算定方法に院長就任前や院長以外の一般の歯科医師との違いはなかった。

（ア）管理監督者とは

　行政解釈上、管理監督者とは、事業の種類にかかわらず「労働条件の決定その他労務管理について経営者と一体的な立場にある者」をいい、管理監督者にあたるかどうかは、名称にとらわれず、実体的に判断されるとされ[86]、裁判所の見解も基本的に同様である。

　医療機関においては、医療法上、病院や診療所の開設者は、医師に病院や診療所を管理させなければならないことから（医療 10 条 1 項）、一般的にこれらの者を「院長」と称して管理監督者として扱っている場合が多いと思われるが、医療法上の管理者に該当し、院長という肩書があるしても、必ずしも管理監督者にあたるわけではなく、あくまで実態に即して判断される必要がある。

（イ）管理監督者該当性の判断要素

　労働者が管理監督者に該当するかという判断は、当該労働者について、①経営に関する決定に参画し、労務管理に関する指揮監督権限を認められてい

---

[86] 昭和 22 年 9 月 13 日基発 17 号、昭和 63 年 3 月 14 日基発 150 号

298　第3章　労働問題

るか否か、②出退勤をはじめとする労働時間について裁量権を有しているか否か、③一般の従業員に比して、その地位と権限にふさわしい賃金（基本給、手当、賞与）上の処遇を与えられているか否かといった要素から客観的に判断される[87]。以下の表は、裁判例における判断要素の具体的内容をまとめたものである。

管理監督者性の判断要素[88]
①　職務の内容、権限及び責任の程度
職務の内容・権限・責任において、事業経営上重要な地位にいるか。
就労場所等の規模又は職務の内容・権限の範囲が、企業全体からみて、どの程度か。
他の一般従業員と同様の業務（現業等）に一体となって従事しているか否か。
企業全体における事業経営方針の決定について、どの程度、手続に関与し、権限を有するか。
経営者又は上位の職位者との関係で、業務遂行に関して、どの程度従属しているか。また、部下との関係で、どの程度、業務遂行に関する指揮監督をしているか。
部下等に対する人事管理について、どの程度、関与し、決定権限を有するか。
②　実際の勤務態様における労働時間の裁量の有無、労働時間管理の程度
就業時間（始業、就業）、休憩時間が定められているか、労働時間が所定労働時間等にどの程度拘束されるか。
勤務態勢との関係において、労働時間がどの程度拘束されるか。
タイムカードが使用されている場合には、タイムカードの使用による労働時間管理（労働時間への拘束）がどの程度か。
タイムカードが使用されていない場合に、労働時間の管理がどのような方法で行われているか、これによって労働時間がどの程度拘束されるか。
労働時間管理について特に方法が講じられていない場合は、事業経営の必要上、労働時間等の規制を超えて労働する必要性があるか否か。
欠勤、早退、遅刻等について、賃金の査定、懲戒処分等の不利益処分における考慮要素にされているか否か。
③　待遇の内容、程度
給与（基本給、役職手当等）及び賞与等の金額が、他の一般職員及び下位管理者との比較において、役職に見合ったものになっているか。
他の従業員と比較して給与、賞与等が高額であっても、その要因が別の理由にないか。

　【Case①】及び【Case②】ともに、X1及びX2は、院長の地位にあるも

87　菅野＝山川416頁

88　細川二郎「労働基準法41条2号の管理監督者の範囲について」判タ1253号（2008年）59頁

第 2　労働時間の管理　299

のの、管理監督者該当性の判断は異なるというべきである。

　まず、【Case①】の場合、X1 は、自らも含めて A クリニックの職員の出退勤を管理していることから、労働時間について裁量権を有していることに加え、職員の退職を事実上承認し、A クリニックにおける医療業務について指示、命令する権利を有しており、労務管理に関する指揮監督権限を認められている。また、X1 が少なくとも年俸として 1800 万円の賃金の支払を受ける地位にあって、管理監督者たるにふさわしい待遇を受けており、A クリニックの経営が順調に進めば最終的に A クリニックの経営権限の継承を受けることができる地位にもあったことも考慮すれば、X1 は、経営者と一体的な立場にある者として管理監督者にあたる。【Case①】のもととなった裁判例においても、同様の理由により、X1 は管理監督者に該当すると判断された。

　他方で、【Case②】の場合、X2 の職務の内容、権限に照らせば、B 歯科医院の院長等に就任して以降も、労務管理を含め、Y2 医療法人の事業経営に関する重要事項について、実質的に経営者と一体的な立場にあるといえるだけの職務及び権限を有していたとは認められない。また、X2 の休日は年間を通じて毎週火曜日と金曜日と決められており、学会等に参加するために出勤日を変更したり有給休暇を取得したりする際には、事務員等を通じて理事長の許可を得ていたことから、X2 が自己の労働時間について裁量を有していたとは認められない。さらに、X2 は、B 歯科医院の院長に就任して以降の 1 か月の賃金として、概ね 160 万円から 330 万円までを受け取っていたが、基本給 15 万円という額について、院長就任前や院長以外の一般の歯科医師との違いはなく、基本給 15 万円及び職務給 10 万円を除く部分は、自己の診療による報酬額に基づいて算定される歩合給（インセンティブ報酬）であり、その算定方法に院長就任前や院長以外の一般の歯科医師との違いはなかったことから、他の一般の歯科医師と比べて明らかに高額な給与を得ていたとも認められない。以上から、X1 は、経営者と一体的な立場にある者とはいえず、管理監督者にあたらないというべきである。【Case②】のもととなった裁判例においても、同様の李湯により、X2 は管理監督者に該当しないと判断された。

イ 宿日直許可と「断続的労働」

Case[89]

　Y病院では、産婦人科の医師らの宿日直業務について、いわゆる宿日直許可を得ていたため、残業代を支払っていなかった。もっとも、当該宿日直業務の内容は、待機・監視などの業務を行い、入院、患者の急変や急患があれば突発的に対応するというものであるが、Y病院では救急外来患者の受け入れが多く、宿日直勤務においても、分娩の処置や手術、それに伴う患者・家族への説明等の救急患者の対応を行うことが頻発し、夜間において十分な睡眠時間が確保できない状態であった。また、当該医師らの宿日直業務の回数は、1年を平均して月8回程度に達しており、通常勤務と連続して32時間になることもあった。

　Y病院に勤務する産婦人科医師Xは、Y病院に対し、宿日直の時間について、労働時間に該当するとして残業代請求を行ってきた。Y病院は、この主張に応じる必要があるか。

（ア）断続的労働とは

　労基法上の労働時間とは、「労働者が使用者の指揮命令下に置かれている時間」をいうところ、宿日直は基本的に労働時間に該当することは前述1（2）オ「宿日直」のとおりである。医療機関においては、病院の管理者は、病院に医師を宿直させなければならないとされているため（医療16条）、夜間・休日に宿日直として労働させる場合には、割増賃金を支払うのが原則である。

　もっとも、宿日直勤務については、勤務時間中の手待時間が長いことから、労働時間規制を適用しなくても、必ずしも労働者保護に欠けることはないと考えられる。このような趣旨から、労基法は、一定の基準の下で、労働基準監督署長による宿日直勤務の許可を受けることにより[90]、当該労働に関する労働時間、休憩、休日に関する規定の適用を除外することを認めている（労基41条3号）。使用者は、この宿日直許可を受けることにより、宿日直勤務の時間を割増賃金の基礎となる労働時間に含めなくてよいこととなる。

　なお、医療機関が、宿日直勤務について労働基準監督署長の許可を得ていない場合[91]や、許可を得ている場合であっても宿日直勤務の実態が許可基準

---

89 前掲大阪高判平成22年11月16日をもとに著者作成
90 監視・断続的労働の適用除外は、常態として監視・断続的労働に従事する者を対象にした規定であり、断続的労働とそうでない労働とに一定日数ごとに交互に従事するような者には適用されないが（昭和63年3月14日基発150号）、平常勤務者が平常勤務のかたわら従事する断続的労働である宿日直については、許可手続きがとくに規定されている（労基則23条）（菅野＝山川・労働法419頁）。

に該当しない場合[92] には、宿日直勤務の時間が全て労働時間と扱われ、割増賃金を支給する必要が生じる。

（イ）宿日直業務が断続的業務とされる許可基準

手待時間が実作業時間を超えるか又はそれと等しいことが目安とされる。一般に宿日直の許可については、通達によって、以下のとおりの条件が設定されている[93]。

一般の宿日直の許可基準
1　勤務の態様 ・常態として、ほとんど労働をする必要のない勤務のみを認めるものであり、定時的巡視、緊急の文書又は電話の収受、非常事態に備えての待機等を目的とするものに限って許可するものであること。 ・原則として、通常の労働の継続は許可しないこと。したがって、始業又は終業時刻に密着した時間帯に、顧客からの電話の収受又は盗難・火災防止を行うものについては、許可しないものであること。 2　宿日直手当 ・宿直勤務1回についての宿直手当（深夜割増賃金を含む。）又は日直勤務1回についての日直手当の最低額は当該事業場において宿直又は日直の勤務に就くことの予定されている同種の労働者に対して支払われている賃金（法第37条の割増賃金の基礎となる賃金に限る。）の1人1日平均額の3分の1を下らないものであること。 3　宿日直の回数 ・許可の対象となる宿直又は日直の勤務回数については、宿直勤務については週1回、日直勤務については月1回を限度とすること。ただし、当該事業場に勤務する18歳以上の者で法律上宿直又は日直を行いうるすべてのものに宿直又は日直をさせてもなお不足でありかつ勤務の労働密度が薄い場合には、宿直又は日直業務の実態に応じて週1回を超える宿直、月1回を超える日直についても許可して差し支えないこと。 4　その他 ・宿直勤務については、相当の睡眠設備の設置を条件とするものであること。

これに加えて、医師、看護師等の宿日直勤務については、以下のとおり厚労省から別途の許可基準が定められている[94]。

91　東京高判昭和45年11月27日民集26巻10号2164頁（静岡市教職員事件）、大阪地判平成8年10月2日労判706号45頁（共立メンテナンス事件）

92　大阪高判平成22年11月16日労判1026号144頁（奈良県（医師時間外手当）事件）

93　昭和22年9月13日発基17号、昭和63年3月14日基発150号

302　第3章　労働問題

医師、看護師等の宿日直許可基準
① 通常の勤務時間の拘束から完全に解放された後のものであること。すなわち、通常の勤務時間終了後もなお、通常の勤務態様が継続している間は、通常の勤務時間の拘束から解放されたとはいえないことから、その間の勤務については、宿日直の許可の対象とはならないものであること。
② 宿日直中の業務は、一般の宿日直業務以外には、特殊の措置を必要としない軽度の又は短時間の次のような業務に限ること。
・医師が、少数の要注意患者の状態の変動に対応するため、問診等による診察等（軽度の処置を含む。以下同じ。）や、看護師等に対する指示、確認を行うこと
・医師が、外来患者の来院が通常想定されない休日・夜間（例えば非輪番日であるなど）において、少数の軽症の外来患者や、かかりつけ患者の状態の変動に対応するため、問診等による診察等や、看護師等に対する指示、確認を行うこと
・看護職員が、外来患者の来院が通常想定されない休日・夜間（例えば非輪番日であるなど）において、少数の軽症の外来患者や、かかりつけ患者の状態の変動に対応するため、問診等を行うことや、医師に対する報告を行うこと
・看護職員が、病室の定時巡回、患者の状態の変動の医師への報告、少数の要注意患者の定時検脈、検温を行うこと
③ 一般の宿日直の許可の際の条件を満たしていること。

（ウ）宿日直許可の申請

宿日直許可の申請の流れは、概ね以下のとおりである[95]。

宿日直許可の申請の流れ
① 労働基準監督署に、申請書（様式第10号）（原本2部）及び添付書類を提出する。
② 労働基準監督官による実地調査が行われる。
→宿日直業務に実際に従事する医師等へのヒアリングや、仮眠スペースの確認等が、原則として実地で行われ、申請時に提出された書類の内容が事実に即したものかの確認される。また、勤務実態の確認に必要な期間（個別の申請ごとに異なるが、おおよそ直近数ヶ月間）の勤務記録の提出が求められる。
③ ①②の結果、許可相当と認められた場合に宿日直許可がなされ、許可書が交付される。

　なお、申請時に必要な書類として、宿日直当番表、宿日直日誌や急患日誌等、宿日直中に従事する業務内容、業務内容ごとの対応時間が分かる資料（電子カルテのログや急患日誌等を基に作成）、仮眠室等の待機場所が分かる図

---

94 「医師、看護師等の宿日直許可基準について」（令和元年7月1日基発0701第8号）

95 厚労省「宿日直許可申請に関する解説資料（参考事例）」を参照

面及び写真、宿日直勤務者の賃金一覧表、宿日直手当の算出根拠がわかる就業規則等の提出が求められる。

（エ）効果

宿日直許可による宿日直業務については、「断続的労働」として「労働時間、休憩及び休日」に関する規定が適用されないことから（労基 41 条 3 号）、宿日直勤務の時間は労働時間としてカウントせず、宿日直手当を支給することで足りる。

他方で、許可を受けた業務の範囲を超えて、通常の勤務時間と同態様の業務に従事させた場合には、その時間は労働時間としてカウントする必要があり、許可の内容と勤務実態が乖離した場合には、「断続的労働」とは認められず、待機時間も含めて全て労働時間と扱われ、多額の残業代が発生する可能性があることに注意が必要となる[96]。

【Case】の場合、Y 病院は宿日直許可を得ているものの、宿日直勤務における業務実態と許可基準が乖離しているとすれば、「継続的労働」とは認められない可能性が高く、その場合は、割増賃金を支払わなければならない。【Case】のもととなった裁判例でも、当該宿日直勤務について、宿日直許可を行った際に想定されていたものとはかけ離れた実態があり、勤務中に救急患者の対応等が頻繁に行われ、夜間において十分な睡眠時間が確保できないなど、常態として昼間と同様の勤務に従事する場合に該当し、宿日直許可の要件をみたさないと判断された。

なお、前述 3（1）の勤務間インターバルとの関係では、勤務開始後 24 時間以内に、宿日直許可のある宿日直に連続して 9 時間以上従事する場合は、9 時間の連続した休息時間が確保されたものとみなされることになる（医療 110 条 1 項但書、医療則 77 条、又は医療 123 条 1 項但書、医療則 114 条）。

（2）法定労働時間の柔軟化

労働時間の算定を実際の労働時間（実労働時間）により行うことを前提に、例外的に法定労働時間の枠を柔軟化する制度として、変形労働時間制とフレ

96「医師、看護師等の宿日直許可基準について」（令和元年 7 月 1 日基発 0701 第 8 号）

304　第 3 章　労働問題

ックスタイム制がある。

　ア　変形労働時間制

（ア）変形労働時間制とは

　変形労働時間制とは、単位となる期間内において所定労働時間を平均して
週法定労働時間を超えなければ、期間内の一部の日又は週において所定労働
時間が 1 日又は 1 週の法定労働時間を超えても、所定労働時間の限度で法定
労働時間を超えたとの取扱いをされない制度をいう[97]。現行法では、1 か月
単位（労基 32 条の 2）、1 年単位（労基 32 条の 4）、1 週間単位（労基 32 条
の 5）の 3 種類の変形労働時間制が定められている。

　医療機関においては、業務内容に応じて、想定される 1 日あたりの労働時
間が 8 時間以下となる場合、及び 1 日 8 時間を超える場合がそれぞれありう
るため、事前に予定されている業務を所定労働時間に反映した勤務割を作成
することで、事前に予定されている業務については時間外労働の発生を抑制
し、時間外労働が発生する場面を緊急・突発的な業務に限定することが考え
られる。なお、医療機関では、年間を通しての業務の繁忙期が明確に分かれ
ているわけではないため、基本的には、1 か月単位の変形労働時間制を導入し、
1 か月ごとの勤務制を作成、運用することが想定される。

変形労働時間制の概要			
	対象	労働時間	手続
1 か月単位変形労働時間制（労基 32 条の 2）	対象業務に関する制限なし	1 か月以内の期間・期間内の総労働時間を定めた枠内	対象期間における各日・週の労働時間等を定めた労使協定又は就業規則による（労使協定の場合は労基署へ届出が必要）
1 年単位変形労働時間制（労基 32 条の 4）	対象業務に関する制限なし	1 か月を超え、1 年以内の期間・期間内の総労働時間を定めた枠内	対象期間における労働日、労働日ごとの労働時間数等を定めた労使協定による（労使協定は労基署へ届出が必要）
1 週単位変形労働時間制（労基 32 条の 5）	常時使用する労働者が 30 人未満の小売業、旅館、料理店及び飲食店のみ	1 週 40 時間以内の範囲で、1 日 10 時間を上限とした枠内	労使協定による（労使協定は労基署へ届出が必要）

---

[97] 菅野＝山川・労働法 454 頁

（イ）1か月単位の変形労働時間制

1か月単位の変形労働時間制は、労基法が設ける3種類の変形労働時間制のうちの最も基本的なものであり、1か月以内の労働時間の配分が可能な制度であるため、特定の週に繁閑がある業種や深夜交代制労働の場合などで多く用いられる。

　a　要件

1か月単位の変形労働時間制を導入するには、就業規則又は労使協定により、以下の事項を定めることを要する（労基32条の2第1項）。

就業規則等又は労使協定に定める事項
①　対象労働者の範囲
②　対象期間及び起算日（労基則12条の2第1項）
③　1週平均40時間以内であることを定める規定
④　労働日及び労働日ごとの所定労働時間[98]
⑤　労使協定の場合はその有効期間）

　なお、常時10人以上を使用する専業場においては、就業規則上に始業・終業時刻を明記することを義務づけられているので（労基89条1号）、変形労働時間制を採用する際にも、結局、就業規則において変形期間内の毎労働日の労働時間を始業・終業時刻とともに特定しなければならない[99]。しかし、業務の実態上、特定が困難な場合には、変形制の基本事項（変形の期間、各直勤務の始業終業時刻、各直勤務の組合せの考え方、勤務制表の作成手続・周知方法など）を就業規則又は労使協定で定めたうえ、各人の各日の労働時間を特定することでも足りる[100]。

　b　効果

1か月以内の一定期間を平均して週当たりの労働時間が40時間を超えない定めをした場合には、使用者は、特定の日・週について、1日8時間・1

---

[98] 単位期間内のどの週ないしどの日に1週ないし1日の法定労働時間（それぞれ40時間ないし8時間）を何時間超えるかを特定することに加え、その超過時間をどの週・どの日で配分するのかが特定されている必要があるため、単位期間内の各週・各日の所定労働時間を特定する必要がある（菅野＝山川456頁）。

[99] 菅野＝山川456頁、最判平成14年2月28日民集56巻2号351頁（大星ビル管理事件）

[100] 昭和63年3月14日基発150号

306　第3章　労働問題

週40時間（特例措置対象事業場は44時間）を超えて働かせることができるほか、割増賃金を支払う必要がなくなる。

　なお、いったん特定された労働時間を変更することは、原則として許されないが、予定した業務の大幅な変動等の例外的・限定的な事由に基づく変更については、許されるものと考えられる[101]。

1か月単位の変形労働時間制における時間外労働の計算	
日	8時間を超える時間を定めた日はその時間、それ以外の日は8時間を超えて労働した時間
週	40時間（特例措置対象事業場は44時間）を超える時間を定めた週はその時間、それ以外の週は40時間（特例対象事業場は44時間）を超えて労働した時間（日単位で時間外労働となる時間を除く）
変形期間	対象期間における法定労働時間の総枠を超えて労働した時間（日・週単位で時間外労働となる時間を除く）

　イ　フレックスタイム制

　（ア）フレックスタイム制とは

　フレックスタイム制とは、労働者が、1か月などの単位期間の中で一定時間数労働することを条件として、1日の労働時間を労働者の選択する時に開始し、かつ終了できる制度をいう[102]。フレックスタイム制が適用される労働者については、労使協定で定められた清算期間（最長3か月間）に対応する総労働時間を超える部分が、時間外労働となる（労基32条の3）。

　医療機関においては、診療時間の縛りがあることから、幅広くフレキシブルタイムを設定することは困難であるが、業務効率の向上や優秀な人材の確保につながる制度であることから、新たに導入する医療機関も見られるところである。

　（イ）要件

　一定範囲の労働者につき、その始業・終業時刻を各労働者の決定に委ねることを就業規則に記載し、以下の事項を定めた労使協定を締結することが必要である（労基32条の3、労規則12条の2、12条の3）[103]。さらに、清算期間が1か月を超える場合には、労使協定の届出が必要である（労基32条の

---

[101] 菅野＝山川・労働法457頁

[102] 菅野＝山川・労働法466頁

[103] 昭和63年1月1日基発1号、平成9年3月25日基発195号

3 第 4 項）。

労使協定に定める事項
① 対象労働者の範囲
② 清算期間
③ 清算期間における総労働時間
④ 標準となる 1 日の労働時間
⑤ コアタイムを定める場合には、その開始・終了時刻
⑥ フレキシブルタイムを定める場合には、その開始・終了時刻
⑦ 清算期間が 1 か月を超える場合には、協定の有効期間

（ウ）効果

1 か月以内の清算期間のフレックスタイム制をとる労働者について、清算期間を平均し、1 週あたりの法定労働時間 40 時間を超えない範囲内において、1 週及び 1 日については、法定労働時間を超えても時間外労働とならない[104]。

(3) 労働時間のみなし制

実労働時間による労働時間の算定の例外として、実際の労働時間にかかわらず一定時間労働したものとみなす制度がある。

もっとも、この制度は実労働時間を算定しないという労働時間の算定に関する特則にすぎないため、休憩・休日・深夜労働の規制はもとより、みなし労働時間が法定労働時間を超える場合には時間外労働の規制が及ぶ。

医療機関においては、とくに大学病院における教授研究の業務に携わる医師については、専門業務型裁量労働制の適用の余地がある（労基法 38 条の 3、対象業務告示[105] 7 号）。

ア　事業場外労働のみなし制（労基 38 条の 2）

労働者が労働時間の全部又は一部について事業場外で業務に従事した場合において、労働時間を算定し難いときに、所定労働時間だけ労働したものと

---

104 清算期間が 1 か月を超え 3 か月以内のフレックスタイム制の場合には、当該清算期間の開始日以後 1 か月ごとに区分した期間（最後に 1 か月未満の期間が生じたときは、当該期間）を平均して、1 週間あたりの労働時間が 50 時間を超えない範囲内で、1 週及び 1 日については、法定労働時間を超えても時間外労働とならない（労基 32 条の 3 第 2 項）。

105 「労働基準法施行規則第 24 条の 2 の 2 第 2 項第 6 号の規定に基づき厚生労働大臣の指定する業務」（平成 9 年 2 月 14 日労告第 7 号（最終改正：令和 5 年 8 月 2 日））

308　第3章　労働問題

みなす制度をいう[106]。ただし、当該業務を遂行するためには通常所定労働時間を超えて労働することが必要となる場合には、当該業務の遂行に通常必要とされる時間労働したものとみなされる（労基38条の2第1項）。また、この場合において、事業場の労使協定があれば、その協定に定める時間が当該業務の遂行に通常必要とされる時間とみなされる（同条2項）。

　イ　裁量労働制

　裁量労働制とは、法所定の業務について労使協定でみなし労働時間数を定めた場合には、当該業務を遂行する労働者については、実際の労働時間数に関わりなく協定で定める時間数労働したものと「みなす」ことができる制度をいう[107]。

　（ア）専門業務型裁量労働制（労基38条の3）

　専門業務型裁量労働制の対象となる業務は、「業務の性質上その遂行の方法を大幅に当該業務に従事する労働者の裁量にゆだねる必要があるため、当該業務の遂行の手段及び時間配分の決定等に関し使用者が具体的な指示をすることが困難なものとして厚生労働省令で定める業務のうち、労働者に就かせることとする業務」[108]とされており（労基38条の3第1項1号）、対象となる業務が限定されている。

　（イ）企画業務型裁量労働制（労基38条の4）

　企画業務型裁量労働制は、「対象業務を適切に遂行するための知識、経験等を有する労働者」を、「事業の運営に関する事項についての企画、立案、調査及び分析の業務であって、当該業務の性質上これを適切に遂行するには

106　菅野＝山川・労働法471頁
107　菅野＝山川・労働法476頁
108　労基則では、次の業務が列挙されている（労規則24条の2の2第2項）。
①　新商品若しくは新技術の研究開発又は人文科学若しくは自然科学に関する研究の業務
②　情報処理システム（電子計算機を使用して行う情報処理を目的として複数の要素が組み合わされた体系であってプログラムの設計の基本となるものをいう。）の分析又は設計の業務
③　新聞若しくは出版の事業における記事の取材若しくは編集の業務又は放送法2条28号に規定する放送番組の制作のための取材若しくは編集の業務
④　衣服、室内装飾、工業製品、広告等の新たなデザインの考案の業務
⑤　放送番組、映画等の制作の事業におけるプロデューサー又はディレクターの業務
⑥　前各号のほか、厚生労働大臣の指定する業務

その遂行の方法を大幅に労働者の裁量に委ねる必要があるため、当該業務の遂行の手段及び時間配分の決定等に関し使用者が具体的な指示をしないこととする業務」に就かせる場合に採用することができる（労基38条の4第1項1号、同項2号）。

310　第 3 章　労働問題

第 3　賃金

Case[1]

　医療法人 Y と医師 X は、X の年俸を 1700 万円とし、年俸は以下の①②③で構成されるものとして、労働契約を締結した。

　①本給：月額 86 万円

　②諸手当（役付手当、職務手当及び調整手当）：月額 34 万 1000 円

　③賞与：本給 3 か月分相当額を基準として成績により勘案する。

　以上の内容に加え、労働契約において、時間外労働等に対する割増賃金を年俸に含める旨の合意があり、賃金規程には「通常業務の延長とみなされる時間外業務は時間外手当の対象とならない」との記載があった。

　医療法人 Y は、宿日直手当や緊急検査、緊急手術等の時間外規程上の条件を満たす場合の時間外手当のみ支給しており、それら以外の時間外労働における通常業務に係る割増賃金は年俸額に含まれるものとして扱っていた。

　そうしたところ、医師 X は、当該年俸の支払により、時間外労働等に対する割増賃金が支払われたということはできないとして、時間外労働及び深夜労働に対する割増賃金並びにこれに係る付加金の支払等を求めてきた。

　Y 病院としては、医師 X のかかる請求に応じなければならないか。

1　賃金の原則

（1）賃金とは

　労基法上の賃金とは、「賃金、給料、手当、賞与その他名称の如何を問わず、労働の対償として使用者が労働者に支払うすべてのもの」をいう[2]（労基 11 条）。

　そして、賃金は、原則として「①毎月一回以上、②一定の期日を定めて」「③通貨で、④直接労働者に、⑤その全額を支払わなければならない」とされる（労基 24 条 1 項、2 項）。

　賃金は、労働契約の当事者である労働者と使用者との合意により定められ

---

[1] 最判平成 29 年 7 月 7 日労判 1168 号 49 頁（医療法人社団康心会事件）をもとに著者作成

る。この合意は、個別の労働契約はもとより、就業規則、労働協約のほか、労使間の明示・黙示の合意、労使慣行などによって形成される。

(2) 賃金の支払に関する原則

ア　通貨（現金）払いの原則

賃金は、原則として「通貨（＝現金）」で支払われる必要がある。一般的に銀行振込の方法による場合が多く見られるが、通貨払いの原則の例外にあたるため、労働者の同意が必要とされる[3]。また、令和5年4月より厚生労働大臣の指定を受けた「指定資金移動業者」の口座へ振り込む方法による支払い（電子マネーによる支払い）も可能となった（労基則7条の2）[4]。

イ　全額払いの原則

賃金は、原則として「その全額」を支払う必要がある（労基24条1項）。例外として、「法令に別段の定めがある場合」又は「過半数組合（ないし過半数代表者）との書面による協定がある場合」においては、賃金の一部を控除して支払うことができる（同項但書）。

また、労働者の賃金債権と使用者が労働者に対して有する債権を相殺することはできない[5]が、判例は、労働者が「自由な意思」に基づき相殺に同意

2　労基法上の「賃金」にあたらない（「労働の対償」としての性質を持たない）使用者からの給付は、一般に、以下のように分類される（昭和22年9月13日基発17号）。なお、退職金や賞与は、その支払いの可否や額の決定がもっぱら使用者の裁量に委ねられている限りは、任意的恩恵的給付であって、労基法上の賃金にはあたらないと解されている。しかし、多くの企業で見られる退職金・賞与制度のように、就業規則や労働契約等で支給基準が定められており、それに従って決定・支給されるものであれば賃金と認められる（昭和22年9月13日基発17号）。
① 　任意的恩恵給付：その支払いの可否や額の決定がもっぱら使用者の裁量に委ねられているもの
　　　例：結婚祝金、病気見舞金、弔慶金等の慶弔禍福に関する給付等
② 　福利厚生給付：使用者が労働者の福利厚生のために負担するもの
　　　例：家族手当、住宅手当、会社のレクリエーション施設等社員の共同利用施設の利用、教育資金等各種資金の貸付、奨学金や住宅ローン利子補給金の支給、住宅の貸与等
③ 　企業設備・業務費：業務遂行のために使用者が本来負担すべき業務費用
　　　例：作業服代、出張旅費、社用交際費等の支給等
3　支払日午前10時頃には払出しが可能であることや、過半数組合ないし退学数代表者と労使協定を締結することなどの要件も課される（平成10年9月10日基発529号）。
4　4業者が審査中の状況である（令和6年1月19日現在）。
5　最判昭和36年5月31日民集15巻5号1482頁（日本勧業経済会事件）

312　第3章　労働問題

したといえる場合（合意相殺）や、賃金に過払いが生じた場合に、この過払賃金を清算するための相殺（調整的相殺）について、一定の場合には、労使協定の締結なしに行うことができることを認めている[6]。

　なお、欠勤や遅刻早退等による控除は、ノーワークノーペイの原則に照らし、不就労時間に対応する賃金を支払わない限りにおいて、全額払いの原則に反しない。もっとも、就業規則や労働契約等において、欠勤した場合でも賃金カットを行わない旨が定められている場合（完全月給制のような場合）には、賃金全額を支払わないと全額払いの原則に反することになる点に注意を要する。

全額払いの原則の例外	
当然に認められるもの	欠勤・遅刻・早退等による賃金控除
法令で認められるもの	所得税等の源泉徴収（所税183条、地税321条の5）社会保険料（健保167条、厚保84条、労徴32条）
労使協定が必要なもの	社内預金・社宅費用・貸付の返済・組合費等の控除
合意が必要なもの	相殺

（3）賃金の分類・形態

　賃金は、基本給などからなる毎月支給される賃金（月例賃金）と、賞与や退職金などからなる臨時に支給される賃金（一時金）に大別される。このうち、月例賃金は、基本給と諸手当（資格手当、家族手当、通勤手当など）から構成される所定内賃金と、時間外労働の手当や休日の手当など所定外の労働に対して支払われる所定外賃金に分類される。

　さらに基本給は、1日や1か月など一定の期間により定められる定額給（時間給、日給、月給、年俸）、及び売上などの出来高に応じて定められる出来高給（歩合給）に分類され、いずれか一方ないし両方が併用される場合がある。定額給は、学歴年齢や勤続年数等によって定まる年齢給（勤続給）、当該企業における職務遂行能力の種別（職能資格）とそのランクによって定まる職能給、個別の職務の価値（重要度、責任度、困難度）によって定める職

---

[6] 合意相殺を認めたものとして、最判平成2年11月26日労判584号6頁（日新製鋼事件）、調整的相殺を認めたものとして、最判昭和44年12月18日民集23巻12号2495頁（福島県教組事件）がある。

務給などに分類できる（複数で併用される場合もある）。

（4）賃金の変更方法

　賃金の変更には、賃上げと賃下げがあるところ、特に賃下げについては労働条件の不利益変更に該当すると解されることから、裁判所において慎重な判断がなされる傾向がある。賃下げを含む労働条件の不利益変更の方法としては、①労働契約を変更する方法として、ⅰ労働者の個別合意を得る方法、ⅱ就業規則を変更する方法、及びⅲ労働組合と労働協約を締結する方法が考えられ、そのほかにも②人事考課制度の見直しによる方法や、③人事考課制度を前提とした業務命令としての降格・降級、昇格・昇級による方法（人事権の行使による方法・懲戒処分による方法）、④年俸制が採用されている場合に、個別労働者の業績評価に基づき年俸額の改定等が考えられる。

　ア　労働契約を変更する方法

　（ア）労働者の個別合意を得る方法

　労契法は、労働者及び使用者間の合意により、労働契約の内容である労働条件を変更することができる旨を規定しており（労契8条）、労働条件の不利益変更は、労働者との合意によって行うことが原則である（合意原則）。

　労働者の個別の同意については、以下の法令、就業規則、労働契約、労働協約の優劣関係により、当該個別の同意より優先する基準に抵触していれば、当該合意内容は無効となるが、基本的には、労使間の個別合意によって、労働条件を変更することができる。

法令、就業規則、労働契約、労働協約の優劣関係[7]
①　労働基準法等の法令（強行法規）
↓
②　労働協約
↓

---

[7] 就業規則や労働契約は、当該事業場に適用される労基法等の強行法規や労働協約には反することができず、（労基13条、92条、労契13条、労組16条）、強行法規に反する部分は無効とされ、無効となった部分については労基法等の強行法規の基準が適用される（労基13条等）。また、就業規則で定める基準に達しない労働条件を定める労働契約は、その部分については無効される（労契12条）。この就業規則の最低基準効があることにより、就業規則より不利な労働条件の合意は無効とされるが、就業規則よりも有利な労働条件の合意については有効である（労契7条但書）。

314　第 3 章　労働問題

```
③　就業規則より有利な労働契約
　　　↓
④　就業規則
　　　↓
⑤　就業規則より不利な労働契約
```

　ただし、裁判例上、個々の労働者が使用者に対し交渉力が弱い立場にあることに鑑み、賃金や退職金を含む重要な労働条件変更に対する労働者の合意については、「労働者の自由な意思に基づいてされたものと認めるに足りる合理的な理由が客観的に存在する」ことが必要とされる[8]。そのため、後に個別の合意の有効性に疑義が生じないように、事前に、変更内容、労働者に生じる不利益の内容・程度等について説明した上で、合意書等の書面に署名押印してもらうことにより個別の同意を取得することが望ましい。

　（イ）就業規則を変更する方法

　多数の労働者の労働条件を統一的に変更する場合は、就業規則を変更する方法を採ることが多く、一定の要件を満たせば労働条件の不利益変更が有効と認められる。具体的には、就業規則の変更が、ⅰ労働者の受ける不利益の程度、労働条件の変更の必要性、変更後の就業規則の内容の相当性、労働組合等との交渉状況その他の就業規則の変更に係る事情に照らして合理的であること、かつⅱ変更後の就業規則を労働者に周知させることが必要である（労契 10 条、9 条但書）。

　ⅰ就業規則の変更の合理性の判断要素として、労契法 10 条は、労働者の受ける不利益の程度、労働条件の変更の必要性、変更後の就業規則の内容の相当性、労働組合等との交渉状況、その他の就業規則の変更に係る事情を掲げるが、求められる合理性の程度については、どのような労働条件を変更するかによって異なり、判例上は、特に賃金等重要な労働条件に関する不利益変更について、高度の必要性に基づいた合理性がある場合に限り労働者を拘束するとされ、厳格に判断される傾向にある[9]。また、判断要素として、就

8　最判平成 28 年 2 月 19 日民集 70 巻 2 号 123 頁（山梨県民信用組合事件）等
9　最判昭和 63 年 2 月 16 日民集 42 巻 2 号 60 頁（大曲市農業協同組合事件）

業規則の変更に係る事情が含まれることから、前述と同じく、事前の変更内容の説明等により、十分に労働者に対して情報提供を行い、労働組合が存在する場合は当該労働組合と交渉の上、同意をとっておくべきである[10]。

ⅱ変更後の就業規則の周知については、実質的に見て事業場の労働者集団に対して当該就業規則の内容を知り得る状態に置いていたことをいい（いわゆる実質的周知）、実質的周知されていない場合には、労働条件を画する効力を有しない[11]。

（ウ）労働協約を締結する方法

労働組合が存在する場合、使用者は、労働組合と労働協約を締結する方法により、労働条件の不利益変更を行うことが考えられる。

労働協約と個別の労働契約ないし就業規則との関係については、労契法が「就業規則が法令又は労働協約に反する場合には、当該反する部分については、……当該法令又は労働協約の適用を受ける労働者との間の労働契約については、適用しない」（労契13条）としているほか、労基法においても「就業規則は、法令又は当該事業場について適用される労働協約に反してはならない」（労基92条1項）としている。そして、労組法が、労働協約に定める「労働条件その他の労働者の待遇に関する基準」について、当該基準に違反する労働契約の部分は無効とし、無効となった部分は労働協約に定める基準によるとして、規範的効力（個々の労働契約を直接規律する効力）を与えている（労組16条）。

労働協約による労働条件の不利益変更の問題について、労使交渉の互譲的な性質から、原則として不利益変更の効力は肯定されるが、例外的に特段の不合理性がある場合には違法となる。特段の不合理性がある場合として、「特定の又は一部の組合員を殊更不利益に取り扱うことを目的として締結されたなど労働組合の目的を逸脱して締結された」場合が挙げられる[12]。

また、労働協約の締結の際は、労働組合と使用者間で協議の上、合意内容を書面化し、両当事者が署名又は記名押印しなければならないが、労働協約

---

[10] 最判平成9年2月28日民集51巻2号705頁（第四銀行事件）

[11] 菅野247頁

[12] 前掲最判平成9年2月28日

316 第3章 労働問題

を締結した組合が同一事業場における同種労働者の4分の3以上により組織
される組合でない限り、当該労働協約は当該組合に加入しない他の労働者に
は適用されないため、非組合員との関係では前述（ア）又は（イ）の方法に
よる必要がある（労組17条）。

　イ　人事考課制度の見直しによる方法

　就業規則等を変更して人事考課制度の見直しを行い、成果主義を取り入れ
た賃金体系に変更することで、基本給や諸手当の適正化を図ることが考えら
れる。具体的には、年功的な賃金制度として運用される「年齢給・勤続給」
や「職能資格制度」から、成果主義的な賃金制度とされる「職務等級制度」
や「役割等級制度」に変更することが考えられる。

　もっとも、かかる成果主義賃金の新賃金体系の導入にあっては、賃金等の
重要な労働条件を不利益に変更することにつながり得るため、労働条件の不
利益変更の問題が生じうる。これについては、前述アを参照されたいが、特
に就業規則の変更の方法による場合においては、その合理性が問題となるこ
とが多い。

　この点について、総じて、裁判例は、経営上の高度の必要性があり、変更
後の賃金決定制度により生じうる増減額の幅、評価の基準・手続き、経過措
置等が相当な内容であって、変更のプロセスについて、組合との交渉等にお
いて相当であると判断されるケースでは、変更の合理性を肯定している[13]。

　（ア）年功的賃金制度

　a　年齢給・勤続給

　年齢給・勤続給とは、「年齢・勤続年数に応じて増加していく基本給の形態」
をいう[14]。この賃金制度のもとでは、賃金額は学歴・年齢・勤続年数に応じ
て定められ、毎年定期的に昇給がなされる（定期昇給）。

　b　職能資格制度

　職能資格制度とは、企業における職務遂行能力を職掌として大括りに分類
した上で、各職掌における職務遂行能力を資格とその中でのランク（等級）

―――――――――――
[13] 菅野＝山川354頁、大阪高判平成13年8月30日労判816号23頁（ハクスイテック事件）、東
京高判平成18年6月22日労判920号5頁（ノイズ研究者事件）等
[14] 菅野＝山川350〜351頁

に序列化したものをいう[15]。

　通常、職能資格の序列は、当該企業の指揮命令の系統としての役職の序列と関連づけられ、職能資格の上昇（昇格）と資格のなかでのランクの上昇（昇級）は、当該企業における職務遂行能力の序列の上昇と役職の序列における上昇可能性を意味し、職能給の引上げをもたらすこととなる[16]。

　このように職能資格制度は、能力主義の理念に基づく制度であるが、実際の運用においては、昇格・昇級は、年齢・勤続年数を主要な基準として年功的に運用されてきたという指摘がなされる。

　（イ）成果主義的賃金制度の導入

　　a　職務等級制度（ジョブ・グレード制）

　職務等級制度とは、典型的には、企業内の職務を職責の内容・重さに応じて等級（グレード）に分類・序列化し、等級ごとに賃金額の最高値・中間値・最低値による給与範囲（レンジ）を設定する制度をいう。この際、各等級において相当広い範囲の給与レンジを設定する（ブロードバンディング）ことで、同じ職務等級の中でも各人の給与の額を各年の貢献度（業績に向けての能力発揮度）の違いにより相当程度差別化できるようにされている[17]。

　各労働者の給与額は、①職務等級への格付けの決定（昇級、現級維持、降級）と、②各等級の給与範囲内での給与額決定によって定められることとなる[18]。

　　b　役割等級制度

　役割等級制度とは、職務概念を曖昧にしたまま、組織の達成目標に照らしての従業員の仕事上の役割（ミッション）を分類し等級化して、その等級に応じて基本給を定める制度をいう[19]。

　役割等級制度においても、職務等級制度と同様に、等級ごとに給与範囲（レンジ）を設定し、同じ役割等級の中でも各人の給与の額を各年の目標達成度

---

[15]　菅野＝山川 352 頁

[16]　菅野＝山川 352 頁

[17]　菅野＝山川 355 頁

[18]　菅野＝山川 355 頁

[19]　菅野＝山川 356 頁

318　第3章　労働問題

や能力発揮度を評価して定められるとされている[20]。

　ウ　降格・降級による方法

　詳細は、本章・第5・2「降格」を参照されたい。

2　年俸制

　【Case】のように、医師との労働契約において年俸制を採用した場合において、年俸の中に時間外労働分の賃金も含まれているものと判断して、割増賃金を支払っていない例が稀にみられる。しかしながら、年俸制を採用した場合であっても、管理監督者等の例外を除いて、原則として、割増賃金の支払は必要であり、後述4「固定残業代（定額残業代・みなし割増賃金）」のとおり、固定残業代制を採用する場合には、有効要件を意識して制度設計を行う必要がある。

（1）年俸制とは

　年俸制とは、賃金の全部又は相当部分を労働者の業績等の目標の達成度を評価して年単位に設定する制度をいう[21]。一般に、年俸制による場合、1年ごとに業績等を評価し翌年の年俸額を決定するため、定額の賃金制度（日給や月給）と比較すると、より成果主義に馴染みやすい。そのため、年俸制は、ある程度自身の判断や裁量に基づいて成果を上げることが求められており、労働時間の量を問題とする必要がない管理監督者（労基41条2号）や裁量労働者（労基38条の3及び4）に適した制度といえる。

　年俸制の導入にあたっては、就業規則の変更が必要であり、その際には変更の合理性が問題となる。

（2）年俸の支払方法

　年俸の支給方法は、毎月1回以上一定期日払の原則（労基24条2項）に

---

[20] 菅野＝山川356頁

[21] 菅野「年俸制」日本労働研究雑誌408号74頁

より、年俸額を 12 等分して毎月支払う方法や、14 〜 16 等分して毎月分の支払いに加えて賞与を支払う方法による場合がある。社会保険料の負担との関係から、賞与部分を設ける場合も多く見受けられる。

なお、年俸制それ自体は、時間外労働の割増賃金（労基 37 条）を免れさせる効果はもたず、管理監督者等に該当しない限り、使用者は、割増賃金を支払う必要がある[22]。

(3) 年俸の減額

年俸制それ自体は、賃金を年単位で定める制度にすぎないから、直ちに毎年の賃金改定があることを意味しない。そのため、業績評価に基づいて年俸額の改定（減俸）をするためには、別途、労働契約上の根拠が必要となる。

使用者が年俸額を改定することに労働契約上の根拠がある場合は、原則として、使用者が一方的に賃金改定を行うことができる[23]。使用者の解雇権が大幅に制限されることとのバランス上、評価決定権があると解されており、使用者の裁量が認められるが、年俸額の改訂の根拠となる条項が、使用者が恣意的に賃金を改定することが可能な内容のものであれば、その条項自体が合理性を欠き無効とされうる[24]。また、条項自体の合理性は認められても、賃金減額の必要性や合理性、減額によって労働者が破る不利益の程度、労働者の勤務状況等その帰責性の有無及び程度、賃金減額の動機及び目的、人事評価が適切になされているかという点等、その他労使の折衝の事情を総合考慮して、賃金の減額が合理性を欠き無効とされうるほか[25]、評価決定の前提として、評価手続の履践定められている場合には、これに違反してなされた賃金改定は、違法であり無効となりうる[26]。

---

[22] 割増賃金が支払われるべき場合、割増賃金算定の基礎をなす「通常の労働時間の賃金」は、賞与部分が設けられていても、年俸額全体を年間の所定労働時間数で除して算定される（平成 12 年 3 月 8 日基収 78 号、東京地判平成 19 年 3 月 26 日労判 943 号 41 頁（中山書店事件））。

[23] 東京地判平成 22 年 10 月 29 日労判 1018 号 18 頁（新聞輸送事件）

[24] 東京高判平成 20 年 4 月 9 日（日本システム開発研究所事件）、東京地判令和 4 年 2 月 8 日労判 1265 号 5 頁（学究社事件）

[25] 東京地判平成 24 年 7 月 17 日（コアズ事件）、東京地八王子支判平成 15 年 10 月 30 日（日本ドナルドソン青梅工場事件）

[26] 東京地判平成 15 年 5 月 9 日労判 858 号 117 頁（金融経済新聞社事件）

320　第3章　労働問題

年俸額を合意した場合に、使用者が当該年度の途中でそれを一方的に引き下げることは許されない。

3　割増賃金

(1) 割増賃金とは

使用者は、労働者に①時間外労働（労基法32条の法定労働時間を超える労働）、②休日労働（労基法35条の法定休日における労働）をさせた場合、及び③深夜労働（午後10時から午前5時までの時間帯の労働）をさせた場合には、法定の割増率に基づき、割増賃金を支払わなければならない（労基法37条1項、4項）。

(2) 割増賃金の支払対象

時間外労働と休日労働に対する割増賃金の対象になるのは、法定労働時間を超えた時間と法定休日における労働である。雇用契約・就業規則所定の労働時間数を超える所定時間外労働は、法定時間外労働でないときは、時間外手当の支払の対象とはならない。

時間外労働、休日労働、深夜労働に対する割増賃金の割増率は、以下の表のとおりである（労基法37条1項、4項、割増賃金率令）[27]。

時間外ないし休日の労働が深夜（22時から翌5時）に及んだ場合には、それぞれ時間外ないし休日労働の割増賃金と深夜労働の割増賃金とで重複して支払う必要がある。休日労働時に8時間を超えて労働したとしても割増率は合算されず休日労働にかかる35％の割増賃金を支払うことで足りるが（平成11年3月1日基発168号）、休日に深夜労働を行った場合にはそれぞれの割増率が合算され60％の割増賃金（労基則20条2項）、深夜に時間外労働を行った場合にも割増率が合算され50％の割増賃金（労基則20条1項）、

---

[27] 月60時間を超える時間外労働の割増賃金率（50％以上）の引き上げについて、中小企業への適用が猶予されていたものの、働き方改革関連法により労基法138条が削除されたことにより、令和5年4月1日からは猶予措置が廃止され、中小企業も対象となっている（労基37条1項但書、138条（削除））。

深夜に時間外労働が月 60 時間を超えた場合には 75％の割増賃金（同項）を
それぞれ支払う必要がある。

割増賃金の支払対象と割増率			
種類	支払条件	割増率	深夜労働に及んだ場合
時間外	法定労働時間を超えた場合（1 日 8 時間週 40 時間）	25％以上	50％以上
	時間外労働が月 60 時間を超えた場合	50％以上	75％以上
休　日	法定休日に労働させた場合	35％以上	60％以上
深　夜	22 時から翌 5 時までの間に労働させた場合	25％以上	—

(3) 割増賃金の計算方法

ア　概要

割増賃金は、「通常の労働時間又は労働日の賃金」を基礎賃金として算定
される（労基 37 条 1 項、4 項）。この基礎賃金を所定労働時間で除して、1
時間あたりの賃金額（1 時間あたりの割増賃金の単価）が算出される（労基
則 19 条 1 項）。

割増賃金は、1 時間当たりの賃金額を求めた上で、時間外労働又は休日労
働の時間数を乗じ、さらに割増率を乗じて計算される。

割増賃金の計算方法（月給制の場合）				
1 時間あたりの賃金額（月給÷1 か月の平均所定労働時間（1 年間の所定労働日数×1 日の所定労働時間÷12））	×	時間外労働、休日労働又は深夜労働時間数	×	割増率

1 時間あたりの賃金額の計算方法（労規則 19 条 1 項各号）	
時給制	時給額
日給制	日給額を 1 日の所定労働時間数（日によって所定労働時間数が異なる場合には、1 週間における 1 日平均所定労働時間数）で除した金額
月給制	月給額を月における所定労働時間数（月によって所定労働時間数が異なる場合には、1 年間における 1 か月平均所定労働時間数）で除した金額
年俸制	年俸額を年における所定労働時間数で除した数

イ　基礎賃金と除外賃金

割増賃金の基礎賃金からは、以下（次頁）にあげる賃金（除外賃金）は除
外される（労基法 37 条 5 項、労基則 21 条）。

322 第3章 労働問題

除外賃金
① 家族手当
② 通勤手当
③ 別居手当
④ 子女教育手当
⑤ 住宅手当
⑥ 臨時に支払われる賃金
⑦ 1か月を超える期間ごとに支払われる賃金

　これらの除外賃金に該当するか否かは、その名称にかかわらず実質的に、労働の内容・料とは無関係な個人的事情に基づいて支給されるものか否かという観点から、判断すべきものとされる[28]。

	内容	除外賃金に該当しない場合
家族手当	扶養家族数又はこれを基礎とする家族手当額を基準として算出した手当	・独身者に対しても支払っている手当[29] ・扶養家族のある者に対し、その家族数に関係なく一律に支給されている手当[30]
通勤手当	労働者の通勤距離や通勤に要する費用に応じて支給される手当	一定額までは距離にかかわらず一律に支給されるような場合の一定額部分[31]
住宅手当	住宅に要する費用（賃料額、住宅ローン額）に応じて算定される手当 ・賃貸住宅の家賃や持家の住宅ローン月額の一定割合を支給するもの ・家賃等が段階的に増えるにしたがって額を多くして支給するもの。	住宅に要する費用にかかわらず一定額を支給するもの[32]

---

[28] 昭和22年9月13日基発17号、平成11年3月31日基発170号

[29] 昭和22年12月26日基発第572号

[30] 昭和22年11月5日基発第231号

[31] 昭和23年2月20日基発第297号

[32] 平成11年3月31日基発第170号。これには、全員に一律の定額を支給する場合（全員一律方式）、住宅の形態ごとに一律に定額で支給する場合（住宅形態一律方式）、扶養家族の有無により一律に定額で支給する場合（扶養家族有無方式）が含まれる。除外賃金として扱うためには、賃貸住宅の家賃や持家の住宅ローン月額に応じて、一定割合を支給する方式（定率方式）や、段階的に支給する方式（段階方式）によって支給する必要がある。

臨時に支払われた賃金	臨時的・突発的事由に基づいて支払われたもの及び結婚手当等支給条件はあらかじめ確定されているが、支給事由の発生が不確定であり、且つ非常に稀に発生するもの[33]。	
1か月を超える期間ごとに支払われる賃金	賞与や1か月を超える期間についての精勤手当、勤続手当、能率手当等（労基則8条参照）	

4　固定残業代（定額残業代・みなし割増賃金）

(1) 固定残業代とは

　時間外・休日・深夜労働については、当該労働時間に応じて、割増賃金を支払うことが基本であるが、一定時間分の時間外・休日・深夜労働に対する割増賃金を定額で支払うこととする労働契約を締結する仕組みを採用する場合があり、このような支給制度を、固定（定額）残業代制という。固定残業代制度を導入することで、求人募集時等の見かけの給与総額を高く見せられたり、毎月の支払額を安定化させることができたり、また、（残業をしてもしなくても残業代が支払われるため）残業を抑制し業務効率化を図れたりするメリットがある。

　固定残業代の支給方法として、基本給の中に組み込んで支給する方法（組込型（例えば「基本給20万円（うち〇円は固定残業代）」））、又は時間外手当・残業手当等の手当として支給する方法（手当型）がある。

　労基法37条は、同条等に定められた方法により算定された額を下回らない額の割増賃金を支払うことを義務付けるにとどまり、同条の計算方法に従うことまでは求めていないことから、固定残業代制が直ちに同条に反することにはならない[34]。

　もっとも、実際は、固定残業代の名のもとに、適切な労働時間の管理が行われずに、労基法37条に従って算出された額未満の割増賃金しか支払われ

---

[33] 昭和22年9月13日発基17号

[34] 前掲最判平成29年7月7日

324　第3章　労働問題

ないという事態が生じうることから、その有効性が問題となる。

　【Case】の場合、時間外労働等に対する割増賃金を年俸に含める旨の合意があることから、固定残業代制が採用されているものと考えられるが、通常の労働時間の賃金にあたる部分と割増賃金にあたる部分とを判別できず、何時間の時間外労働に対する割増賃金を年俸に含まれるとしたか不明であることから、その有効性が問題となる。

(2) 固定残業代の有効要件

　前提として、固定残業代制の導入にあたっては、割増賃金を基本給の一部又は特定の手当として支払う旨の合意（固定残業代制の合意）が必要である。

　その上で、固定残業代が有効であるといえるためには、①通常の労働時間の賃金部分と割増賃金にあたる部分が明確に区分され（判別可能性）[35]、かつ、②割増賃金として支払われた賃金が時間外労働の対価としての性質を有すること（対価性）[36] が必要とされる。

　【Case】のもととなった判例では、通常の労働時間の賃金にあたる部分と割増賃金にあたる部分とを判別できず、何時間分の時間外労働に相当する割増賃金を年俸に含まれるとしたか判別できないので、判別可能性を欠き、無効と判断された[37]。

(3) 固定残業代が無効となった場合のリスク

　使用者は、違法と判断された固定残業代相当部分まで割増賃金の基礎となる賃金に算入した上で、それに対する割増賃金を支払う必要があるので、違法と判断されないよう注意が必要である。

---

[35] 前掲最判平成 29 年 7 月 7 日等

[36] 雇用契約に係る契約書等の記載内容のほか、具体的事案に応じ、使用者の労働者に対する当該手当や割増賃金に関する説明の内容、労働者の実際の労働時間等の勤務状況などの事情を考慮して判断される（最判平成 30 年 7 月 19 日労判 1186 号 5 頁（日本ケミカル事件））。

[37] 前掲最判平成 29 年 7 月 7 日

（4）固定残業代の有効性を担保するための対応策

判別可能性の観点から、とくに組込型については、基本給に含まれる割増賃金の額を明確にする必要がある。また、対価性の観点から、賃金規程等において、月々支払われる所定賃金のうち当該手当が時間外労働に対する対価として支払われる旨を明記するとともに、固定残業代から逆算される時間外労働と実際の時間外労働等の状況とが大きく乖離しないように設定する必要がある。

なお、判別可能性に関し、裁判例では、固定残業代に対応する労働時間数の明示は必須ではないとされているものの[38]、職安法上の厚労省の指針[39]において、労働条件の明示を行う際、固定残業代制について、その計算方法、算定の基礎となる労働時間教、定額残業代を除いた基本給の額、実際の割増賃金に比して不足額があれば追加して支払うことを明示すべきものとされており、これに則った運用をすることが推奨される。

---

[38] 前掲最判平成 30 年 7 月 19 日、大阪地判令和 3 年 1 月 12 日労判 1255 号 90 頁（フーリッシュ事件）

[39] 「職業紹介事業者、求人者、労働者の募集を行う者、募集受託者、募集情報等提供事業を行う者、労働者供給事業者、労働者供給を受けようとする者等がその責務等に関して適切に対処するための指針」（平成 11 年労告第 141 号）（最終改正：令和 4 年厚労告第 198 号）第 3 の 1（3）ハ

326 第3章 労働問題

第4 安全配慮義務とハラスメント

Case

①[1] 整形外科医Ｘ（30代前半）は、医師免許を取得後、大学病院で半年間の勤務をした後、Ｙ病院（総合病院）に赴任した。Ｙ病院が所在する地域は、山間部に所在し、Ｘにとって、馴染みがなく、Ｘがこれまでに住んだ中で最も不便な土地柄であった。

Ｙ病院の整形外科には、Ｘのほか、ＡとＢが所属しており、ＸはＡ及びＢから以下の行為を受けた。

ⅰ Ｙ病院に赴任して1か月が経過した頃、Ｘは、総合回診時の病室にて、腰椎圧迫骨折でギプスを巻いた患者に立ち上がらせる際に、Ａから握り拳で1回、ノックするように頭を叩かれて、「危ない」と言われた。

ⅱ しばらくして、Ｘは、手術の際に、Ｂから「田舎の病院だと思ってなめとるのか」と言われた。

ⅲ またしばらくして、Ｘは、Ａから、その仕事ぶりでは給料分に相当していないことに加え、それを「両親に連絡しようか」などと言われた。

Ｘは、赴任後1か月が経過した頃から、心身の極度の疲弊、消耗を来たし、家で寝ると起きられないからといってＹ病院で眠り、帰宅しなくなった。Ｘは、次第に、ＡやＢら他の医師を避け、同人らがいない場所のパソコンで仕事をし、自ら処置できない患者についても同人らに報告や補助を求めず、長時間自ら対処しようとするようになった。

Ｘは、Ｙ病院に赴任して2か月が経過した頃、半ば自宅として居住していたＹ病院の職員用宿舎の浴室内にて、自ら命を絶った。

なお、Ｘの時間外勤務時間は、Ｘが自殺した前月（赴任月）が205時間50分、Ｘが自殺した当月は175時間40分、自殺前3週間では121時間36分、自殺前4週間では167時間42分に及んでいた。

その後、Ｙ病院は、Ｘの遺族から、債務不履行又は不法行為に基づき、Ｘの死亡に係る逸失利益及び慰謝料等の支払を請求された。

②[2] 医療事務担当職員Ｘは、Ｙ病院の医事課において、外来の受付や、患者に対する料金の請求等の事務を行っていた。

Ｘは、Ｙ病院の理事長Ｂから以下の行為を受けた。

ⅰ Ｘは、診断書についての説明をしていた際、Ｂから、骨の部位を説明するために、二の

---

1 広島高松江支判平成27年3月18日判時2281号43頁をもとに著者作成
2 名古屋地岡崎支判令和5年1月16日令和2年（ワ）第935号、令和2年（ワ）第936号をもとに著者作成

腕を服の上から掴まれた。

ⅱ　Xは、患者から依頼のあった身体障害者診断書の記入ができるかどうかの確認をするためBに声をかけ、病名、病名開始日等の説明をしようとBの隣に立ったところ、肩に手を回して抱き寄せられた。

ⅲ　Xは、Bの診断書の記入補助を行っていたところ、足をBの足で触れられた。

ⅳ　Xは、Bに対し、診断書の記入に関して声を掛けたところ、Bから腰を抱き寄せられた。

ⅴ　Xは、院内を同僚と歩いていたところ、Bから、すれ違いざまに側面から抱きつかれた。

ⅵ　Xは、診断書記入の補助を行っていたところ、Bから、胸ポケットにあったボールペンを直接取られた後、使用したボールペンを取ろうとした手を握られた。

ⅶ　Xは、診断書記入の補助を行っていた際に、Bから、止血の際に縛っておく箇所の説明をするために、左の二の腕を触れられた。

ⅷ　Xは、事務作業中に、Bから顔と顔を近づけられた。

　その後、Xは、中等症の急性ストレス反応があると診断され、Y病院を退職し、Y病院に対し、債務不履行又は不法行為に基づき、慰謝料等の支払を請求した。

1　使用者の安全配慮義務

(1) 使用者の安全配慮義務と民事上の責任

　使用者は、労働契約上、労働者がその生命及び身体等の安全を確保しつつ労働することができるよう、必要な配慮をすべき義務（安全配慮義務）を負う（労契5条）。かかる義務は、判例上、使用者は、「労働者が労務提供のため設置する場所、設備もしくは器具等を使用し又は使用者の指示のもとに労務を提供する過程において、労働者の生命及び身体等を危険から保護するよう配慮すべき義務」を負うと判示されていたものが[3]、平成19年に制定された労契法で明文化されるに至ったものである。

　労働者は、労働災害（労務に従事したことにより被った死亡、負傷、疾病）が生じた場合、使用者に対し、治療費、休業補償及び慰謝料などについて、かかる安全配慮義務違反による債務不履行責任（労契5条、民415条）や、不法行為責任（民709条）に基づき損害賠償請求をすることが考えられる。

　もっとも、債務不履行や不法行為に基づく損害賠償請求の場合、民法の一

---

[3] 最判昭和59年4月10日民集38巻6号557頁（川義事件）等

328　第3章　労働問題

般原則に従えば過失責任の原則が適用され、労働者側で使用者側の過失の立
証が必要となる。安全配慮義務の具体的な内容についても、職種、労務内容、
労務提供場所・方法等に応じてさまざまであるが、判例上、「（安全配慮）義
務の内容を特定し、かつ、義務違反に該当する事実を主張・立証する責任は、
……原告（労働者）にある」とされている[4]。

（2）労災補償制度

　ア　労基法上の災害補償制度と労災法上の労災保険制度

　労基法は、第8章において、労働者が業務によって被った死亡、負傷、疾
病に関する補償制度を設けている（災害補償制度。労基75条乃至88条）。

　もっとも、使用者の支払能力が十分でない場合には労基法上の災害補償制
度では実効性に欠けることから、使用者の無資力の危険を担保するために、
政府が管掌する社会保障制度の一環として、政府が全事業主から保険料を徴
収して被災労働者・遺族に直接に保険給付を行う制度として労災保険法に基
づく制度（労災保険制度）が設けられた。これらはいずれも、民事上の責任
と異なり、使用者の過失の有無を問わず補償の対象としている（無過失責任）。

　また、後述（3）のとおり、労災法等によって災害補償があれば、使用者
は補償の責任を免除されることになっているため（労基84条1項）、労災保
険法の発展に伴い、現在では、同法が労災補償の大部分の機能を果たしてい
る。

　イ　労災保険制度

　労災保険制度は、労働者を使用するすべての事業主に強制的に適用され（労
災3条1項）、労災保険給付は、「業務災害」[5]と「通勤災害」[6]に対して支給
される（同7条1項）。

　（ア）労災の認定手続き

　労働災害が発生した場合、被災労働者又はその遺族などが政府に請求する
ことにより、保険給付が行われる（同12条の8第2項参照）。具体的には、

---

[4]　最判昭和56年2月16日民集35巻1号56頁（航空自衛隊芦屋分遣隊事件）

[5]　業務災害とは、労働者の業務上の負傷、疾病、障害又は死亡をいう（労災7条1項1号）。

[6]　通勤災害とは、労働者の通勤による負傷、疾病、障害又は死亡をいう（同項3号）。

①被災労働者等が、事業場を管轄する労働基準監督署長に保険給付の申請を行い（労災則12条以下）、②労働基準監督署による調査の後、③調査の結果、労働基準監督署長が、労災給付の支給・不支給の決定を行う（同1条3項）。④労働者は、不支給決定の場合で決定に不服がある場合には、各都道府県労働局の労災保険審査官に審査請求を行うことができ、その決定にも不服な場合には労災保険審査会に再審査請求を行うことができる（労災38条1項）。また、⑤かかる審査請求・再審査請求で不支給決定となり不服の場合には、当該不支給決定は行政処分であるから、裁判所に対する不支給決定の取消訴訟も提起することもできる（労災40条）。

（イ）保険給付の内容

保険給付の内容は、①療養補償給付、②休業補償給付、③障害補償給付、④遺族補償給付、⑤葬祭料（葬祭補償給付）、⑥傷病補償給付、⑦介護補償給付からなる（同12条の8第1項）。

（ウ）業務災害の認定

「業務災害」とは、「労働者の業務上の負傷、疾病、障害又は死亡」をいう（労災7条1項1号）。「業務上」といえるためには、当該労働者の業務と負傷等の結果との間に、法的な因果関係が肯定されることが必要である。

一般に、この判断は、「業務遂行性」と「業務起因性」との二段階に分けてなされる。「業務遂行性」とは、「具体的な業務の遂行中」という限定的な意味ではなく、「労働者が事業主の支配ないし管理下にあるなかで」という意味であり、「業務起因性」とは、「業務又は業務行為を含めて「労働者が労働契約に基づき事業主の支配下にあること」に伴う危険が現実化したものと経験則上認められること」をいう[7]。

事故により発生した傷病・死亡（事故性傷病）については、事故の発生が業務遂行中であったか否か（業務遂行性）が主として問題となるのに対し、事故によらない業務上の傷病（職業病等）については、疾病の原因が業務にあったか否か（業務起因性）が主として問題になる。

「業務上の疾病」に含まれる疾病（対象疾病）の範囲は、労基則別表第1

---

[7] 菅野＝山川・労働法590-591頁、労働省労働基準局編著・全訂解釈通覧労働基準法383頁以下

330　第3章　労働問題

の2において、有害因子ごとに、医学的にみて業務に起因して発生する可能性が高い疾病が業務の種類ごとに類型的に列挙されており（労基75条2項、労基則35条）、さらに、対象疾病の該当性認定基準（発症の条件等）は行政通達で定められており、認定基準を満たす場合には業務起因性が推定され、特段の反証がない限り「業務上の疾病」と認められる。

（3）労災認定・給付がなされた場合の使用者側への影響

　　ア　災害補償・労災保険給付と損害賠償の調整

　使用者は、労基法上の労災補償を行った場合は、同一事由（当該労災）については、補償をした価額の限度で民法上の損害賠償責任を免れる（労基84条2項）。また、使用者は、労災保険法により労災保険給付がなされるべき場合は労基法上の補償の責を免れるので（同条1項）、被災労働者又はその遺族に労災保険給付が行われた場合にも、支払われた価額の限度で同様に損害賠償の責を免れると解されている（同条2項の類推適用）[8]。

　もっとも、労災保険給付は損害の全てが補償されるものではなく、慰謝料の全額、後遺症による逸失利益及び休業補償の一部、入院雑費、付添看護費等について補償されないため、使用者は、当該部分について賠償責任を免れない（並存主義）。特に、後遺症が残る事案や死亡事案においては賠償金額が高額となり易い。

　　イ　労災認定と民事訴訟との関係

　労災認定は行政機関（労働基準監督署長）が行う判断であり、民事訴訟は司法機関（裁判官）が行う判断であることから、三権分立の観点から言えば両者に関係はない。もっとも、実務上、労災認定がなされた場合には、民事訴訟になったとしても事実上その判断を尊重し使用者側に責任を認める傾向が強く、大きな影響力を持つ。また、労働者側の対応として、まず労災申請を行い、労災認定がなされた場合に、使用者に対しても損害賠償請求をしてくることが多い。

　そこで、使用者としては、労働者からの労災申請の内容に疑問がない場合

8　菅野＝山川・労働法615頁

には、直ちに労災申請に協力し速やかに手続きを進めるべき一方で、労災申請の内容に疑問がある場合には、労働基準監督署に慎重な判断を行うよう働きかける必要があり、特に労災申請書類の中の事業主証明（労働者が記載する「災害の原因及び発生状況」について、記載のとおりであると事業主として認めるもの）を行うか否かについて慎重に判断をすべきである。

2　メンタルヘルス

(1) メンタルヘルスに対する使用者の配慮義務

ア　労働安全衛生法上の義務

前述第2・3「医療法上の追加的健康確保措置」のとおり、一定の要件を満たす医師については、追加的健康確保措置を講じなければならないが、ここでは、労働安全衛生法上の義務としての面接指導のほか、ストレスチェック制度を取り上げる。

（ア）過重労働対策（長時間労働者への医師による面接指導）

前述第2・1(3)「労働時間の適正な把握」のとおり、事業者は、後述の医師による面接指導を実施するため、タイムカードによる記録、パーソナルコンピュータ等の電子計算機の使用時間（ログインからログアウトまでの時間）の記録等の客観的な方法その他の適切な方法により、労働者の労働時間の状況を把握しなければならず（安衛66条の8の3、安衛規52条の7の3第1項）、これらの方法により把握した労働時間の状況の記録を作成し、3年間保存するための必要な措置を講じなければならない（安衛規52条の7の3第2項）。

その上で、事業者は、時間外・休日労働時間の算定を行ったときは、当該超えた時間が1月当たり80時間を超えた労働者本人に対して、速やかに当該超えた時間に関する情報を通知しなければならない（安衛規52条の2第3項）。

そして、事業者は、以下の対象者に対して、医師による面接指導を行わせる必要がある（安衛66条の8第1項、安衛規52条の2以下）。

① 労働者（高度プロフェッショナル制度適用者を除く）：1週間あたり40時間（休憩時間を除く）を超えて働いた時間の合計が、1か月あたり80時間を超え、かつ疲労の蓄積が認められる者（本人の申出により）（安衛66条の8、安衛則52条の2第1項、52条の3第1項）

　※使用者は、時間外労働が月80時間を超えた労働者に対し、その超えた時間に関する情報を通知しなければならない（安衛則52条の2第3項）。

② 研究開発業務従事者：月100時間超の時間外・休日労働を行った者（本人の申出なしでも行う必要あり）（安衛66条の8の2、安衛則52条の7の2）

③ 高度プロフェッショナル制度適用者：週40時間越えの健康管理時間について月100時間を超えて行った者（本人の申出なしでも行う必要あり）（安衛66条の8の4）

④ ①～③に該当しなくても、事業者は、長時間にわたる労働により疲労の蓄積が認められ又は労働者自身が健康に不安を感じた労働者であって申出を行った労働者及び事業場で定めた基準に該当する労働者に対して、面接指導に準ずる措置等必要な措置を行うよう努めなければならない（安衛66条の9）。

　なお、前述第2・3（3）エ「各法令による面接指導の関係性」のとおり、とくに医師については、医療法・労基則の面接指導を受けた医師が、安全衛生法上の面接指導を別途受けることを希望せず、労基則の面接指導の結果を証明する書面を事業者に提出した場合には、安全衛生法の面接指導も行われたものと取り扱うことができる（安衛66条の8第2項ただし書、安衛規附則19条の2）[9]。

　（イ）メンタルヘルス対策（ストレスチェック制度）

　事業者は、常時使用する労働者に対して、医師等による心理的な負担の程度を把握するための検査（ストレスチェック制度）を実施することが義務付けられている（安衛66条の10）[10]。労働者数50人以上の労働者を使用する事業者は1年以内ごとに1回、定期に検査結果報告書を所轄の労働基準監督署長に提出しなければならない（安衛規52条の21）。

---

[9] 医療法上、既に労働安全衛生法上の面接指導が行われている場合には、医療法上の面接指導を行う必要はないと定められている（医療108条8項）。もっとも、労基法・医療法の面接指導を実施した上で、その結果を証明する書面を提出することにより、安衛法の面接指導も実施済みとなるスキームが採られていること、安衛則附則19条1項により行われる面接指導について、実際に実施する上で必要な諸規定（労働者への通知義務等）が設けられていない（同面接指導を実施することが想定されない）ことから、実際に医療法108条8項が適用されることは想定されていない（益原・医師の働き方243頁）。

[10] ただし、労働者数50人未満の事業場は、当分の間は努力義務とされている。

検査結果は、検査を実施した医師、保健師等から直接本人に通知され、本人の同意なく事業者に提供することは禁止される（安衛 66 条の 10 第 2 項、安衛規 52 条の 12、52 条の 13）。

検査の結果、一定の要件に該当する労働者[11] から申出があった場合、医師による面接指導を実施することが事業者の義務となり、申出を理由とする不利益な取扱いは禁止される（安衛 66 条の 10 第 3 項）。

事業主は、面接指導の結果に基づき、医師の意見を聴き、必要があると認めたときは、当該労働者の実情を考慮して、就業場所の変更、作業の転換、労働時間の短縮、深夜業の回数の減少の措置等を講じなければならない（安衛 66 条の 10 第 5 項、6 項）。

イ　人事上の対応

労働者がメンタルヘルス不調を訴えた場合には、使用者は、本人等との面談を通じて、速やかに現在の病状等を確認する必要がある。

その上で、人事上の対応として、職場環境の整備[12] や、業務軽減措置又は配置転換が検討されるべきである。

（ア）業務軽減措置

業務軽減措置については、業務分掌・分担の見直しや、人員の補充等により、当該労働者の業務量を減らす施策をとることが基本となる。

（イ）配置転換

配置転換については、使用者の広範な人事権を前提とするが、「業務上の必要性が存する場合であつても、当該転勤命令が他の不当な動機・目的をもつてなされたものであるとき若しくは労働者に対し通常甘受すべき程度を著しく超える不利益を負わせるものであるとき等、特段の事情の存する場合」[13] に該当しないか留意する必要がある。もとより当該配置転換により、

---

[11] 心理的な負担の程度が高く、面接指導を受ける必要があると検査を行った医師が認めた労働者をいう（安衛規 52 条の 15）。

[12] 業務分掌や当該労働者の個性等に応じ、業務軽減を図るために①上司による必要な指導を設けるか、②職場内のコミュニケーションを活性化させ、上司と部下の間で質問しやすい職場環境を構築することを安全配慮義務として認めた裁判例がある（新潟地判令和 4 年 11 月 24 日判タ 1511 号 218 頁（新潟市水道局事件））。

[13] 最判昭和 61 年 7 月 14 日労判 477 号 6 頁（東亜ペイント事件）

334 第3章 労働問題

労働者のメンタルヘルス不調が悪化する恐れがないかを、医師、産業医等の専門家の意見も踏まえて慎重に検討する必要がある。

　（ウ）休職

　就業規則において私傷病休職制度が定められている場合は、従業員に休職を与えることができる。

　（エ）解雇

　私傷病により業務遂行が困難となった労働者については、企業は、業務内容・勤務時間の配慮や、傷病休暇・傷病休職などの休業制度により療養の便宜と機会を与え、病状の回復・改善を待つのか通例とされる。

　業務上の精神障害について、使用者は、労働者が業務上負傷し、又は疾病にかかり療養のため休業する期間およびその後の30日間は、解雇することができないが（労基19条）、それ以外の場合は、精神疾患により労務の提供が不能であれば原則として解雇の合理性が肯定され、解雇権濫用の有無（労契16条）が個別に検討される。

　もっとも、メンタルヘルス不調者に対する解雇は特に問題となりうるケースが多く、このような場合に解雇の有効性が肯定されるのは、総じて、療養による回復・改善の機会を十分に与えても、業務を遂行できるような回復がないと認められるような場合に限られることに留意すべきである[14]。

(2) 精神障害の労災認定

　うつ病等の精神疾患に関連する対象疾病は、「人の生命にかかわる事故への遭遇その他心理的に過度の負担を与える事象を伴う業務による精神及び行動の障害又はこれに付随する疾病」（労基則別表第1の2第9号）であり、その認定基準は「心理的負荷による精神障害の認定基準」[15]である。労働基

---

[14] 解雇の有効性が争われた裁判で、解雇通告後に会社に提出された診断書が、躁うつ病の軽躁状態のため通院治療は必要だが事務作業は可能という内容であったことや、会社が本件解雇に先立って専門医に助言を求めた形跡がないこと、当該労働者に対し適切な対応をとり、自宅待機や再度の休業も用いて適正な治療を受けさせれば治療の効果を上げる余地はあったとみられること等からすると、解雇時点で当該労働者の躁の症状につき程度が重く治療による回復可能性がなかったとはいえないとして、解雇は客観的で合理的な理由を有するとはいえないと判断した裁判例がある（東京地判平成17年2月16日労判892号80頁（K社事件））。

準監督署は、当該認定基準に沿って、以下の表の3つの要件をいずれも満たす場合について、業務上認定を行っている。

心理的負荷による精神障害の認定基準
① 認定基準の対象となる精神障害（対象疾病）を発病していること
② 対象疾病の発病前おおむね6か月の間に、業務による強い心理的負荷が認められること
③ 業務以外の心理的負荷や個体側要因により対象疾病を発病したとは認められないこと

②の「対象疾病の発病前おおむね6か月の間に、業務による強い心理的負荷が認められること」とは、対象疾病の発病前おおむね6か月の間に業務による出来事があり、当該出来事とその後の状況による心理的負荷が、客観的に対象疾病を発病させるおそれのある強い心理的負荷であると認められることをいう。具体的には、業務による出来事について、「心理的負荷による精神障害の認定基準」別表1「業務による心理的負荷評価表」に当てはめて「強」と判断される場合に認められる。

心理的負荷の評価に当たっては、発病前おおむね6か月の間に、対象疾病の発病に関与したと考えられるどのような出来事があり、また、その後の状況がどのようなものであったかを具体的に把握し、その心理的負荷の強度を判断する。なお、心理的負荷の強度は、精神障害を発病した労働者が、その出来事及び出来事後の状況を主観的にどう受け止めたかによって評価するのではなく、同じ事態に遭遇した場合、同種の労働者が一般的にその出来事及び出来事後の状況をどう受け止めるかという観点から評価する。

長時間労働がある場合の評価方法については、以下（次頁）のとおりとされる。

---

15 詳細は、厚生労働省「心理的負荷による精神障害の認定基準」（令和5年9月1日基発第2号）、同「精神障害の労災認定　過労死等の労災補償Ⅱ」を参照。

336 第3章 労働問題

長時間労働がある場合の評価方法

　長時間労働に従事することも精神障害発病の原因となり得ることから、長時間労働を次の3通りの視点から評価します。

①「特別な出来事」としての「極度の長時間労働」　　（P.5）

　発病直前の極めて長い労働時間を評価します。

【「強」になる例】
- 発病直前の1か月におおむね160時間以上の時間外労働を行った場合
- 発病直前の3週間におおむね120時間以上の時間外労働を行った場合

②「具体的出来事」としての長時間労働の評価　　（P.6）

　具体的出来事11「仕事内容・仕事量の大きな変化を生じさせる出来事があった」

【「強」になる例】
　仕事量が著しく増加して時間外労働も大幅に増える（おおむね倍以上に増加し1か月当たりおおむね100時間以上となる）などの状況になり、業務に多大な労力を費やした場合

　具体的出来事12「1か月に80時間以上の時間外労働を行った」

【「強」になる例】
- 発病直前の2か月間連続して1月当たりおおむね120時間以上の時間外労働を行った場合
- 発病直前の3か月間連続して1月当たりおおむね100時間以上の時間外労働を行った場合

③　恒常的長時間労働が認められる場合の他の出来事の総合評価　　（P.8）

　出来事が発生した前や後に恒常的長時間労働（1か月おおむね100時間の時間外労働）がある場合、心理的負荷の強度を修正する要素として評価します。

【「強」になる例】
- 転勤して新たな業務に従事し、その後1か月おおむね100時間の時間外労働を行った場合

（出典：厚生労働省「精神障害の労災認定　過労死等の労災補償Ⅱ」令和5年9月）

3　ハラスメント

（1）ハラスメントとは

ア　セクシャルハラスメント

　職場におけるセクシャルハラスメント（セクハラ）とは、事業主が職場において行われる性的な言動に対するその雇用する労働者の対応により当該労働者がその労働条件につき不利益を受け（対価型セクハラ）、又は当該性的な言動により当該労働者の就業環境が害されること（環境型セクハラ）をいう（均等11条1項)[16]。

　対価型セクハラの典型例は、以下のものがある[17]。

第 4　安全配慮義務とハラスメント　337

> イ　事務所内において事業主が労働者に対して性的な関係を要求したが、拒否されたため、当該
> 　労働者を解雇すること。
> ロ　出張中の車中において上司が労働者の腰、胸等に触ったが、抵抗されたため、当該労働者に
> 　ついて不利益な配置転換をすること。
> ハ　営業所内において事業主が日頃から労働者に係る性的な事柄について公然と発言していたが、
> 　抗議されたため、当該労働者を降格すること。

　環境型セクハラの典型例は、以下のものがある[18]。

> イ　事務所内において上司が労働者の腰、胸等に度々触ったため、当該労働者が苦痛に感じてそ
> 　の就業意欲が低下していること。
> ロ　同僚が取引先において労働者に係る性的な内容の情報を意図的かつ継続的に流布したため、
> 　当該労働者が苦痛に感じて仕事が手につかないこと。
> ハ　労働者が抗議をしているにもかかわらず、事務所内にヌードポスターを掲示しているため、
> 　当該労働者が苦痛に感じて業務に専念できないこと。

　　イ　マタニティハラスメント
　職場におけるマタニティハラスメント（マタハラ）には、ⅰ女性の妊娠・出産にまつわるものと、ⅱ男女問わず、育児にまつわるものの2つがある。すなわち、マタハラとは、職場において行われる、ⅰ女性労働者に対する当該女性労働者が妊娠したこと、出産したこと（状態への嫌がらせ型）、産前休業を請求し、又は産後休業をしたことその他の妊娠又は出産に関する事由であって厚生労働省令で定めるものに関する言動（制度等の利用への嫌がらせ型）、又はⅱ労働者に対する育児休業、介護休業その他の子の養育又は家族の介護に関する厚生労働省令で定める制度又は措置の利用に関する言動により、当該労働者の就業環境が害されることをいう（均等11条の3、育介25条）[19]。

---

[16] 厚生労働省「事業主が職場における性的な言動に起因する問題に関して雇用管理上講ずべき措置等についての指針」（平成18年告示615号、以下「セクハラ防止指針」という。）2
[17] セクハラ防止指針2 (5)
[18] セクハラ防止指針2 (6)
[19] 厚生労働省「事業主が職場における妊娠、出産等に関する言動に起因する問題に関して雇用管理上講ずべき措置についての指針」（平成28年厚労告第312号）（以下「マタハラ防止指針」という。）
2

338　第3章　労働問題

　産前・産後休業をしたこと及び産前休業を請求したこと、育児休業をしたこと及び育児休業を請求したこと等を理由とする解雇その他の不利益取扱いは禁止される（均等9条3項、育児介護10条）。
　ⅰのうち、「状態への嫌がらせ型」とは、具体的には、以下の事由に関する言動により就業環境が害されるものをいう[20]。

---

① 妊娠したこと（均等則2条の3第1号関係）。
② 出産したこと（均等則2条の3第2号関係）。
③ 坑内業務の就業制限若しくは危険有害業務の就業制限の規定により業務に就くことができないこと又はこれらの業務に従事しなかったこと（均等則2条の3第4号関係）。
④ 産後の就業制限の規定により就業できず、又は産後休業をしたこと（均等則2条の3第5号関係）。
⑤ 妊娠又は出産に起因する症状により労務の提供ができないこと若しくはできなかったこと又は労働能率が低下したこと（均等則2条の3第9号関係）。
※ 「妊娠又は出産に起因する症状」とは、つわり、妊娠悪阻、切迫流産、出産後の回復不全等、妊娠又は出産をしたことに起因して妊産婦に生じる症状をいう。

　「制度等の利用への嫌がらせ型」とは、具体的には、以下に掲げる制度等の利用に関する言動により就業環境が害されるものである[21]。

---

① 妊娠中及び出産後の健康管理に関する措置（母性健康管理措置）（均等則2条の3第3号関係）
② 坑内業務の就業制限及び危険有害業務の就業制限（均等則2条の3第4号関係）
③ 産前休業（均等則2条の3第5号関係）
④ 軽易な業務への転換（均等則2条の3第6号関係）
⑤ 変形労働時間制がとられる場合における法定労働時間を超える労働時間の制限、時間外労働及び休日労働の制限並びに深夜業の制限（均等則2条の3第7号関係）
⑥ 育児時間（均等則2条の3第8号関係）

　他方で、ⅱとは、具体的には、以下に掲げる制度等の利用に関する言動により就業環境が害されるものである[22]。

---

① 育児休業（育介則76条1号関係）
② 介護休業（育介則76条2号関係）

20　マタハラ防止指針2（5）
21　マタハラ防止指針2（5）
22　厚生労働省「子の養育又は家族の介護を行い、又は行うこととなる労働者の職業生活と家庭生活との両立が図られるようにするために事業主が講ずべき措置等に関する指針」（平成21年告示509号）第2・14

③　子の看護休暇（育介則 76 条 3 号関係）

④　介護休暇（育介則 76 条 4 号関係）

⑤　所定外労働の制限（育介則 76 条 5 号関係）

⑥　時間外労働の制限（育介則 76 条 6 号関係）

⑦　深夜業の制限（育介則 76 条 7 号関係）

⑧　育児のための所定労働時間の短縮措置（育介則 76 条 8 号関係）

⑨　始業時刻変更等の措置（育介則 76 条 9 号関係）

⑩　介護のための所定労働時間の短縮措置（育介則 76 条 10 号関係）

ウ　パワーハラスメント

職場におけるパワーハラスメント（パワハラ）とは、職場において行われる①優越的な関係を背景とした言動であって、②業務上必要かつ相当な範囲を超えたものにより、③労働者の就業環境が害されることをいう（労働施策推進 30 条の 2）[23]。

①優越的な関係を背景とした言動とは、当該事業主の業務を遂行するに当たって、当該言動を受ける労働者が当該言動の行為者に対して抵抗又は拒絶することができない蓋然性が高い関係を背景として行われるものを指し[24]、必ずしも行為者が上位である必要はない。

②業務上必要かつ相当な範囲を超えた言動とは、社会通念に照らし、当該言動が明らかに当該事業主の業務上必要性がない、又はその態様が相当でないものをいい、当該言動の目的、経緯や状況、業種・業態、業務の内容・性質、当該言動の態様・頻度・継続性、労働者の属性や心身の状況、行為者との関係性等を総合的に考慮して判断される[25]。

③労働者の就業環境が害されるとは、当該言動により労働者が身体的又は精神的に苦痛を与えられ、労働者の就業環境が不快なものとなったため、能力の発揮に重大な悪影響が生じる等当該労働者が就業する上で看過できない程度の支障が生じることをいう[26,27]。

23　厚生労働省「事業主が職場における優越的な関係を背景とした言動に起因する問題に関して雇用管理上講ずべき措置等についての指針」（令和 2 年厚労告第 5 号、以下「パワハラ防止指針」という。）2

24　パワハラ防止指針 2（4）

25　パワハラ防止指針 2（5）

26　パワハラ防止指針 2（6）

340　第3章　労働問題

具体的なパワハラの行為類型としては、以下のものが挙げられる[28]。

> ①　身体的な攻撃（暴行・傷害）
> ②　精神的な攻撃（脅迫・名誉毀損・侮辱・ひどい暴言）
> ③　人間関係からの切り離し（隔離・仲間外し・無視）
> ④　過大な要求（職務上明らかに不要なことや遂行不可能なことの強制、仕事の妨害）
> ⑤　過小な要求（業務上の合理性がなく、能力や経験とかけ離れた程度の低い仕事を命じられることや仕事を与えないこと）
> ⑥　個の侵害（私的なことに過度に立ち入ること）

（2）ハラスメントに対して事業主が講ずべき措置（措置義務）

事業主は、以下の表のとおり、これらのハラスメントを防止するよう相談に応じ、適切に対応する体制の整備など必要な措置を講じることが義務付けられており[29]、各指針において具体化されている。事業主は、この義務に違反した場合であって、是正するよう勧告を受けたにもかかわらず、これに応じなかった場合には、企業名が公表されうる[30]。また、これらのハラスメントに対する措置義務に違反した場合の罰則は定められていないものの、企業が、行政から、措置の施行に関し報告を求められたにもかかわらず、報告を行わず又は虚偽の報告を行った場合には、罰則がある[31]。

雇用管理上講ずべき措置の内容[32]	セク ハラ	マタ ハラ	パワ ハラ
1　事業主の方針等の明確化及びその周知・啓発			
①　職場におけるハラスメントの内容及びハラスメントを行ってはならない旨の方針を明確化し、管理監督者を含む労働者に周知・啓発すること	○	○	○

---

[27] この判断にあたっては、「平均的な労働者の感じ方」、すなわち、同様の状況で当該言動を受けた場合に、社会一般の労働者が、就業する上で看過できない程度の支障が生じたと感じるような言動であるかどうかが基準とされる（パワハラ防止指針 2 (6)）。

[28] パワハラ防止指針 2 (7)

[29] セクハラについて均等 11 条 1 項、マタハラについて均等 11 条の 3 第 1 項又は育介 25 条 1 項、パワハラについて労働施策推進 30 条の 2 第 1 項

[30] セクハラについて均等 30 条、同法 29 条、マタハラについて均等 30 条、同法 29 条、又は育介 56、同法 56 条の 2、パワハラについて労働施策推進 36 条 1 項

[31] セクハラについて均等 33 条、同法 29 条 1 項、マタハラについて均等 33 条、同法 29 条 1 項、又は育介 66 条、同法 56 条、パワハラについて、労働施策推進 41 条、同法 36 条 1 項

[32] セクハラ防止指針、マタハラ防止指針、及びパワハラ防止指針をもとに著者が作成。

②	ハラスメントに係る言動を行った者については、厳正に対処する旨の方針及び対処の内容を就業規則その他の職場における服務規律等を定めた文書に規定し、管理監督者を含む労働者に周知・啓発すること	○	○	○
2	相談（苦情を含む。）に応じ、適切に対応するために必要な体制の整備			
①	相談窓口をあらかじめ定め、労働者に周知すること	○	○	○
②	相談窓口の担当者が、相談に対し、その内容や状況に応じ適切に対応できるようにすること。また、相談者の心身の状況や当該言動が行われた際の受け止めなどその認識にも配慮しながら、ハラスメントが現実に生じている場合だけでなく、その発生のおそれがある場合や、ハラスメントに該当するか否か微妙な場合であっても、広く相談に対応し、適切な対応を行うようにすること	○	○	○
③	ハラスメントの相談窓口を一体的に設置し、一元的に相談に応じることのできる体制を整備すること	△	△	△
3	ハラスメントに係る事後の迅速かつ適切な対応			
①	事案に係る事実関係を迅速かつ正確に確認すること	○	○	○
②	（ハラスメントが確認できた場合）被害者に対する配慮のための措置を適正に行うこと	○	○	○
③	（ハラスメントが確認できた場合）行為者に対する措置を適正に行うこと	○	○	○
④	改めて職場におけるハラスメントに関する方針を周知・啓発する等の再発防止に向けた措置を講ずること	○	○	○
4	(1)から(3)までの措置と併せて講ずべき措置			
①	相談への対応又は当該ハラスメントに係る事後の対応に当たっては、相談者・行為者等のプライバシー（性的指向・性自認や病歴、不妊治療等の機微な個人情報を含む。）を保護するために必要な措置を講ずるとともに、その旨を労働者に対して周知すること	○	○	○
②	労働者がハラスメントに関し相談をしたこと若しくは事実関係の確認等の事業主の雇用管理上講ずべき措置に協力したこと、都道府県労働局に対して相談、紛争解決の援助の求め若しくは調停の申請を行ったこと又は調停の出頭の求めに応じたことを理由として、解雇その他不利益な取扱いをされない旨を定め、労働者に周知・啓発すること	○	○	○
5	ハラスメントの原因や背景となる要因を解消するための取組			
①	妊娠等に関するハラスメントの原因や背景となる要因を解消するため、業務体制の整備など、事業主や妊娠等した労働者その他の労働者の実情に応じ、必要な措置を講ずること		○	
②	妊娠・出産した労働者の側においても、制度等の利用ができるという知識を持つことや、周囲と円滑なコミュニケーションを図りながら自身の体調等に応じて適切に業務を遂行していくという意識を持つこと等を、妊娠・出産した労働者に周知・啓発すること		△	

③	コミュニケーションの活性化や円滑化のために研修等の必要な取組を行うこと			△
④	適正な業務目標の設定等の職場環境の改善のための取組を行うこと			△

（○は義務とされるもの、△は望ましいとされるもの）

4　カスタマーハラスメント

　詳細は、第2章・第4・1「ペイシェントハラスメントへの対応」を参照されたい。

第5　配転・降格

1　配転

Case

①[1] Y 病院に勤務する臨床検査技師 X1 は、検査費の引き下げによる収益悪化に伴う検査室及び RI 室の規模縮小を理由に、庶務の部署への配置転換を命じられた。

　　X1 は、当該配転命令は、労働契約において、検査技師ないし検査助手として職種を明確に限定した以上、債務者が各債権者の同意を得ずに一方的に職種の変更を伴う配転を命ずることは許されず、同意した事実もないから、無効であるとして、臨床検査技師の職に戻すように主張してきた。Y 病院としては、当該配置転換が無効であることを前提に、X1 の求めに応じる必要があるか。

　　なお、Y 病院就業規則 6 条に「配置換異動」と題して「業務上必要あるときは、転職させることがある。転職は、これを職場の転換および職種の変更とに分ける。」との規定があるほか、以下の事情がある。

　i　採用の経緯

　　　X1 は、検査技師の免許を取得する前に、Y 病院の採用面接を受けた際、検査科長 A から Y 病院の検査室についての説明を受けたほか、検査技師の免許取得後は正規の技師として待遇する旨説明された。

　ii　職務の内容、性質

　　　X1 は、Y 病院に就職した後以後約 3 年間、昼間は臨床検査ないしその補助業務に従事し、夜間は専門学校に通学した。その後、X1 は、専門学校を卒業し、臨床検査技師の免許を取得した後は、Y 病院の検査室において検査業務に従事してきた。

　iii　待遇等の事実

　　　X1 の採用当初の給与（本給）は月額約 16 万円で、その後毎年約数千円の昇給があるにすぎなかったが、免許取得後は、月額約 22 万円となった。

②[2] 同じく Y 病院に勤務する看護師 X2 は、副看護部長の職を 13 年間務めていたが、突然に、中央材料室への配置転換を命じられた。

　　X2 は、当該配置転換は、人事権の濫用にあたるから無効であるとして確認を求めるとと

1　福岡地決昭和 58 年 2 月 24 日労判 404 号 25 頁（福岡記念病院事件）をもとに著者作成

2　釧路地帯広支判平成 9 年 3 月 24 日労判 731 号 75 頁（帯広厚生病院事件）をもとに著者作成

もに、当該配置転換により精神的損害を被ったとして慰謝料500万円の支払を求めてきた。Y病院としては、当該配置転換が無効であることを前提に、X2の求めに応じる必要があるか。

なお、本件に関連して以下の事情がある。

ⅰ 配置転換先の事情

中央材料室は、医療材料、器具類等の供給管理、消毒、滅菌等を主たる業務とし、他の病院でも看護師が配置されることが多く、Y病院でも中央材料室に看護師を配置することは通例であった。

もっとも、そこでの職務は、高度の知識、能力等を要求されるものとは到底いえないものであって、X2の経歴、能力、従前の地位等に照らすと、わざわざX2を配置しなければならない業務上の必要性はなかった。

ⅱ X2の勤務評価等

Y病院は、副看護部長X2の管理能力、協調性には問題があり、X2の部下である看護師数名から、実際にX2が看護部長になるなら退職すると申し出がされるなど、X2の部下に対する配慮等にも問題があることを把握していたが、X2に対して適切な指導、助言を行い、その管理能力について反省、改善を促すことはなかった。

他方で、Y病院は、X2の実務能力自体については大きな問題はないものと把握しており、X2に職場秩序を大きく乱したり、職務上の指示命令を拒否したりするなどの問題行動もなく、X2は、副看護部長の職を13年間務めていたほか、看護部長の候補にもなったことがある。

ⅲ 配置転換に伴う待遇

Y病院は、配転にあたりX2の下には看護助手を配置し、そのまま副看護部長「待遇」として、給与その他の待遇は副看護部長と同等とした。もっとも、配転に伴い、X2の処理権限等は縮小することになり、看護部の業務から外れたため、看護部業務の会議等の出席はなくなった。

（1）配転の意義・根拠

「配転」とは、労働者の配置の変更であって、職務内容又は勤務場所が相当の長期間にわたって変更されるものをいう。このうち同一勤務地（事業所）内の勤務個所（所属部署）の変更を「配置転換」といい、勤務地の変更を「転勤」という[3]。

使用者が有効に配転を命じるには、まず配転命令権が、労働契約上根拠づけられている必要がある。もっとも、一般に、就業規則に「業務の都合により配置転換、転勤を命ずることができる」などといった配転（配置転換・転

---

[3] 菅野＝山川・労働法681頁及び682頁

勤）を命ずることができる旨の包括的な規定が置かれているため、実務上はあまり問題とならない。また、労働条件通知書や雇用契約書、労働協約により定められる場合もある。

　なお、実際に配転を命ずる場合には、配転命令書などを労働者に交付するのが望ましい。

就業規則における配転の規定例
第●条（人事異動）
1　本病院は、業務上の必要があるときは、労働者に配転（就業する場所及び従事する業務の内容の変更）、出向を命ずることができる。
2　前項により配転、出向を命じられた場合、労働者（職務又は勤務地に限定がないものに限る。）は、正当な理由がない限りこれを拒むことができない。
3　出向者の出向にあたっての労働条件は、別に定める出向規程による。

（2）配転命令の限界 1（労働契約による制限：職種・勤務場所の限定合意）

ア　判断基準

　個々の労働者との間で、職種や勤務場所を限定する旨の合意がある場合は、就業規則に包括的な規定があっても配転命令権が制限され、原則として、労働者の新たな同意がない限り、合意の範囲を超える配転はできない（労契7条但書、同法8条）。

　職種・勤務地の限定合意は、書面による明確な合意がある場合以外であっても、当該職種や職務内容の専門性、採用時や採用後の事情、過去の配転実績、勤務形態、勤務実績、給与体系、その他諸般の事情を考慮して、合意の有無が判断されることになる。例えば、医師、看護師、検査技師といった特殊な技術・技能・資格等が必要な職種については、通常の場合に比して職種限定の合意が認められやすいので留意すべきである。

　また、2024年4月から労働条件明示のルールが改正され、労基法15条1項前段の規定に基づいて明示しなければならない労働条件に、「雇入れ直後」の就業の場所・従事すべき業務の内容に加え、その後の「変更の範囲」についても明示が必要となったため（労基則5条1項1の3号）、当該「変更の範囲」内において、配転命令権が制限されるおそれがあることにも留意する必要がある。

346　第 3 章　労働問題

　他方で、業務上の必要性から、一定の部署ないし職種を廃止せざるを得ない場合等も想定される。そのような場合は、整理解雇に比して労働者に与える不利益が少ない場合が多いことからしても、使用者の経営上の合理的理由に基づき、労働者の新たな同意がなくとも、配転を適法有効に命ずることができる場合がありうる[4]。その判断にあっては、採用の経緯、職種の内容、職種変更の必要性及びその程度、変更後の業務内容の相当性、不利益の有無及び程度、代替措置等が考慮されよう[5]。

　イ　【Case ①】の場合

　【Case ①】においても、配転命令権の存在の有無、換言すれば、職種限定の合意の有無が問題となる。

　【Case ①】のもとにした裁判例では、ⅰ採用の際に、Y 病院の検査室についての説明を受けたほか、検査技師の免許取得後は正規の技師として待遇する旨説明されたという臨床検査技師 X1 の採用の経緯、ⅱ採用後一貫して、検査室において検査業務に従事してきたという職務の内容、性質、及びⅲ国家試験合格後、大幅な昇給があったことを総合して、労働契約の内容として、臨床検査技師としての職種限定の合意があったことを認めた[6]。

(3) 配転命令の限界 2（配転命令権の濫用）

　ア　判断基準

　使用者が有効に配転を命じるには、配転命令権の根拠があり、前述（2）の制限がない場合でも、配転命令権の行使が権利濫用にあたらないことが必

4　一般論として、前掲福岡地決昭和 58 年 2 月 24 日労判 404 号 25 頁、東京地判平成 19 年 3 月 26 日労判 941 号 33 頁（東京海上日動火災保険（契約係社員）事件）参照

5　前掲東京地判平成 19 年 3 月 26 日労判 941 号 33 頁（東京海上日動火災保険（契約係社員）事件）

6　同裁判例は、労働者の新たな同意がなくても、業務上の必要性から、一方的に配転を行いうる場合について、使用者が経営上の合理的理由に基づき一定の部署ないし職種を廃止する措置をとることを必要とする場合において、配転に伴い必然的に生ずる剰員につき解雇の方途を選ばずあえて配転を命ずることとした場合に、当該労働者がこれに応諾しないことが労働契約上の信義に反すると認められる特段の事情がある場合がこれにあたるとの一般論を立てた。その上で、本件では、労働条件について労使間で協議する旨の労働協約の存在を理由として、少なくとも、労使間の信義則に則った方法で配転を必要とする事情を説明し、配転に関する基準等の具体的提案を示して協議することを欠くことができないところ、これを欠くとして、当該配転を違法・無効と判断した（福岡地決昭和 58 年 2 月 24 日）。

要である（民法 1 条 3 項、労契 3 条 5 項）。

この点、判例は、①配転命令に業務上の必要性が存しない場合、又は業務上の必要性が存する場合であっても、②不当な動機・目的が認められる場合、若しくは③労働者に通常甘受すべき程度を著しく超える不利益を負わせる場合には、配転命令権は権利濫用となるという判断枠組みを示している[7]。

（ア）業務上の必要性

①業務上の必要性については、余人をもっては容易に替え難いといった高度の必要性に限定することは相当でなく、労働力の適正配置、業務の能率増進、労働者の能力開発、勤務意欲の高揚、業務運営の円滑化など企業の合理的運営に寄与する点が認められる限りは、業務上の必要性を肯定するのが判例の立場である[8]。

（イ）不当な動機・目的

②不当な動機・目的が認められる場合について、例えば、退職に応じない労働者に嫌がらせのために行われた場合[9] や、上司の問題行動を社内通報したことへの報復目的で行われた場合[10]、使用者側を相手として裁判を提起したことへの報復として行われた場合[11] 等が挙げられる。

（ウ）労働者に通常甘受すべき程度を著しく超える不利益

③労働者に通常甘受すべき程度を著しく超える不利益を負わせる場合について、具体的には、配転命令の業務上の必要性と人選の合理性に比して、労働者の生活上や職業上の不利益が通常甘受すべき程度を著しく超える場合をいう。

　　a　生活上の不利益

生活上の不利益としては、労働者の病気やその家族の病気・育児・介護な

---

[7] 最判昭和 61 年 7 月 14 日労判 477 号 6 頁（東亜ペイント事件）

[8] 前掲最判昭和 61 年 7 月 14 日労判 477 号 6 頁（東亜ペイント事件）

[9] 大阪地判平成 12 年 8 月 28 日労判 793 号 13 頁（フジシール事件）、東京地判平成 18 年 7 月 14 日労判 922 号 34 頁（精電舎工業事件）等

[10] 東京高判平成 23 年 8 月 31 日労判 1035 号 84 頁（オリンパス事件）

[11] 大阪地判平成 11 年 1 月 27 日労判 760 号 69 頁（池添産業事件）、大阪地判平成 23 年 12 月 16 日労判 1043 号 15 頁（C 株式会社事件）、大阪高判平成 27 年 6 月 18 日労判 1122 号 18 ページ（大阪市交通局長事件）

348 第3章 労働問題

どの事情が挙げられる。

　この点、解雇権濫用法理（労契16条）の厳格な運用により、解雇は使用者に対して厳しく判断されてきた一方で、企業内における人材の調整については使用者の裁量を比較的広く認める傾向にあり、転勤（単身赴任を含む）や通勤時間の長時間化は、通常甘受すべき程度の不利益と判断される傾向にある。

　他方で、家族の看病・育児・介護などを必要とする事例では、労働者の著しい不利益を認め、配転を無効とする裁判例がみられる[12]。平成13年に改正された育介法では、子の養育又は家族の介護の状況に関する使用者の配慮義務に関する規定が定められ（育介26条）、労契法でも、労働契約の締結や変更については「仕事と生活の調和」に配慮すべきことが定められた（労契3条3項）ことから、私生活上の不利益の判断においては、かかる配慮がなされているかも考慮されることになる。裁判例においても、要介護状態にある老親や転居が困難な病気をもった家族を抱えその介護や世話をしている従業員に対する遠隔地への転勤命令を行った事案で、育介法26条に言及し、その配慮を前提とする判断をしている[13]。また、このような立法の動向だけではなく、社会的状況として、仕事と生活の調和（ワーク・ライフ・バランス）に対する要請が高まっており、今後の労働者の生活上の不利益が通常甘受すべき程度を著しく超えるか否かの判断については、会社としてより慎重な配慮を示す必要がある。

　具体的には、入社時や定期的に家族の状況や異動の希望等を記載してもらう自己申告書をとったり、面談を行ったりして家庭の状況等を確認したりすることが肝要である。また、実際に配転を命ずる場合、共働きで単身赴任となる場合に単身赴任手当の支給や帰郷の際の旅費負担の検討、転勤先の居住先の案内等も検討するとよい。このように労働者への配慮を行っているか否かについても、生活上の不利益が通常甘受すべき程度を著しく超えるか否かの判断の大きな要素となると思われる。

---

[12] 大阪地判平成9年3月24日労判715号42頁（新日本通信事件）
[13] 大阪高判平成18年4月14日労判915号60頁（ネスレ日本事件）

b　職務上の不利益

　職務や職掌の変更を伴う配転についても、場合によっては、大幅な権限の縮小や賃金の減少、キャリア形成における不利益を伴うなど労働者が不利益を被る場合があり、その場合には、業務上の必要性を前提として、当該労働者の職務評価に照らして判断される[14]。

　イ　【Case ②】の場合

　【Case ②】においても、配転に伴い X2 に不利益が生じていると思われることから、配転の有効性が問題となる。

　ⅰ配転先の人員配置の必要性の有無について、中央材料室に看護師を配置すること自体には必要性があるものの、中央材料室の業務は、医療器具等の供給管理、消毒等を主たる業務とする比較的単純な内容であり、看護部長に次ぐ副看護部長の地位に長年就いている X2 でなければならない理由は乏しいといえる。

　ⅱ配転の契機となった X2 側の事情（問題点）について、X2 に対して適切な指導、助言を行い、その管理能力について反省、改善を促すことはなかったことから、X2 の管理能力等の改善が困難とは認められない。

　ⅲ配転後の待遇について、看護士 X2 の配転後の職務内容は、その管理職としての権限は大幅に縮小されるほか、単純な職務に従事することを余儀なくされ、これにより看護士としてこれまで培ってきた能力を発揮することもできず、その能力開発の可能性の大部分をも奪われたといいうる。

　以上のことから、当該配転命令はその業務上の必要性が大きいとはいえないにもかかわらず、X2 に通常甘受すべき程度を著しく超える不利益を負わせるものといえ、【Case ②】のもととした裁判例でも、違法・無効と判断された。

（4）違法な配転に対する損害賠償請求

　違法な配転命令により、労働者が、経済的、精神的な損害を被った場合、使用者としては、その損害の賠償を請求されるおそれがある。とくに、職場

---

[14]　東京地判平成 27 年 10 月 30 日労判 1132 号 20 頁（L 産業事件）等

350 第3章 労働問題

内での社会的評価を低下されたとして、名誉毀損を理由として請求される場合が想定される。

【Case②】のもとにした裁判例においても、当該配転命令により、X2は、「何らの具体的理由を説明されず、また弁明の機会を与えられないまま一方的に不利益な処遇を強いられた上、その社会的評価を著しく低下させられ、その名誉を著しく毀損されるという重大な不利益を被った」として、100万円の慰謝料請求が認められた。

2 降格

Case[15]

　Y病院は、Y病院の勤務医のうち唯一の内科（循環器）医で、医長の職位に付けていたX医師について、以下の素行の悪さが目立ったことから、幹部職員選考委員会から、X医師を医長から医員への降格させることが妥当として理事会に具申され、同理事会の承認のもとで医員への降格を行った。

i　Y病院では、院外処方推進の方針をとっていたところ、Xは、同方針にあえて従おうとせず、自ら委員長を務める院内の薬事委員会において、院外処方の推進を議事として取り上げないようにしたり、院外処方の推進に関する資料を配付させることを止めさせるなどした。

ii　X医師は、心電検査室に机といすを持ち込み、日常的に心電検査室で執務していたのみならず、スキー板、ゴルフバッグ、温風機、バイク用ヘルメット、バイク用上着、傘、運動靴、食べかけの食品、衣類などの大量の私物を持ち込んだ上、そこで飲食、着替え、就寝などをしていた。

iii　X医師は、多くの職員が集まる場において、十分な根拠なしに公然と、薬剤検査科長Cがパワーハラスメント行為を行ったかのような発言をして、これを誹謗中傷するなどした。

　これに対し、X医師は、当該降格は人事権を濫用したものであるとして、無効であるとして、医長としての雇用契約上の地位にあることの確認を求めた。

（1）降格の意義

　降格について、法令上の定義はないが、職位や役職を引き下げるもの（昇進の反対措置[16]）、職能資格制度上の資格や職務・役割等級制度上の等級を低下させるもの（昇格の反対措置[17]）とがある[18]。なお、降格には懲戒処分

15　東京地判平成26年7月17日労判1103号5頁をもとに著者が作成

としての降格と、人事権の行使としての降格があるが、ここでは人事権の行使としての降格について記載する。

（2）降格の有効性

降格は、少なからず労働者に不利益を与えるため、その有効性が問題となる。

　ア　職位や役職の引下げ

職位や役職の引下げについて、労働者との労働契約を根拠とする人事権の行使として可能とされ、一定の役職を解く降格は、労働契約を根拠として行うことができ、格別に就業規則等の根拠規定を必要としない[19]。もっとも、労働契約において、労働者の役職や職位を限定する合意があるといった場合は、労働契約を根拠とする人事権の行使としてなし得ないため、新たな個別の同意が必要となる。

他方で、職位・役職の引き下げに伴う賃下げについては、役職・職位の降格に伴って賃金が減額されることが労働契約上で予定されている場合に限って就業規則等で定められた賃金制度に従って行うことができるとされる[20]。

なお、職位・役職の引き下げは、労働契約を根拠とする人事権の行使として、原則として、経営上の裁量判断に属する事柄であるが、その裁量判断も無制限なものではなく、社会通念上著しく妥当性を欠き、権利の濫用と認められる場合には、違法であり無効とされる（権利濫用法理　労契3条5項）[21]。また、人事権の行使は、考慮すべき事実を考慮せず、他方で考慮すべきでない事実を考慮してなされた場合も同様である[22]。

16　例えば、課長職から係長職へ役職を引き下げる場合や、役職を解いた上でいわゆる平社員とする場合などがある。医療機関においては、例えば、当該職員を「部長」「医長」「看護師長」といった役職から外す場合や、「医長」を「医員」に引き下げる場合などがこれにあたる。

17　例えば、役職としては課長のまま、職能資格制度であれば、「管理職」から「リーダー職」へ資格を引き下げる場合や、「4級」から「5級」に等級を引き下げる場合などがある。また、職務・役割等級制度であれば、グレードを引き下げる場合などがある。

18　菅野＝山川・労働法 678-679 頁

19　神戸地判平成 3 年 3 月 14 日労判 584 号 61 頁（星電社事件）

20　東京地判令和 3 年 12 月 23 日労働判例ジャーナル 124 号 60 頁（SRA 事件）

21　前掲神戸地判平成 3 年 3 月 14 日労判 584 号 61 頁、東京地判平成 7 年 12 月 4 日労判 685 号 17 頁（バンク・オブ・アメリカ・イリノイ事件）

22　東京高判平成 17 年 1 月 19 日労判 889 号 12 頁（ハネウェルジャパン事件）

裁判例では、①使用者側における業務上・組織上の必要性の有無・程度、②労働者側における能力、適性の欠如等の帰責性の有無・程度、③労働者の受ける不利益の性質・程度、④降格の動機・目的などの諸事情を総合考慮して、裁量の範囲に含まれるか否か判断される傾向にある[23]。

【Case】のもととした裁判例では、X医師は、医長という管理職の立場にありながら、Y病院の院外処方推進の方針にあえて従おうとせず、Y病院による院外処方の推進を妨げる行為に及んだこと等から、「管理職としての適格性に欠けるものであると評価されてもやむを得ない」として、降格の手続についても、理事会の承認があるなど特段違法と評価されるところはないとして、有効と判断された。

　イ　職能資格制度上の資格の引下げ

職能資格制度上の資格の引下げについては、職能資格制度では一旦到達した職務遂行能力（資格や等級）が引き下がることは本来予定されていないことから、労働契約上、使用者に当然に認められるものではない。そのため、就業規則等に、職能資格の引下げがあり得る旨の明記があるなど、労働契約上の根拠が必要となる[24]。

また、職能資格の降格に伴う賃金の引き下げについては、人事上の措置とは別にそれが労働条件の変更としての性質を有する措置であるため、職能資格の引き下げとは別の労働契約上の根拠が必要となる[25]。

なお、職能資格制度上の資格の引下げについても、人事権の行使として、権利濫用法理に服する点は職位・役職の引下げの場合と同様である[26]。

　ウ　職務等級制度・役割等級制度上の等級の引下げ

職務等級制度・役割等級制度は、職務遂行によって実際に得られた成果に着目した賃金制度であるところ、それらの制度上の等級の引下げは、根拠規

---

[23] 東京地判平成11年10月29日労判774号12頁（上州屋事件）、大阪地判平成22年5月21日労判1015号48頁（大阪府板金工業組合事件）等

[24] 東京地決平成8年12月11日労判711号57頁（アーク証券事件）、東京地判平成21年4月27日労判986号28頁（学校法人聖望学園事件）等

[25] 前掲東京地判平成21年4月27日、東京地判平成24年11月27日労判1063号87頁（コロプラスト事件）等

[26] 大阪地判令和元年6月12日労判1215号46頁（学校法人追手門学院事件）

定が存在し、当該制度の枠組み（規定）のなかでの人事評価の手続と決定権に基づき行われるかぎり、原則として使用者の裁量的判断に委ねられる[27,28]。

ただし、これらの制度による場合においても、各等級に求められる職務内容ないし役割内容及びそれらに対応する賃金額のレンジを具体的に記載し、当該内容に満たないと判断した場合には等級を引き下げる場合があることを賃金規程等に定め、賃金の引き下げを行うにあたり当該定めを厳格に運用する必要がある。なお、就業規則において、降格と職務等級の変動のみならず、職務役割等級の変動と賃金減額の連動について明確に定める必要があるとした裁判例がある[29]。

職務等級制度・役割等級制度上の等級の引下げについても、人事権の行使として、権利濫用法理に服する[30]。

---

[27] 菅野＝山川 680 頁

[28] 職務等級の貸金が幅をもって定められている場合には、具体的な賃金額を定める会社の決定が、なお会社の裁量権の逸脱を理由として無効と判断される余地があるほか、そもそも降格と連動する賃金減額幅が不合理に大きい場合など、就業規則上の条項自体が合理性を欠き無効と判断される余地もあるので注意が必要である（労契 7 条、10 条）。

[29] 東京高判平成 23 年 12 月 27 日労判 1042 号 15 頁（コナミデジタルエンタテインメント事件）

[30] 神戸地判平成 16 年 8 月 31 日労判 880 号 52 号（プロクター・アンド・ギャンブル・ファー・イースト・インク事件）、東京地判令和 2 年 2 月 26 日労経速 2421 号 31 頁（ビジネクスト事件）等

354　第 3 章　労働問題

第6　解雇・雇止め・退職勧奨

1　解雇

Case

①[1]　Y 病院は、勤続年数 14 年で内科医長を務める X1 について、以下の事実がみられたことから、X1 の受持ち患者数の割合を減少させる措置を講じるなどしたが、X1 の勤務態度は改善しなかったため、普通解雇とした。これに対し、X1 は、普通解雇を不当として、雇用契約上の地位を有することの確認、医師としての就労請求、賃金及び賞与の請求を求めてきた。

　i　X1 は、患者の家族に対し、心肺蘇生術の説明に関し、「蘇生したらあなたも困るでしょう」と発言して苦情を受けるなど、患者・家族との間で、トラブルを繰り返し起こした。

　ii　X1 は、肺炎患者ほぼ全員に対して、必要がないのに、CT スキャン検査を実施していた。

　iii　X1 が、主治医に代わって患者を診察した際、主治医に無断で処方を変更した。

　iv　Y 病院において、内科外来の診療開始時刻は、午前 9 時と定められていたが、X1 は、しばしば午前 9 時より後に診療を開始していた。また、Y 病院としては、診療開始時間の遅れを問題視し、X1 に対し、書面を配布するなどして、注意喚起を行っていたが、改善しなかった。

　v　Y 病院において、保険適応外の治療・検査は原則として行わないとする取り決めがあり、例外的に実施する際には、院長と相談することを要する旨を記載した文書を配付したが、X1 は、院長に連絡・相談することなく、患者に対し、保険適応外であるノロウィルスの抗原検査を行なった。

　vi　Y 病院の医師らは、血液透析患者の年金に関する書類をそれぞれ分担して作成していた。ところが、X1 の上記書類作成が遅いとして患者から苦情が寄せられたことなどから、院長がそれまで X1 の担当していた分の書類も作成していた。

②[2]　Y 病院は、正味財産が 3780 万円ほどの小規模の病院である。Y 病院は、病床数の増加に伴い、人員を拡充する計画を立て、医師 X2 らを常勤医師として雇用したが、雇用後の下半期の決算で約 900 万円の純損失を計上し、当該上半期で計上した純利益と相殺して、ほぼ収支ゼロの状況に陥るなど、病院の経営収支は急速に悪化した。

---

[1]　福井地判平成 21 年 4 月 22 日労判 985 号 23 頁をもとに著作作成
[2]　福岡地小倉支判昭和 50 年 3 月 31 日労民集 26 巻 2 号 232 頁、福岡高判昭和 54 年 6 月 18 日労民集 30 巻 3 号 692 頁をもとに著者作成

経営悪化の主要な原因の一つは、X2らが外来患者の通院間隔を従前より拡大し、そのため外来延患者数が減少したことによる再診料、処方料の減少、薬・注射の使用を従前と異なり極力制限したことによる診療収入の減少にあり、更には医師の増員とそれに伴う従業員の人件費の増大等にあった。

　　その後、Y病院は、経営収支の悪化に対する改善策の1つとして、人員増を伴わない病床増を10床行ない、さらなる改善策として、病棟建設を計画したが、X2らが同計画に明確に反対する態度を示すようになったことにより、新病棟建設により病院規模を拡大し医療内容を充実強化することによって経営収支の好転を期待するという方策も断念を余儀なくされた。

　　Y病院は、その後700万円の純損失及び270万円の欠損繰越金を計上した次の決算期中に、人件費削減のための人員整理を行なうことを考え、まずは、X2医師らから希望退職を募ったが、希望退職の申出がなかったことから、X2医師を整理解雇した。

　　Y病院が勤務医の中からX2を整理解雇の対象として選んだのは、医師以外の職員との協調性、患者からの信頼度、病院の業績向上への寄与度、勤務態度等の総合判断によるものであった。また、人員削減については、事前の評議員会の決議において、評議員から意義はなく可決された。

　　これに対し、X2は、整理解雇を不当として、雇用契約上の地位を有することの確認、医師としての就労請求、賃金及び賞与の請求を求めてきた。

(1) 解雇とは

　解雇とは、使用者の一方的意思表示による労働契約の解約をいう。解雇には、懲戒処分としての「懲戒解雇」と労働契約の中途解約（民法627条1項）としての「普通解雇」があり、本項では、後者の普通解雇（整理解雇を含む）について説明する。また、期間の定めがある労働契約（有期労働契約）の契約更新の拒否（雇止め）及び期間途中の解雇については、後述2で説明する。

　解雇については、民法上、雇用期間の定めのない労働契約（無期労働契約）の場合、使用者と労働者の双方に自由な解約申入れが認められており、解約の申入れの日から2週間の契約により契約は終了するとして、解雇の自由が認められている（民法627条1項）

　もっとも、労働者の「辞職の自由」は職業選択の自由としてそのまま保持される一方で、使用者の「解雇の自由」は、後述（4）の解雇権濫用法理（労契16条）により大きく制限される。

356　第3章　労働問題

(2) 手続的な解雇規制

　ア　解雇予告義務・予告手当支払義務

　（ア）原則

　使用者は、労働者を解雇しようとする場合、少なくとも30日前にその予告をしなければならず、30日前に予告をしない使用者は、30日分以上の平均賃金を支払わなければならない（労基20条1項本文）。その趣旨は、予告期間を設けることで再就職の準備のための時間を与えることにある。

　ただし、この予告の日数は、平均賃金[3]1日分を支払った日数だけ短縮することができるため（同条2項）、例えば、30日分の解雇予告手当が支払われれば民法627条の2週間の解雇予告期間は不要となる[4]。

　（イ）例外

　解雇予告義務・予告手当支払義務の例外として、「天災事変その他やむを得ない事由のために事業の継続が不可能となった場合」又は「労働者の責めに帰すべき事由に基づいて解雇する場合」には、行政官庁（労働基準監督署長）の除外認定を受けることにより、予告又は予告手当の支払を要せず、即時解雇が可能である（除外認定　労基20条1項但書、同条3項）。

　また、①日雇い労働者、②2か月以内の短期間で雇われる労働者、③季節的業務のために4か月以内の期間を定めて使用される労働者、④試用期間中の労働者は、そもそも解雇予告義務・予告手当支払義務の適用除外となる（適用除外　労基21条各号）。

　（ウ）解雇予告義務違反の効力

　解雇予告義務（労基20条）違反の解雇の効力については争いがあるが、判例上、使用者が即時解雇に固執する趣旨でない限り、解雇通知後30日が経過した時点又は通知後に所定の予告手当を支払った時点で、解雇の効力が発生すると判断されている（相対的無効説）[5,6]。

---

[3] 常用労働者の平均賃金は、算定事由発生日（賃金締切日がある場合は直前の賃金締切日）以前の3か月間における賃金の総額をその期間の総日数で除して算出される（労基12条）。

[4] 水町・労働法953頁

[5] 最判昭和35年3月11日民集14巻3号403頁（細谷服装事件）

[6] 学説上、労働法20条は強行法規であり予告義務違反の解雇は無効であるとする無効説、予告手当の請求はできるが解雇自体は有効であるとする有効説等が唱えられた。

イ　解雇理由証明書の交付

労働者が退職する際に、退職の事由（解雇理由を含む）等を記載した証明書を交付するよう請求した場合、使用者は、遅滞なくこれを交付しなければならない（労基22条1項）。また、退職日前であっても、解雇予告をされた日から退職する日までの間において、当該解雇理由について証明書の請求をした場合は、使用者は、遅滞なくこれを交付しなければならない（同条2項）。

証明書における「解雇の理由」については、具体的に示す必要があり、就業規則の一定条項に該当することを理由として解雇した場合には、就業規則の当該条項の内容及び当該条項に該当するに至った事実関係を証明書に記入しなければならない[7]。後の訴訟において、証明書に記載した理由以外の解雇理由を事後的に追加主張することは、許されないという解釈もあることから、使用者としては、解雇予告の時点で解雇理由を十分に精査しておく必要がある（もっとも、当該別個の解雇理由が重大なものであれば、予備的な解雇をすることは妨げられない）[8]。

他方で、解雇された労働者が解雇の事実のみについて使用者に証明書を請求した場合、使用者は、解雇の理由を証明書に記載してはならず、解雇の事実のみを証明書に記載しなければならない（労基22条3項）[9]。

(3) 実体的な解雇規制

ア　業務上災害による療養者の解雇制限

使用者は、労働者が業務上負傷し、又は疾病にかかり療養のために休業する期間及びその後30日間は、その労働者を解雇してはならない（労基19条1項）。その趣旨は、業務上の負傷による療養のための休業期間という再就職が困難である期間において失職することにより労働者の生活が脅かされることのないよう、再就職の可能性が回復するまでの間、解雇を一般的に禁止して労働者を保護することにある。当該負傷・疾病が治癒（症状固定）した

---

[7]　菅野＝山川・労働法769頁、退職時の証明書について平成11年1月29日基発45号、解雇理由の証明書について平成15年10月22日基発1022001号

[8]　菅野＝山川・労働法769頁

[9]　平成11年1月29日基発45号、平成15年12月26日基発1226002号

後については、「療養」とはいえないため、この解雇制限は適用されない[10]。

　もっとも、①業務災害による療養の場合の解雇禁止について、使用者が療養開始後3年を経過しても傷病がならない場合に打切補償（労基81条）を支払った場合（労基19条1項但書前段）、及び②「天災事変その他やむを得ない事由のために事業の継続が不可能となった場合」に行政官庁の認定を受けた場合には解雇規制は働かない（同但書後段、同条2項）。

　イ　労基法による産前産後の休業者の解雇制限

　使用者は、産前産後の女性が労基法65条の規定によって休業する期間及びその後30日間は、当該女性を解雇してはならない（労基19条1項）。産前産後の休業を安心してなしうるために、労基法が設けた解雇規制である。この場合も、前述アの②の場合は、解雇規制が働かない（同項但書、同条2項）。

　ウ　就業規則等による解雇制限

　労基法上、解雇事由は就業規則の絶対的必要記載とされており（労基89条3号）、労働契約締結時には書面による明示が必要とされている（同法15条1項、労基則5条1項4号）。

　そこで、就業規則等に定められた解雇事由以外を理由とする普通解雇は許されるか否か（就業規則上の列挙が限定列挙か例示列挙か）について議論があるが、個々の就業規則の定めの合理的解釈の問題といえ、使用者が就業規則に解雇事由を列挙した場合、通常は、使用者が解雇権を行使できる場合をそれらの事由に制限したものとして限定列挙の趣旨で定められたものと解釈され、列挙事由以外の事由による解雇は許されないと解される[11]。

　なお、多くの就業規則においては、「その他前各号に該当し得る事由」等として、包括条項が規定されており、例示的に列挙したと合理的に解釈できるケースがほとんどであり、この問題が争点となることは少ない。

10　菅野＝山川・労働法740頁及び741頁、名古屋地判平成元年7月28日労民集40巻4＝5号463頁、（光洋運輸事件）、名古屋地判平成2年4月27日労判576号62頁（名古屋埠頭事件）等

11　菅野＝山川・労働法767頁、類型別・労働関係訴訟II 393頁

(4) 解雇権濫用規制

ア 判断基準

使用者が行う労働契約の解約（解雇）については、判例[12] において、「使用者の解雇権の行使も、それが客観的に合理的な理由を欠き社会通念上相当として是認することができない場合には、権利の濫用として無効になる」と判示され、判例法理として確立された解雇権濫用法理が、労契法16条に明文化されている。

具体的には、解雇は、①客観的に合理的な理由を欠き、及び②社会通念上の相当性が認められない場合には、権利の濫用として無効となる（解雇権濫用法理 労契16条）。即ち、解雇に、客観的合理性（①）と社会的相当性（②）という2つの要件を課して、これを欠く場合に解雇を無効とするものである。

①客観的に合理的な理由については、㋐労働者の労働能力の欠如（能力不足・病気等）、㋑労働者の規律違反行為（非違行為、遅刻、早退等）、㋒経営上の必要性（経営難等）という大きく3つの類型に分類され[13, 14]、就業規則に定められた解雇事由へのあてはめを行うことになる。

そして、①客観的に合理的な理由のいずれかが存在するとしても、さらに、②社会通念上の相当性が認められなければ解雇は有効とはならない。②社会通念上の相当性については、裁判例上、解雇の事由が重大な程度に達しており、他に解雇回避の手段がなく、かつ労働者の側に宥恕すべき事情がほとんどない場合に相当性を認めているといえる[15]。

（ア）労働能力の欠如（能力不足・病気等）

労働能力の欠如を理由とする解雇には、a 能力不足・成績不良・適格性欠如の場合と、b 病気・けがによる就労不能の場合とがある。

a 能力不足等を理由とする解雇

能力不足等を理由とする解雇については、①使用者と当該労働者との労働

---

[12] 最判昭和50年4月25日民集29巻4号456頁（日本食塩製造事件）

[13] 水町・労働法966頁

[14] ユニオン・ショップ協定に基づく組合の解雇要求を含め、4つに大別するものもある（菅野749頁及び750頁）。

[15] 菅野＝山川・労働法750頁

契約上、その労働者に要求される職務の能力・勤務態度がどの程度のものか、②勤務成績、勤務態度の不良はどの程度か、③指導による改善の余地があるか、④他の労働者との取扱いに不均衡はないか等について、総合的に検討することになる[16]。

①について、例えば、中途採用において、専門性の高い能力・経歴等を前提に高い地位を特定して労働契約を締結した場合には、当該労働者には労働契約上の高い職務遂行能力が求められることが比較的明らかであり、雇入れ時において職種や専門能力が特定されていた場合も同様である。他方で、長期雇用を前提として新卒採用された場合には、企業が教育、研修を施すことが予定されていることから、十分な教育、研修を行い、さらに配転を検討する等十分な配慮をしたにもかかわらず、採用時に予定された能力を全く有しないといったレベルの能力不足が求められる傾向にある。

また、②③の観点から、能力不足の欠如する労働者については、業務改善計画を策定し、業務改善指導を適切に行い、改善の見込みがあるかを慎重に見極め、その記録を客観的に残しておく必要がある。

総じて、能力不足を理由とする解雇については、単に成績が不良というだけでなく、それが企業経営に支障を生ずるなどして企業から排斥すべき程度に達している評価できるとともに、使用者が当該労働者の能力改善策を講じたが改善の見込みがなく、解雇の前提として、配転・降格に向けた交渉を行うなど、解雇を回避する努力をしたことを要する[17]。

【Case①】の場合、ⅰ乃至ⅲの事実は、いずれも患者と接する臨床医として、また、組織で医療行為を行なう被告病院に所属する医師としての資質・能力に疑問を抱かせるものといえよう。

　　b　病気・ケガによる就労不能を理由とする解雇

業務上の負傷・疾病による就労不能については、療養期間中の解雇の制限があることから（労契19条）、まずは当該労働者が「治癒」したことが前提となる。

---

[16] 類型別・労働関係訴訟Ⅱ 395頁
[17] 東京地決平13年8月10日労判820号74頁（エース損害保険事件）、東京地判平成12年4月26日労判789号21頁（プラウドフットジャパン事件）

他方で、労働者の私傷病による就労不能については、まず、労働者の労働能力の回復を待つ私傷病休職制度を用いて、労働能力の回復を待つことが要請されている。

いずれの場合も、当該労働者が休職前の業務を支障なく遂行できるほどの完全な回復はしていない場合でも、使用者において、業務内容や勤務時間等について勤務軽減を行いながら段階的に職場復帰を行わせることにより、完全復帰が可能であると見込まれるような場合には、安全配慮義務の一環としてそのような配慮を行うことが求められる傾向にある[18]。

（イ）労働者の職務規律違反（非違行為、遅刻、早退等）

職務規律違反に該当する類型については、懲戒解雇の事由とほぼ同様の類型であり、懲戒処分がなされる代わりに普通解雇がなされたという場合である。その非違行為の態様、程度、回数等から、労働契約の継続が困難な状態となっているかにより、解雇の有効性を判断することになる[19]。もっとも、裁判所は、当該労働者の責めに帰すべき事情だけでなく、会社として講ずべき措置を講じていたかといった点や、従前の勤務成績、過去の解雇例（の有無）など労働者に有利になりうる様々な事情を考慮に入れて、総合的に解雇の合理性・相当性を判断する傾向にある[20]。

【Case ①】の場合、iv乃至viの事実は、いずれも労働者として使用者である被告の指揮命令に服する義務があることの認識や、組織の一員としての自覚が著しく欠けていたことを示すといえよう。【Case ①】のもとにした裁判例では、X1医師の医師としての能力不足及び職務規律違反を共に認めた上で、就業規則上の解雇事由である「職員の就業状況が著しく不良で、職員としてふさわしくないと認められたとき」に該当するとして、解雇の客観的合理的理由を肯定した。また、X1が、勤続年数の長い内科医長としての地位にあったことから、明示的な注意や指導があまり行なわれてこなかったことを重視するのは相当ではなく、本件では、反省し、改善する契機が与えられていたとして、さらに、Y病院の規模から配置転換を行うことも難しい

---

[18] 札幌高判令和2年4月15日労判1226号5頁（東京キタイチ事件）

[19] 類型別・労働関係訴訟II 395頁

[20] 最判昭和52年1月31日労判268号17頁（高知放送事件）

とした上で、普通解雇を有効と判断した。

（ウ）経営上の必要性（経営難等）

使用者が経営上必要とされる人員削減のために行う解雇を、整理解雇という。就業規則上は、解雇事由として「事業の縮小等のやむを得ない経営上の都合によるとき」などと定められていることが多い。

整理解雇については、労働者の帰責事由がないにもかかわらず、使用者の経営上の理由により労働者を解雇するところに特徴があり、労働者に帰責事由があるその他の解雇よりは有効性が厳格に判断されることになる。

この点、裁判例は、整理解雇の有効性の判断にあたって、①人員削減の必要性、②解雇回避努力義務の履行、③被解雇者選定の妥当性、④手続きの妥当性の4要件を定立し、4要件が全て満たされない限り、解雇権の濫用として無効と判断してきた（いわゆる「4要件説」）[21]。

しかし、近年、後述のとおり、①については、黒字経営の下で競争力強化のため人員削減をする場合にも肯定し、②について、配転や希望退職者募集やワークシェアリングなどの解雇回避措置の全てを要求するわけではなく企業の実情に応じた措置をとっていれば肯定する考え方が主流となり、各要件を厳格な要件ではなく、判断要素として捉え、これらの要素に関する諸事情を総合考慮して、解雇の有効性を判断する裁判例が増加している（4要素説）[22]。

具体的には、①の要素として、人員削減措置（を内容とする企業の縮小、整備等）ないし事業部門の閉鎖が、不況、斜陽化、経営不振などによる経営上の十分な必要性に基づいていることが必要となる。もっとも、倒産状態、債務超過、累積赤字といった事態にあることまでは要求されず、黒字経営の中で経営合理化や競争力強化のために行う人員削減についても、使用者の経営判断を尊重して肯定する例が多い[23]。

---

[21] 長崎地大村支判昭和50年12月24日労判242号14頁（大村野上事件）、熊本地判平成16年4月15日労判878号74頁（九州日誠電氣事件）等

[22] 東京地決平成12年1月21日労判782号23頁（ナショナル・ウエストミンスター銀行（第3次仮処分）事件）、札幌地判平成25年12月2日労判1100号70頁（専修大北海道短大事件）等多数

[23] 類型別・労働関係訴訟II 397頁

②の要素として、人員削減を実現する際には、使用者は、配転、出向、一時帰休、希望退職の募集などの他の手段によって解雇回避の努力をする信義則上の義務（「解雇回避努力義務」）を負うことを前提に、解雇以外の人員削減手段を用いて解雇をできる限り回避することが求められる[24]。もっとも、新規採用の停止、役員報酬のカット、昇給停止、賞与減額、停止、残業規制、人件費以外の経費削減等の考えられる全ての解雇回避措置を一律に要求するのではなく、当該企業の規模、業種、人員構成、労使関係の状況に照らして実現可能な措置かどうかを検討した上で、その実現可能な措置が尽くされているかを検討される傾向にある[25]。

③の要素として、使用者は、被解雇者の選定について、客観的合理的な基準に基づいて、公正に選定されていることが要求され、単に廃止部門に在籍していたという理由だけでは選定に合理性がないとされる[26]。

④の要素として、帰責性のない労働者を解雇するのであるから、就業規則や労働協約に手続規定がなくても、労働組合や労働者に対し十分な協議、説明を行うことが信義則上必要とされている[27]。

【Case ②】の場合、①人員削減の必要性について、診療収入以外に恒常的な収益を期待できない病院企業の特殊な性質上、勤務医師の医学的な信念と医師としての良心に基づく診療方法が赤字の主要な一因をなしている場合において、当該診療方法が病院経営者の期待どおり改められることは殆ど不可能に近いといえ、病院収益が将来顕著に上向く見込みはないと考えられる。また、赤字累積の経緯を考え併せれば、小規模企業であるY病院にとって、270万余の赤字がいずれ来るべき倒産が予測できるといえ、人員削減の必要性は、高度に認められる。また、Y病院は、整理解雇に至るまで、②人員増加を伴わない病床数の増加を行い、新病棟を建設する計画を立てた（が、X2らの反対により頓挫してしまった）ことから、解雇回避のための手段を相当程度講じたと評価できる。また、人選基準の合理性についても、Y病院

---

[24] 菅野＝山川・労働法 760 頁

[25] 類型別・労働関係訴訟 II 397 頁

[26] 類型別・労働関係訴訟 II 397 頁

[27] 類型別・労働関係訴訟 II 397 頁

364　第3章　労働問題

の主観的・恣意的判断ではなく、合理的であったと評価でき、④評議員会の可決があったことから手続きの妥当性も確保されていた。

　以上のことから、【Case ②】では、整理解雇は有効と判断される可能性が高く、もととなった裁判例でも解雇を有効と判断した。

(5) 解雇が無効とされた場合のリスク

　解雇権の濫用と判断された解雇は私法上無効となる（労契16条）。そして、解雇が無効となった場合、裁判所は、使用者に対して、当該労働者との労働関係の継続を一律に強制すべく、「労働契約上の権利を有する地位」を確認し、又は仮に定める処分を行う[28]。

　また、使用者は、解雇が無効になったことにより、当該労働者が解雇によって就労できなかった期間の賃金について、かかる就労不能が使用者の責めに帰すべき事由に基づくため、その間労働契約関係が継続していたとし、当該労働者に対して賃金（バックペイ）を支払う必要がある（民法536条2項本文）。

　もっとも、労働者が労務提供の意思又は能力のいずれかを失っている場合等は、使用者の責めに帰すべき事由に基づく履行不能であるとはいえないことから[29]、バックペイが否定されうる[30]。

2　有期労働契約の更新拒否（雇止め）・期間途中の解雇

Case[31]

　看護師Ｘは、平成17年9月1日から平成30年3月31日まで、Ｙ病院において、非常勤看護師として勤務していた。

　Ｙ病院では、契約更新限度を5年とするいわゆる無期転換ルールの施行をにらんで、継続雇用となる更新につき就業規則を改正し、通算5年を更新上限とするとともに、5年を超えても更

28　菅野＝山川・労働法802頁

29　類型別・労働関係訴訟Ⅱ376頁

30　例えば、労働者が解雇後に同業他社に就職して労働審判でも金銭解決のみ求める等し、これにより使用者の下で就労する意思を確定的に放棄したと認められる場合等が考えられる。

31　山口地判令和2年2月19日労判1225号91頁をもとに著者作成

新するか否かの判断を勤務評価と面接により行うこととした。

　なお、X及びY病院は、平成23年4月1日、次の労働条件で労働契約を締結して、平成29年3月31日まで、1年ごとに更新し、本件労働契約の更新ごとに、同労働条件が記載された雇用契約書兼労働条件通知書を取り交わした。

> ・契約期間　1年間
> ・勤務場所　Y病院
> ・業務内容　看護業務及びそれに付随する業務
> ・勤務時間　1週間あたり38時間45分
> 　（始業・終業時刻及び休憩時間は非常勤職員就業規則の規定による。）
> ・更新の有無　更新する場合がある。
> ・更新の判断基準　契約期間満了時の業務量及び労働者の勤務状況により判断する。

　Y病院は、Xとの平成30年4月1日以降の契約更新に際し、平成29年8月頃、勤務評価と面接を行い、雇用を終了させる（総合評価B）ことを決定し、Xに対して通知した。

　これに対し、Xは、雇止めを不当として、雇用契約上の地位を有することの確認、看護士としての就労請求、並びに平成30年4月以降の賃金及び賞与の請求を求めてきた。

（1）有期労働契約の更新拒否（雇止め）

　ア　雇止めの意義・雇止め法理

　雇止めとは、有期労働契約を締結している労働者に対し、契約期間満了に際して契約を更新しない旨を通知し、契約期間満了によって労働契約を終了させることをいう。

　有期労働契約は期間の定めがあることから、民法上、契約期間が終了すれば契約は当然に終了し、この終了について格別の意思表示や理由は必要とされない[32]。

　しかし、日本では、長期雇用システムの下、解雇権濫用法理の適用を避けるため、雇用の調整弁として有期労働契約が幅広く使われてきた実態があったため、判例上、①期間の定めのない労働契約と実質的に同視できる場合や②契約の更新に合理的な期待がある場合など一定の状況下にある場合について、解雇権濫用法理を類推適用する雇止め法理を形成し保護を図ってきた。

　その後、2012年の労契法改正により、判例法理として確立された雇止め

---

[32] 雇用の期間が満了した後、労働者が引き続きその労働に従事する場合において、使用者がこれを知りながら異議を述べないときは、従前の雇用と同一の条件で更に雇用をしたものと推定される（民法619条1項前段）。

366　第3章　労働問題

法理が明文化された（労契19条）。具体的には、a①過去に反復して更新された ことがある有期労働契約であり、当該契約期間の満了時に有期労働契約を更新せずに終了させることが、期間の定めのない労働契約を締結している労働者に解雇の意思表示をして契約を終了させることと社会通念上同視できると認められる場合（期間の定めのない労働契約と実質的に同視できる場合：同条1号）、又は②有期契約労働者が契約期間の満了時に契約が更新されるものと期待することについて合理的な理由があるものであると認められる場合（契約の更新に合理的な期待がある場合：同条2号）に雇止め法理を適用し、かつ、bこれらの場合に、契約期間が満了する日までの間に労働者が有期労働契約の更新の申込みをした場合又は契約期間の満了後遅滞なく有期労働契約の締結の申込みをした場合であって、c使用者が当該申込みを拒絶することが、客観的に合理的な理由を欠き、社会通念上相当であると認められないときは、使用者は、従前の有期労働契約の内容である労働条件と同一の労働条件で当該申込みを承諾したものとみなすと規定されている（労契19条柱書）。

　イ　判断基準・ポイント

　以上のように、①期間の定めのない労働契約と実質的に同視できる場合（労契19条1号）や②契約の更新に合理的な期待がある場合（同条2号）に雇止めを行うには、「客観的に合理的な理由」と「社会通念上相当である」ことが必要となる。

　①の場合といえるかは、反復更新の有無・程度（何十回も更新している、10年を超える期間等）、契約の更新管理の杜撰さ（更新手続きを行っていない、契約期間を過ぎてから行う等）等により判断される。

　実務上問題となることが多いのは、②の更新の合理的な期待の有無であり、判断要素としては、従事する業務の内容（恒常的・基幹的な業務か、一時的・補助的な業務か等）、更新回数・通算期間、更新管理の厳密さ（更新後の契約書の取り交わし、面談等）、同一事業場における同種の有期雇用者の更新回数ないし通算期間、及び雇用継続の期待を持たせる言動の有無等が挙げられ、様々な事情から総合考慮の上で判断される。なお、有期労働契約の更新回数や期間の上限について、契約締結前から明示されていた場合には更新の

合理的な期待は認められにくい。

　ウ　雇止め法理の適用

　前述のa①②に該当すると判断された場合には、c雇止めに、「客観的に合理的な理由」があるか、「社会通念上相当である」といえるかが問題となる。

　例えば、能力不足を理由とする雇止めの事案では、解雇権濫用法理の判断と同様に、成績不良の程度や改善の見込み等が厳格に判断される。実務上、更新の合理的期待と雇止めの正当理由は、総合して判断されることもある[33]。

　実務上、実務上、紛争リスクを避けるために退職合意をとることも有効であり、詳細は後述3「退職勧奨」を参照されたい。

　エ　有期労働契約者の雇入れ、及び雇止めを行う際のポイント（事前の対策）

　有期労働契約の終了に際しては、使用者が、契約期間満了で当然に終了できる、又は5年未満であり無期転換ルールに抵触しないから問題ないと考え、安易に雇止めを行い紛争化するケースが多く見られる。

　そこで、雇止めを予定している場合には、雇止めの場面から、契約更新への期待を持たせないように、以下の点に留意することが望ましい。

雇止めに備えた事前対策
①　契約当初から更新上限の有無と内容を明示する
・契約当初から、更新上限（通算契約期間又は更新回数の上限）を設け、その有無と内容を明示しておく（後述のとおり、法改正により（2024年4月から）更新上限を設ける場合には、労働条件明示のルールとしてその有無と内容の明示が必要となった。）。
②　契約更新手続きを厳格に行う
・契約期間満了前に、当該更新条件に該当するか否かの評価を行い、その評価をフィードバックする面談を行い、その上で新たな雇用契約書の取り交わしを行う等、更新手続きを厳格に行う。
③　更新を期待させるような言動をしない
・労働者が契約更新を期待するような「長く働いてもらうつもり」「更新は形式的なもの」といった発言は控える。
④　無期労働契約者と有期労働契約者の従事する業務内容を明確に区分する
・従事する業務の内容を無期労働契約者と有期労働契約者との間で明確に区分し、可能な限り臨時的な仕事に従事してもらう。

---

[33] 札幌高判平29年9月14日労判1169号5頁

368　第3章　労働問題

⑤	契約更新をしない場合は、できる限り早く伝える
	・更新回数が上限に達した場合や、契約を更新しないことを決めた場合は、できるだけ早い時点で、契約更新を行わない旨を労働者に伝える。 ・労働契約書に不更新条項を記載する。
⑥	注意・指導、懲戒処分等の記録を残す
	・労働者の勤務成績・態度、能力等を理由に雇止めを行う場合は、それに対して会社が注意や指導を行っても改善されなかったことを示すため、注意・指導を記録化して、場合によっては懲戒処分を行う。

(2) 有期労働契約の期間途中の解雇

　有期労働契約の期間満了を待たず、期間途中で解雇する場合には、労契法上、「期間の定めのある労働契約について、やむを得ない事由がある場合でなければ、その契約期間が満了するまでの間において、労働者を解雇することができない」と規定され、「やむを得ない事由」が必要となる（民法628条、労契17条1項）。これは期間を定めて契約を結んだ以上、当事者双方が当該期間に拘束される結果、やむを得ない事由がなければ解雇をすることができないとされたものである。

　そのため、「やむを得ない事由」とは、期間の定めのない労働契約の解雇において必要とされる「客観的に合理的な理由」・「社会通念上相当である」と認められる事由（労契16条）よりも、より厳格に解すべきとされ、一般的には、期間満了を待つことなく直ちに雇用を終了せざるをえないような特別の重大な事由ということとなるとされる[34]。

(3) 有期労働契約の締結、更新及び雇止めに関する手続的規制

　有期労働契約に関する手続的規制については、労基法14条2項の規定に基づき「有期労働契約の締結、更新及び雇止めに関する基準」[35] が定められているほか、2024年の法改正により新たに労働条件明示ルールが設けられており、主に以下の点に留意する必要がある。

---

[34] 菅野＝山川・労働法831頁
[35] 平成15年厚労告357号（令和6年4月1日改正。「雇止め告示」という。）

ア　契約締結時の明示事項等（労契 15 条 1 項、労契則 5 条 1 項 1 の 2、雇止め告示 1 条）

① 使用者は、有期契約労働者に対して、契約の締結時にその契約の更新の有無を明示しなければならない。
② 使用者が、有期労働契約を更新する場合があると明示したときは、労働者に対して、契約を更新する場合又はしない場合の基準を明示しなければならない。
③ 使用者は、有期労働契約の締結後に①又は②について変更する場合には、労働者に対して、速やかにその内容を明示しなければならない。

イ　雇止めの予告（労契 14 条 2 項、雇止め告示 2 条）

使用者は、以下の一定の有期労働契約を更新しない場合には、少なくとも契約の期間が満了する日の 30 日前までに、その予告をしなければならない[36]。

① 3 回以上更新されている場合
② 1 年以下の契約期間の有期労働契約が更新又は反復更新され、最初に有期労働契約を締結してから通算 1 年を超える場合
③ 1 年を超える契約期間の労働契約を締結している場合

ウ　雇止めの理由の明示（労契 14 条 2 項、雇止め告示 3 条）

使用者は、雇止めの予告後に労働者が雇止めの理由について証明書を請求した場合は、遅滞なくこれを交付しなければならない。また、雇止めの後に労働者から請求された場合も同様である。

エ　契約期間についての配慮（労契 14 条 2 項、雇止め告示 4 条）

使用者は、契約を 1 回以上更新し、かつ、1 年を超えて継続して雇用している有期契約労働者との契約を更新しようとする場合は、契約の実態及びその労働者の希望に応じて、契約期間をできる限り長くするよう努めなければならない。

オ　更新上限の明示（労基則 5 条の改正）

有期労働契約の締結と契約更新のタイミングごとに、更新上限（有期労働

---

[36] 30 日前の雇止めの予告ができなかった場合、雇止め告示には私法的な効力はないため、契約不更新ができなくなるわけではないが、行政指導の対象になり得る。

契約の通算契約期間又は更新回数の上限）の有無と内容の明示することが義務化された。

なお、更新上限を新設・短縮する場合の説明（雇止め告示の改正）について、以下の場合は、更新上限を新たに設ける、又は短縮する理由を有期契約労働者にあらかじめ（更新上限の新設・短縮をする前のタイミングで）説明しなければならない。

① 最初の契約締結より後に更新上限を新たに設ける場合

② 最初の契約締結の際に設けていた更新上限を短縮する場合

カ 無期転換申込機会の（労基則5条の改正）

無期転換権が発生する更新のタイミングごとに、無期転換を申し込むことができる旨（無期転換申込機会）の明示することが義務化された。

キ 無期転換後の労働条件の明示（労基則5条の改正）

無期転換申込権が発生する更新のタイミングごとに、無期転換後の労働条件の明示することが義務化された。

なお、均衡を考慮した事項の説明（雇止め告示の改正）について、「無期転換申込権」が発生する更新のタイミングごとに、無期転換後の賃金等の労働条件を決定するに当たって、他の通常の労働者（正社員等のいわゆる正規型の労働者及び無期雇用フルタイム労働者）とのバランスを考慮した事項（例えば、業務の内容、責任の程度、異動の有無・範囲など）について、有期契約労働者に説明するように努めなければならない、とされている。

（4）有期労働契約の無期労働契約への転換（無期転換ルール）

ア 無期転換ルールの意義・注意点

無期転換ルールとは、当該有期労働者の2以上の有期雇用契約が通算して5年を超える場合、当該有期雇用契約者の期間の定めのない（無期）労働契約の申込みにより、使用者は同申込みを承諾したものとみなされることにより、有期雇用契約を無期雇用契約に転換するというルールである（労契18条1項前段）。本条の趣旨は、有期労働契約を反復更新して労働者を長期間継続雇用するという有期労働契約の濫用的利用を防ぎ、有期労働者の雇用の安定を図ることにある。

この点、通算で5年以下の場合には必ず雇止めができるとの誤解がなされることがあるが、前述（1）の雇止め法理の適用を受けることに留意すべきである。

そのため、単に無期転換ルールが適用されるか否かの観点だけではなく、期間の定めのない労働契約と実質的に同視できる場合や契約の更新に合理的な期待がある場合にあたらないか、あたる場合でも雇止めに、客観的に合理的な理由があり、社会通念上相当であると認められるかについても検討を行う必要がある。

イ　無期転換ルールの効果

無期転換後の労働条件については、就業規則や個々の労働契約等で別段の定めがない限りは、現に締結している有期労働契約の内容である労働条件と（契約期間の点を除いて）同一のものとなる（労契18条1項第2文）。期間の定め以外の労働条件については必ずしも変更を要するものではなく、無期転換後であってもいわゆる正社員と同じ待遇にしなければならないわけではない。

ウ　クーリング期間

もっとも、一の有期労働契約の期間と次の有期労働契約の期間の間に労働契約が存在しない期間（クーリング期間）が6か月以上続いたときには、契約期間が通算されない[37]。

3　退職勧奨

(1) 退職勧奨の意義

実務上、使用者が、労働者に対し、辞職又は合意解約の申込み若しくは承諾を促すことがあり、このような行為を退職勧奨という。退職勧奨は、「人事権に基づき、雇傭関係ある者に対し、自発的な退職意思の形成を慫慂するためになす説得等の行為であって……単なる事実行為である」とするのが裁

37　クーリング期間前の通算契約期間が1年未満の場合には、その2分の1の期間がクーリング期間となる（ただし、1か月に満たない端数が生じたときはそれを1月として計算する）。

判所の見解であり[38]、労働者の退職の意思表示を促す事実行為に留まっている限り、解雇権濫用法理の適用はない。

前述1のとおり、解雇等の有効性が裁判等で争われた場合、裁判所は厳格な判断を下す傾向があり、敗訴した場合には使用者は未払賃金（バックペイ）の支払が生じうるほか、場合によっては慰謝料の支払いも伴うなど、法的リスクが非常に大きい。そこで、解雇等を行うには法的リスクがある場合に、円満かつ確実な問題解決を図るため、退職勧奨による辞職又は合意退職を図る方法は有力な選択肢となりうる。

(2) 退職勧奨の限界

もっとも、退職勧奨は、労働者の自由な意思を尊重する態様で行われる必要があり、使用者が労働者に対し執拗に辞職を求めるなど、労働者の自由な意思を侵害するような手段・態様で行われた場合には、労働者の人格権を侵害する不法行為（民法709条）となり、労働者は使用者に対して、不法行為に基づき損害賠償を請求することができる。また、労働者が違法な退職勧奨によって退職に合意した場合には、当該労働者による合意は強迫による取消が認められ得るほか（民法96条1項）、退職に応じなければ解雇されるものと誤信し、これを回避するために退職に合意した場合には、当該合意は錯誤による取消が認められ得る（民法95条1乃至2項）。

使用者による退職勧奨が適法か違法かの判断基準については、裁判例上、労働者が自発的な退職意思を形成するために社会通念上相当と認められる程度を超えて、当該労働者に対して不当な心理的威迫を加えたりその名誉感情を不当に害する言辞を用いたりする退職勧奨は不法行為となるという一般的判断基準が立てられている[39]。特に、労働者が退職勧奨に応じない姿勢を明確に示したことが一つのメルクマールになる。

---

[38] 最判昭和55年7月10日労判345号20頁（下関商業高校事件）
[39] 菅野＝山川・労働法711頁、東京地判平成23年12月28日労経速2133号3頁等（日本アイ・ビーエム事件）

（3）退職勧奨の進め方

　退職勧奨（による辞職又は合意退職）は無用な紛争リスクを回避する方法として有用であるが、前述（2）のとおり、退職勧奨が不法行為となり、違法な退職勧奨による退職合意が無効となるおそれがあることから、労働者の自由な意思を尊重する態様で行われる必要があり、かつ、後日の紛争に備えて、自由意思が確保されていたことが客観的に確認できるような記録を残しておくことが重要である。

　具体的には、まず、労働者に退職勧奨を行う際には、説得的な説明を行うため、事前に退職勧奨の理由（労働者の労働能力の欠如、職務規律違反、経営上の都合等）を整理した手控えを作成するなどの準備を行うべきである。

　その上で、面談の場では、当該手控えに沿って会話を進めて退職勧奨の理由を具体的に説明した上で、無理に回答を求めることは避け、再度の面談期日を設けた上で、当該面談期日までに回答するように検討を促すことが望ましい。

　また、後日の紛争に備えて、労働者の自由意思が確保されていたことが客観的に確認できるような記録を残しておくことも重要である。

退職勧奨を行う場合の注意点	
時間	・就業時間内とし、長時間の拘束は行わない（1回30分〜1時間）。
場所	・個別に会議室等を用意し、落ち着いて会話できる環境とする。
回数	・回数の決まりはない。 ・十分な説明が必要である一方、労働者が退職勧奨に応じない姿勢を明確に示した場合には、一旦終了すべきである。
参加者（人数）	・使用者側は2名程度とし、退職勧奨のブラックボックス化を避けるとともに、余計なプレッシャーを与えない。
事前準備	・事前に退職勧奨の理由（労働者の労働能力の欠如、職務規律違反、経営上の都合等）を整理した手控えを作成する。
進め方	・事前準備で用意した手控えに沿って会話を進め、退職勧奨の理由を具体的に説明する（事前に具体的に説明できるよう十分な準備を行う）。 ・労働者からの質問には、原則として可能な範囲で誠実に回答すべきだが、想定されない質問・要望等を受けた場合には、その場で回答しない。 ・無理に面談の場で回答を求めることは避け、再度の面談期日を設けた上で、当該面談期日までに回答するように検討を促す。 ・労働者が退職勧奨に応じない姿勢を明確に示した場合には、退職勧奨を中断又は中止する。

374　第3章　労働問題

記録	・労働者にプレッシャーを与えるため録音は必須ではないが、後に紛争化する可能性に備えて、会話の内容を必ずメモ・議事録等に残す。
退職に対する条件	・解決金、（上乗せ）退職金、退職日の融通（転職活動期間の在籍を認める等）、年次有給休暇の買取り、再就職支援会社の利用等、退職時及び退職後の労働者の立場にも立った条件提示を行うことも検討する。
退職届/退職合意書	・事前に退職届・退職合意書を準備しておき、退職が合意された場合には書面化する。 ・紛争化リスクが高い場合には、退職合意書を活用する（事案に応じて口外禁止条項、誹謗中傷禁止条項、清算条項などを規定する。）。
その他	・録音されている可能性を想定し、不用意な発言はしない。

（4）退職勧奨の解決金等

　労働者は、退職後の生活への不安やキャリアの問題から退職を躊躇することが多いため、一定の解決金や退職金の上乗せを提案することも有効である。使用者側としても、解決金の支払いを提案することにより、退職するか否かの問題ではなく、退職を前提とした金銭の多寡の問題に転換することができるほか、解決金や退職金の優遇は任意性を裏付ける有力な徴憑ともなりうる。

　解決金の目安について、一概には言えないが、解雇が認められる可能性が高ければ解決金の水準は安くなり（給与1か月〜3か月程度）、解雇の可能性が低い場合には解決金の水準が高くなりやすい（給与6か月を超える場合もある。場合によっては1年以上の水準でないと和解に応じないと言われる場合もある。）。

第1 基礎知識　375

第4章　個別指導・監査対応

第1　基礎知識

> **Case**
>
> 　病院や診療所を開設・運営するためには医師免許、医療機関の開設許可、保険医登録等の許認可が関係しているが、何かしらの法律違反や不正を行ってしまった場合、具体的にどのような場合にどのような処分が行われる可能性があるのか。

1　行政処分の種類

(1)　行政処分の全体像

　医師は医師法に基づき医師免許を受けて、医療機関は医療法に基づき医療機関の開設許可を受けて診療業務を実施することになる。また、医師や医療機関のほとんどは保険医療制度に基づき診療業務を実施することになるため、保険医療機関の指定を受けることになる。

　他方で、このような法律上の免許や許可などを受けて診療業務を行うことになる以上、監督官庁などから法律に従って指導や監督に服することとなり、行政処分を受ける地位に立つことになる。本章で扱う個別指導や監査もこのような法律等の根拠に基づくものである。

　まずは具体的な個別指導や監査への対応の前提として、医師や医療機関に対して行われる行政処分の全体像について整理すると以下（次頁）の表のとおりである。

376　第4章　個別指導・監査対応

対象	行政処分	所管庁	根拠条文	内容
医師 （歯科医師）	医師免許取消処分	厚生労働省	医師法（歯科医師法）7条	医師免許の取消し
	医業停止処分	厚生労働省	医師法（歯科医師法）7条	医業停止期間中の医行為を禁止
	戒告	厚生労働省	医師法（歯科医師法）7条	厳重注意
医療機関	医療機関開設許可取消	都道府県	医療29条	医療機関の開設許可を取り消す
	医療機関閉鎖命令	都道府県	医療29条	閉鎖期間中の診療行為を禁止
医療法人	医療法人設立認可取消	都道府県	医療65条及び66条	医療法人の設立認可を取消し、医療法人は解散となる
保険医	保険医の登録取消	地方厚生局	健康保険81条	保険医登録の取消し
保険医療機関	保険医療機関の指定取消	地方厚生局	健康保険80条	保険医療機関の指定の取消し

（2）医師（歯科医師）に対する行政処分

　ア　内容

　医師（歯科医師）に対する処分は、①免許取消処分、②医業停止処分、③戒告からなり、いずれも医師法（歯科医師法）7条1項に基づいてなされる。①免許取消処分は3種類の行政処分の中では最も重いものであり、文字通り医師免許を取り消す処分である。なお、一定の要件を満たすことで再免許の申請を行うことが認められているが、欠格期間（待機期間）が存在する、再教育研修を受ける必要がある場合がある等を考慮すると非常に重大な処分であることに変わりはない。

②医業停止処分は免許取消処分までは至らないが、一定期間医業を行うことを禁止する処分であり、処分理由に応じて3年以内の期間が定められる。

③戒告は、医師としての診療行為が制限されることはないが、いわゆる厳重注意に該当する処分である。

　イ　処分事由

　医師法（歯科医師法）7条1項は処分事由として同4条を引用しており、その内容を整理すると次のような場合に行政処分の対象となる。

| ・心身の障害により医師の業務を適正に遂行できない者 |
| ・麻薬・大麻又はあへんの中毒者 |
| ・罰金以上の刑に処せられた者 |
| ・医事に関し犯罪又は不正行為のあった者 |
| ・医師としての品位を損するような行為のあった者 |

(3) 医療機関に対する行政処分

ア　内容

　病院などの医療機関において診療業務を行う場合には医療機関の開設許可を受ける必要があるところ、医療法29条1項において①開設許可の取消処分、②閉鎖命令を定めている。

　①開設許可の取消処分がなされた場合、医療機関における診療業務の継続はできなくなる。なお、医師等の個人による診療所の場合、診療所を開設する場合には開設後10日以内に開設届を提出すればよく、開設許可は不要のため前述の開設許可取消の対象とはならない。

　②閉鎖命令は一定の期間を定めて、医療機関における診療業務の中止を命じるもので、その期間内は医療機関での診療業務は行えなくなる。

イ　処分事由

　医療法29条1項は処分事由として次の事由を定めている。

| ・開設の許可を受けた後、正当な理由がなく、六月以上その業務を開始しないとき。 |
| ・病院、診療所又は助産所が、休止した後、正当な理由がなく、一年以上業務を再開しないとき。 |
| ・開設者が第6条の3第6項（報告義務）、第24条第1項（修繕・改築）、第24条の2第2項（業務改善）又は前条（管理者変更）の規定に基づく命令又は処分に違反したとき。 |
| ・開設者に犯罪又は医事に関する不正の行為があつたとき。 |

(4) 医療法人に対する行政処分

ア　内容

　医療法人に対する行政処分としては、医療法65条及び66条による医療法人の設立認可取消が挙げられる。医療法人は設立認可により法人として成立することが認められているところ、認可の取消しにより医療法人は解散となり法人格が消滅することになる。

378　第4章　個別指導・監査対応

　イ　処分事由

　医療法人の設立認可取消は医療法65条及び66条によってなされるところ、医療法65条は医療法人が設立から1年以内に医療機関を開設しない場合や医療機関の全てを休止又は廃止してから1年以内に再開を行わないこと、医療法66条は医療法人が法令の規定に違反し、又は法令の規定に基づく命令に違反したことを理由とする取消処分を定めている。なお、医療法66条の取消処分に際しては事前に医療審議会の意見聴取を行うことを定めている。

(5) 保険医及び保険医療機関に対する行政処分

　ア　内容

　保険診療を行う場合には保険医として登録、保険医療機関として指定を受ける必要があるところ、健康保険法80条において医療機関の指定取消、健康保険法81条において保険医の登録取消を定めている。

　取消処分を受けた場合には保険診療を行うことができなくなるため、医師や医療機関としては非常に重大な処分である（なお、自由診療については行うことは可能である）。

　指定取消を受けた場合、原則として5年間は再指定を受けることはできないと定められている（健康保険65条）。

　イ　処分事由

　健康保険法80条、81条において保険医療機関の指定、保険医登録の取消事由が定められており、医師や管理者が国民の保健医療に関する法律等により罰金の刑に処せられた場合、禁錮以上の刑に処せられた場合等が挙げられている。

　なお、保険医療機関の指定取消処分については、一般的に個別指導、監査を経て行われるところ、この点については後述する。

2　指導の概要

(1) 指導・監査の全体像

　指導・監査とは保険診療の質的向上及び適正化のために行われる行政指導

の一つであり、医療保険に関する国民健康保険法、健康保険法など根拠法として行われる。

まずは指導が行われ、その中でも監査が必要と判断されたものについて監査に移行する。指導・監査の全体像は次の図のとおりである[1]。

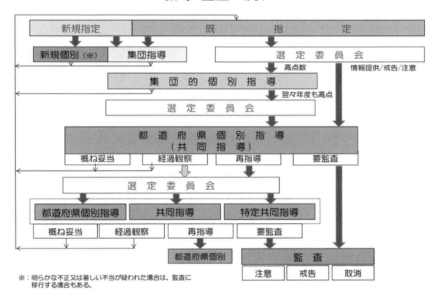

(2) 指導の種類

指導は大きく、①集団指導、②集団的個別指導、③個別指導に分けることができる。各指導の概要は次のとおりである。

　ア　集団指導

集団指導は、保険医療機関の新規指定時や指定更新時、診療報酬の改定時に実施されるものである。保険診療の取扱い、診療報酬請求事務、診療報酬の改定内容や過去の指導事例等について講習・講演形式で指導が行われる。

後述の集団的個別指導などと異なり欠席によるペナルティはないとされて

---

[1] 引用：厚生労働省「指導・監査の流れ（https://www.mhlw.go.jp/seisakunitsuite/bunya/kenkou_iryou/iryouhoken/dl/shidou_kansa_08.pdf）」

いるが、可能な限り参加することが望ましい。

イ　集団的個別指導

集団的個別指導は、対象とされた保険医療機関等を一定の場所に集めて実施されるもので、講習会形式の集団部分、個々の保険医療機関等を対象とする面談形式の個別部分からなる。

対象とされる保険医療機関等は次のとおりである[2]。

・レセプト1件当たりの平均点数が都道府県の平均点数の1.2倍、病院については平均点数の1.1倍を超えること
・前年度及び前々年度に集団的個別指導又は個別指導を受けた保険医療機関を除き、類型区分ごとの保険医療機関の総数の上位より概ね8%

平均点数については厚生局のホームページ等で確認することが可能である[3]。

前述の集団指導と異なり、正当な理由なく参加を拒否すると後述の個別指導へと移行することになるため、必ず出席する必要がある。

ウ　個別指導

（ア）個別指導の種類

個別指導に進んだ場合、診療報酬の自主返還を求められる場合や最悪の場合は保険医療機関等の指定取消の処分に発展するケースもあるため対応については注意が必要である。個別指導については、①都道府県個別指導、②新規個別指導に分けることができる。

①都道府県個別指導

地方厚生局及び都道府県が共同で実施するもので、一般的な個別指導とはこの都道府県個別指導を指す。なお、都道府県個別指導の結果、診療内容又は診療報酬の請求について改善が認められない場合などには地方厚生局及び厚生労働省による共同指導が実施されることになる。

都道府県個別指導は次のような保険医療機関を対象に実施される。

---

[2] 厚生労働省「集団的個別指導及び個別指導の選定の概要について（https://www.mhlw.go.jp/seisakunitsuite/bunya/kenkou_iryou/iryouhoken/dl/shidou_kansa_14.pdf）」
[3] 関東信越厚生局「管内各都県の保険医療機関等の診療科別平均点数について（https://kouseikyoku.mhlw.go.jp/kantoshinetsu/gyomu/gyomu/hoken_kikan/index.html#shinryoukabetuheikintensuu）」

第 1　基礎知識　　381

・保険者、被保険者等からの情報提供により実施される場合
・集団的個別指導を受けたにもかかわらず、翌年度も平均点数が高得点（上位 4%）に該当する
　場合
・集団的個別指導を正当な理由なく拒否した場合
・前回の個別指導の結果が「再指導」とされた場合または「経過観察」であるもののうち、改善
　が認められなかった場合

②新規個別指導

　新規個別指導は保険医療機関の新規指定から概ね 6 か月経過した保険医療
機関等に対して実施される個別指導である。

　後述のように、①都道府県個別指導より提出するレセプトの件数などは少
なく、指導実施時間も短時間とされているが場合によっては監査に移行し、
保険医療機関の指定取消に発展する可能性も否定できない。

　（イ）個別指導の流れ

　指導日の 1 か月ほど前に個別指導の実施通知がなされ、指導当日には病院
は病院内で、診療所は厚生局の会議室等で実施されることになる。

　個別指導に先立ち、指導日の 1 週間前に 20 名分の患者名が、前日の正午
までに 10 名分の対象患者名が指定され、指導日当日は指導日から概ね 6 か
月前までの診療報酬明細書のうち連続した 2 か月分の診療報酬明細書を特定
して、関係書類等を閲覧しながら、面接懇談方式により行われる。

　なお、新規個別指導では内容が若干緩和されており、整理すると次のとお
りである。

種類		内容等
指定	通常	指導日の 1 週間前に 20 名分、前日に 10 名分を通知
	新規	指導日の 1 週間前に病院は 20 名分、診療所は 10 名分を通知
指導時間	通常	診療所は 2 時間、病院は 3 時間
	新規	診療所は 1 時間、病院は 2 時間
自主返還	通常	指導月以前 1 年分
	新規	対象レセプト分のみ
拒否した場合	通常	監査を実施
	新規	個別指導を実施

382　第4章　個別指導・監査対応

　個別指導は、指導対象がクリニックの場合は厚生局の会議室等、病院の場合は病院内で実施される。その際、厚生局と都道府県の職員が5人前後と医師会から派遣される立会医師が参加することになる。

　また、後述のとおり、弁護士の帯同も認められており、適切な指導を促す趣旨でも弁護士を帯同させることを検討することも考えられる。

（ウ）個別指導の結果

　個別指導から1か月程度で厚生局より指導結果が通知されるが、指導結果は次の「概ね妥当」、「経過観察」、「再指導」、「要監査」の4つの区分に分かれる。

区分	内容等
概ね妥当	問題なしと判断された場合。特に追加の措置は講じられない。
経過観察	適正を欠く部分が認められるものの、その程度が軽微で、かつ、改善が期待できる場合。 経過観察の結果、改善が認められない場合には再指導を実施する。
再指導	適正を欠く部分が認められ、再指導を行わなければ改善状況が判断できない場合。 必要に応じて患者調査が実施され、不正・不当が判明した場合には要監査に移行する。
要監査	監査要綱に定める監査要件に該当すると判断された場合。 速やかに監査に移行する。

　なお、いずれの措置とするかについては、診療の内容及び診療報酬の請求に対する理解の程度、請求根拠となる記録の状況、請求状況等を確認し、次の4つの観点を中心に総合的に判断するとされている[4]。

①診療が医学的に妥当適切に行われているか。

②保険診療が健康保険法や療養担当規則をはじめとする保険診療の基本的ルールに則り、適切に行われているか。

③「診療報酬の算定方法」等を遵守し、診療報酬の請求の根拠がその都度、診療録等に記録されているか。

④保険診療及び診療報酬の請求について理解が得られているか。

4　厚生労働省保険局医療課医療指導監査室「医療指導監査業務等実施要領（指導編）」（令和5年4月）72頁

第1 基礎知識　383

（3）立入検査（医療監視）や適時調査

　指導と混同しやすいものとして、保健所等が実施する立入検査（医療監視）、厚生局が実施する適時調査が挙げられる。

　これらは指導・監査と似ているが、診療報酬の返還を要求されることはなく、また保険医療機関の指定を取り消されることはない。

　立入検査（医療監視）は、医療法25条に基づき実施されるものであり、主に医療法に基づいた安全管理体制や感染対策、個人情報保護法の遵守、放射線機器の取り扱いといった、医療機関の設備・管理の維持を目的に点検が行われる。

　適時調査は、診療報酬支払に関わる種々の施設基準の届出に関して、充足状況をチェックする調査となっている。入院基本料などの基本診療料から特掲診療料まで、すべての施設基準において届出要項と異なるところがないかについて確認が行われる。ただ、適時調査の結果、個別指導や監査に発展するケースも否定できないため、慎重な対応が必要となる。

3　監査の概要

　監査とは、前述の個別指導の結果などにより、保険診療の内容又は診療報酬の請求について、架空・付増請求等の不正等が疑われて「要監査」とされた場合に、保険医療機関等の指定の取消などの行政処分の要否を検討するべく実施されるものである。

（1）監査の対象

　監査対象となるのは次のような場合とされている。

1.　診療内容に不正または著しい不当があったことを疑うに足りる理由があるとき 　・診療内容の不正とは、実際の診断名に基づく治療とは異なる不実の診療行為をなすことをいい、これには診療録に必要な記載をしないことも含まれる。 　・診療内容の著しい不当とは、実質的に妥当を欠く診療行為をなすことをいい、具体的には濃厚診療、過剰診療、過少診療、また、診療録の記載が乱雑や不明確であることも含まれる。 2.　診療報酬の請求に不正または著しい不当があったことを疑うに足りる理由があるとき

384　第4章　個別指導・監査対応

> ・診療報酬の請求の不正とは、診療の事実がないにもかかわらず不実の診療報酬の請求をすることをいう。
> ・診療報酬の請求の著しい不当とは、診療報酬請求手続において実質的に妥当を欠く行為をなすことをいい、例えば、請求明細書の様式が所定の様式でないことが挙げられる。
> 3. 度重なる個別指導によっても診療内容または診療報酬の請求に改善が見られないとき
> 4. 正当な理由がなく個別指導を拒否したとき

　以上のとおり、個別指導を正当な理由なく拒否した場合も監査の対象となるため、まずは監査にならないように個別指導の段階でしっかりと説明を尽くすことが重要といえる。

(2) 監査の流れ

　監査は、次のとおり監査前の書面調査・患者等への実地調査、監査実施の通知、監査という流れで手続が進行する。

　ア　監査前の書面調査・患者等への実地調査

　監査を実施する前にまずはレセプトによる書面調査を実施し、必要に応じて患者等に対して実地調査を実施する。

　実地調査は患者等に対して直接実施されるところ、監査対象の医療機関側の立ち合いなく実施されるため、医療機関側には実地調査の内容を知ることができない。なお、実地調査に関しては調査書が作成されるのが一般的だが、あとに続く聴聞手続において開示請求が可能なため、聴聞手続の段階ではその内容を確認することが可能である。

　イ　監査実施の通知

　書面調査・患者等への実地調査を経て、監査の実施が決定され、医療機関に対して監査実施の通知がなされることになる。

　監査実施の通知には監査の日時及び場所、出席者のほかに準備すべき書類などが記載されているため、この内容を踏まえて監査に向けて準備が必要となる。

　なお、監査期日に出頭しない場合、保険医指定の取消処分となる可能性があるため出頭にはしっかりと応じることが重要である。

　ウ　監査

　監査期日には監査担当者として地方厚生局、都道府県の職員及び医師会な

第1 基礎知識　385

どから学識経験者が参加する。

　監査では実地調査を実施した患者に対する診療について、レセプトの請求内容とカルテを突き合わせて、聴取による事実確認が行われる。不正・不当請求と判断された点について医療機関側に弁明の機会が与えられるため、医療機関側はしっかりと内容を確認して誤りがあれば指摘することが重要である。

　なお、監査には弁護士の帯同や録音などが認められている。弁護士の帯同や録音を行うことで、監査担当者としても不適切な監査や要求を行うことはできなくなるため、適切な監査の実施を促す趣旨でも、このような弁護士の帯同や録音などの措置を講じることは非常に大切である。

　しかし、後述のとおり、個別指導とは異なり監査の場合には診療録、関係書類の謄写等が法律で認められている点には留意が必要である（健康保険78条）。

386 第4章 個別指導・監査対応

第2 個別指導対策

Case
　個別指導の通知を受け取ったが、個別指導はどのような根拠によって行われるもので、今回の個別指導についてどのように対応すればよいか。また、個別指導ではどのような点が問題とされ、医療機関としてはどのような対応を行えばよいのか。

1 保険診療と療養担当規則

　個別指導は、診療が医学的に適切に実施されているか、保険診療が健康保険法や療養担当規則などの保険診療のルールに基づき適切に実施されているか等の観点から行われることになる。

　そのため、個別指導に際しては、医師法、医療法のルールのみならず、健康保険法や療養担当規則における保険診療のルールを理解しておくことが重要である。なお、医師法や医療法によるルールの詳細については、第2章・第1・2で解説している。

2 個別指導の流れと対応策

（1）実施通知

　前述のように、個別指導の1か月前に実施通知がなされることになるところ、指導日当日までに事前の準備・対策を行うことが重要である。

　まず、そもそもなぜ個別指導の対象とされたのかという原因について検討を行うことが対策においては重要である。個別指導の対象とされるのは、①前述のようにレセプト1件あたりの点数が高い場合、②元従業員や患者などの第三者からの情報提供がなされた場合が挙げられる。

　①の場合、まずは集団的個別指導の対象とされるため集団的個別指導を受けている場合には①である可能性が高いといえる。

②の場合、第三者から何かしらの保険診療のルールへの違反の事実が指摘されたことが前提となっているため、どのような指摘がなされたのか情報提供元の第三者を推測した上で検討することが重要となる。

　その他にも、指導日の1週間前に指定される20名の患者の情報から個別指導の対象とされるレセプトの範囲、目的や指摘事項を推測することも有益である。具体的には、個別指導では指導日から概ね6か月前までのレセプトのうち連続する2か月分のレセプトが指導対象とされるところ、前述の20名の患者全員が来院している連続した2か月を特定し、その2か月の20名の診療録及びレセプトを確認することで指導目的、指摘事項を推測することがある程度可能であるケースも多く、ここから個別指導において想定される指摘事項とそれに対する回答を準備することが可能である。

(2) 指導日当日

　前述のように、個別指導は指導対象がクリニックの場合は厚生局の会議室等、病院の場合は病院内において、連続した2か月分の診療報酬明細書に基づき、持参した診療録等を含む関係書類を閲覧しながら、面談懇談方式により実施される。

　当日は事前に指示されたものを忘れた場合、指導が中断されて個別指導が2回、3回と続く可能性も否定できないため、個別指導の当日には事前に指示されたものを漏れなく持参又は準備することが大切である。

　また、指導内容の確認の目的であれば録音は認められているため、そのように申し出た上で録音を行うことが考えられる。

(3) 診療録の謄写

　個別指導の際に指導担当から診療録等を謄写（コピー）させて欲しいとの申し出を受けるケースもあるが、そもそも厚生局等に診療録を謄写する権限はなく、応じる法的義務はない。謄写を認めることで後日、本来は指摘を受ける必要がなかった事項についてまで指摘を受ける可能性も否定できず、拒否したことを理由に不利益な処分を行う権限もないため、このような申し出があった場合には拒否するべきである。

（4）弁護士による帯同

　新規個別指導、通常の個別指導のいずれについても弁護士を帯同すること が認められるため、必要に応じて弁護士に帯同を依頼することも有益である。

　前述のように個別指導に先立ち、個別指導の対象とされた理由やこれを前 提とした指摘事項・回答方針の検討について協力を得ることができ、指導日 当日も弁護士の帯同により厚生局側の高圧的・公権的な言動や進行を抑制・ 牽制することができる。また、弁護士が直接回答することは認められていな いものの、必要に応じて助言や補足、誘導尋問の防止や適宜休憩をはさむこ とを提案する等の対応を期待することができる。

3　個別指導対策として注意するべきポイント

　個別指導におけるポイントについては、厚生労働省が公表する「保険診療 の理解のため【医科】[1]」の記載が参考となる。また、実際の過去の個別指導 において指摘がなされた事項について各厚生局が公表を行っており[2]、個別 指導の対策として有用である。以下では、これらの資料を踏まえて個別指導 対策として注意するべきポイントについて解説する。

（1）診療録
ア　記載方法

　医師は、患者の診療を行った場合には遅滞なく必要な事項を診療録に記載 しなければならないとされている（医師24条、療養担当規則22条）。

　そのため、診療録については診療の都度、診療の経過を記載する必要があ り、後日、記憶を頼りにまとめて診療録を記載することは避けるべきである。 例えば、外来患者であれば受診の都度、入院患者であれば原則として毎日、

---

[1] 厚生労働省保険局医療課医療指導監査室「保険診療の理解のために【医科】（令和6年度）（https://www.mhlw.go.jp/content/001113678.pdf）」

[2] 関東信越厚生局「平成30年度に実施した個別指導において保険医療機関（医科）に改善を求め た 主 な 指 摘 事 項（https://kouseikyoku.mhlw.go.jp/kantoshinetsu/gyomu/gyomu/hoken_kikan/30ika.pdf）

第2 個別指導対策 389

診療録の記載を行う必要がある。また、慢性期入院患者、集中治療室入室中の患者、慢性疾患で長期通院中の患者等についても診療録の記載が必要となる。

診療録の記載がない場合や不十分な場合には診療行為はなかったものとして扱われ、実際に診療が行われていたとしても医師法20条で禁止されている「無診察診療」と誤解されるおそれや、診療報酬の不正請求とみなされる可能性があるため十分注意が必要である。

厚生局が個別指導の際に、診療録の記載に関して指摘している事項としては次のようなケースを挙げることができる。

・医師による日々の診療内容の記載が全くない、全くない日が散見される、又は極めて乏しい。
・医師の診察に関する記載がなく、「薬のみ（medication）」、「do」等の記載で投薬等の治療が行われている。

その他の診療録の記載上の留意事項として次のようなポイントが挙げられるので、診療録の作成に際しては十分に留意されたい。

・診療録に記載すべき事項が、算定要件として定められている診療報酬点数の項目があることに留意する。
・修正等の履歴が確認できるよう、記載はペン等で行うとともに、修正は修正液・貼り紙等を用いず二重線で行う。
・記入日が明確となるように日付は年月日で正確に記載する。
・無意味に行間を空けたり、行の末尾などに文字を詰め込むような記載を行わないようにする。
・責任の所在を明確にするため、記載の都度必ず署名を行う。

イ　様式

療養担当規則の22条は「保険医は、患者の診療を行つた場合には、遅滞なく、様式第一号又はこれに準ずる様式の診療録に、当該診療に関し必要な事項を記載しなければならない。」と定めており、定められた様式の診療録を作成する必要がある。様式第一号については添付のとおりである。

基本的にはこの様式を使用すれば良いが厚生局が個別指導時に「診療録の様式」について指摘する主な事項として、①傷病名の欄がない、②終了日・転帰を記載する欄がない、③労務不能に関する意見欄がない、④診療の点数等の欄がない等の事項を挙げることができる。

様式第一号（一）の1（第二十二条関係）

診　療　録

公費負担者番号		保険者番号	
公費負担医療の受給者番号		被保険者証・被保険者手帳 記号・番号	・　　　（枝番）
		有効期限	令和　　年　　月　　日
		被保険者氏名	

受診者	氏　名		資格取得	昭和 平成 令和　年　月　日
	生年月日	明大昭平令　年　月　日生　男・女		
			事業所（船舶所有者）	所在地　電話　　局　　番
	住　所	電話　　局　　番		名　称
	職　業	被保険者との続柄	保険者	所在地　電話　　局　　番
				名　称

傷　病　名	職務	開　始	終　了	転　帰	期間満了予定日
	上・外	年 月 日	年 月 日	治ゆ・死亡・中止	年 月 日
	上・外	年 月 日	年 月 日	治ゆ・死亡・中止	年 月 日
	上・外	年 月 日	年 月 日	治ゆ・死亡・中止	年 月 日
	上・外	年 月 日	年 月 日	治ゆ・死亡・中止	年 月 日
	上・外	年 月 日	年 月 日	治ゆ・死亡・中止	年 月 日
	上・外	年 月 日	年 月 日	治ゆ・死亡・中止	年 月 日
	上・外	年 月 日	年 月 日	治ゆ・死亡・中止	年 月 日

傷病名	労務不能に関する意見		入　院　期　間
	意見書に記入した労務不能期間	意見書交付	
	自 月 日 至 月 日 日間	年 月 日	自 月 日 至 月 日 日間
	自 月 日 至 月 日 日間	年 月 日	自 月 日 至 月 日 日間
	自 月 日 至 月 日 日間	年 月 日	自 月 日 至 月 日 日間

業務災害、複数業務要因災害又は通勤災害の疑いがある場合は、その旨	

備考	公費負担者番号	
	公費負担医療の受給者番号	

ウ　傷病名の記載

（ア）傷病名の記載の基本的な考え方

傷病の存在は保険請求の前提となるところ、その記載については細かい定

めが設けられている。前述の厚生労働省の「保険診療の理解のため【医科】」では次のように定められている。

> ・医学的に妥当適切な傷病名を主治医自らつけること。請求事務担当者が主治医に確認することなく傷病名をつけることは厳に慎むこと。
> ・診断の都度、診療録（電子カルテを含む。）の所定の様式に記載すること。
>   なお、電子カルテ未導入の医療機関において、「医療情報システムの安全管理に関するガイドライン」に未準拠のオーダーエントリーシステムに傷病名を入力・保存しても、診療録への傷病名の記載とは見なされないため、必ず診療録に記載すること。
> ・必要に応じて慢性・急性の区別、部位・左右の区別をすること。
> ・診療開始年月日、終了年月日を適切に記載すること。
> ・傷病の転帰を記載し、病名を逐一整理すること。特に、急性病名が長期間にわたり継続する場合には、医学的妥当性のある傷病名となっているか適宜見直しをすること。
> ・疑い病名は、診断がついた時点で、速やかに確定病名に変更すること。また、当該病名に相当しないと判断した場合は、その段階で中止とすること。

（イ）レセプト病名

前述の「保険診療の理解のため【医科】」においては、実施された診療行為を保険請求する際に、審査支払機関での査定を逃れるため、実態のない架空の傷病名（いわゆる「レセプト病名」）を傷病名欄に記載してレセプトを作成することは、極めて不適切であるとされている。具体例としては、非ステロイド性抗炎症薬（NSAIDs）を投与した患者にプロトンポンプインヒビター（PPI）を併用したので、医学的に胃潰瘍と診断していないにもかかわらず「胃潰瘍」と傷病名をつけたケース等が挙げられる。

仮に、診療報酬明細書の請求内容を説明する上で傷病名のみでは不十分と考えられる場合には、摘要欄に記載するか、別に症状詳記（病状説明）を作成し診療報酬明細書に添付する必要がある。

このようなレセプト病名による保険請求は、診断名を不実記載して保険請求したことになり、場合によっては返還対象となるばかりか、不正請求と認定されて保険医登録や保険医療機関の取消処分の可能性も否定できない。

（ウ）その他の主な指摘事項

その他の傷病名に関する指摘事項としては次のようなケース（次頁）を挙げることができる。

(1) 傷病名の記載又は入力に関する指摘事項

① 診療録に傷病名を全く記載していない。

② 診療録と診療報酬明細書の記載が一致しない。

③ 「傷病名」欄への記載は、1行に1傷病名を記載すること。

④ 傷病名を診療録の傷病名欄から削除している。当該傷病に対する診療が終了した場合には、傷病名を削除するのではなく、転帰を記載すること。

⑤ 請求事務担当者が傷病名を記載又は入力している。傷病名は、必ず医師が記載又は病名オーダー画面から入力すること。

⑥ 傷病名の開始日、終了日、転帰の記載がない。

⑦ 傷病名の記載が一部、又は多数漏れている。

⑧ 主病の指定が適切に行われていない。

(2) 傷病名の内容に関する指摘事項

① 医学的な診断根拠がない傷病名。

② 医学的に妥当とは考えられない傷病名。

③ 実際には「疑い」の傷病名であるにもかかわらず、確定傷病名として記載している。

④ 実際には確定傷病名であるにもかかわらず、「疑い」の傷病名として記載している。

⑤ 急性・慢性、左右の別、部位、詳細な傷病名の記載がない傷病名。

⑥ 単なる状態や傷病名ではない事項を傷病名欄に記載している。傷病名以外で診療報酬明細書に記載する必要のある事項については、摘要欄に記載するか、別に症状詳記（病状説明）を作成し診療報酬明細書に添付すること。

(3) 傷病名の整理に関する指摘事項

① 整理されていないために傷病名数が多数となっている。

② 長期にわたる「疑い」の傷病名。

③ 長期にわたる急性疾患等の傷病名。

④ 重複して付与している、又は類似の傷病名。

⑤ その他、傷病名の整理が不適切なもの。

（2）診療報酬明細書

　個別指導の際には診療報酬明細書の記載内容もポイントになる。そのため、診療報酬明細書の作成に関しては医師と事務担当者者が適切に連携を図ることはもちろん、審査支払機関に提出する前に医師が自ら内容を点検することが望ましい。

　診療録とも重複するが、前述の「保険診療の理解のため【医科】」では診療報酬明細書の作成に関して次の点が注意事項として挙げられている。

① 傷病名
・診療録に記載（あるいは医療情報システムに登録）した傷病名と一致しているか。
・査定等を未然に防ぐことを目的とした実態のない架空の傷病名（いわゆる「レセプト病名」）が記載されていないか。
・疑い病名、急性病名等が長期間にわたり放置されていないか。
・診療開始日が、レセプトと診療録とで一致しているか。
② 請求内容
・レセプトの請求内容は、診療録の診療内容と一致しているか。
・診療録への必要記載事項が定められた項目の請求については、必要な事項がきちんと診療録に記載されているか。
・医師が実施していない医学管理料等が算定されていないか。また、同一の医学管理料等が、入院と外来とで重複して算定されていないか。
・中止、取消した薬剤等が誤って算定されていないか。また、処置等に用いた薬剤を投薬欄に記載するなど、誤った場所に記載していないか。・処置名、術式は、実際に行った診療内容と合致しているか。
③ DPC（診断群分類別包括評価）
・診断群分類は医学的に妥当適切なものか。
・傷病名、副傷病名その他レセプト上の傷病名が、診療録上のものと一致しているか。
・入院中に新たに発生した手術・処置・副傷病等により、入院時につけた診断群分類を変更する必要はないか。
・DPC対象外患者など、本来は出来高で請求すべき患者がDPCで請求されていないか。

　以上を前提として、診療報酬明細書について厚生局が個別指導の際に指摘する主な事項としては次の事項が挙げられる。
①実際の診療録の内容と診療報酬明細書上の記載が異なる。（診療開始日、傷病名、転帰、診療実日数）
②同一の傷病名であるものについて、月によって診療報酬明細書上の診療開始年月日が異なる
③主傷病名は原則1つとされているところ、非常に多数の傷病名を主傷病名としている
④主傷病名と副傷病名を区別していない（主傷病名がない。）

(3) 診療料
　健康保険法76条2項では、「療養の給付に要する費用の額は、厚生労働大

臣が定めるところにより、算定するものとする。」とされており、これに基づき診療報酬の算定方法が定められている。

　診療報酬については当該算定方法に基づき、点数票、薬価基準、特定医療材料、疑義解釈等に照らして適切に請求がなされているか審査されることになる。

　個別指導における基本診療料の主な指摘事項としては次のような事項が挙げられる。

---

(1)　初・再診料について

① 初診について理解が誤っている。

・再診相当であるにもかかわらず、初診料を算定している。

② 再診料（電話再診を含む）、外来診療料について理解が誤っている。

・初診又は再診に附随する一連の行為で来院したものについて再診料又は外来診療料を算定している

→診療情報提供書のみを受け取りに来院した際に算定している。

→訪問診療後に薬剤のみを受け取りに来院した際に算定している。

→患者又はその看護に当たっている者から電話等によって治療上の意見を求められて指示をした場合とはいえないものについて、電話等による対応をしたことのみをもって再診料を算定している。

③ 時間外加算、時間外特例医療機関加算について理解が誤っている。

④ 外来管理加算について理解が誤っている。

・処置等を行っているにもかかわらず外来管理加算を算定している。

(2)　入院基本料等加算について

① 救急医療管理加算について、誤った区分で算定している。

② 診療録管理体制加算について、一部の患者について、退院時要約を適切に管理していない。

③ 患者サポート体制充実加算について、入院期間が通算される再入院の初日に算定している。

　また、令和4年度診療報酬改定において、「オンライン診療の適切な実施に関する指針」に基づき、医師が情報通信機器を用いた診療が可能と判断した場合に、医師は初診から情報通信機器を用いた診療を実施することが可能となったため、従前のオンライン診療料は廃止となり、基本診療料（初診料、再診料、外来診療料）の各算定項目について「情報通信機器を用いた診療を行った場合」における規定や算定区分が設けられた。

　なお、当該請求に際しては厚生労働省「オンライン診療の適切な実施に関する指針」に沿って情報通信機器を用いた診療を行う必要がある点には注意

第2　個別指導対策　**395**

が必要であるところ、詳細については第2章・第1・2・(3) を参照されたい。

(4) 一部負担金等

　療養担当規則の規定により、患者から受領できる費用の範囲が以下のとおり定められている。

① 　患者一部負担金

② 　入院時食事療養費・入院時生活療養費の標準負担額

③ 　保険外併用療養費における自費負担額

　これらの費用は、原則的にすべての患者から徴収する必要があり、特定の患者（職員、職員家族等）に対して減免等の措置をとってはならない。

　個別指導においては、この一部負担金等についても指摘がなされるところ、具体的には次のようなケースが挙げられている。

---

(1) 　一部負担金の受領について

　① 　受領すべき者から受領していない。(従業員、家族)

　② 　計算方法に誤りがある。

　③ 　未収の一部負担金に係る管理簿を作成していない。

(2) 　領収証等の交付について

　① 　領収証に消費税に関する文言がない。

　② 　明細書を発行していない。

---

(5) 電子カルテ

　電子カルテについては紙媒体と異なり、電磁的記録のため修正・削除が容易、筆跡による入力者の特定が困難、PCやソフトウェア等がなければ閲覧が困難などの特徴が存する。そのため、厚生労働省が「医療情報システムの安全管理に関するガイドライン[3]」を定めており、医療機関はこのガイドラインに従って電子カルテの運用・管理を行う必要がある。

　個別指導においても電子カルテについて同ガイドラインに沿って運用・管理を行うように指摘がなされる。

3　厚生労働省「医療情報システムの安全管理に関するガイドライン　第6.0版（令和5年5月）(https://www.mhlw.go.jp/stf/shingi/0000516275_00006.html)」

396 第4章 個別指導・監査対応

- ・パスワードの有効期間を適切に設定していない。
- ・パスワードを定期的（2か月以内）に変更していない。
- ・パスワードが5文字である例が認められた。パスワードは英数字、記号を混在させた8文字以上の文字列が望ましい。
- ・代行操作に係る承認を速やかに実施していない。
- ・特定のIDを複数の職員が使用している。
- ・運用管理規定を定めていない。
- ・アクセス権限に係る運用管理規定の内容が不十分である。
- ・運用管理規定に定めているシステムの監査を実施していない。

4　情報漏洩対策

　前述のように、元職員や患者からの告発等が契機となり個別指導や監査に発展するケースが多く存在する。そのため、医療法や療養担当規則の遵守はもちろんのこと、不必要な告発等を招かないように元従業員や患者との信頼関係の構築に努め、元職員と労務問題や患者トラブル等を生じないようにすることも重要である。

　また、職員によるカルテ等の持ち出しや管理不十分により医師や医療機関が情報漏洩等による責任を問われる可能性も否定できないため、特に元職員による無断でのカルテ等の持ち出しを防止するための情報管理・漏洩対策を実施することが大切である。

　以下では医療機関が行うべき情報漏洩対策のポイントについて整理する。

（1）秘密保持に関する誓約書や規程等の整備

　まず前提として、職員による情報漏洩を防止するために適切に秘密保持義務を課すことが重要となる。

　方法としては、①入社時や退社時に秘密保持に関する誓約書について署名・押印してもらう方法、②就業規則や秘密保持規程等において秘密保持に関するルールを制定する方法などが挙げられる。

　①については、診療録等の無断での持ち出しや破棄・処分を禁止するとともに、これに違反した場合の損害賠償等を定めておくことで、違法な情報漏

洩などを抑止することが考えられる。

②については、同様に診療録等の無断での持ち出しや破棄・処分を禁止することと合わせて、このような違反行為があった場合には懲戒処分事由や退職金不支給事由に該当することを定めておくことが考えられる。なお、このようなペナルティについて無制限に定められるわけではなく、労働基準法や労働契約法などの労働法のルールに従う必要があるため注意が必要である。

（2）職員研修等の実施

誓約書や秘密保持規程などにより職員に対して秘密保持義務を課したとしても時間の経過などにより事実認識や危機意識が希薄化することが通常であるため、その義務内容や違反の場合の結果について1年に1回等の定期的な職員研修等を通じて明確に周知・徹底することが重要である。

また、職員研修等では誓約書や秘密保持規程等の内容や違反の場合の結果のみならず、診療録等の無断の持ち出しや破棄・処分などが窃盗罪や器物損壊罪等の刑事罰の対象となり得ることも含めて法的リスクの理解の促進を図ることが考えられる。

（3）内部通報制度の整備

内部通報制度が設置されていなかったために職員等がどこに相談・通報すれば良いか分からず、その結果、保健所や厚生局の行政さらにはマスコミ等の外部組織に対して直接告発等を行うケースが考えられる。

適切な内部通報については公益通報者保護制度によって保護されて然るべきであるが、中には違法・不適切な点はないにもかかわらず通報者の誤認などに基づいて告発等がなされる場合も存在するところ、内部通報制度を設けることでこのようなケースについて適切な対応が可能となる。

そのため医療機関内において、内部通報相談窓口を設置し、通報電話番号や外部委託先の法律事務所などについて周知を図ることが結果として情報漏洩対策としては有益である。

398　第4章　個別指導・監査対応

第3　監査後の流れ

> **Case**
>
> 　個別指導の結果、監査に移行するとの通知を受け取るに至った。監査とされた場合、具体的に
> どのような流れで手続が進むのか、仮に、監査で問題があるとされた場合には具体的にどのよう
> な処分がなされるのか。

　第4章・第1・3で前述したように、監査とは個別指導の結果などにより、保険診療の内容又は診療報酬の請求について、架空・付増請求等の不正等が疑われて「要監査」とされた場合等に、保険医療機関等の指定の取消処分等の要否を検討するべく実施されるものである。以下では、実際に監査に至った場合の監査後の流れについて解説する。

1　監査後の処分・措置

(1) 行政上の措置

　監査後の行政上の措置として、①取消処分、②戒告、③注意の3種類を挙げることができる。取消処分は文字通り保険医登録や保険医療機関の指定の取消を意味するが、戒告・注意はこれに至らない注意を意味する。ただし、戒告・注意に留まった場合でも一定期間内に再度個別指導が実施されることになっており、再び監査に進んだ場合には次は取消処分に発展する可能性が高くなるため注意が必要である。

　各行政上の措置の基準については、次のとおり整理できる[1]。

措置の種類	要件
取消処分	・故意による不正・不当な診療・診療報酬請求を行った場合 ・重大な過失により不正・不当な診療・診療報酬請求をしばしば[2]行った場合

---

[1] 厚生労働省保険局医療課医療指導監査室「医療指導監査業務等実施要領（監査編）」（令和5年4月）29頁

| 戒告 | ・重大な過失による不正・不当な診療・診療報酬請求を行った場合
・軽微な過失による不正・不当な診療・診療報酬請求をしばしば行った場合 |
| 注意 | ・軽微な過失による不正・不当な診療・診療報酬請求を行った場合 |

　以上のとおり、「故意」による不正・不当な診療・診療報酬請求に該当すると判断された場合には取消処分がなされることになる。「故意」か否かは聴取内容や関係書類の客観的事実をもって判断するとされており、過失による行為について故意と判断されないように誤った診療・診療報酬請求を行ってしまった理由について説得のある説明を尽くすことが重要といえる。

（2）経済上の措置

　監査の結果、診療内容や診療報酬請求に関して不正・不当の事実を認めた場合、これにより返還するべき金額が生じた場合には返還を求められることになる。なお、実際には厚生局が保険者に対して返還金額等を通知し、将来の診療報酬から控除することができる仕組みになっている。

　また、返還の対象となった診療報酬に関して被保険者等が支払った一部負担金等についても過払いが生じている場合、その差額を当該被保険者等に対して返還するように指導するものとされている。

　なお、返還対象期間は原則5年間とされており、不当とされた部分については実額を、不正とされた部分については1.4倍の金額を返還しなければならないとされている。

（3）通知・公表

　行政上の措置を行った場合、厚生局は行政上の措置を行った保険医療機関や保険医等が所在する都道府県の健康保険組合連合会、医師会、歯科医師会、薬剤師会、社会保険料診療報酬支払基金、国保連合会等に対して、行政上の措置を受けた保険医療機関や保険医等の名称・氏名、所在地・勤務地、措置を受けた日付、措置の種類を通知するものとされている。

2「しばしば」とは、1回の監査において件数からみてしばしば事故のあった場合及び1回の監査における事故がしばしばなくとも監査を受けた際の事故がその後数回の監査にあって同様の事故が改められない場合をいう。

400　第4章　個別指導・監査対応

また、取消処分については各厚生局のホームページで広く公表されている。

2　聴聞手続

　取消処分を行う場合、監査後に①厚生労働省保険局長への取消にかかる内議、②行政手続法に基づく聴聞、③地方社会保険医療協議会への諮問を経て行われる。

　このうち聴聞手続とは、行政機関が一定の不利益処分を行う場合に不利益処分を受ける者に対して意見陳述の機会を与える行政手続法が定める手続であり、取消処分のように許認可等の取消処分や資格や地位をはく奪するような重大な行政処分を行う場合に実施するものとされている（行政手続法13条1項1号）。

　聴聞手続が行われる場合、事前に①不利益処分の内容及び不利益処分を行う根拠法令、②不利益処分を行う原因となる事実、③聴聞の場所及び日時などが記載された書面により通知がなされるため、その内容を踏まえて準備を行う必要がある。

　実際の聴聞手続の期日では口頭で意見を述べることが可能だが、事前に意見書等を提出することも認められている。特に、患者個別調書等の監査結果については誤りが認められるケースもあるため、事前に内容を精査して意見書等において具体的に指摘を行うことは重要である。

　また、聴聞手続には弁護士等を代理人として出席させることが認められており（行政手続法16条）、個別指導や監査における帯同とは異なり代理人たる弁護士に発言・答弁を行わせることも可能である。

　原則として非公開の手続であり、録音を行う場合には許可を得る必要があるが、聴聞手続の審理の経過を記載した調書や主宰者による処分の理由の有無に関する意見を記載した報告書を作成しなければならないとされ、当事者は調書や報告書の閲覧を求めることができるとされている（行政手続法24条）。

3 取消処分に対する不服申立て

(1) 取消訴訟の提起

　保険医療機関の指定等の取消処分を受けた場合、裁判所に対して当該処分の取消を求める訴訟（取消訴訟）を提起することが認められている。

　しかし、個別指導、監査や聴聞手続を経てなされた取消処分について裁判所にて取消判決がなされるケースは非常に稀であり、そもそも取消処分がなされないように個別指導や監査の段階で適切な対応を行うことが重要である。

(2) 執行停止の申立て

　取消処分の取消訴訟を提起したとしても、その結論が出るまでには相当期間を必要とするところ、その間の保険診療は行えないことになると保険医療機関に重大な損害が生じることになる。

　このような場合、取消訴訟の提起とあわせて取消処分の効力を一時的に停止させることを求める執行停止の申立てを行うことが認められている（行政訴訟法25条）。ただし、「本案（取消訴訟）について理由がないとみえるとき」には執行停止は認められないものとされており、申立てにより必ずしも取消処分の効力を停止できるわけではない。

第1 親族内承継と第三者承継　403

第5章 ｜ 相続・医業承継

第1 親族内承継と第三者承継

> **Case**
>
> 　AクリニックのB医師は高齢のため引退を考えているが、地域医療のためにAクリニックの存続を希望している。B医師には息子Cがおり、遠方の都市部で勤務医として働いているが、Aクリニックを継ぐ意思はなく、AクリニックはB医師が一人で運営してきたためクリニック内に後を継いでくれる医師もいない。他方で、複数のクリニックを運営するD医療法人がAクリニックを承継する意向を示しているが、クリニックの運営方針や診療方針が異なるため、患者やスタッフへの影響が懸念される。このようなケースにおいて、Aクリニックの医業承継の方針を検討する際の注意するべきポイントはなにか。

　いわゆる病院・クリニックの事業承継（医業承継）についてはいくつかの類型が存在するが、大きくは親族に事業を承継させる親族内承継と親族以外の第三者に事業を承継させる第三者承継に分けられる。さらに、中小企業庁による「事業承継ガイドライン」（令和4年3月改訂）[1] によれば、事業承継については①親族内承継、②従業員承継、③第三者承継（社外への引継ぎ）に分類されているところ、病院・クリニックの承継についても同様に整理することが可能である。他方で、企業では誰でも後継者となり得るのとは異なり、病院・クリニックについては後継者となるためには医師等の国家資格を有することが原則として必要になる点で異なっている。

1　中小企業庁「事業承継ガイドライン（第3版）」（令和4年3月改訂）（https://www.chusho.meti.go.jp/zaimu/shoukei/download/shoukei_guideline.pdf）

404　第5章　相続・医業承継

　以下では、病院・クリニックの医業承継の特殊性も踏まえながら、医業承継の各類型の特徴について整理する。

1　親族内承継

　親族内承継とは、子をはじめとする親族に承継させる方法である。後述の第三者承継の方法と比べて、内外の関係者から心情的に受け入れられやすいこと、後継者の早期決定により長期の準備期間の確保が可能であること、相続等により財産や株式を後継者に移転できるため所有と経営の一体的な承継が期待できるといったメリットがある。しかし、病院・クリニックの承継については、一般の企業と異なり後継者が医師資格を有している必要があるところ、親族から適切な後継者を確保することが必ずしも容易ではないという問題がある。

　親族内承継の譲渡側と譲受側のメリット、デメリットを整理すると以下のとおりである。

	メリット	デメリット
譲渡側	・診療理念、方針を維持しやすい ・育成期間を十分に確保可能 ・地域医療の存続（通院患者の利便性確保） ・スタッフの雇用確保	・後継者の確保が難しい ・承継対価の不確実性 ・借入金、個人保証などの存続の可能性
譲受側	・相続手続・税制の利用が可能 ・新規開業コストの削減（開業手続の省略、雇用確保など） ・患者やスタッフが離れるリスクが低い	・相続税等の対応を検討する必要がある ・開業する診療科やクリニックの場所が制限される ・親族からの影響を受けやすい

2　従業員承継

　従業員承継とは、病院・クリニックで働く医師などに承継させる方法である。親族内承継の場合と同様に、内外の関係者から心情的に受け入れられやすいこと、後継者の早期決定により長期の準備期間の確保が可能であること等がメリットとして挙げられる。譲受側としても、一から病院・クリニックを開設する新規開業コストを削減でき、お互いをよく分かっているスタッフ

や患者を引継ぎやすいというメリットもある。

　他方で、親族ではないため相続等の手続が利用できないことは、親族内承継との大きな違いである。また、譲受側は基本的に多額の承継対価を調達する必要があったり、また、どうしてもその関係性から前院長等の影響を受けやすい等のデメリットがある。

　従業員承継の譲渡側と譲受側のメリット、デメリットを整理すると以下のとおりである。

	メリット	デメリット
譲渡側	・診療理念、方針を維持しやすい ・育成期間を十分に確保可能 ・地域医療の存続（通院患者の利便性確保） ・スタッフの雇用確保	・承継に向けた手続負担 ・借入金、個人保証などの存続の可能性
譲受側	・新規開業コストの削減（開業手続の省略、雇用確保など） ・患者やスタッフが離れるリスクが低い	・原則として多額の資金調達の必要となる ・前院長等からの影響を受けやすい

3　第三者承継（外部への引継ぎ）

　第三者承継とは、親族や従業員以外の全く関係のない第三者に承継させる方法である。全くの第三者への承継となると、そもそも承継先の第三者を見つけることを始めとして、適切な経済条件の交渉・設定、承継のための適切なスキームの選択や手続の実行が必要となるなど、M&Aの仲介会社や外部専門家への相談や協力依頼が不可欠となる。また、全くの第三者への承継となるため自身の診療理念や方針が必ずしも維持できるわけではなく、大きな方針転換により患者やスタッフが離れてしまうリスクも否定できない。

　他方で、譲渡側は第三者に病院・クリニックをすべて承継することになるため、退職金や承継対価の取得などの金銭的なメリットがある。ただ、多額の承継対価を得る反面、承継後に病院やクリニックの運営や資産状況に問題が存在することが発覚した場合には補償等の法的リスクが発生する可能性もある。

　第三者承継の譲渡側と譲受側のメリット、デメリットを整理すると以下（次頁）のとおりである。

406 第5章 相続・医業承継

	メリット	デメリット
譲渡側	・身近に適切な後継者がいない場合でも利用が可能 ・退職金、承継対価の取得	・診療理念、方針の維持が難しい ・情報漏洩や風評被害のリスク ・承継に向けた手続負担 ・承継による想定外の法的リスク負担（表明保証違反など）
譲受側	・新規開業コストの削減（開業手続の省略、雇用確保など） ・不透明な開業リスクの排除 　（患者や認知度の引継ぎ）	・組織文化などの維持、統合 ・承継後の法的リスクの顕在化 　（資産の過大評価、簿外債務の発生）

第2　承継の流れ

> Case
> 自らが開設するAクリニックの医業承継を検討していたB医師には親族や従業員に適切な後継者候補がいなかったため、自身のクリニックの運営方針や診療方針に理解を示してくれる後継者を、広く第三者承継の方法により探す方針を決めた。しかし、B医師にはそのような第三者の後継者候補の心当たりはないが、B医師としてはどのように医業承継を進めるべきか。また、運よく後継者候補が見つかった場合、具体的にどのようなプロセスで医業承継を進めることになるのか。

親族内承継の場合、相続も関係するため個別の事案によって進め方やプロセスは大きく異なるが、第三者承継の場合には全くの第三者への承継となるため、基本的にはM&A仲介業者や専門家のサポートを受けながら、定型化されたプロセスに沿って進行することになる。

第三者承継による事業承継（医業承継）のプロセスは、次のとおり進行することが一般的である。

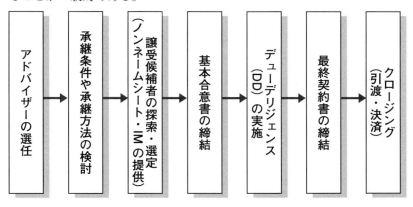

1　アドバイザーの選任

(1) アドバイザー候補

親族内承継や従業員承継の方法を選択することが難しい場合、第三者承継

の方法を検討することになるが、第三者承継の場合には譲渡先を探す必要があるところ、まずは適切なアドバイザーを選任する必要がある。

アドバイザーとしては、M&Aの専門会社や医療機関のコンサルティング業者の場合もあれば、税理士や弁護士などの専門家の場合や金融機関等に依頼する場合も考えられる。

譲渡先とのマッチングの観点からはM&Aの専門会社や医療機関のコンサルティング業者に優位性があるが、当初から信頼関係のある顧問税理士や弁護士などの専門家からの助言を受けながら候補を選定することが望ましい。

(2) アドバイザー契約の締結

アドバイザー候補と実際のアドバイザー契約を締結する場合、いくつかのポイントがある。

業務内容としてどこまで対応できるのか、基本的には譲渡先の探索・選定から、取引条件やスキームに関する助言や交渉の支援、M&Aに関する契約書や合意書などの作成支援及び必要な弁護士などの専門家、最終的なクロージングや行政手続の支援まで最初から最後まで網羅的に対応できることが必要である。

また、業務報酬についても、適切な設定がなされる必要がある。一般的には以下の例のように取引金額に一定の料率をかけて計算するレーマン方式という報酬算定方法が採用される。なお、取引金額の対象に含まれるのが出資持分対価なのかそれ以外も含まれるのかも重要な観点である。

取引金額	報酬料率
5億円までの部分	5%
5億円を超え、10億円までの部分	4%
10億円を超え、50億円までの部分	3%
50億円を超え、100億円までの部分	2%
100億円を超える部分	1%

2　承継条件・承継方法の検討〜譲受候補者の探索・選定

　アドバイザーは選任されると、クライアントからヒアリング、事業情報や決算書・財産目録等の財務情報などの資料開示を受けて、現時点の病院・クリニックの保有資産、売上等の情報を整理して事業価値の評価を実施、希望譲渡価格等の承継条件や承継方法（スキーム）を検討・整理する。

　そして、アドバイザーは整理した承継条件・承継方法（スキーム）を前提に、資料開示を通じて得られた情報をもとに次の書類を作成して、譲受候補者の探索・選定を進めることが一般的である。

(1) 匿名情報提供書（ノンネームシート）

　ノンネームシートとは、案件の概要を整理した書面で、譲渡希望者が分からないように匿名化した上で、大まかな事業内容・所在地・財務状況等が記載されたものである。アドバイザーはこの書面をもとに、この案件に興味がありそうな譲受候補者を探索することになる。

(2) 案件概要書（インフォメーション・メモランダム（IM））

　IM（Information Memorandum）とは、より具体的な医療機関の名称・所在地、事業内容、収支や財務状況、承継条件などの詳細が記載された書面である。ノンネームシートを見て興味をもった譲受候補者と秘密保持契約を締結した上で、具体的な検討・交渉に進むために前述の情報が記載されたIMを相手方に交付する。

　IMの内容を確認・精査した上で、同資料のもとになった一次資料の開示を実施したり、譲渡希望者と譲受候補者のトップ面談や医療機関への訪問等を実施することも多く見受けられる。

　そして、双方が承継の具体的な交渉に進むことの意向が確認できたら、具体的な承継条件の交渉に入ることになる。

3 基本合意書（MOU）の締結

　具体的な承継条件の交渉に入るに際して、譲受候補者から事業承継の条件と合わせて書面をもって正式な事業譲受の意向を示されることがあるが、この際に提出される書面を意向表明書（Letter of Intent（LOI））という。なお、複数の譲受候補者が存在する場合、各譲受候補者から提出を受けた意向表明書の内容を踏まえて、最終契約に向けた基本合意書を締結する譲受候補者を選定することもある。

　以上のプロセスを経て、最終契約に向けて具体的な交渉を進めることになった譲受候補者と基本合意書（Memorandum of Understanding（MOU））を締結することになる。基本合意書に記載される内容は案件に応じて様々であるが、交渉段階である程度コンセンサスが得られた内容、具体的には譲渡価格、承継方法・条件、スケジュール（譲渡日など）等が記載されることになる。

　基本合意書に記載された譲渡価格や承継条件には法的拘束力はないとされるのが一般的で、後日、予定されている後述のデューデリジェンスの結果を踏まえて調整されることが想定されている。

　また、基本合意書においては独占交渉権が定められることも多く、独占交渉権が定められた場合には譲渡希望者は一定期間、他の譲受候補者との交渉などが禁止されることになるため留意が必要である。

4 デューデリジェンス（Due Diligence（DD））の実施

　基本合意書が締結されると、譲受候補者によるデューデリジェンス（DD）が行われることが一般的である。それまでは、譲渡希望者から提供されたIMや一次資料等に基づいて譲受候補者は検討・交渉を進めてきたが、最終契約に先立ち、これまで譲渡希望者から提供を受けた情報や資料の真偽や正確性、それまでに開示を得られていない情報についての精査を行う必要があるためである。

DDについては、財務・税務、事業、法務などの様々な観点から行われることになる。例えば、法務DDでは、社員・役員・出資者の地位に法的な懸念がないか過去の議事録の内容をチェックしたり、事業に必要な不動産や資産の権利関係に問題はないか、病院やクリニックの運営に必要な許認可を問題なく取得しているか、過去に医療過誤や労働紛争などの紛争を起こしていないか等の観点からチェックが行われる。

特に、医療機関・介護施設の場合、後日、厚生局から数か月から数年分の診療報酬の返還を求められるリスクもあるため、DDの際に診療報酬請求の施設基準や各種加算について前提となる条件を満たしているかどうかチェックすることは重要である。

詳細なDDのポイントについては、第5章・第3・2にて後述する。

5　最終契約書の締結

DD及びその結果を踏まえた条件交渉を経て、最終的な承継対価や承継条件等が記載された最終契約書が締結されることになる。なお、最終契約書は、後述の第5章・第3の承継方法に応じて異なり、出資持分譲渡契約書、合併契約書、分割契約書、事業譲渡契約書などに分かれる。

基本合意書とは異なり法的拘束力を有するため、最終契約書の締結後、当事者はその契約内容の実現に向けた引渡・決済等の取引実行（クロージング）を進めることになる。

最終契約書では、譲渡対象、承継価格や承継方法といった基本的な条件の他に、次のような事項が定められることが一般的である。

(1) 取引実行（クロージング）の前提条件

最終契約書のクロージングについては、一定の前提条件が充足された場合にクロージングの義務を負うと定められることが一般的である。内容としては後述の表明保証に違反がないこと、誓約事項がすべて履行されていること等が前提条件とされる。

（2）表明保証

　表明保証とは、契約当事者の一方が相手方に対して、一定の時点における一定の事項が真実かつ正確であることを表明し、その内容を保証するものである。DD での調査には限界があるためこれを補完するものとして機能し、DD で判明しなかったリスクが後日判明した場合（例えば、診療報酬請求の一部に不正があることが発覚し、返還することになった場合等）に相手方に対して損害賠償（補償）を請求できる旨が定められる。

（3）誓約事項（コベナンツ）

　誓約事項（コベナンツ）とは、取引の内容たる承継対価の支払や事業譲渡等の本来的な義務とは別に定められる取引上の義務であり、クロージング前に行うべき義務、クロージング後に行うべき義務に分けられる。

　クロージング前の義務としては、病院や診療所の承継に必要な社員総会議事録や各役員等の辞任届の提出や事前の DD で判明したリスク（第三者に承継する場合に医療機器のリースが解約可能等）への対応が主な内容となる。クロージング後の義務としては、例えば、事業承継後も引継ぎのために一定期間、前院長に勤務を継続してもらう場合等が一例として考えられる。

第3　承継の方法　413

第3　承継の方法

> **Case**
>
> 　Ａが理事長を務めるＢ医療法人はＣ病院及びＤクリニックを開設・運営している。Ａが高齢で引退をするためＢ医療法人の事業承継について検討を開始したところ、Ｅ医療法人がその承継先として候補に挙がった。
> ①　Ｂ医療法人をＥ医療法人に事業承継する場合の手法としてどのような方法が考えられるか。また、それはＢ医療法人が出資持分がある場合と出資持分がない場合で変わるか。
> ②　Ｂ医療法人が開設・運営する施設のうちＣ病院だけＥ医療法人に承継させ、Ｄクリニックについては息子Ｆに承継させることは可能か。

　病院や診療所の承継の方法については、承継するべき病院や診療所の形態や承継目的に応じて異なるところ、それぞれの案件に応じた検討が必要である。個人で開設する診療所・病院か医療法人が開設する診療所・病院かにより承継方法が大きく異なるところ、以下ではそれぞれについて解説する

1　個人診療所の承継

(1)　事業譲渡

　医療法人ではなく、医師個人が開設する病院・診療所の承継については、事業譲渡という方法を利用するのが一般的である。事業譲渡とは、第1章・第5・3で前述したように、病院・診療所に関する財産（事業）を譲渡することをいう。以下では事業譲渡による個人診療所の承継方法について解説する。

　ア　資産及び契約関係の引継ぎ

　事業譲渡では、病院・診療所に関する資産（事業）や契約関係を承継することになるが、それぞれの資産については個別の手続が必要となる。例えば、病院・診療所に利用している土地・建物については個別に登記名義を変更する必要がある。

また、当然に契約関係が承継されるわけではなく、医療機器のリース契約や保守・管理等に関する業務委託契約等について個別に取引先から承継について同意を得なければならない。特に、開業資金や運転資金の借入金などについては、金融機関と協議して譲受側による借換えを検討することが一般的だが、その際には贈与税等の問題が生じる可能性があるため譲渡対価の設定の際に考慮が必要である。

同様に、スタッフ等との雇用契約についても当然に承継されるわけではないため、基本的には事業譲渡を受けた医師と新しく雇用契約を締結することになる。そのため、スタッフ等は一度退職する形になるところ、退職金の支払を求められる場合もあり、譲渡対価への反映や資金繰り等には留意が必要である。

イ　行政上の手続

事業譲渡自体は資産（事業）の譲渡に過ぎないため、当然に承継対象の病院・診療所の開設者等が交代になるわけではない。そのため、行政上の手続としては、譲受人において診療所の開設手続、譲渡人において診療所の廃止手続をそれぞれ行う必要がある。なお、病床の権利についても承継ではなく新規取得になるところ、基準病床数との関係で新規取得が難しい場合、譲渡側が医療法人を設立してから後述の医療法人の承継の方法を検討することも考えられる。

同様に保険医療機関の指定についても、譲受人において新規で厚生局に対して指定申請を行う形式となる。そのため、事業譲渡後も一定期間、保険診療が行えないことになるが、一定の場合には遡及申請が認められる。

以上の手続の詳細については、第1章・第5・3で解説をしている。

ウ　診療録（カルテ）の引継ぎ

診療録（カルテ）には、患者の氏名・住所などの個人情報や病歴などの要配慮個人情報が含まれるため、個人診療所の事業譲渡に際して、これらの診療録を譲受人に提供することは、個人データについて本人の同意のない第三者提供を禁止している個人情報保護法27条1項に違反しないかは問題となる。

この点については、個人情報保護法27条5項2号において、「合併その他の事由による事業の承継に伴って個人データが提供される場合」については、

第三者への提供に該当しないと定めており、個人情報保護法に違反しないと考えられる。そのため、事業承継の際に診療録（カルテ）を譲受人に引き継ぐことについて患者から個別の同意を得ることは不要である。

(2) 相続

ア　概要・留意点

　事業譲渡以外にも親族内承継の場合には相続等を利用した事業承継も考えられる。具体的には、後継者となる相続人に対して、事業承継と同様に病院・診療所に関する資産及び契約関係を相続により包括的に承継させる方法である。なお、相続は事業譲渡の方法と異なり包括的な権利義務の承継になるため、契約関係の承継に関して取引先等の個別の同意は不要である。

　複数の相続人のうち、特定の相続人に対して病院・診療所を相続させる場合には、特定の相続人に対して対象となる資産や契約関係を相続させる旨の遺言を作成しておく必要がある[1]。なお、特定の相続人に対して病院・診療所に関する相続財産を集中させた結果、他の相続人の遺留分を侵害する場合、他の相続人からの遺留分侵害額請求を招く可能性があるため注意が必要である。

イ　事業承継税制の利用

　相続や贈与の場合には相続税や贈与税を納税する必要があるところ、相続人の相続税や贈与税の負担にも配慮する必要があるが、一定の要件を満たすことで相続税・贈与税の納税を猶予する事業承継税制の利用が可能である。平成 31 年から令和 10 年までの間に相続又は贈与により特定事業用資産を事業の後継者が取得した場合に相続税・贈与税の納税を猶予するもので、事業の継続が条件となるが最終的に相続税等が免除されることになるため、利用が可能な場合には利用を検討するべきである。

---

[1] 遺言には、自筆証書遺言（民法 968 条）、公正証書遺言（民法 969 条）、秘密証書遺言（民法 970 条）の 3 種類の遺言（普通方式）があるが、病院・診療所の承継を内容とする遺言は複雑となる可能性が高く、無効とされた場合の影響も大きいことから公証人の関与の下で作成する公正証書遺言の方法を利用することが考えられる。

416　第5章　相続・医業承継

2　医療法人の承継

　医療法人の場合、医師個人が開設する病院・クリニックと異なり、医療法人が開設主体となるため、医療法人の実質的支配権を移転させることで病院・クリニックの運営主体を変更することが可能である。

　医療法人の承継方法としては、①出資持分譲渡（社員・理事等の交代）、②合併、③分割、④事業譲渡の4種類の承継方法が考えられる。各類型の特徴・手続については以下のとおりである。

(1)　出資持分譲渡（社員等の交代）

　出資持分譲渡とは譲渡側が有する医療法人の出資持分を譲受側に譲渡する方法である。事業譲渡や後述の合併・分割と異なり、保健所や厚生局での病院、診療所の開設・廃止や認可などの行政上の手続は必要なく、簡便であることから一般的に利用される承継方法である。

　ア　出資持分の承継対価

　出資持分のある医療法人については出資持分の譲渡を行うことになる。しかし、出資持分については、長年の経営の結果として医療法人の純資産額が多額に及んでいる場合、その評価額が高額になっていることが一般的である。そのため、特に親族内承継において医療法人の出資持分を取得しようとする場合、後継者は非常に高額な承継対価を調達する必要に迫られる。また、相続や贈与により出資持分を後継者に承継させる場合でも、同様に多額の相続税や贈与税の原資を確保する必要がある。

　このような場合、譲渡側が承継により医療法人の社員を退社したことを理由に出資持分の払戻請求権を行使し、医療法人から相応の対価を受け取った上で、後継者となる譲受人において新たに出資を行う方法も考えられる。しかし、この方法については、払戻に際して利益が生じた場合には配当所得を受けることには注意が必要である。

　その他、このような出資持分の譲渡に関する論点を回避するために、第1章・第4・1で解説したように出資持分のない医療法人に移行する認定医療

法人制度を活用する方法も考えられる。

　イ　社員、理事の交代

　医療法人の出資持分は株式会社における株式と異なり、出資持分払戻請求や残余財産分配請求等を内容とする経済的な権利にすぎず、医療法人の経営権や社員の地位とは関連性がない。そのため、医療法人の経営権を取得するためには、出資持分譲渡に加えて、医療法人の意思決定を担う社員や理事について譲渡人の協力を得て交代を行う必要がある。具体的には、譲受側の関係者が入社して社員となることについて社員総会で決議した上で、既存の社員には退社届を提出してもらうことで社員を交代する必要がある。

　ただし、社員のうち事業承継に反対する者がいる場合、仮に、社員の過半数を確保している場合でも反対する社員を一方的に退社させることは難しいため留意が必要である。なお、理事については社員総会で、理事長については理事会で選任することになるため、社員の過半数を確保できれば問題はない。

　ウ　出資持分のない医療法人

　出資持分のない医療法人についても、前述のとおり社員の交代を通じて医療法人の承継を行うことが可能である。

　しかし、出資持分の譲渡という方法で譲渡側に承継対価を交付することができないところ、譲渡人が承継対価を希望する場合、譲渡側は医療法人の理事長や理事などの役員に就任していることが一般的であるため、事業承継による退職の際の役員退職金をもって承継対価とすることが多い。役員退職金については、不相当に高額な場合には損金算入が認められなくなるため、退職する役員の勤続年数、退職に至る経緯、医療法人への貢献度等を勘案して退職金の金額を決定することになる。

　その他の承継対価の交付方法として、診療所の土地建物を個人が所有している場合に医療法人などへの譲渡する対価を充てる方法、医療法人設立の際の基金の返還・譲渡を利用する方法なども考えられる。

（2）合併

　合併は2つ以上の医療法人が結合して1つの医療法人となることを目的と

した組織再編行為をいう。合併による事業承継の例として、院長が高齢で引退を検討している病院を開設する医療法人について、合併を通じて他の医療法人の傘下の病院として加わった上で引退する場合等が挙げられる。

以下では、事業承継における合併の活用について解説する。

ア　合併の流れ

合併には、吸収合併（合併によって消滅する医療法人の権利義務の全部を、合併後存続する医療法人に承継させる場合）と、新設合併（合併によって消滅する医療法人の権利義務の全部を、合併に伴い新設する医療法人に承継させる場合）の2種類の類型が存在する。合併の具体的な手続の流れについては、第1章・第5・2を参照されたい。

イ　合併のメリット

（ア）包括的な承継で、許認可の承継も可能

合併は医療法で認められた医療法人の事業・資産・負債を包括的に承継する制度であるため、事業譲渡と異なり契約関係の承継について取引先や従業員等の個別の同意は不要である。また、許認可についても合併存続医療法人に承継されることになる。

（イ）幅広い医療法人において利用可能

社団医療法人や財団医療法人のいずれでも利用可能なように幅広い医療法人で、さらに異なる医療法人間でも利用可能な手続である点はメリットである。

ウ　合併のデメリット

（ア）手続の負担及び時間を要する

法律上の手続であるため合併について都道府県知事の認可を得る必要があること、債権者保護手続などを行う必要がある等、出資持分譲渡や事業譲渡と比較すると手続の負担及び時間が大きい点はデメリットである。

（イ）一部の事業（病院・診療所など）だけを承継することができない

合併は医療法人を包括的に承継し、承継された医療法人は消滅することになるため、医療法人の一部の病院・診療所のみを承継の対象とすることはできない。このようなケースでは後述の分割を利用することになる。

（ウ）潜在的債務を承継するリスクがある

　合併は包括的な承継のため承継対象となる負債を選別することはできず、潜在的債務のみを承継対象から除外することはできない。

(3) 分割

　医療法人の一部の事業の権利義務のみを包括的に承継させる組織再編行為をいう。分割による事業承継の例として、複数の病院を開設する医療法人について一部の病院のみを切り出し、他の医療法人の傘下の病院に加えるような場合が挙げられる。

　平成27年度の医療法改正により新設された組織再編行為であり、それまで医療法上で認められていた合併では一部の事業（病院・診療所）だけを承継させることはできなかったところ、分割の新設によりこれが可能となった。

　以下では、事業承継における分割の活用について解説する。

　ア　分割の流れ

　分割には、吸収分割（医療法人がその事業に関して有する権利義務を、分割して他の医療法人に承継させる場合）と、新設分割（医療法人がその事業に関して有する権利義務を分割して、新設する医療法人に承継させる場合）の2種類の類型が存在する。都道府県知事の認可が必要な点では合併と同様であるが、合併と異なり分割される場合でも出資持分のある医療法人は利用できない等の制限がある。なお、分割の具体的な手続の流れについては、第1章・第5・4を参照されたい。

　イ　分割のメリット

　（ア）包括的な承継で、許認可の承継も可能

　分割は合併と同様に包括的な承継のため、事業譲渡と異なり契約関係の承継について取引先や従業員等の個別の同意は不要で、また、許認可について別の医療法人に承継されるため、事業譲渡と異なり承継対象の病院・診療所の新規の開設許可は不要である。

　（イ）一部の施設のみを承継対象とすることが可能

　前述のように、合併と異なり医療法人の開設・運営する病院・診療所や介護老人保健施設の一部の施設のみを承継対象とすることが可能な点はメリッ

トである。

（ウ）潜在的債務を除外することが可能

分割は合併と異なり承継対象を限定することが可能なため、簿外債務を承継しないように承継対象に限定を加えることができる点はメリットである。

　ウ　分割のデメリット

（ア）手続の負担及び時間を要する

合併と同様、法律上の手続であるため分割について都道府県知事の認可を得る必要があること、債権者保護手続などを行う必要があること等、出資持分譲渡や事業譲渡と比較すると手続の負担が大きい点及び期間を要する点はデメリットである。

（イ）出資持分のある医療法人では利用できない

社団医療法人と財団医療法人等の異なる種類の医療法人間での利用も可能ではあるが、前述のように合併と異なり出資持分のある医療法人では利用できない点には注意が必要である。

（4）事業譲渡

医療法に定めはないが個人診療所の場合と同様に、医療法人の事業承継についても事業譲渡の方法を利用することも可能である。平成27年度の医療法改正により分割の手続が新設されるまで、医療法人の一部の病院やクリニック等のみを譲渡したい場合などに利用されていた。

　ア　事業譲渡の手続の流れ

事業譲渡は分割や合併と異なり、医療法上の手続ではないため譲渡人側と譲受人の合意のみで実施が可能である。他方で、前述のように事業譲渡は単なる資産（事業）の譲渡に過ぎないので、譲受人側で新たな病院・診療所の開設手続が必要となる。なお、事業譲渡の具体的な手続の流れについては、第1章・第5・3を参照されたい。

　イ　事業譲渡のメリット

（ア）当事者の契約のみで実施可能で手続的な負担は小さい

前述のように事業譲渡は合併や分割と異なり、法定の手続ではないため譲渡人と譲受人の契約のみで実行が可能な手法であり、都道府県知事の認可や

債権者保護手続などの手続が必要ない点はメリットである。

（イ）医療法人の形態を問わずに利用が可能

合併や分割については、特に出資持分のある医療法人では利用できない場合があったが、事業譲渡は医療法人以外でも利用可能なように医療法人の形態を問わずに利用が可能である。

（ウ）潜在的債務を除外することが可能

事業譲渡は合併と異なり、分割と同様に承継対象の資産（事業）の範囲を限定することが可能なため、簿外債務を承継しないようにできる点はメリットである。

ウ　事業譲渡のデメリット

（ア）負債・契約関係の承継に個別の同意が必要

合併や分割と異なり、事業譲渡は当事者間での資産、負債、契約関係等の個別の移転となるため、負債・契約関係について取引先や従業員などの個別の合意が必要となる点はデメリットといえる。

（イ）許認可は承継できず、新規での開設手続が必要となる

事業譲渡は当事者間での資産（事業）の譲渡の合意にすぎないため、譲受人側で新規で病院・診療所の開設手続を行う必要があり、許認可を承継できない点はデメリットである。

422　第5章　相続・医業承継

第4　実務上の留意点

> **Case**
>
> 　Ａ医療法人は病院を開設・運営していたが、院長が高齢で引退をするためＢ医療法人に第三者承継の方法により医業承継を行うこととなった。このような医業承継において、譲渡側であるＡ医療法人、譲受側であるＢ医療法人は具体的にどのようなポイントについて注意する必要があるか。

1　譲渡人側の留意点

（1）従業員対応

　第三者承継の場合、今後の不安から多数の退職に繋がりかねないため従業員への対応は特に慎重な配慮が必要である。事業承継の検討過程では余計な不安を与えないように情報管理には注意しつつ、事業承継が明確となった時点で承継の背景・理由や今後の方針について従業員に対して説明を尽くすことが重要である。

　また、医療法人の分割により事業承継を行う場合、法律上、労働者保護手続を行う必要があるため、期間制限などに留意しながら進める必要がある。詳細な手続の流れは第1章・第5・4・（3）を参照されたい。

　事業譲渡により事業承継を行う場合、合併や分割と異なり新たな医療法人との間で雇用契約を締結し直してもらう必要がある。そのため、事業譲渡契約書において同様の内容で再雇用してもらえるように交渉することはもちろん、退職金の清算が生じる可能性がある点にも注意が必要である。

（2）債権者対応

　ア　取引継続に関する対応

　第三者承継の場合、事業承継による経営陣の変更による取引中止のリスクも想定されるところ、事業承継が明確となった時点で取引先に対しても、従

業員と同様に事業承継の背景・理由や今後の方針についても説明を行うことが重要である。

特に、取引基本契約書や業務委託基本契約等の継続的取引に関する契約書には、契約当事者の経営主体が変更になった場合や合併・分割・事業譲渡を行った場合に一方的に契約を解約することができる旨のChange of Control条項（COC条項）が規定されている例も多く、これらの条項が存在する場合には特に慎重な対応が必要である。最終契約書において、特に重要な取引先については事前に取引継続に関する同意書を取得することをクロージングの前提条件とする例も多く見受けられる。

また、事業譲渡の場合、取引先との契約関係を譲受人側に承継させるためには個別の同意を必要とするため、承継に関して必要な説明を行った上で、契約上の地位の移転に関する覚書や同意書等を作成する必要がある。

イ　債権者保護手続

事業承継のうち合併や分割の方法を利用する場合、医療法において債権者保護手続を行うことが義務付けられている。債権者保護手続においては、通知先となる債権者の洗い出し、通知・公告及び財産目録・貸借対照表の作成等を実施した上で、通知・公告から2か月以上の異議申立期間を設ける必要があるため、事業承継全体のスケジュールを整理する際には検討が必要となる。なお、合併及び分割の債権者保護手続の流れについては、第1章・第5・2及び4も参照されたい。

2　譲受人側の留意点

(1) 資金調達

ア　承継対価

事業承継では、医療法人等の出資持分を取得する場合等が典型例であるが多額の取得対価を支払う必要がある場合にはその取得資金を調達する必要がある。

他方で、出資持分がない医療法人については社員・役員の交代により事業承継を進めることになるため、直接的に取得対価を支払うことにはならない

が、医療法人から退職する社員・役員に対して退職金を支払うことになるため、医療法人を承継後の事業資金について資金調達の必要がある点には注意が必要である。

　イ　相続税・贈与税

　事業承継のうち、親族内承継の方法で子や親族に対して出資持分のある医療法人の出資持分を相続や贈与の方法により承継させる場合、医療法人の売上が安定しており、純資産が積み重なっている場合には多額の相続税や贈与税の負担が発生するため注意が必要である。

　このような場合、出資持分の払戻しを行って医療法人の純資産額を減少させつつ相続税等の支払原資を確保する方法、認定医療法人制度を利用して出資持分のない医療法人に移行する方法なども検討する必要がある。

(2) デューデリジェンス (DD)

　第5章・第2・4で前述したように、特に第三者承継による事業承継については譲受人側が承継対象の医療法人等の事業価値を正しく把握するため、デューデリジェンス（DD）という調査・検討のプロセスを実施することが一般的である。

　ア　DD の種類

　DD は、財務・税務、事業、法務などの様々な観点から行われることになるが、各 DD 種類の DD の概要は次頁の表のとおりである。

　イ　法務 DD のポイント

　以上のように多角的な観点から実施される DD であるが、以下では法務 DD のポイントについて整理する

　（ア）社員関係

　医療機関は医師個人と医療法人それぞれ開設可能で、また、医療法人についても社団医療法人と財団医療法人の類型、社団医療法人には出資持分のある場合とない場合等の種類が存在するところ、医療機関の性質に応じて事業承継の手法や手続が異なるため対象医療機関の性質を正しく確認する必要がある。例えば、社団医療法人の場合、社員や理事などを交代することを通じて経営権を取得することになるが、社員の管理が杜撰な場合も多く、社員名

種類	調査・検討事項
財務・税務 DD	医療機関の財務・会計や税務面の調査・検討 ・医療機関の財務状態、収益力、資本構造、資本評価等 ・医療機関の納税状況、税務リスクの有無、M&A に向けた税務戦略等
事業 DD	医療機関の事業・ビジネス面の調査・検討 ・事業の健全性や成長性の評価 ・医師、施設・設備、病床稼働率等のパフォーマンス評価 ・診療圏における競業調査
法務 DD	医療機関・事業の法的リスクの調査・検討 ・医療関連法規の遵守や許認可に関する法的リスク ・各種契約関係に関する法的リスク ・資産や負債などの権利関係の法的リスク ・人事労務に関する制度・運用に関する法的リスク ・訴訟、紛争等の法的リスク

簿や議事録等を確認して、社員の変遷や法的リスクの有無を調査・検討する必要がある。

（イ）MS 法人や同族関係者との取引

医療機関では、メディカルサービス法人（MS 法人）から不動産賃貸借、経理・事務の業務委託、医薬品・医療機器の販売などを受けている場合があるが、医療機関の社員・理事や同族関係者と MS 法人に関連がある場合には医療法上の規制に反していないか確認が必要となる。具体的には① MS 法人との取引が配当禁止に抵触しないか（医療 54 条）、②医療法人の役員が兼任禁止規制[1] に抵触しないか、③利益相反取引違反（医療 46 条の 6 の 4、一般法人 84 条）の事実がないか等である。また、MS 法人を介さずに直接取引が行われている場合もあるので、同様に利益相反取引などがないか確認が必要である。

（ウ）診療報酬

医療機関の DD では診療報酬について後日、返還を求められる可能性もあるため、不正請求がないかの確認も重要である。例えば、診療報酬請求の施設基準や各種加算について前提となる条件を満たしているかどうか等である。

---

[1] 「医療機関の開設者の確認及び非営利性の確認について」（平成 5 年 2 月 3 日 総第 5 号・指第 9 号（最終改正 平成 24 年 3 月 30 日 医政総発 0330 第 4 号 医政指発 0330 第 4 号））

索　引

あ行

アクシデント………………………143
案件概要書(インフォメーション・メモ
　ランダム(IM))……………………409
安全配慮義務………………189, 327
医業………………………………95
医業承継………………………403
医業停止処分……………………376
医業に従事する医師……………269
医行為……………………………96
意向表明書(Letter of Intent(LOI))……410
医師の時間外労働………………270
医師免許取消処分………………376
異状………………………………110
異状死体等の届出義務…………109
医師労働時間短縮計画(案)……271
移動時間………………………253
委任による議決権の行使………52
医療ADR………………………182
医療過誤………………………142
医療機関…………………………1
医療契約(診療契約)……………146
医療広告………………………221
医療広告ガイドライン…………222
医療広告規制…………………221
　──の概要…………………222
　──の対象範囲……………223
医療事故………………………142
　──調査・支援センター……183
　──調査制度………………183
医療施設
　──の解説許可と届出…………5
　──の開設主体………………3
医療水準………………145, 149, 157
医療提供施設……………………1

医療法人
　──の運営…………………36
　──の監事…………………29, 45
　──の機関…………………36
　──の役員…………………37, 42
　──の役員等に対する責任追及の訴え
　………………………………47
　──の役員等の解任の訴え……47
　──の役員等の損害賠償責任……46
　──の理事…………………28, 43
　──の理事長………………44
因果関係………………………161
インシデント…………………143
院内調査………………………180
インフォームド・コンセント
　………………………113, 145, 176
A水準……………………………270
遠隔医療………………………106
応招義務………………102, 159
オン・コール…………………258
オンライン診療………………106

か行

解雇……………………………355
　──の自由…………………355
介護医療院……………………6, 237
解雇回避努力義務………………363
解雇規制………………356, 357
解雇権濫用法理………………359
介護事故………………………144
介護保険サービス………………10
解雇予告義務・予告手当支払義務………356
解雇理由証明書………………357
介護老人福祉施設(特別養護老人ホーム)
　………………………………7
介護老人保健施設………………6, 236

解散······························83
開示請求·························180
過失（注意義務違反）·············153
カスタマーハラスメント（カスハラ）····188
画像診断報告書···················167
合併··························73, 417
仮眠時間·························253
カルテ··························177
監査··························383, 398
監視体制·························174
管理監督者·······················296
管理モデル·······················265
基金拠出型医療法人···············16
基礎賃金·························321
技能向上集中研修機関···············271
基本合意書（Memorandum of
　Understanding（MOU））·········410
休憩時間·························247
　——の一斉付与···············248
　——の長さ···················247
休日··························248
求償··························155
競業取引·························43
行政処分·························375
強制退院·························215
業務災害·························328
虚偽広告·························225
拠出型医療法人···················15
勤務間インターバル···············281
　——の確保方法···············283
　——の基本ルール···············282
　——の対象者···················281
クーリング期間···················371
経過措置型医療法人···············15
経済上の措置·····················399
結果債務·························148
検査··························166

研鑽··························255
降格・降級······················318, 350
広告可能事項····················222, 230
　——の限定解除···············222, 232
広告禁止事項····················222, 225
高度の蓋然性····················161
誤嚥事故·························175
誤診··························167
個人情報·························128
個人データ·······················128
誇大広告·························227
固定残業代・定額残業代···········323
　——の有効要件···············324
個別指導·························380, 386
雇用管理上の措置義務·········190, 192, 340

さ行

債権者保護手続···············76, 81
財団医療法人····················15
　——の機関···················40
再発防止·························202
債務不履行責任···················152
裁量労働制·······················308
差額説··························164
削除依頼·························217
削除請求·························217
C-1 水準·························271
C-2 水準·························271
時間外・休日労働時間の上限·········272
時間外労働及び休日労働に関する労使
　協定（36 協定）···············267
　——の協定事項···············276
　——の定め（一般条項）·········268
　——の締結・届出···············279
　——の特別条項の上限（特別延長時間の
　上限）·······················268

事業再生 ADR	88	準則型私的整理	87
事業場外労働のみなし制	307	準備行為	252
事業譲渡	76, 420	上限規制	270, 271
事故調査報告書	137	証拠保全	137
事後の休日振替（代休）	249	使用者責任	153, 190
事前の休日振替	249	使用従属性	240
私的整理	86	除外認定	356
社員	27, 36	除外賃金	321
社員総会	37	職種・勤務場所の限定合意	345
——の議事録	51	職能資格制度	316
——の決議	50	職務等級制度（ジョブ・グレード制）	317
——の権限	48	助産所	10
——の招集	37, 50	所定労働時間	247
——のスケジュール	49	処方せんの交付義務	111
——の手続	50	書面決議	58
社会医療法人	16, 66	書面による議決権の行使	52
謝罪	179	新規個別指導	381
社団医療法人	14	診察	165
——の機関	36	人事考課制度	316
収益業務	26	親族内承継	404
週休制の原則	248	身体拘束	211
従業員承継	404	——の基準	212
就業規則の変更	314	——の手続	213
集団指導	379	——の必要性	211
集団的個別指導	380	診断	165, 167
宿直	258	診療ガイドライン	158
宿日直	258	診療拒否	209
宿日直許可	300	診療契約	146
手術	173	——の効力	148
手段債務	148	——の成立	146
出資額限度法人	39	——の内容	147
出資持分	38	——の法的性質	147
——のある医療法人	38	診療行為	165
——のない医療法人	39	診療所	1
出資持分譲渡	416	診療に関する諸記録	177
守秘義務	126	診療の補助	100
準委任契約説	148	診療録	177

ストレスチェック制度·····················332
精神障害····························334
セクシャルハラスメント（セクハラ）····191, 205, 336
セクハラ防止指針···············191, 337
絶対的医療行為·····················100
説明義務···········115, 145, 151, 172, 178
——の程度·························118
（善管）注意義務·····················148
——の基準·························149
相対的医療行為·····················100
相談対応体制·······················196
相当程度の可能性···················162
訴訟·····························182
損害·····························163
損害賠償請求·······················218

た行

退去要求··························210
第三者承継························405
代償休息··························283
——の基本ルール···················285
——の付与方法····················287
退職勧奨··························371
——の限界·······················372
立入検査（医療監視）·················383
断続的労働························300
地域医療支援病院····················2
地域経済活性化支援機構（REVIC）········89
チーム医療························160
Change of Control 条項（COC 条項）·····423
注意義務
——の内容·······················157
——の判断基準····················157
——の分類·······················156
注意義務違反·······················165

中小企業活性化協議会·················88
懲戒解雇··························355
（長時間労働医師への）面接指導·········288
聴聞手続··························400
治療·····························169
賃金·····························310
——の支払·······················311
——の分類・形態···················312
——の変更方法····················313
追加的健康確保措置···················280
通勤災害··························328
適時調査··························383
適用除外··························296
デューデリジェンス（Due Diligence（DD））
·························410, 424
転医義務（転送義務）·················168
転勤·····························344
電子カルテ····················134, 395
転倒事故（転落事故）·················174
同意書の法的意義···················116
投薬·····························172
特定医師··························269
特定医療法人·····················17, 68
特定看護師························101
特定機能病院·······················2
特定高度技能研修機関·················271
特定地域医療提供機関·················270
特定調停··························89
特別延長時間の上限···················271
匿名情報提供書（ノンネームシート）····409
特例水準··························270

な行

日直·····························258
任意交渉（債務整理）·················87
年俸

——の減額·····319
——の支払方法·····318
年俸制·····318
年齢給・勤続給·····316

は行

配置転換·····344
配転·····344
配転命令権の濫用·····346
配当類似行為·····18
破産·····90
発信者情報開示·····218
パワーハラスメント（パワハラ）····190, 339
パワハラ防止指針·····190, 339
Ｂ水準·····270
PDCAサイクル·····202
比較優良広告·····226
被侵害法益·····163
誹謗中傷·····217
美容医療·····234
病院·····1
——の類型·····2
評議員·····29, 40
評議員会·····41
——の議事録·····54
——の決議·····53
——の権限·····53
——の招集·····41, 53
——の手続·····53
副業・兼業·····261, 272, 288, 291
——の確認方法·····262
不作為·····161, 162
附随業務·····24
附帯業務·····25
普通解雇·····355
不当要求·····203

不法行為責任·····152
フレックスタイム制·····306
分割·····79, 419
文書提出命令·····138
ペイシェントハラスメント（ペイハラ）
·····188
変形週給制·····248
変形労働時間制·····304
暴言・暴行（院内暴力）·····207
法定労働時間·····247
——の柔軟化·····303
本来業務·····24

ま行

マタニティハラスメント（マタハラ）····337
マタハラ防止指針·····337
未確立の療法·····171
民事再生·····91
無期転換ルール·····370
無診察治療の禁止·····105
名誉毀損·····217
面接指導·····275, 331
メンタルヘルス·····331
問診·····165
モンスターペイシェント·····187

や行

役割等級制度·····317
雇止め·····365
——の予告·····369
——の理由の明示·····369
雇止め法理·····365
有害事象·····143, 178
有期労働契約
——の期間途中の解雇·····368

索引　431

――の更新拒否(雇止め)…………365
――の締結、更新及び雇止めに関する手
　続規制…………………………368
許された危険の法理………………171
要件事実……………………………153
様式第9号…………………………280
要配慮個人情報……………………129

ら行

利益相反取引…………………………43
履行補助者……………………146, 152
理事会…………………………………44
　――の議事録………………………57
　――の決議…………………………56
　――の権限…………………………55
　――の招集…………………………56
　――の手続…………………………56
リスクマネージメントマニュアル作成
　指針………………………………142
療養指導……………………………112
療養上の世話………………………100

臨床研究中核病院……………………3
レセプト病名………………………391
連携型特定地域医療医療提供機関………271
連携B水準…………………………271
連帯(根)保証契約…………………219
(労基法上の)災害補償制度………328
(労災法上の)労災保険制度………328
労働協約……………………………315
労働時間
　――の該当性……………………249
　――の通算………………………261
　――の把握………………………260
　――のみなし制…………………307
労働者………………………………240
労働者性……………………………240
労働条件の不利益変更……………313

わ行

割増賃金……………………………320
　――の計算方法…………………321
　――の支払対象…………………320

【著者等プロフィール】

●編著者

小里　佳嵩（おざと　よしたか）

弁護士法人 G&S 法律事務所　代表社員・弁護士。2010 年慶應義塾大学法学部法律学科卒業、2013年慶應義塾大学法科大学院修了、2014 年弁護士登録（第二東京弁護士会）。TMI 総合法律事務所勤務を経て、2020 年弁護士法人 G&S 法律事務所を設立。主に、医療・ヘルスケア法務、不動産・建設法務、一般企業法務、スタートアップ支援、M&A、労働問題の分野を扱う。主な著書として、『弁護士・法務担当者のための不動産・建設取引の法律実務』（第一法規、2021 年、編著）、『企業法務ハンドブック チェックリストで実践する予防法務と戦略法務』（中央経済社、2024 年、編著）等。

●著者

野崎　智己（のざき　ともみ）

G&S 法律事務所　パートナー弁護士。2010 年早稲田大学法学部卒業、2012 年早稲田大学法科大学院修了。2014 年弁護士登録（第二東京弁護士会）。東京丸の内法律事務所勤務を経て、2020 年弁護士法人 G&S 法律事務所の設立に参画。主に、医療・ヘルスケア法務、一般企業法務、スタートアップ支援、M&A、労働問題、相続・事業承継の分野を扱う。主な著書として、『弁護士・法務担当者のための不動産・建設取引の法律実務』（第一法規、2021 年、共著）、『企業法務ハンドブック チェックリストで実践する予防法務と戦略法務』（中央経済社、2024 年、共著）等。

●執筆協力者

四丸　裕貴（しまる　ゆうき）

G&S 法律事務所 鹿児島オフィス　弁護士。2015 年九州大学法学部卒業、2017 年京都大学法科大学院修了。2022 年弁護士登録（鹿児島県弁護士会）、2023 年 G&S 法律事務所鹿児島オフィス入所。主に、一般企業法務、医療・ヘルスケア法務、労働問題を扱う。主な著作として、『企業法務ハンドブック チェックリストで実践する予防法務と戦略法務』（中央経済社、2024 年、執筆協力）。

医療法務ハンドブック──医療機関・介護施設のための予防法務と臨床法務

2024年12月20日　第1版第1刷発行

編著者　小里佳嵩
著　者　野崎智己
発行所　株式会社日本評論社
　　　　〒170-8474　東京都豊島区南大塚3-12-4
　　　　電話　03-3987-8621（販売）　　-8611（編集）
　　　　FAX　03-3987-8590（販売）　　-8593（編集）
　　　　振替　00100-3-16　　https://www.nippyo.co.jp/
印刷所　平文社
製本所　牧製本印刷
装　幀　渡邉雄哉（LIKE A DESIGN）
検印省略　©　Y. OZATO, T. NOZAKI　2024
ISBN 978-4-535-52764-5　　Printed in Japan

JCOPY 〈（社）出版者著作権管理機構　委託出版物〉

本書の無断複写は著作権法上での例外を除き禁じられています。複写される場合は、そのつど事前に、（社）出版者著作権管理機構（電話03-5244-5088、FAX03-5244-5089、e-mail:info@jcopy.or.jp）の許諾を得てください。また、本書を代行業者等の第三者に依頼してスキャニング等の行為によりデジタル化することは、個人の家庭内の利用であっても、一切認められておりません。